国家高端智库武汉大学国际法研究所

国　际　法　文　库

INTERNATIONAL LAW LIBRARY

黄　进　总主编

肖永平　执行主编

专著系列

黄志雄　主编

论法律解释方法的逻辑基础

——兼论两个WTO涉华裁决的解释问题

On the Logical Basis of Legal Interpretation Principles:

With Analysis on the Interpretation of Two WTO Rulings Concerning China

柳驰　著

法律出版社

LAW PRESS·CHINA

总序一

当今之世界，随着全球投资贸易不断增长，科学技术特别是信息技术飞速进步，通信和交通日益便捷，人文交流蓬勃发展，经济全球化、政治多极化、文化多元化、社会网络化、法律趋同化已成为天下大势。在这种背景下，作为国际社会最为重要的行为规范，国际法在全球治理中发挥着不可替代的作用。

今日之中国，秉持“创新、协调、绿色、开放、共享”五大发展理念，正在全面建设小康社会、全面深化改革、全面推进依法治国、全面从严治党、全面参与全球治理。在这个过程中，国家始终坚持统筹国内、国际两个大局，于内，追求实现“两个一百年”奋斗目标，追求实现中华民族伟大复兴的中国梦。于外，坚定不移对外开放，参与全球治理；坚持和平发展、合作共赢；积极构建中国特色大国外交，完善对外战略布局，既“请进来”，又“走出去”，加快推进“一带一路”建设；坚决维护国家主权、安全、发展利益，争取良好国际环境，维护世界和平稳定，促进各国共同发展，打造“人类命运共同体”。毫无疑问，坚持统筹国内、国际两个大局，不仅要全面推进依法治国，加强国内法治，而且要在全球治理中高度重视和善于发挥国际法的作用，加强国际法治，推进国内法治与国际法治良性互动，特别是要完善中国自己的涉外法律法规体系，积极参与国际规则的制定，增强中国在国际法律事务中的话语权和影响力，运用法治思维和法治方式依法处理涉外事务,强化涉外法律服务,加强国际法治合作。

当下之中国国际法学界,经过改革开放 30 多年的建设和发展,可以肯定地说,国际法学科体系不断健全,学术队伍不断壮大,国际学术交流与合作不断拓展,学术水平和创新能力不断提高,培养了一大批国际法专门人才。而且,广大国际法专家学者解放思想、实事求是、求真务实、与时俱进,深入研究和回答中国改革开放面临的国际法理论和实践问题,产出了一大批有分量的学术成果,为国际法学的繁荣发展和国家改革开放及现代化建设做出了重要贡献。但应该指出的是,中国国际法学领域还存在一些亟待解决的问题。比如,国家缺乏整体的国际法学科发展战略规划,国际法学科建设放任自流,各国际法机构各自为阵;国际法人才队伍学术原创能力和解决实际问题的能力不强,活跃在世界国际法舞台的人才不多,总体素质亟待提高;国际法人才培养体系不健全,德行教育与知识传授相分离、理论培养与实践训练相脱离、国内培训与国际培训相隔离;国际法学术研究缺少精品力作,还没有产出具有广泛国际影响的创造性思想成果和理论成果,在国际规则制定和国际法律事务中的话语权和影响力不大。可以这样说,中国国际法学界目前在学术命题、学术思想、学术观点、学术标准、学术评价、学术话语上的能力和水平同中国综合国力和国际地位还不太相称。

综上所述,国际法在国际社会中的重要地位日益凸显,中国全面推进依法治国、对外开放、参与全球治理,亟须掌握和运用国际法,中国国际法学界仍处于有数量缺质量、有专家缺大师以及作用没有充分发挥出来的状态。我们所处的时代表明,这是一个需要国际法的时代,这是一个需要国际法理论创新而且一定能够产生国际法新理论的时代,这是一个需要国际法思想而且一定能够产生国际法新思想的时代。所有这些,正是我们编辑出版"国际法文库"以推动国际法学繁荣发展的初衷。

"国际法文库"将坚持兼容并包、思想自由。主张立足中国、借鉴国外,挖掘历史、把握当代,关怀人类、面向未来,着力推进构建既具有中国特色、中国风格、中国气派,又能进入世界学术话语体系的国际法学。

"国际法文库"将坚持问题导向。面对中国改革开放的新常态、国际局势的新变化,世界范围内各种思想文化交流交融交锋的新形势,只有聆听时代的声音,回应时代的呼唤,认真研究国家深化对外开放、全面参与全球治理的重大而紧迫的问题,才能真正把握历史脉络,找到发展规律,推进国际法理论创新和全球治理实现良法善治。

“国际法文库”将坚持跨学科研究。国际法律问题涉及国际社会生活的方方面面，具有跨学科性，需要从多学科视角，运用学科交叉融合的方法，进行跨学科研究。也就是说，对于国际法律问题，不仅要从国际公法、国际私法、国际经济法等国际法学视角进行研究，而且还要从宪法、行政法、民商法、刑法、诉讼法等国内法学视角进行研究；不仅要从法学视角进行研究，而且还要从国际政治、世界历史、全球经济、人类社会变迁、多元文化交融、地球生态文明等视角进行研究。跨学科研究在于坚持用联系的发展的眼光看待问题，增强研究的整体性、系统性、协调性、战略性，促进问题合情、合理、合法的解决。

“国际法文库”将坚持创造创新。创新是一个民族进步的灵魂，也是引领理论发展的动力。创新，就是有所发现、有所发明、有所创造。国际法理论的生命力在于创新，只有不断进行探索，才能推进国际法思想创新、知识创新、理论创新、制度创新、方法创新。国际法理论创新要从问题开始，发现问题、筛选问题、分析问题、研究问题、解决问题的过程就是创新的过程。国际法理论创新不必贪大求全，发现新事实、新材料、新现象是创新，阐明一个新原理、提出一种新学说、揭示一条新规律是创新，发明一项新技能、找到一条新路径、创造一种新方法也是创新。

“国际法文库”设专著系列、译著系列、实务系列、文集系列，是法律出版社与武汉大学国际法研究所共同打造的学术品牌。法律出版社在中国出版界特别是法学、法律出版领域的龙头地位自不待言。这里有必要对武大国际法所多说几句。武大国际法所是我国著名法学家、教育家、国际私法一代宗师韩德培先生于 1980 年创办的，是我国高校设立的第一个国际法研究所。该所自创立以来，自强不息，追求卓越，先后培养了一大批已在学术和实务方面崭露头角的国际法专门人才，先后产出了一大批具有较高水平的国际法学术成果，先后两次被评为国家级重点学科，2000 年被确定为教育部人文社会科学重点研究基地，2015 年入选首批国家高端智库。可以肯定地说，武大国际法所是当今中国国际法领域的学术重镇，不断推进中国国际法人才培养、科学研究和新型智库建设，不仅是它义不容辞的责任，更是它崇高而神圣的使命。正是基于这种情怀，武大国际法所与法律出版社携手合作，设立了这个“国际法文库”。这是为中国国际法学界开辟一块新的学术园地，建造一个新的学术舞台。“国际法文库”是自由、开放、包容、多元的，海内外的国际法同仁都可以在这块园地里辛勤耕耘，春播夏种、秋收冬藏；也都可以在这座舞台上翩翩起舞，崭露头角、一展锋芒。我真诚希望，所有以国际法为志业、立志为中国国际法事业做出贡献的海内外同仁，都能把“国际法文库”视为我们共同的国际法事业的一部分，关心之、支持之、帮助之、鞭策之，勿忘初心、久久为功，去迎接我们共同期待的中国国际法学界百花齐放、百鸟争鸣的春天。

是为序。

*

2016 年 12 月 1 日于北京

---

* 黄进，中国政法大学校长，法学教授，中国法学会副会长，中国国际私法研究会会长。

总序二

随着中国日益接近世界舞台的中央，我国迫切需要加强国际法律共同体建设，利用国际法维护世界和平和人类命运共同体以及可持续发展，保障中国的正当利益。因此，不管是国际法制度构建，还是国际法理论创新，抑或是国际法实践引领，中国都需要从“被动适应者”向“主动引领者”转变。

由我国著名法学家、教育家、社会活动家、国际私法一代宗师韩德培先生创办的武汉大学国际法研究所是1980年由原国家教委批准成立的中国高校第一个国际法研究机构；1981年设立博士点；1995年建立博士后流动站；1996年列为“211”工程重点建设单位；2000年被教育部批准为普通高等学校人文社会科学重点研究基地；2004年被批准为“985”工程哲学社会科学创新基地；2015年被中宣部确定为首批国家高端智库试点建设单位。她一贯秉持国际公法、国际私法、国际经济法的全面和综合研究，积极拓展联合国法、欧洲联盟法、国际能源法、电子商务法、国际发展法、国际网络法、国际投资法、国际金融法、国际体育法、世贸组织法、海洋法和海商法等前沿学术领域，形成了学科研究方向齐全、学科发展水平一流、咨政服务能力突出、教学科研成果领先的鲜明特色。

但是，不管是作为教育部的人文社会科学重点研究基地，还是作为国家高端智库，仅仅依靠一个研究所的力量难以实现中国国际法理论的创新,难以实现中国从国际法的"被动适应者"向"主动引领者"的转变。当下,中国面临的问题在全球化进程中愈发凸显其复杂性,许多问题往往需要从不同学科、不同视角、不同谱系进行合理的理论解释、作出正确的政策选择;而不同学者、学术机构、智库在不同领域具有相对优势,或者因所在区域不同而存在区域政策问题的竞争优势。因此,团结、组织中国国际法学者共同攻关、协同创新是获得国际竞争优势、创新中国国际法理论,进而实现中国从国际法的"被动适应者"向"主动引领者"转变的必由之路。正是出于这种考虑,我们与法律出版社合作出版"国际法文库",希望集中展示中国学者的国际法著述和学术见解,及时传播国外国际法学界的最新研究成果,协同研究中国面临的重大国际法实践问题,不断增强中国国际法理论的国际话语权,不断提升中国国际法制度的国际吸引力,不断提高中国国际法实践的国际影响力。

因此,"国际法文库"将面向中国国际法理论界和实务界广泛征集选题,通过自荐与他荐相结合的方式,由丛书编辑委员会根据其学术性、思想性和创新性决定出版选题。本文库分为专著系列、译著系列、实务系列和文集系列。

专著系列旨在集中呈现中国学者在国际法领域的理论研究成果,引导中国国际法学界关注国际学术动态、设置前沿学术议题、营造良好学术风气,推动中国国际法理论创新。以学术性和创新性为选题标准,主要出版中国学者关于国际法领域具体问题的创新性研究成果。

译著系列旨在全面推介国际社会国际法理论的经典著作和最新成果,促进中外国际法理论的交流与交锋,促使中外国际法实践的互动与创新。以思想性与新颖性为选题标准,主要出版国际社会在20世纪90年代以后创作或再版的国际法著作的译作。

实务系列旨在中国国际法理论研究和实践运用之间架起桥梁,促使中国国际法研究更加贴近国家和社会的现实需要,在国际法理论的支撑下运用国际法规则分析和解决实践中出现的问题。以对策性与实用性为选题标准,主要出版针对实践中的国际法问题,特别是与中国密切相关的国际法问题的著作,强调贴合国家对外交往实际需要,关注操作层面的问题选择、分析和解决方案。

文集系列旨在及时反映中国国际法学界举办的学术会议成果,提高学术交流的质量,加强学术交流的深度,扩大学术交流的影响。以新颖性与可行性为选题标准,主要出版能够设置学术议题、引领理论前沿的论文集。

我们相信,在中国国际法学界同仁的关心、支持与积极参与下,“国际法文库”一定能够实现上述目的,为中国国际法的理论创新、制度变革和实践引领贡献她应有的智慧、发挥她应有的作用。

*

2017 年元旦于武汉

---

* 肖永平,武汉大学国际法研究所所长,长江学者,法学教授,中国国际私法研究会常务副会长。

序一　一场奇妙的旅行

一个初春的傍晚，黄浦江畔的外滩游人如织，摩肩接踵。天气渐渐暖和了，人们纷纷走出家门，来到江边，享受徐徐清风，欣赏初上华灯。

有位年轻人，望着滔滔东去的江水，却发现一片树叶随波逐流。这片树叶有点奇怪，色彩、形状、蛀洞。这是什么树的叶子？为什么会是这个样子？在水中漂浮了多长时间？蛀虫是什么？……树叶渐渐远去，游人渐渐散去，但是这位年轻人却作出了一个决定：溯江而上，追根求源！

他独自一人，沿着江岸步行。他见到了很多湖泊——巢湖、太湖、鄱阳湖、洞庭湖……湖水泱泱，一望无际；他见识了很多支流——修河、饶河、信江、抚河、赣江、澧水、沅江、资水、湘江、汉江、清江、乌江、嘉陵江、沱江、岷江、雅砻江，看到了江水汇合，水量丰沛；他体验了地形地貌的差异，山地、丘陵、盆地、高原、平原，惊叹于崇山峻岭，水流湍急；他感受了四季变幻，从白雪皑皑到春暖花开……他就这样向上走，向上走，陶醉于两岸的无限风光，有时候甚至忘记了此行目的，只是在山花烂漫、层林尽染的时候，才会仔细观察植物的万千变化；只是在“无边落木萧萧下”“秋老钟山万木稀”的时候，才会想起随江而去的树叶。直到有一天，初冬时节，他来到青藏高原唐古拉山脉格拉丹东峰西南侧，看到了楚玛尔河、当曲和沱沱河，在植被稀疏、冻土广布、动物稀少的广袤地区，在一株不知名的树下，捡起一片落叶，那色彩、形状和蛀洞，竟然与黄浦江里的叶子一模一样！于是他宣布：他找到了答案！

4 年前的那个傍晚，我有幸与这位年轻人，还有其他一些年轻人，在外滩漫步。他们是我班上的学生，我带着他们来欣赏黄浦江夜景。当这位年轻人发现这片树叶的时候，我表示了鼓励——作为老师，当然应该鼓励同学们的思考和发现。当他决定徒步探源的时候，我表示了支持——作为年轻人，当然应该做一些探险的事情。在这 4 年时间里，他会经常与我分享见到的风景，很多我闻所未闻。我也经常向他提出建议，他则不断调整自己的旅行路线。他有过困惑，怀疑自己努力的价值，而我总是坚定不移，肯定这项前无古人的探索。

现在，他把他的旅行日志呈现在读者面前。从一片树叶开始，他走过了整条长江，这恐怕是本书的最大价值之所在。我们在生活中，也许对很多事物已熟视无睹，习以为常，以至于我们的人生也平淡无奇，乏善可陈。而这位年轻人则不同。他以强烈的好奇心，坚定的意志力，完成了一件壮举，向人们展示了一个与众不同的世界。

在本书中，他从一个世界贸易组织（World Trade Organization，WTO）案例出发，梳理了人类思维和认知的过程，探讨了各种法学理论和解释方法，追根求源，正本清源，论证了一个观点：WTO 常用的“遵循先例”的做法没有依据。在 4 年时间里，从在我的课堂上提出问题，到本科毕业论文完成，到毕业后连续 3 年 14 个版本的写作，本人有幸与他一起经历了这个过程，不时感受到思维的乐趣，受益匪浅，也意识到这将是一部奇书，能够引起人们对认知和法律的全面思考。

这是一场奇妙的旅行，相信读者们会认同这个判断。

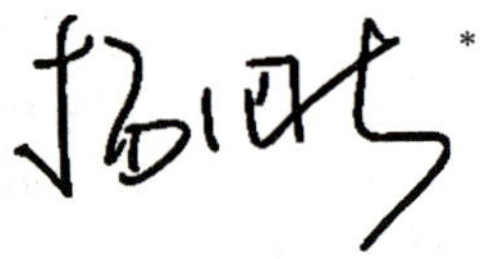*

2017 年 12 月 7 日星期四

---

* 杨国华，清华大学法学院教授，中国法学会世界贸易组织法研究会常务副会长。

序　二

给他人的著作写序其实并不轻松，因为你至少要把著作翻来覆去读上几遍。但如果这部著作是在你所指导的本科学位论文基础上扩展而成，并且你读了几遍仍然没有完全读懂，这就不仅仅是不轻松，而是让人有些尴尬了。

本书基本上就属于这类作品。

大学老师在指导学位论文，尤其是本科学位论文过程中，如果出现上面的读后感，恐怕十有八九会让学生重写，因为“这一定是哪里出了问题”。我看完论文初稿之后，第一反应也是这样，尤其是本书书稿结构和章节标题的表述不太符合中文表述习惯，甚至具有一些外文表述的风格和色彩，更是让我萌生了让作者大改结构的想法。但经过思考之后，我还是没有这么做，主要原因有三：第一，我对论文的主题了解确实有限，而这个“有限”是建立在我前后读过不少相关文献的基础之上的，所以显得真实可信。论文的主题是世界贸易组织（World Trade Organization，WTO）争端解决机制中“事实上遵循先例”的做法。全篇从“美国不锈钢案”（DS344）中确立的“强有力的理由”（cogent reason）标准入手，引出论文主题，并从实在法角度分析了 WTO 争端解决机制中是否存在、为什么会存在“遵循先例”以及是否应当存在“遵循先例”的做法，并意犹未尽地从逻辑学和认识论的角度，大量使用语言学、心理学、哲学甚至数学的论据，以“天马行空”和“离题万里”般的方式，强化论证了论文的核心观点。这已经完全超出了我文献阅读的范围。第二，论文主题属于完全开放式的问题，没有既存答案，甚至也很可能一直都没有答案。虽然国际学界早已经普遍认为WTO争端解决机制存在“事实上遵循先例”这一做法，但还真没有多少文献去分析这一做法是否有法律依据，从逻辑学、解释学、心理学和语言学角度的分析就更少了，这类分析可能会为我们重新审视美国在批评WTO争端解决机制上诉机构时所列举的若干理由提供一个另类的视角。第三，对通说保持警惕，对另类观点和研究路径保持好奇，虽不是里程碑式研究成果的充分条件，却往往是此类成果问世的必要条件。这种研究方式使研究者能够尽可能开放性地认识世界，并在此过程中进行自我塑造。从这个意义上说，作者的结论在当下也许不够准确，甚至似乎从某种意义上支持了美国的若干理由，但随着时间的推移和实践的发展，情况有可能会发生反转，毕竟类似的例子在我们认识世界的过程中比比皆是。

带着上述这些较为朴素的想法，我继续通读了几遍本书的成稿，还翻阅了一些语言学和社会学的论著。在这个过程中，与其说我是在尝试扩大自己的知识面，不如说我是在体会别样的论文指导过程——名义上的指导者与被指导者在不知不觉中频繁互换角色，互相塑造，虽不是彼此成就，但至少能彼此促进。从这个意义上说，我也希望本书的读者能够在阅读中发现、关注甚至是享受与之类似的过程，并对本书的研究主题进一步进行挖掘。

本书的作者在获得法学学士学位之后，并没有立即选择继续深造，而是赴知名会计师事务所工作了数年，期间也曾涉猎金融和投资领域。在工作一段时间之后，他开始着手出国留学申请，并最终获得赴牛津大学赛德商学院攻读MBA学位的机会。相信这一经历能够促使他带着更为清晰的目标进行深造，这一目标显然不仅仅是获得学位和留学经历。

是为序。

廖诗评*

2019年6月3日

---

* 廖诗评，北京师范大学法学院副教授。

案例及法规缩略语表

本书缩写	案件简称	案件全称及引用号
DS2	US-Gasoline(美国汽油标准案)	Appellate Body Report, United States-Standards for Reformulated and Conventional Gasoline, WT/DS2/AB/R, adopted 20 May 1996
DS8	Japan-Alcoholic Beverages Ⅱ(日本酒税案)	Appellate Body Report, Japan-Taxes on Alcoholic Beverages, WT/DS8/AB/R, WT/DS10/AB/R, WT/DS11/AB/R, adopted 1 November 1996
DS58	US-Shrimp(美国虾产品进口限制案)	Appellate Body Report, United States-Import Prohibition of Certain Shrimp and Shrimp Products, WT/DS58/AB/R, adopted 6 November 1998
DS58	US-Shrimp(Article 21.5 - Malaysia)(美国虾产品进口限制案复审)	Appellate Body Report, United States-Import Prohibition of Certain Shrimpand Shrimp Products-Recourse to Article 21. 5 of the DSU by Malaysia, WT/DS58/AB/RW, adopted 21 November 2001
DS141	EC-Bed Linen(Article 21.5 - India)(欧盟床单案)	Appellate Body Report, European Communities-Anti-Dumping Duties on Imports of Cotton-Type Bed Linen from India-Recourse to Article 21. 5 of the DSU by India, WT/DS141/AB/RW, adopted 24 April 2003

续表

本书缩写	案件简称	案件全称及引用号
DS264	US-Softwood Lumber V（美国软木案）	Appellate Body Report, United States-Final Dumping Determination on Softwood Lumber from Canada, WT/DS264/AB/R, adopted 31 August 2004
DS268	US-Oil Country Tubular Goods Sunset Reviews（美国油管类产品日落复审案）	Appellate Body Report, United States-Sunset Reviews of Anti-Dumping Measures on Oil Country Tubular Goods from Argentina, WT/DS268/AB/R, adopted 17 December 2004
DS344	US-Stainless Steel（Mexico）（美国不锈钢案）	Appellate Body Report, United States-Final Anti-Dumping Measures on Stainless Steel from Mexico, WT/DS344/AB/R, adopted 20 May 2008, DSR 2008: II, p. 513
DS363	China-Publications and Audiovisual Products（中国出版物与音像制品案）	Appellate Body Report, China-Measures Affecting Trading Rights and Distribution Services for Certain Publications and Audiovisual Entertainment Products, WT/DS363/AB/R, adopted 19 January 2010
DS398	China-Raw Materials（中国原材料案）	Appellate Body Reports, China-Measures Related to the Exportation of Various Raw Materials, WT/DS394/AB/R/WT/DS395/AB/R/WT/DS398/AB/R, adopted 22 February 2012
DS433	China-Rare Earths（中国稀土案）	Panel Reports, China-Measures Related to the Exportation of Rare Earths, Tungsten, and Molybdenum, WT/DS431/R/WT/DS432/R/WT/DS433/R, circulated to WTO Members 26 March 2014

续表

本书缩写	法规缩写及中文名称	法规全称
AP	China's Accession Protocol(《中国入世议定书》)	Protocol on the Accession of the People's Republic of China to the WTO, WT/L/432
DSB	DSB(《争端解决机构》)	Dispute Settlement Body
DSU	DSU(《关于争端解决规则与程序的谅解》)	Understanding on Rules and Procedures Governing the Settlement of Disputes
GATS	GATS(《服务贸易总协定》)	General Agreement on Trade in Services
GATT 1947	GATT 1947(《1947 年关税与贸易总协定》)	General Agreement on Tariffs and Trade 1947
GATT 1994	GATT 1994(《1994 年关税与贸易总协定》)	General Agreement on Tariffs and Trade 1994
MA	WTO Agreement(《马拉喀什建立世界贸易组织协定》)	Marrakesh Agreement Establishing the World Trade Organization
MTA	MTA(《多边贸易协定》)	Multilateral Agreements on Trade in Good
SCM	SCM Agreement(《补贴与反补贴措施协定》)	Agreement on Subsidies and Countervailing Measures
SPS	SPS Agreement(《实施动植物卫生检疫措施的协定》)	Agreement on the Application of Sanitary and Phytosanitary Measures
TBT	TBT Agreement(《技术性壁垒协定》)	Agreement on Technical Barriers to Trade
TRIMs	TRIMs Agreement(《与贸易有关的投资措施协定》)	Agreement on Trade-Related Investment Measures
TRIPs	TRIPs Agreement(《与贸易有关的知识产权协定》)	Agreement on Trade-Related Aspects of Intellectual Property Rights

续表

本书缩写	法规缩写及中文名称	法规全称
VCLT	Vienna Convention(《维也纳条约法公约》)	Vienna Convention on the Law of Treaties, done at Vienna, 23 May 1969, UN Treaty Series, Vol. 1155, p. 331
WPR	China's Accession Working Party Report(《中国加入工作组报告书》)	Report of the Working Party on the Accession of China, WT/ACC/CHN/49 and Corr. 1

Contents

目录

导　言

本书的目的在于澄清法律解释在法律命题中的真正地位、澄清法律解释内部的构成，并借助解析过的视角重新审视 2 个世界贸易组织（World Trade Organization，WTO）上诉机构（Appellate Body）的涉华裁决是否合理。本书的基本研究方法，是通过梳理辨别法律解释活动的逻辑本质，尝试为一切法律解释活动和现象提供一个有层次的、有完整构造的框架，并通过对逻辑本质和逻辑框架的研究辨别，分析出一些先于实践的、具有理论指导性作用的推论，并从逻辑的视角运用这些推论，对现实问题予以分析。

具体的法律解释方法或习惯，以及其成因及其发展状况，不在本书讨论范围之内。直观地说，本书的理想功能，应当是为研究这些更实证具体的问题，提供一套完整的逻辑工具，以便探幽发微，并免除经典经验主义、实证主义手法对研究者体力不可避免的折损。

为什么要做这项工作？现实原因比理论原因还要紧迫。

随着日益复杂的全球化进程，中国和世界各国都面临着不断上升的摩擦风险，涉及贸易问题、环境问题、主权问题等多个方面。21 世纪以来，摩擦频率最高、与法律而非政治关系最密切，同时最受人瞩目的，莫过于中国在世界贸易组织遭遇的贸易诉讼。

无论是在前期磋商、庭前辩论还是最终裁决当中，法律解释起到的作用都不容小觑。上诉机构、应诉各方对解释方法论的理解和运用,在很大程度上影响着案件的走向,牵涉 WTO 案件包含的巨大经济价值。①

然而,在 WTO 法律规则体系中,并没有具体规定 WTO 法律框架下认可的解释方法,而只是列出了一些原则性的条款。② 常识在于,在一个国家之内,在法律的漏洞和模糊,能够被相对统一的语境、社会习惯、思维方式弥补的情况下,不成熟的法律解释方法论能够制造许多麻烦。可想而知,在 WTO 的司法实践中,这种不成熟的方法论将浪费多少资源。

这些问题,因 DS433 的专家组裁决中对上诉机构先前裁决的一段引用,而集中爆发了。DS433 的专家组引用了上诉机构在 DS344 中确立的"强效理由(cogent reason)说",③提出维持先例的观点,然后据此逐一批驳了中国对 GATT 1994 第 20 条在 AP 出口税义务项下适用问题的重审请求。④ 然而,在 WTO 各项规则当中,根本没有包括上诉机构"强效理由说"最关键的"先例"概念,更没有针对先例效力的相关规定。

单此问题便足够引起重视:即便按照传统法律解释理论的思路,对于一个存在不过 20 余年、缺乏成熟理论传统的国际机构,在缺乏明确指引的条件下,运用一个未被成员方明确缔约的规则来阻碍成员方在争端当中的抗辩审查权利,实在显得过于激进。然而问题不止于此,在其他一些案件当中,成员方还要面临着上诉机构翻来覆去的解释理念,亦即难以预测的判决结果。

DSU 第 3 条第 2 款对包含上诉机构的整个争端解决机制进行了原则性的规定:多边贸易机制的安全性与可预测性依赖于争端解决机制;争端解决机制依赖于保护成员方在适用协定下的权利义务;保护成员方在适用协定下的权利

① DSU 第 17 条规定了上诉机构的设立、组成、权限等事宜。"上诉机构是 WTO 争端解决机构中的常设机构,它负责对被提起上诉的专家组报告中的法律问题和专家组进行的法律解释进行审查。"DSU 是《建立世界贸易组织的 WTO 协定》(Agreement Establishing the World Trade Organization,以下简称《WTO 协定》,Marrakesh Agreement,MA)的第二个附件,它"规定了世界贸易组织的统一争端解决制度的规则"。世界贸易组织根据 MA 成立、运作。DSU 的覆盖范围主要包括 MA,以及 MTA。MTA 下又包括 MTAG。其中涵盖了 GATT 1994,其基本组成部分是 GATT 1947、GATS 和 TRIPs。参见 DSU 第 17 条;另参见韩立余:《既往不咎:WTO 争端解决机制研究》,北京大学出版社 2009 年版,第 1 页、第 6 页。

② DSU 第 3 条。

③ WT/DS344/AB/R, para. 160.

④ WT/DS433/R, paras. 7.55 – 7.117.

义务依赖于澄清解释适用协定;澄清解释适用协定的活动受到两个限制——必须遵循国际公法解释习惯、不得增减既有规定之权利义务。

显然,前一个限制是保证多边贸易机制安全性与可预测性的核心。即WTO 司法程序当中的各方都必须依从国际公法解释习惯法,来理解既有规定之权利义务,也要依靠这一方法,来评判这些理解是否正确。评判的基准在于三个方面:第一,各方是否合理地证明了它所使用的方法属于国际公法解释习惯法;第二,各方是否合理地证明了这些习惯法能够符合 WTO 法律规则的整体要求,不至于对其基本理念在具体案件当中的落实造成冲突;第三,各方是否正确地使用了这些方法,而不是"挂羊头卖狗肉"。

如果我们能够证明,支撑上诉机构法律解释的那些法律理论,在法律概念界定这一根源性问题上有先天的不足,我们就能够把问题缩减到两个可能性上:一是上诉机构所采用解释方法的理论根源本身不合理;二是上诉机构并未使用这些从根源上不合理的理论来构建它的解释方法。如果我们能够幸运地(仅就本书论题而言,从法律界的角度来看这或许殊为不幸)证明,那些重要、具有代表性且在较长时间内被反复认同、实践的法学学派对于法律概念的定义,实际上有着重大矛盾缺陷,或者过于冗余繁杂,那么后一个可能性就能够再缩减为两个更小的可能性:一是上诉机构使用了非主流的理论;二是上诉机构使用了自己构建出的理论。

一旦我们的论证将问题导向这两种更小的可能性,上诉机构就不得不澄清一个棘手的问题:在对全球政治经济有着不可估量影响力的多边贸易场合,在体现众成员国不可动摇意志之 DSU 第 3 条第 2 款的明文规定下,上诉机构采取这种非主流的理论学说,或者自己创立一个学说,是否危害到了法律解释的"可预测性"以及诉讼的经济性?

如果这一问题的答案是确定的,则 WTO 成员各国及涉案企业,可能要为了预测贸易活动,不得不花费巨额人力财力成本,去适应、总结、理解甚至猜测上诉机构采用或自创的非主流法律理论及其衍生的法律解释方法——这不得不说是一个糟糕的状态——这一机制所使用的理论及其基础,不仅没有从长远上解决问题,反而是把问题延后,在掩埋问题的同时,也为多边贸易机制埋下隐患。

当然,我们没有理由质疑为 WTO 争端解决机制贡献了宝贵力量的诸多专家学者的动机。这些偏离常理的行为,要么出于法律解释方法本身的不统一或碎片化,要么因为原本天才的头脑被糟糕的解释方法论削弱了注意力和判断力。无论什么原因,若不及时解决,对于继续提升争端解决质量、加快审理进度、节省各方资源,维护和加强 WTO 争端解决机制的合法性,都将造成危害。

将眼光进一步放大,道理是相同的:如果我们能够找到相对稳定的法律解释方法论,那么各方对法律的解读、对他方解读的预期,就将变得更加容易。一方面,这能够进一步增进国家之间的相互了解;相互了解是相互理解的前提,相互理解又是相互谅解、求同存异的前提。另一方面,就中国自身而言,先进的解释方法论也必将成为维护国家主权、产业发展和人民利益的锐利武器。

这种稳定的法律解释方法论究竟在哪里?探寻过程中显露的问题,想必会让读者吃惊。问题在于,研究法律解释的角度实在过于复杂。这个复杂性大致上有四层。

第一层在于范畴复杂:分类、形式、顺序、成因、指向、价值、操作细节、理念、内容、材料基础、研究路径、哲学根据……

第二层在于这些范畴被联系到许多领域,而这种联系又是如此随机和任性:立法理念、立法环境、立法技术、司法环境、司法能动性、司法价值、法官裁决技术、法律体系和传统……

第三层在于,在这许多领域中就法律解释问题进行的讨论,又被不同的案件所主导。比如,同样是在 WTO 环境下,同样从司法能动性的角度讨论法律解释技术当中的文义解释,在 DS433 中是一个面貌,在 DS344 当中可能又是另一个面貌。

第四层在于,所有的讨论都会被塞入不同的法学甚至哲学理念和假设当中予以思考,比如,自然主义、实证主义、价值法学……讨论和讨论的前提互相牵扯、互相制约,导致进展艰难。

这种湮没状态的一个主要特征就在于,在众多法律巨著中,声称探讨法律本质的部分,实际上往往是在讨论表现形式;或者在一个预先设定好的话语体系下,将表现形式归入某项个别的特殊概念并大书特书。从基本逻辑出发对法律本质的探讨,实属罕见。

究其原因,也无非四点。

第一,针对法律解释本身的研究,尚未从形式当中解放出来。我们已经看到诸多利用逻辑工具分析法律解释的例子,但这些逻辑工具最终变成了描述形式的语言,而非描述本质的语言。比如,用数学逻辑符号对应文本梳理法律解释——但严格来说,这应该被视为叙述的转化,而非方法的转换。

第二,法律解释尚未从一个部分的环节的地位中彻底解放出来。它被视为实现立法目的的一部分,或实现司法功能的一部分。立法、司法才是主体。这是一种错误的观念。法律解释并不是一个部分的环节,而是主体本身。是法律解释造就了立法和司法、为立法与司法的实践提供功能性基础,而非相反。

第三,法律解释尚未从经验性当中解放出来。法律解释应当也必须能够普遍适用到一切法律当中,涵盖所有层级和部门。否则我们怎能称之"法律"解释,而非"刑法"解释、"民法"解释、"合同法"解释?

第四,法律解释尚未获得统一的、坚实的理念根据。这里的问题在于,法律解释受上述三个问题所限,不仅未能获得一个大一统的理念根据,甚至连一个稍微坚实的理念根据都无从依赖。含混不清成了通病,即同样的法律思想下,对法律解释的基本看法可能完全不同。

在笔者看来,上述四种限制是让法律解释变得不可捉摸的原因。然而法律解释不能再被视为一种模糊的原则,或在法律人之间口耳相传近乎玄学的经验艺术,或哲学著作当中出于完备性或现实性考虑写作的短短一节。同时,我们也不能停留在从法律解释的表象进行反思的道路上。后一种道路尤其有害,因为它虽然是把复杂的法律解释行为用法律自己的讨论语言梳理了出来,却只停留在表象的范畴。简单的推演逻辑被当作抹杀目的性和价值性的凶手并因此被否认,真正体现法律意志性的辩证的部分要么没有被彰显出来,要么退居二线成了表象的补充而不是其根基。

我们必须重新从头建构法律解释的定义,并找到它真正的逻辑构成。这需要从澄清既有的法律基本定义做起,说明为何这些定义及背后的路径导致了方法论的混乱。然后,我们需要厘清这些问题,说清楚什么是法律解释,以及它的逻辑依据、具体内涵、尺度方法,等等。

本书尝试揭示的是这样一种观点:法律解释并不是一种工具,而是真正的法律本身,这种地位源于法律在思维当中的地位——法律不单是社会实践的产物,它的另一面是"形如法律的社会实践"所依赖的思维过程——这个过程本来就"嵌入到"认识过程当中。因此,认识法律解释的真正面貌,需要从认识论下手,从根本认识逻辑下手。

即我们需要构造逻辑视角的法律解释框架。传统的法律解释理论路径,即法条→法体系→司法权限→判断过程→判断价值→社会影响,不可谓不客观,但它过度依赖于实证主义,从而忽视了一个问题——为什么法实践现象会变成这样而不是其他的样子?为了让现象在一个辩证过程当中运动起来,我们需要从逻辑视角切入,澄清这所有要素背后解释过程的作用。比如,当我们考虑法官是如何解读既有条文并摄取要件的时候,不仅要考虑字面的逻辑含义,还要考虑字面含义的形成过程如何被上一个环节的解读过程所影响。同时,现在的解读环节又如何影响着下一个阶段的解读预期。简言之,我们需要把既有的法律循环和解释循环合并起来理解。在这样做之前,我们需要先把界限不清的两者相互区别开来。

最终读者将看到,每一个条文,无论是内容还是形式、场合还是应用目的,背后都携带着基于解释论的前提和假设。这种人—解释论—文本之间的三元结构关系,从最微观的符号逻辑,到最宏观的时间演化背景,一直存在,并系统地统治着与解释相关的法律活动的一切环节。唯有承认这个结构,我们才能从循环论证却又相互冲突的诸多解释视角当中解放出来,把无数散落分布的解释工具整合成为一套有意义的解释地图,高效地指导解释活动和进一步的研究。

完成理论框架构建之后,读者会看到一个在这个框架下展开的 WTO 案例研究。在这个单独的研究当中,主要方法源于本书主旨介绍的框架,主要结论仍回归这个框架。

因笔者水平所限,缺陷疏漏在所难免。恳请各位读者指正批评!

君子以同而异

——《睽·象》

第一章 问题的起源——“强效理由说”[①]

所有的问题都从一个简单的概念开始——

在 DS433 中，中国要求专家组重审上诉机构对 DS398 作出的裁决。在 DS398 中，上诉机构认为，中国不能援引 GATT 第 20 条抗辩 AP 第 11 条第 3 款项下的出口税问题。DS433 的专家组认为，在进行重审之前，“意识到中国是在要求专家组作出偏离先前上诉机构相关裁决的情况下……必须考虑到上诉机构在‘美国不锈钢案’中提出的原则，即‘为在争端解决机制中确保 DSU 第 3 条第 2 款所示之安全性与可预测性，意味着，非有强效理由，裁判机关须在嗣后案件中依相同方法解决相同法律问题’。”[②]

根据这一点，专家组认为：“当考察中国提出之具体抗辩时，必须检验它们是否构成足以使面临相同问题的本专家组偏离已被采纳的上诉机构相关裁定之‘强效理由’。”[③]在考察了中国的意见之后，专家组认定，中国提出重审理由，都不是“强效理由”。[④] 因此，专家组

---

① 本章除最后一节外，均改编自作者论文，参见柳驰：《论 WTO 上诉机构“强效理由说”之不成立》，北京师范大学 2014 年本科毕业论文。

② WT/DS433/R, paras. 7.55 – 7.56.

③ WT/DS433/R, para. 7.6.

④ WT/DS433/R, paras. 7.22, 7.99, 7.104, 7.114.

维持了上诉机构在 DS398 中对 GATT 1994 第 20 条在 AP 出口税义务项下适用问题作出的裁定。①

在这一章我们有两个目的:第一,我们需要用现有的方法指出“强效理由说”本身有哪些问题。第二,我们将试图挖掘这一实践的风险,并给出一个解决问题的道路。

第一节　“强效理由说”的内容

一、“强效理由说”的确立

“强效理由说”并不存在于 WTO 成文法律规范当中,而是由 WTO 上诉机构提出。上诉机构在 DS344 当中明确了“强效理由”这一原则。

DS344 中,专家组没有遵循上诉机构在先前“美国归零案(欧共体)”与“美国归零案(日本)”的报告当中就 GATT 1994 第 6 条第 2 款及 WTO《反倾销协议》第 9 条第 3 款所作出的相关法律解释,而是采纳了上诉机构业已推翻的专家组报告中的观点。该案当事方墨西哥对专家组不遵循上诉机构报告、采纳被推翻观点的行为提出了质疑,并请求上诉机构确认专家组的行为违背了 DSU 第 3 条第 2 款相关原则之下、DSU 第 11 条的具体规定。该案另一当事方美国则要求上诉机构驳回墨西哥的请求。美国方面认为,专家组客观地审查了事实,并在此基础上得出了自己的结论,同时详细解释了为何专家组不能同意上诉机构先前的相关裁决,这符合 DSU 对专家组职能的要求。②

为此,上诉机构检验了 DSU 第 3 条第 2 款与 DSU 第 11 条之间的关系,并确认,DSU 第 11 条规定的专家组职责,必须符合 DSU 第 3 条第 2 款所述之争端解决机制一般性原则,即保护多边贸易体制的“安全性与可预测性”。③ 之后,上诉机构经过一系列论证,在其报告的第 160 段中提出了“强效理由说”:“DSU 第 3 条第 2 款中关于通过争端解决机制保证‘安全性与可预见性’的规定意味着,非有强效理由,裁判机关须在嗣后案件中依相同方法解决相同法律问题”④——上诉机构借此回应了墨西哥的诉求。

---

① WT/DS433/R, para. 7. 115.

② WT/DS344/AB/R, paras. 146 - 148.

③ WT/DS344/AB/R, paras. 154 - 157.

④ WT/DS344/AB/R, para. 160.

上诉机构提出“强效理由说”的具体论证过程大致可分为以下五个部分：

第一，上诉机构引用了数个先例以证明此说合理。上诉机构在其报告中写道：“很明显，除解决特定成员方之特定争端外，上诉机构报告没有拘束力……但这并不意味着后案专家组得以不受限制地忽略已通过之上诉机构报告中包含的法律解释及判决依据。在‘日本酒税案’中（WT/DS8，以下简称 DS8），上诉机构曾裁定：‘已通过之专家组判决是 GATT 重要的既成组成部分。它们通常会被后案专家组考虑。它们还造成了 WTO 成员的正当期待。因此，它们应该加入到在任何与之相关争端的考虑当中’。”①上诉机构还写道，在“美国虾类产品进口限制案（马来西亚）”中，上诉机构已经把“强效理由说”的适用范围从专家组判决推及到了上诉机构的判决。在 DS268 中，上诉机构则进一步强调了这一原则：“遵循上诉机构在先前争端中作出的结论不仅是合理的，专家组本身也被期望依此行为，尤其是争议相同的时候。”此外，在注释中，上诉机构还引用了 DS264 中上诉机构报告的第 109～112 段作为参考。②

第二，上诉机构对 WTO 成员方对待先例的态度进行了描述：“WTO 成员方殊为重视专家组与上诉机构先前达成之判决。”③之所以这样说，是因为这些判决“被成员方反复征引以支持争端解决过程中提出之论证，且为专家组、上诉机构在嗣后案件中所依赖”。④

第三，上诉机构对各成员方重视先例的具体表现作出了描述：“WTO 成员方在制定或修订涉及国际贸易实务之法律法规时，会考虑专家组和上诉机构在判决中对（DSU）覆盖之条款的解释。”⑤

第四，上诉机构从《英国国际法年鉴》中引用了劳特派特的学说：“当法律的目的是维护其基本职能之一，如维持安全性与稳定性，遵循法律决定是很重要的。”⑥

第五，上诉机构从南斯拉夫问题国际刑事法庭（International Criminal Tribunal for the former Yugoslavia，ICTY），和国际投资争端解决中心（The International Centre for Settlement of Investment Disputes，ICSID）这两个机构所作

---

① WT/DS344/AB/R，para. 158.

② WT/DS344/AB/R，para. 159.

③ WT/DS344/AB/R，para. 160.

④ WT/DS344/AB/R，para. 160.

⑤ WT/DS344/AB/R，para. 160.

⑥ WT/DS344/AB/R，para. 160.

出的裁决中,分别引用了一个案例,作为实践依据,支持“强效理由说”。[①] 上诉机构所引用的判决原文如下:“(ICTY)上诉之权利是……公正审判要求的组成部分。其本身也是一项国际习惯法规则,保证了被告在相似的案件中享有基本一致的权利。如果每个审判庭都任自不尊重上诉庭的法律裁定,并采用自己认为合适的法律,那么这项权利就得不到保证。”[②]“(ICSID)法庭认为,自己不受先前裁决束缚。同时认为,法庭必须认真考虑早前的国际上的法庭作出的判决……并有义务采用在一系列连续案件中建立起来的判决……在具体的给定约文及实际案件情形下,法庭有义务对投资法律的和谐发展作出贡献。”[③]

二、“强效理由说”的实践

根据 WTO 上诉机构在 DS344 中提供的依据不难看出,上诉机构认为,“强效理由说”的核心要求(对先前判决所含法律解释的遵循与尊重)已经借由数个先前的 WTO 裁决体现出来,并得到了实践的印证。[④]

在 DS344 的判决中,上诉机构引用了 DS268 上诉机构报告第 188 段。在此段中,上诉机构写道:“(我们)不能同意美国的主张,即专家组没有客观地审查 SPB 到底是不是一种措施……在我们看来,这种审查是一种冲突识别,而且不仅限于事实……专家组的分析是正确的。专家组首先检验了 SPB,而这是冲突识别的事实基础……此处,专家组适用了上诉机构在美国不锈钢案日落调查中检验过的方法;因此,专家组依据该案(不锈钢)中上诉机构的方法给 SPB 进行定性,是合理的。实际上,遵循上诉机构在先前争端中作出的结论不仅是合理的,在争议点相同的时候,就应当这么做。”[⑤]

上诉机构还引用了 DS264 中上诉机构报告的第 109 ~ 112 段。在这些段落中,上诉机构说:“美国认为本案与‘欧盟床单案’(WT/DS141,以下简称 DS141)争议点不同,且在‘欧盟床单案’中美国的归零法没有被提起上诉……加拿大认可‘上诉机构并非严格按照遵循先例的原则’,但也同时认为,‘若因案

---

① WT/DS344/AB/R, p. 67.

② WT/DS344/AB/R, p. 67.

③ WT/DS344/AB/R, p. 67.

④ 由于上诉机构并未就第二个、第三个理由给出具体的依据,而仅仅是声称各成员方非常依赖先前判例中的法律解释。因此这个论据,要么缺乏依据而应被视作无效;要么就应当被理解为上诉机构所援引的几个先前判例,实际上包含了这些现象。

⑤ WT/DS268/AB/R, para. 188.

件之个性,忽视 DSB 在其他案件中的建议与决定,就是否认了 WTO 内在一致之判例法(普通法)体系所达成的主要成果'……上诉机构在 DS8 中认定:'已通过之专家组判决是 GATT 重要的既成组成部分。它们通常会被后案专家组考虑。它们造成了 WTO 成员的正当期待,因此,它们应该加入到在任何与之相关争端的考虑当中。但它们不具有约束力,除非涉及与该争议相关之特定成员方'。同时,上述机构在'美国虾产品进口限制案'(WT/DS58,以下简称 DS58)中认定:'该结论也适用于通过的上诉机构报告。因此,在考虑与专家组面临的争议直接相关的、已通过的上诉机构报告的论证这一点上,专家组没有错误。专家组把我们的裁决当作自己论证的工具是正确的。'……考虑到这些先前的裁决,以及 DSU 第 3 条第 2 款'WTO 争端解决机制是维护多边贸易体制安全性、稳定性的核心要素'的表述,我们对此案事实,以及美国、加拿大、第三方在上诉中提出的论辩,进行了全面考虑。依此,我们认为上诉机构在'欧盟床单案(印度)'中的论证和裁决是正当的。"①

显然,DS264 中的这些论证,建立在 DS58、DS8 的上诉机构报告之上。

在 DS344 中,上诉机构援引了 DS58 上诉机构复审报告的第 109 段。DS58 的上诉机构在此段写道:"此推断也适用于上诉机构报告。因此,在考虑与专家组面临的争议直接相关的、已通过的上诉机构报告的论证这一点上,专家组没有错误。专家组把我们的裁决当作自己论证的工具是正确的。并且,我们认为专家组并没有只是把自己限制在从 DSB 的建议与裁决的角度检验这些新的措施。"②

可以看到,被引用的 DS58 上诉机构复审报告第 109 段只是一个结论,并没有包含相关论证过程。事实上,具体的论证过程写在第 107 ~ 108 段中。上诉机构在这两段写道:"马来西亚对专家组反复援引上诉机构在'美国海虾案'中裁决的做法表示反对。(然而)我们在'美国海虾案'中这些裁决不仅是附带意见,而且是对裁决至关重要的部分。专家组引用并据此展开论证,是理所应当的……专家组必然要考虑我们在此问题上的观点,因为我们当时推翻了原专家组在此问题上的部分判决,而且为之后的专家组提供了解释上的指导,比如,本案中的专家组。"

而后,在第 108 段中,上诉机构引用了 DS8 中的段落:"已通过之专家组判

---

① WT/DS264/AB/R, paras. 109 – 112.

② WT/DS58/AB/RW, para. 109.

决是 GATT 重要的既成组成部分。它们通常会被后案专家组所考虑,造成了 WTO 成员的合理期待,因此,它们应该加入到在任何与之相关争端的考虑当中。”①根据第 107、108 段两段的论述,上诉机构在第 109 段认为,DS8 针对专家组报告确定的原则,也应适用到上诉机构报告中。总而言之,马来西亚所反对的专家组引用上诉机构报告的做法,实际上是正当的。

由此处可见,上诉机构在 DS8 中所作出的结论,在 DS264 与 DS58 上诉机构的相关论述当中,都起到了相当重要的支持作用。DS8 上诉机构报告被引用的段落内容如下:“WTO 协定的 XVI:1,和附件 1A 的段 1(b)(iv),会同 GATT 1994,通过对持续性和连续性的保护,使 GATT 1947 体系转入 WTO 的过程非常顺利。这证实了 WTO 成员所获 GATT 1947 缔约方之实践经验的重要性,以及该经验对作为 WTO 服务对象的新贸易体系的持续性、相关性及重要性。已通过之专家组判决是 GATT 重要的既成组成部分。它们通常会被后案专家组所考虑,造成了 WTO 成员的合理期待,因此,它们应该加入在任何与之相关争端的考虑当中。但除了解决该案当事国之争议,判决不具有拘束力。简而言之,它们的法律地位并不因 WTO 协定生效而改变。”②

另外,上诉机构在解释“但除了解决该案当事国之争议,判决不具有拘束力”时,还引用了《国际法院规约》第 59 条:“应当注意,国际法院规约的第 59 条拥有相同效力。这并没有禁止国际法院(及其前身)发展判例法。这些判例——明显地——非常依赖先前的裁决。”③而此处引用的国际法院规约的原文第 59 条为:“法院之裁判除对于当事国及本案外,无拘束力。”④

而上诉机构在 DS8 中的这些论证,又是为了确认专家组报告的法律效力。

DS8 的专家组在解释 GATT 1994 第 3 条第 2 款之前,先对其所适用的解释方法进行了阐述。该案专家组认为,虽然 WTO 成员方没有对 GATT 1994 第 3 条第 2 款作出后续解释,但 GATT 1947 缔约方采纳的专家组报告,就 GATT 而言,符合《维也纳条约法公约》(Vienna Convention on the law of Treaties,VCLT)第 31 条第 3 款(b)项下对“后续实践”的描述,因而也符合 GATT 第 1 条 b 款 iv

① WT/DS58/AB/RW, paras. 107 – 108.

② WT/DS8/AB/R, p. 14.

③ WT/DS8/AB/R, p. 14.

④ 参见《国际法院规约》:载联合国网:http://www. un. org/zh/documents/statute/chapter3. shtml,最后访问日期:2019 年 6 月 5 日。

项所描述的“GATT 1947 缔约方的其他决定”。因此,应将这些报告视作 GATT 1994 的内在组成部分。①

在 DS8 上诉机构报告中,一方面,上诉机构表示,它并不支持本案专家组的上述结论,也不认为 GATT 1947 时期的专家组报告有法律上的拘束力,因为 WTO 框架下,部长会议和总理事会专享了采纳解释的权限。另一方面,上诉机构也表示同意专家组的另一个认定,即未被采纳之判决没有法律效力。②

三、小结

上诉机构确立“强效理由说”的论证思路,小结如下:

在 DS8 中,上诉机构认为:(1)GATT 1947 时期的专家组判决,以及建立在这些判决之上的实践,造成了 WTO 时代成员方的合理期待,会被成员方所考虑;而这种期待,体现了《WTO 协定》对 GATT 1947 与 GATT 1994 之间持续性与连续性的保护。(2)已采纳之专家组判决是 GATT 重要的内在组成部分。(3)《国际法院规约》有类似的规定。因此,专家组的判决应在嗣后案件中被各方加以考虑和尊重。

同时,上诉机构承认,即便如此,这些判决没有法律上的拘束力——上诉机构先是确认了“考虑、尊重专家组判决”的观点,然后以此为基础,进一步削弱了已采纳专家组报告的法律地位。

在 DS58 中,上诉机构在驳回马来西亚的抗辩时,进一步发展了 DS8 中得出的结论。上诉机构的认为:(1)该案中专家组对上诉机构报告的援用,是必不可少的过程,因为专家组必须援引上诉机构的报告,才能对上诉机构在这些报告中的观点与论述进行有针对性的批驳;(2)DS8 中针对专家组判决效力的论证,同样适用于上诉机构。因此,DS58 中的专家组反复援引考虑上诉机构的相关判决,是没有错误的。

在 DS264 中,上诉机构使用了它在 DS8、DS58 中作出的裁决,会同“充分考虑本案事实”这一点,论证了其援引 DS141 的正当性。在 DS268 中,上诉机构强调,专家组遵循上诉机构的报告是预料之内的事情。

---

① WT/DS8/R, paras. 6.7 – 6.10;《维也纳条约法公约》,资料来源:https://treaties.un.org/doc/Publication/UNTS/Volume%201155/volume-1155-I-18232-English.pdf,最后访问日期:2019 年 6 月 5 日。

② WT/DS8/AB/R, pp. 13 – 15.

最后，上诉机构在 DS344 中，确立了“强效理由说”。在论证当中，DS8、DS58 确立了“尊重先例”的原则，DS264、DS268 则是这一原则被反复运用的体现。换言之，上诉机构的逻辑是，这四个案例表明，对先例的尊重、引用与依赖，已经成为了 WTO 争端解决机制中一个明显的习惯。这一点，会同国际法学家的学说，以及其他国际组织的相关实践，证明了尊重先例对维护法律体系稳定性的重要性。上诉机构借此提出了“强效理由说”。

各个案件之间的关系，可表示为图 1－1：

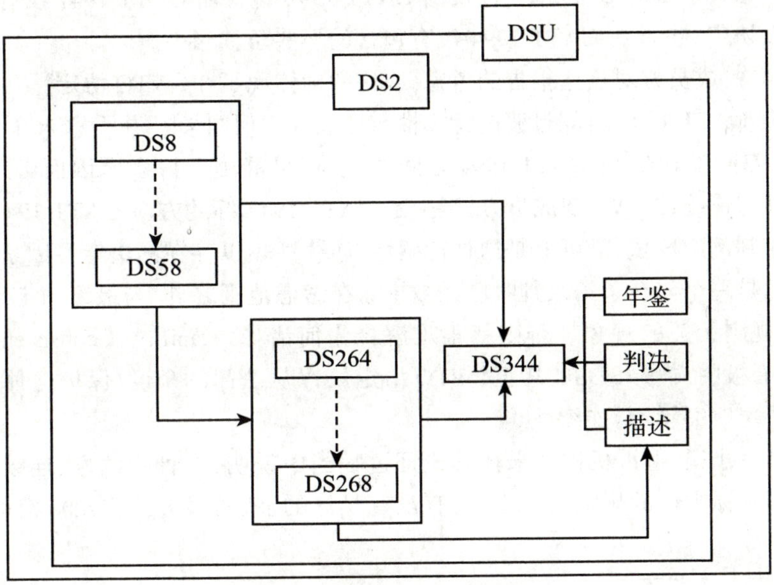

图 1－1　各案件之间的关系

第二节　“强效理由说”的相关问题

一、论证的逻辑缺陷

上诉机构确立“强效理由说”的论证过程，有几个难以忽视的逻辑缺陷。

上诉机构构建“强效理由说”的一系列论证，源于 DS8 上诉机构报告中的一段论证，即 GATT 1947 时期的专家组判决，以及建立在这些判决之上的实践，造成了 WTO 时代成员方的合理期待，会被成员方所考虑；这种期待，体现了《WTO 协定》对 GATT 1947 与 GATT 1994 之间持续性与连续性的保护。这段论证是上诉机构在嗣后案件中作出裁定的关键依据。然而,DS8 上诉机构报告的这段论证,有两个逻辑问题。

第一,DSU 所涵盖的“适用协定”不只包含了 GATT 1994,GATT 1994 也不只包含 GATT 1947。我们最多能够通过成员方对 GATT 1947 时代专家组判例的尊重推导出,在解读 WTO 框架下解决 WTO 规则中包含的、GATT 1947 的相关规则时,应当考虑和尊重与之直接相关的 GATT 1947 时代的专家组判例。但我们不能想当然地把 GATT 1947 时期报告对 GATT 1947 与 GATT 1994 共有条款项下相关争端的参考价值,推及到 GATT 1994 包含而 GATT 1947 没有包含、《WTO 协定》包含而 GATT 1994 没有包含的那些条款当中。①

第二,成员方对这些报告的考虑,或许的确体现了在《WTO 协定》下,GATT 1947 到 GATT 1994 之间过渡的持续性与连续性。但“体现”并不意味着不可或缺——GATT 1947 到 GATT 1994 之间的过渡,可能由于许多原因而必须具有持续性与连续性。WTO 成员方、至少是 GATT 1947 缔约方对 GATT 1947 时期专家组判例的尊重,既可能是这种持续性、连续性赖以存在的决定性因素,也可能不过是一个与在条约谈判时已经被排除在考虑范围之外、与最终制定出来的 WTO 规则无关的现象。否则就很难解释为何诸如“stability”“consistency”等词,没有被明文写入 DSU 甚至《WTO 协定》,以从法律的角度,保护这种“从协定到协定”的持续与连续性。②

退一步说,上诉机构并未在其论证过程当中说明,这种持续性、连续性,除了体现在原则性的规定当中之外,有没有具体的、就实践方法作出规定的文本

---

① 此处这个判断还仅仅是一个直觉的判断。详细地说,静态法律体系自身的变化,将导致对其内容的再评判,因此这种跨体系的迁移需要特别谨慎地对待。哲学家奎因指出:“我们信念或知识是作为一个整体面对经验法庭的,具有经验意义的是整个科学。由于整体内的各个陈述在逻辑上是相互联系的,对整体内部的某些陈述的再评价比较因其整体内部的重新调整,对其真值的再分配。”奎因的理念与我们在后文第六章指出的宏观法律运动不谋而合:法律内涵的意志,总是有从其中介性出发被整体扬弃的冲动。需要指出,这种冲动的实现,往往是从局部开始而不是从整体开始。换言之,如从 GATT 1947 跳跃到 GATT 1994 这样的体系性更迭,本应获得更全面、更细致的整体评价。进一步地,如果我们还承认上诉机构需要秉持一种“具体案例具体分析”的精神,那么这种要求从逻辑上应当更贴合奎因的观点、更贴合宏观法律体系的一般活动规律,同时也天然地制约了判例法体系下,各判例自身在反复适用当中的不断补强。参见陈波:《奎因哲学研究——从逻辑和语言的观点看》,北京三联书店 1998 年版,第 151 页。

② 此处使用的是电子文档检索的方法。在检索时输入“stable”和“consist”,并未得出与“持续性”“连续性”有关的词汇描述。

基础。上诉机构的报告中,根本没有提到,这种尊重到底如何反映到了具体的WTO规则文本当中,抑或它只是一个指导性的原则。毕竟原则并不总是自然地决定具体的行为内容。既然如此,无论原则上如何规定,至少上诉机构没有进一步证明,要求WTO成员方在嗣后案件中“应该考虑”先前的判决有着何种法律依据。再退一步讲,即便在脱离文本的前提下承认,对先例的尊重是WTO成员方的共同意愿,WTO规则当中仍然缺乏一切有关先例具体实践的规则;因而,我们还是不能确定,上诉机构的要求,是不是贴合WTO成员方的本意。毕竟成员方当初可能仅希望“可以考虑先例”,而非“应当考虑先例”。

总体来说,DS8上诉机构报告当中的这些论述是不充分的。

此外,在DS58中,上诉机构声称,DS8中上诉机构所认定的、专家组报告对嗣后案件的效力的相关论证,能够推及于上诉机构报告。然而,就DS58上诉机构报告所引用的DS8上诉机构报告的相关论述而言,其中的逻辑仅能归纳为:各方对GATT 1947时代的专家组报告产生了合理期待→合理期待构成了WTO规则、多边贸易体系安全性、可预测性重要的一部分→应当考虑GATT 1947时代的专家组报告。显然,就这一逻辑而言,我们无法把其中的“专家组报告”,简单地替换为“上诉机构报告”——GATT 1947时代根本就没有上诉机构,GATT 1947时代的专家组也没有解决过任何超出GATT 1947的问题。

不仅如此,虽然上诉机构在DS8中论述了争端解决机制对GATT 1947到GATT 1994之间过渡关系的稳定性与确定性的保护,也论述了这一原则下,GATT 1947时代专家组判例理应得到尊重,①但上诉机构也在此基础上,否认了这些判例的拘束力,更没有表示后案的专家组或上诉机构“非有强效理由应当遵循判例当中之解释”。与上诉机构在DS58中的理解恰恰相反,结合上下文来看,DS8关于“应当尊重专家组判例”的论述,应当被理解为上诉机构采取了“欲抑先扬”方法,在一个相当高的标准上,削弱已经得到采纳的专家组判决法律地位。如前所述,上诉机构在DS8中表意非常明确——即便专家组的报告有非常重要的地位,它仍然不具备拘束力。而且上诉机构还把这个逻辑扩展到了没有被采纳的报告上面。② 由此可见,上诉机构在DS58中,片面地截取了DS8中意图削弱先前判例拘束力的论述,然后反过来将其当作应当支持援引、考虑先前判例的论据,这显然不妥。

---

① WT/DS8/AB/R, p. 14.

② WT/DS8/AB/R, pp. 14 - 15.

哪怕忽略 DS8 与 DS58 在逻辑上的脱节，认可上诉机构在 DS58 中的论述，仍有一个问题无法得到解决：上诉机构在 DS58 中，仅仅证明了专家组援引上诉机构报告没有错误；而上诉机构在 DS344 中提出的“强效理由说”，却是在要求各方在没有强效理由的情况下，应当援引先前报告——从排除一个解释方法的违法嫌疑，到确立一个原则性的解释规则之间，显然存在巨大的逻辑鸿沟。“非此即彼”的思维，无论如何不能称为严谨可靠。同时，上诉机构报告中也没能解释，为什么它有权限确立解释规则，或者提出针对解释方法而非被解释条款内容的建议？这些权限到底在 DSU、VCLT 的哪些条文当中有所反映？事实上，上诉机构没有告诉我们这些。这意味着上诉机构无权要求包括其自身在内的任何裁判机关在嗣后案件中适用这一原则，甚至应当主动排除此类建议要求在报告中出现。

二、审理权限问题

即便我们忽视上诉机构在 DS8、DS58 两个案件报告中所有的论述瑕疵，承认其观点，仍有一个前提未经考虑：上诉机构的这些论述，是不是符合 DSU 针对上诉机构审理权限的相关要求？或者说，无论上诉机构形式上是否引用了 VCLT、DSU 等规则，它在理论上是否可能有权限根据这些规则，提出“强效理由说”？

根据上诉机构论述的内容，不难看出，其文本依据的源头，是 DSU 第 3 条第 2 款当中的原则性条款。注意到，DSU 第 3 条第 2 款强调的不仅是争端解决机制的目的，即维护多边贸易机制的安全性与可预测性。DSU 第 3 条第 2 款还强调了争端解决机制的方法，并对裁判何种争端、如何进行裁判，乃至判决结果本身进行了限制。在这些方面，DSU 第 3 条第 2 款规定得极为明确：“争端解决机制用于维护成员在适用协定之下的权利义务，及依照符合国际公法解释习惯法的方式，对既有之适用协定进行澄清。争端解决机构的建议和裁决不应增减成员方在适用协定之下的权利义务。”

除此之外，DSU 不仅要求包括上诉机构在内的整个争端解决机制必须在确定的框架内进行，它还专门对上诉机构的审理活动权限进行了具体的限制：上诉机构仅能就专家组报告涉及的法律问题和专家组所作之法律解释进行裁决。同时，其权限是维持、修改或撤销专家组的法律调查结果或结论（DSU 第 17 条第 13 款）。

根据这些规则，笔者认为，上诉机构在以下方面涉嫌违反了 DSU 的规定。

首先,上诉机构涉嫌违反 DSU 第 3 条第 2 款相关规定。DSU 第 3 条第 2 款规定了 DSB 争端解决机制的基本规则,即从“适用协定”中来,到“适用协定”中去。我们虽然可以承认,尊重先例有助于维护多边贸易机制的稳定性与可预测性,但“尊重先例”这个说法,乃至“先例”(precedent)一词,在这些“适用协定”中根本就没有出现过。英文原文中与先例相关的“previous”“report”等词语,结合上下文背景来看,其含义也和“先例”毫无关系。这意味着,“先例”这个概念,不在上诉机构在论述中所涉及的“适用协定”当中。那么,上诉机构的论证,就既不能被视为是在维护成员方“适用协定”下的权利义务,也不能被视为是对“既有的适用协定”进行“澄清”——显然任何人都不可能“澄清”一个本来就不存在的概念。因此,上诉机构涉嫌违反了 DSU 第 3 条第 2 款条针对规则适用、解释对象作出的规定。

其次,上诉机构还涉嫌违反了 DSU 第 17 条第 6 款、DSU 第 17 条第 13 款关于上诉机构具体审查活动权限的规定。DSU 第 17 条第 6 款的规定意味着上诉机构只能对专家组报告中的法律问题、法律解释问题进行审查。或者说,其他问题就不应当出现在上诉当中,也不应被上诉机构接纳考虑。需要特别注意的是,此种限制,在 DSU 第 17 条第 6 款的原文中,并非表现为“应当限于法律相关问题”(shall be limited to legal issues),而是“专家组报告涵盖的法律规则问题”(issues of law covered in the panel report)。“legal”与“law”两个词的含义截然不同。前者意为“与法律相关”,后者则特指“法律规则本身”。① 把这条规定,与 DSU 第 3 条第 2 款“从‘适用协定’中来,到‘适用协定’中去”的原则性要求相结合,不难发现,DSU 第 17 条第 6 款所指的“issues of law”,实际上是在特指法律适用问题,而不是泛指所有“与法律相关”的问题;而且特指的是适用“适用协定”(covered agreements)的相关问题,而不是一切 WTO 框架下的法律适用与法律解释问题。简单来说,DSU 第 17 条第 6 款要求上诉机构仅对专家组报告中关于“适用协定”的法律适用、法律解释问题进行审查。而上诉机构的法律解释及裁判结果,涉嫌超出了这一程序性规定的范围,违反了 DSU 第 17 条的相关规定。

既然如此,上诉机构若想自圆其说,就必然面临着进退两难的境地:

要想把专家组援引先例的行为,当成法律适用问题予以检验,上诉机构就

① 参见[英]霍恩比:《牛津高阶英汉双解词典》(第 4 版),李北达编译,牛津大学出版社 1994 年版,第 840 页、第 848 页。

必须说明,为什么“适用协定”所不包含的先例制度是各方应予遵从的法律规则。同时,上诉机构还必须论证清楚,对此规则进行认定,并没有导致“适用协定”项下成员方权利义务的增减。事实上,上诉机构不仅没有关注这两个问题,忽略了对自身审理权限的法律约束,甚至还在其已经否认了先例拘束力的前提下断章取义,将原本用来否认先例拘束力的论证,反过来当成支持先例在实质上含有拘束力的证据。

而如果把专家组援引先例的行为当作法律解释对象问题予以检验,上诉机构又必须说明,为什么“适用协定”中没有出现的“先例”概念,成为了法律解释的对象,或者能够经过解释而被归入“适用协定”当中。在这一问题上,上诉机构也没有给出严谨的推理。同时,上诉机构无法证明它的审查活动符合 DSU 第 17 条第 6 款、DSU 第 17 条第 13 款的相关规定。因为它既不是在审查专家组报告中的法律解释、法律适用问题,也不可能对一个根本不应当在上诉中出现的问题,予以维持、修改或撤销——理应在上诉过程中驳回的问题却未能驳回,这同样违背了 DSU 规则。

三、解释方法问题

为了躲避踏入身前身后的陷阱,上诉机构只能选择“横着走”,即把专家组对先例的引用,视作法律适用、法律解释对象之外的法律解释方法问题。但这又引起了一个疑问:上诉机构此处又涉嫌违反了其在 DS2 中确立的有效解释原则,即“减少重复与无用”。[①] 遵循这一原则,DSU 第 17 条第 6 款所规定的“法律解释”,就应当仅指法律解释结论或法律解释方法其中的一个。确切来说,上诉机构审查的对象,应当是法律解释的结论是否正确,而不是法律解释方法是否正确。事实上,即便忽略“有效解释”的原则,仅采用上下文解释、文意解释的方法,我们也能够独立地判断出这一点。因为:第一,DSU 第 17 条第 6 款中的“法律解释”(legal interpretation)是个名词,而不是一个形容词,比如,“legal interpretative issues”。第二,根据我们在前文对法律解释方法反向边界的论述,DSU 第 1 条第 1 款的“适用协定”的规定无法推及 DSU 第 3 条第 2 款本身,这意味着,虽然 DSU 第 3 条第 2 款规定了法律解释方法必须符合国际公法解释习惯法,上诉机构却无法在 DSU 规则之下,针对法律解释方法是不是符合 DSU 第

---

① WT/DS2/AB/R, p. 23.

3条第2款的规定进行检验(这或许是一个法律漏洞)。

退一步说,我们哪怕放弃有效解释原则,并将DSU第3条第2款的适用范围覆盖到其本身,然后承认DSU第17条第6款所述,实际上既包括了法律解释结果,也包括法律解释方法,这仍然不能使上诉机构的“强效理由说”成立。因为这样一来,上诉机构就是在放弃、无视其自己先前作出裁决(DS2)的基础上,要求各方应当尊重、考虑先例中的裁决。而且“有效解释说”与“强效理由说”,都是针对上诉机构和专家组的解释方法提出的原则,这意味着,哪怕仅仅根据上诉机构在DS8中得出的结论,即先例仅对当事方有拘束力,上诉机构也应当考虑其确立的“有效解释原则”。那么,上诉机构既声称,先例对相同当事方在相同问题上有拘束力,又必须挣脱自己先前的裁决才能合法地得出这一结论(请注意这里的“合法”还是我们把DSU第3条第2款的适用范围强行扩大到附件1之外的结果),这自相矛盾。这意味着,即便上诉机构放弃有效解释原则、放弃DSU第1条第1款、DSU第3条第2款与DSU第17条第6款对上诉机构解释对象与解释结果的限制,甚至同时放弃它们,都无法在其“强效理由说”成立的前提下,排除上诉机构违反DSU相关规则的嫌疑。

与此同时,上诉机构在论证“强效理由说”时,还认定“WTO成员方殊为重视专家组与上诉机构先前达成之判决”。而这又是因为这些判决“被成员方反复征引以支持争端解决过程中提出之法律论证,且为专家组与上诉机构在后续案件中所依赖”,并且认定“WTO成员方在制定或修订涉及国际贸易实务之法律法规时,会考虑专家组和上诉机构在判决中对(DSU)覆盖之条款的解释”。这两个结论或许是正确的,但问题在于,它们是事实问题,而非法律问题。而事实问题应由专家组提出,上诉机构仅能对法律问题进行解释。这同样意味着上诉机构可能涉嫌违反DSU第17条第6款针对其审查范围的限制性规定。

即便我们忽略DSU第17条第6款、第13款中,关于上诉机构审查对象及结果的限制性规定,上诉机构的论述仍然涉嫌脱离了DSU第3条第2款中关于解释方法本身的要求。

DSU第3条第2款条规定,解释方法必须与国际公法解释习惯法相一致。但是这一规定却没有告诉我们,解释方法的具体内容是什么。上诉机构在DS2中确认,VCLT第31条符合国际公法的解释习惯法。[①] 然而,同DSU以及其他

① WT/DS2/AB/R, pp. 16－17.

《WTO 协定》一样,VCLT 当中并没有包含任何有关判例效力的规定。不仅如此,它们还都没有涉及任何有关名家学说的解释效力问题。因此,上诉机构援引先前判例以及劳特派特学说的做法,就无法被归入其已经认可的解释方法之内。事实上,上诉机构完全可以对这一点进行论述,解释为什么它们也是国际公法解释习惯法的一部分,但它没有这么论述,而这就使引用名家学说的部分论证缺乏符合 WTO 规则的法律基础——哪怕是上诉机构自己解释出来的基础。

总而言之,即便我们忽略上诉机构在论证“强效理由说”当中的推理瑕疵,上诉机构的论证仍不能当然地成立,因为它涉嫌违反了 DSU 第 3 条第 2 款关于争端解决机制审理依据与审理结果的规定,涉嫌违反了 DSU 第 17 条第 6 款、DSU 第 17 条第 13 款关于上诉机构审理范围及结果的规定,并涉嫌偏离了其自己认定的 DSU 第 3 条第 2 款中关于上诉机构解释方法的原则性规定。

简单来说,上诉机构针对“强效理由说”进行的论证,涉嫌违反了 DSU 当中与本书所讨论问题直接相关的一切规则。

四、审理理念问题

(一)无视 WTO 法律体系的大陆法系特征

再退一步,即我们放弃所有 DSU 针对上诉机构的具体限制性规则。但即便我们仅从抽象的法律构架层面展开讨论,上诉机构的论证仍然不够严谨,无法成立。

上诉机构“非有强效理由不得偏离先例当中之解释”,应当被视为等价于普通法系当中“推翻先例须经合理论证”的重要原则的逆否命题。换言之,上诉机构在 DS344 中确立了一个普通法系所特有的原则。而其确立该原则的依据,如劳特派特的学说,以及其声称的各成员方对该原则的反复援引,甚至是先前裁判机关而非立法机关对法律作出的解释,也显然仅能得到普通法系的认可。显然,普通法系当中这一原则无法自然地相容于大陆法系,因为“司法判例不是大陆法系的法律渊源。如果判例对其后法院判决案件有拘束力,就必然违反禁止法官立法的原则。因此,大陆法系的传统观念是,任何法院都不受其他法院判决的约束……即使最高法院已对同类案件所涉及的问题表示了意见,它的下级法院仍然可以做出与之不同的判决”。在大陆法系框架下,这些非经立法机关确认并明文记载于成文法当中的法学学说、司法实践,虽然可能印证了法律以及司法解释的存在，但难以在脱离法律或立法解释的情况下，单独构成某一解释或解释原则成立的理由。

从不同法系法律渊源的角度看，DSU 本身乃至全部 WTO 规则，显然是制定法而不是什么判例，是成文法而不是习惯法，是由立法者所为而非司法者所为，是制定规则而非对规则之确认。[①] 种种特征都反映，它在形式上并不符合普通法的体系特征。这种从规则中来，到规则中去的体系，以规则为中心而非以法官和法律传统为中心的机制，是再典型不过的大陆法体系而非普通法体系。[②] 既然如此，上诉机构不仅没有理由想当然地按照普通法系的方式进行裁判，更没有理由在有着浓厚大陆法体系特征的 WTO 争端解决机制体系内，对判例效力等具体问题，依据普通法系而非大陆法系的原则予以确认，甚至为此专门凭空造出一个既不属于 DSU 也不属于其他“适用协定”，反而等价于普通法系原则的“强效理由说”。

具有难以排除的大陆法特征的 WTO 规则，使普通法系特有的引用先例、分析先例的解释方法，不能当然适用。这排除了上诉机构确认先例效力、进而构建“强效理由说”的权力。既然，一方面，成员方当初制定出来的法律，在体系上和职能分配上都体现着大陆法的特征，也确实在 DSU 第 1 条第 2 款、DSU 第 3 条第 2 款中白纸黑字记载着“依据适用协定”；另一方面，无论是 DSU 还是 VCLT 乃至所引用的《国际法院规约》，都没有承认广泛的遵循判例原则。那么，依据上诉机构自己在 DS398 当中的逻辑，[③]这两方面就足以表明，成员方当初根本无意将英美法的理念纳入 WTO 司法解决机制当中。否则，他们本可以将其纳入 DSU 或者 WTO 协定。

简言之，上诉机构想当然地在 WTO 法律框架下适用普通法系的审理方法，与 WTO 规则体系及体系特征之间存在冲突。这种适用即便不足以构成滥用，也至少先经过充分的讨论。

（二）违背普通法系的基本精神

再退一步，认为上诉机构不仅可以无视 DSU 的相关具体规则，还可以无视

---

① 相关特征久经讨论，已非常明晰。参见［美］约翰·亨利·梅利曼：《大陆法系》，顾培栋、禄正平译，法律出版社 2004 年版，第 23 ~ 25 页；另参见王泽鉴主编：《英美法导论》，北京大学出版社 2012 年版，第 117 ~ 130 页。

② 参见高鸿钧、程汉大主编：《英美法原论》（上册），北京大学出版社 2013 年版，第 29 ~ 303 页；王泽鉴主编：《英美法导论》，北京大学出版社 2012 年版，第 1 ~ 130 页。

③ WT/DS398/AB/R, paras. 293 – 294.

WTO 规则的整体特征性质，并认可其依据普通法系的理念进行裁判。然而即便给予如此巨大的让步，上诉机构的论证仍然无法成立。

普通法系的基本精神，是发现规则而不是创造规则。普通法系发现规则并予以确立的标准，一是“长期使用”，二是“（普遍）接受”。[①] 然而，上诉机构在论证 DS344 时所列举的先例之间的时间顺序，却告诉我们，上诉机构在确立“强效理由说”的过程中，违背了这一普通法系的基本精神——上诉机构先在 DS8 中提出了“尊重先例”的原则，然后才在 DS58、DS264、DS268 等案中，依据 DS8 确立的“尊重先例”原则，声称在争端解决过程中，对先例的参考与引用是合理的。

这至少引起了两个怀疑。首先，DS8 这个文件编号就表明，此案件是 WTO 成立之初的案件。在 WTO 刚成立不久的情况下，就运用普通法的方法，对“习惯”予以确认和归纳，这不符合“长期使用”的原则。甚至可以说，在 WTO 仅成立 2 年、总共对 7 个案件进行过裁决的成立初期，任何有关 WTO 法律实践中存在“长期使用”的“传统”或“习惯”的主张，或基于这些主张之上的其他主张，都应引起参与争端解决各方的高度怀疑（尤其是应当谨慎尽职的上诉机构的怀疑）。其次，众多国家的反复质疑，还使“强效理由说”无法满足“（普遍）接受”的标准。比如，在 DS58 中，马来西亚就对专家组反复援引报告的做法提出了质疑。[②] 然而上诉机构并未理会这些质疑，甚至没有因此重新检视其基础薄弱的“强效理由说”，而是直接援引此说本身（甚至不是关于此说的其他实践）驳回质疑。

简单来说，上诉机构并不是在 WTO 成立十多年、大量国家自觉反复援引先例之后，归纳并确立一个实质上等价于“尊重先例”这一普通法原则的“强效理由说”。其作为恰恰相反——在历史基础薄弱的基础上先造出一个原则，然后面临一次又一次的质疑，强行适用自己的结论，循环论证为己辩护。除了循环论证，上诉机构实际上还把专家组通过引用先例，推翻上诉机构判决这一事实，曲解成为支持先例效力的论据。

无论从哪个角度来看，上诉机构都是在用违背普通法系精神的方法，强行在 WTO 规则与实践当中，塞入一个普通法系特有的原则。而上诉机构的这一行为本身，也违反了其强加于 WTO 争端解决机制之上的“强效理由说”的基础，即在普通法系下，确认法律习惯、维护先例效力的根本态度与方法——这恰

---

① 参见高鸿钧、程汉大主编：《英美法原论》（上册），北京大学出版社 2013 年版，第 52 页。

② WT/DS58/AB/RW, para. 107.

恰是普通法系精神之所在，甚至可以说是判例法生成、维系的基石。

根据上述分析，我们有充足的理由认为，上诉机构的判决，既违背了 WTO 法律规则体系所内含的大陆法系的基本精神，也违背了普通法系的基本精神。

（三）法理上背离争端解决机制的基本目的

最后一个需要检验的问题，源于 DS264 上诉机构报告第 110 段所载、加拿大提出的论点：“上诉机构并非严格按照遵循先例的原则。”

因为上诉机构未能明确自己据以进行法律裁判的原则、理念，所以我们只能认为，上诉机构的裁判活动并不当然地限于任何法律形式上的规则。换句话说，上诉机构有可能为了维护 DSU 第 3 条第 2 款所规定的“安全性与可预测性”，采取任何“适宜”的方式来论证先例的效力，并确认“强效理由说”。

这种理解仍不能使上诉机构的论证成立。其根本原因在于，如果这一说法真的成立，上诉机构审理理念与 WTO 争端解决机制之间，将会产生不可调和的矛盾——这种“无法无天”的裁判方式，显然与上诉机构一切论证的基础，即争端解决机制意图维护的多边贸易机制的“安全性与和预测性”严重相悖。很难想象，缺乏既有明文规则根据的任何法律活动，能够符合安全性、可预测性、持续性的要求。如若不然，DSU 规定的就不是法律意义上的可预测性、安全性，而只是政治外交领域，基于口头共识甚至潜规则的可预测性、安全性，那么上诉机构就将沦为政治机关——这显然与订立各项协定的成员方意图相悖。也很难想象，一个缺乏安全性、可预测性、持续性的审理机构及其使用的审理方法，能够维护任何规则体系或依赖于该规则体系之上的任何实体活动的稳定与可预测性。如果上诉机构作为一个裁判机构的独立性、自主性，已经发展到了各成员方都无法大致准确地把握其裁判、解释活动的地步，那么问题就很有可能源于上诉机构自身，而不是实体性规则的模糊性。

应当注意到，相对于主权纠纷，国际贸易纠纷还是非常容易解决的，也总是能够得到解决。我们甚至可以这么说：以采取国际公法解释习惯法的方式审判案件，国际法庭无疑比 WTO 上诉机构更具有经验。那么，之所以把案件交给专家组、上诉机构来审理，而不是让国际法庭的法官拿着适用协定审理，其根本原因不在于审判技术，而在于审理框架和审理权限。既然如此，“如何解决”就比“是否解决”更重要，WTO 争端解决机制框架的稳定性就比采用法律技术的灵活性更重要，规则比效果更重要。

这个框架，必然应当由且仅由经合理程序制定之有效规则来确定，而不应由另一条系统确定——无论另一套系统是在上诉机构，还是在对自己让渡过多权力感到后悔的任何成员方。否则,我们便没有理由相信,WTO 是在提倡法治和稳定、DSB 的作用是维护多边贸易体系安全和可预测性。

既然如此,在确认判例效力、设置“强效理由”门槛或是针对既成规则进行解释之前,上诉机构就必须先负责任地将其自身的审理方法,以合乎既有规则的方式,尽可能地描述清楚。否则,这个仅由 7 个人组成的常设裁判机关,其裁判活动及依据,将凌驾于 WTO 上百位成员方以及这些成员方身后难以计数的经贸活动主体,甚至更广泛的利益相关民众的预期之上。甚至从程序主义的角度来看,这种裁判方式以及其导致的模糊性,不仅无益于安全性、可预测性,反而是有害的。它必须在依此裁判方式产生的任何裁决之前,予以替换或更正。

第三节 关于问题解决路径的选择

我们已经得出结论:首先,从论证逻辑上看,DS8 上诉机构报告包含了诸多逻辑错误,基于 DS8 报告展开的后续论证在逻辑上也无法很好地衔接。其次,上诉机构的一系列裁判活动,涉嫌超出了 DSU 规定的审理权限。再次,上诉机构遵循的解释方法,既涉嫌违背了 DSU 确立的基本解释方法原则,也与其自身确立的“有效解释原则”相冲突。最后,上诉机构适用的裁判方法和审理理念,不仅与大陆法系、英美法系无法相容,还与 WTO 规则体系以及该体系所致力于保护的多边贸易体系的稳定性与可预测性产生了矛盾。

这种法律实践的风险让人胆寒:“强效理由”(cogent reason)是一个在 WTO 法律条文当中从未存在过的、幻影般的概念;然而上诉机构却神奇地让幻影有了肉身,还赋予它高度的推理价值,并借此驳回了成员方的抗辩。进一步地,专家组在涉华裁判当中,竟然将其俨然视为一项明确的法律规则加以运用。

直白地说,这种变魔术一般的法律手法居然被用在高度敏感的 WTO 争端解决机制当中,令人称奇。从长远看,在同时缺乏明文约定和法律传统两大约束的情况下,这种推理的稳定性和可预测性让人难以接受。当然,我们也明白,WTO 专家组的成员以及帮助他们的工作人员都是心怀公正、熟稔法律的个中高手。那么这种奇特的法律实践现象,就应该被理解为没有办法的办法。但也很明显,这种灵巧的手法既被敏感的法律操作环境索求着,也同时被其排斥着。我们需要为其是否合理找到一个清晰的解答。如果不合理,还要挖掘出它的深层原因。

我们先为问题定性：DS433 专家组运用“强效理由说”的原则驳回了中方的解释思路，那么似乎“强效理由说”的应用就应当归为法律裁判规则。但请注意，这一规则的内涵是上诉机构经法律解释得来的，且解释的对象并不是实体法律规则，而是 DSU 关于法律争端解决的原则性要求。如何从法律原则当中得出一个法律裁判规则——这自然是一个法律解释问题。

然而此处的法律解释问题非常模糊，这种模糊性源于其牵涉多个复杂问题：首先，它涉及对原则性文本本身的理解——这一步就要牵涉基本的解读手法和理念导向之间的能动性与限制。其次，它又要涉及相关推测的取舍判断——这又要牵扯单一规则和整体法律体系之间的平衡。最后，我们还必须关注这些判断和理解的出发点和归宿是否能恰当地包容于 WTO 体系当中，这便关系到体系与方法之间的匹配问题。

面对如此纷乱的局面，策略就显得非常重要。简要地说，如果我们选择从问题本身出发、一步一步选择恰当的理论基础，那么每一步都将涉及无数可能的选项，而为了排除它们我们便不得不把所有可能的组合都测试一遍。结果很简单：讨论内容以几何级数翻倍；相比之下，最终得出的有效路径却只能有一个——其余的部分便成了无用功。

具体来说，首先，我们需要分析所有可能与裁决相关的论题，并厘清它们所有可能组合之间的关系。其次，我们要将所有可能的组合与所有可能的解释论相联系，再从解释论层面重新组合并加以讨论。最后，这些解释论又将我们引向不同定义下的法律结构论或法律本体论，于是我们还要花大量的时间澄清本体论之间的关系。

显然，这种大海捞针的方法应当被我们摒弃（见图 1－2）。

想办法从一开始就走在正确的道路上，显然有效率得多。所需要做的不过是找到一个合适的起点，而后，演绎逻辑的力量自然会让我们保持在正确的轨道上。因此，本书提出的解决方案，是从最基础开始，推导出关于解释理论的一般性的方法论，兼顾该方法论与既存理论的联系构建，并最终得出一套有效的分析工具。虽然通常的案例分析逻辑是从案例本身下手，但本书为了整体框架的清晰和简明，将选择从一切案例的根源问题入手。我们会将整个讨论颠倒过来（见图 1－3）。

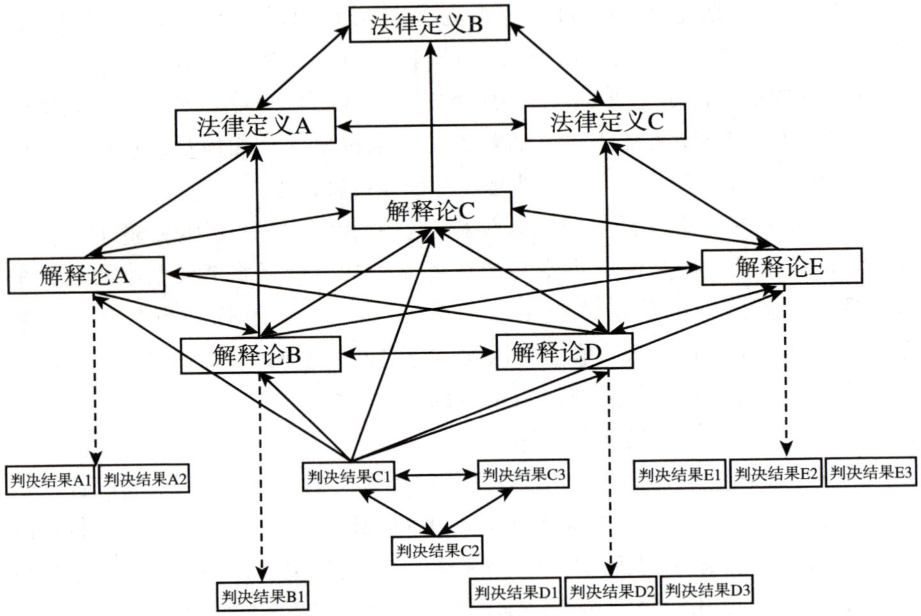

图1－2 从判决结果出发将使需讨论的组合指数级增加

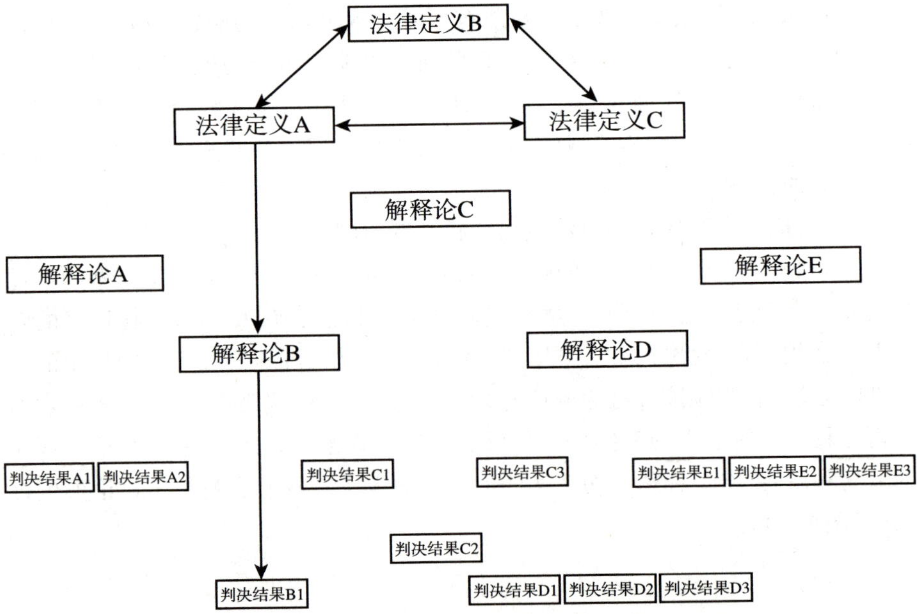

图1－3 从基本定义入手将大大简化讨论

在此不得不对读者卖个关子。笔者指出了问题,但还没有解决。按照笔者的计划,好的解决方法是先磨刀,后砍柴。因此,笔者会将其留到最后,在本书最后的结语部分介绍这套分析工具应用在“强效理由说”上得出的结果。

本书剩余部分基本架构如图 1－4 所示。

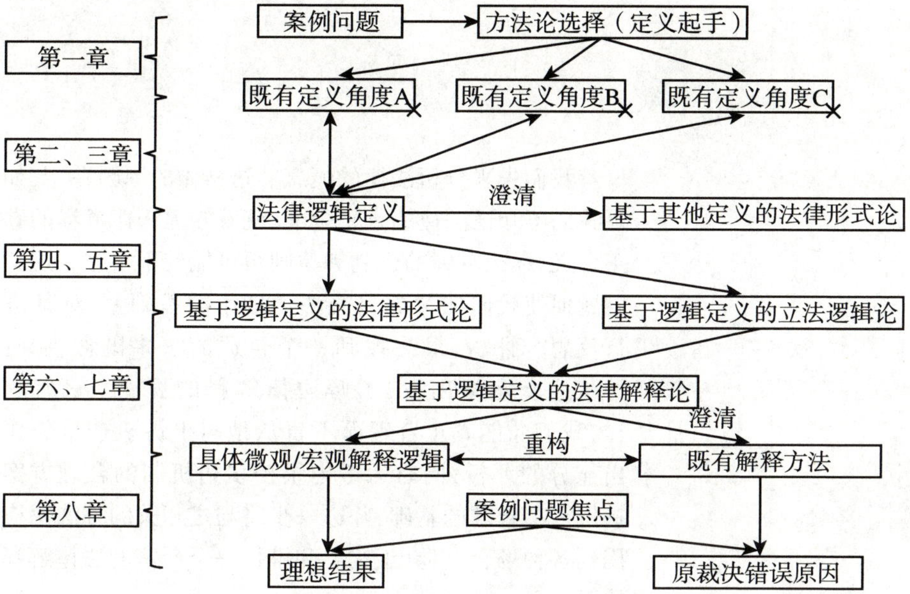

图 1－4　本书剩余部分基本架构

第二章　法律概念的定义路径

我们先来分析法律的概念。这样做的原因在于，如果我们不知道法律的真正含义，就不知道法律解释的真正含义，那么解释的机制和原则很可能就不牢靠。这些问题促使我们在考虑主流法律理论的基础上，对其进行反思与评析，最终找到一个合适的法律概念定义；并从这个定义出发，了解法律解释的规律。只有这样，我们才能真正合理而不盲从地对上诉机构报告作出充分的评析，同时为考虑维护多边机制的合理方案提供一个合理的基础，并进一步将与之相关的方法论应用到各种场合，以真正建立和维护一个严密的法律解释体系。

第一节　重要学派的法律定义

我们将在这一节明确本书采纳的法律概念的定义。笔者在此选取了三个具有代表性的法律学派进行考察。①

---

①　关于法律学派的选取及相关评述这一问题，往往散见于通论性著作的各个章节，因而难以具体详细地阐述。想要解答这一问题，与其说需要依靠学术方法，不如说需要依靠经验或直觉。笔者在这两方面认识有限，仅择取部分通论性质的文献进行相关选取的标准参考。参见何勤华主编：《西方法律思想史》（第2版），复旦大学出版社2009年版；张文显：《二十世纪西方法哲学思潮研究》，法律出版社1996年版；张文显：《法哲学通论》，辽宁人民出版社2009年版；张文显

一、自然法学派

(一)古典自然法学

古典自然法学派的学者几乎不去系统地论述“法律是什么”,[1]他们把法律观的重点放在了具体的权利义务上。[2]这些法律思想,大致有三个源头:对神学法及由神学法引申的世俗法(社会制度)的批判改造;[3]对古希腊思想源头的继承;[4]对自然状况(以及其背后神意的)与具体权利义务之间的思考。[5]在这里我们举一些具有高度代表性的人物:

首先是卢梭,他是一个典型的批判者。[6]他在《社会契约论》中写道:“……当正直的人对一切人都遵守正义的法则,却没有人对他也遵守时……就需要有

主编:《法理学》,高等教育出版社、北京大学出版社2011年版;[美]阿瑟·努斯鲍姆:《简明国际法史》,张小平译,法律出版社2011年版;高鸿钧、程汉大主编:《英美法原论》(上册),北京大学出版社2013年版;[美]萨拜因:《政治学说史》(上册),盛葵阳、崔妙因译,商务印书馆1986年版。

① 此处所指古典自然法学派,虽包含古希腊部分思想家的部分学说,但不以古希腊思想家起算,参见何勤华主编:《西方法律思想史》(第2版),复旦大学出版社2009年版,正文部分。

② 参见何勤华主编:《西方法律思想史》(第2版),复旦大学出版社2009年版,第69~74页。

③ 参见[英]洛克:《政府论》(上篇),瞿菊农、叶启芳译,商务印书馆1982年版,第5~137页;[英]霍布斯:《利维坦》,黎思复、黎廷弼译,商务印书馆1985年版,第79~92页;[法]孟德斯鸠:《论法的精神》(上册),张雁深译,商务印书馆1961年版,第1~5页;[荷]斯宾诺莎:《神学政治论》,温锡增译,商务印书馆1963年版,第19~270页;[法]卢梭:《社会契约论》(第2版修订本),何兆武译,商务印书馆1980年版,第6~10页、第45页。其中,斯宾诺莎并未在何勤华主编的《西方法律思想史》中被列为古典自然法学家,但他在《神学政治论》中体现的理性主义的思维体系无疑应算作古典自然法的范畴。

④ 一部分学者在阐述自然法观点的时候明确地引用了古希腊学说,另一部分则没有。然而当我们推敲他们论述的形式、展开,甚至话题的选择时,就会发现这些论述在架构上与古希腊哲人有着惊人的相似性,这种相似性不是别的,正是一种经验推演的结果。参见[古希腊]亚里士多德:《政治学》,吴寿彭译,商务印书馆1965年版,第3~174页、第445~453页;[英]洛克:《政府论》(下篇),瞿菊农、叶启芳译,商务印书馆1982年版,第3~76页;[法]孟德斯鸠:《论法的精神》(上册),张雁深译,商务印书馆1961年版,第19~121页;[英]霍布斯:《利维坦》,黎思复、黎廷弼译,商务印书馆1985年版,第92~152页;[法]卢梭:《社会契约论》(第2版修订本),何兆武译,商务印书馆1980年版,第50页。

⑤ 参见何勤华主编:《西方法律思想史》(第2版),复旦大学出版社2009年版,第76页、第79~80页、第85~86页、第91~95页、第97页。

⑥ 参见[美]萨拜因:《政治学说史》(上册),盛葵阳、崔妙因译,商务印书馆1986年版,第645~653页。

约定和法律来把权利和义务结合在一起”,[①]“在社会状态中,一切权利都被法律固定下来……当全体人民对全体人民作出规定时,他们便只是考虑着他们自己了……这时人们所规定的事情就是公共的,正如作出规定的意志是公意一样。正是这种行为,我就称之为法律”。[②] 卢梭在这些文字中表明了他的态度:不要问法律从哪里来,法律的根源在于公益。法律就是意志的记录和体现。

但卢梭又发表了一些看起来有所矛盾的观点。一方面,他认为“法律只不过是我们自己意志的记录……只不过是社会结合的条件。服从法律的人民就应当是法律的创作者;规定社会条件的,只能是那些组成社会的人们……”[③]另一方面,他又用了整整一章的内容来考察立法者应当具有的超然品质。[④] 这就令我们产生了疑惑。卢梭认为,法律就是人民的意志;立法者又与人民有所区别,允许这种区别的依据在于投票。这三个命题组合起来,只能导致极其荒谬的等式,即“投票等于意志”,或者说,程序等于实体。事实上我们不妨站在卢梭敌人的角度,把卢梭的例子推向极端,然后问这么一个问题:如果上帝是我们投票选出的,上帝的意志就是我们的意志了吗?当然不是,上帝之所以是上帝,就是因为无论我们做什么,都与其意志的行使无关。从这个视角来看,卢梭越强调立法者的超然属性,就越使立法者的意志与人民的意志相互分离。

其次是洛克,他虽然同卢梭一道对社会进行了批判,却在法律的概念问题上得出了完全不同的结论。比起卢梭来,洛克在这方面直截了当得多——“既然人们参加社会的重大目的是和平地和安全地享受他们的各种,而达到这个目的的重大工具和手段是那个社会所制定的法律。”[⑤]简单来说,法律即手段。然而洛克同时也表明,“这个立法权不仅是国家的最高权力,而且当共同体一旦把它交给某些人时,它便是神圣的和不可变更的……如果想象一个人可以被迫最终地服从社会中并非最高权力的任何权利,那是很可笑的”。[⑥] 这说明洛克对法

---

① 参见[法]卢梭:《社会契约论》(第2版修订本),何兆武译,商务印书馆1980年版,第45页。

② 同上书,第45页、第46页。

③ 同上书,第47页、第48页。

④ 同上书,第二卷第七章。

⑤ [英]洛克:《政府论》(上篇),瞿菊农、叶启芳译,商务印书馆1982年版,第82页。

⑥ 同上书,第82页、第83页。

律概念下的定义具有双重属性：法律是一项工具，同时这项工具必须源于最高权力。

再次是孟德斯鸠，他在其著作的开篇便介绍了法的概念。他写道："从最广泛的意义来说，法是由事物的性质产生出来的必然关系……法就是这个根本理性和各种存在物之间的关系，同时也是存在物彼此之间的关系。"[①]对比上下文可以看出，这与其说是一个从关系概念独立发展出来的观点，还不如说是为了与另外一个既存的观点作对抗——"世界上的一切东西都是一种盲目的命运所产生出来的，这是极端荒谬的说法"。[②] 从这两个对立的观点中不难看出，孟德斯鸠对法律概念的思考是纯客观的。他把法律当成了一种纯客观的存在，而不是思维的产物。

最后是霍布斯，他也比较直截了当地在《利维坦》中指出了法律的定义："自然律是理性所发现的诫条或一般法则。这种诫条或一般法则禁止人们去做损毁自己生命或剥夺保全自己生命的手段的事情……"[③]这句话或可说是《利维坦》全篇法律论述的基础，因为后面的论述都随着这句话自第二部分展开。[④] 霍布斯的观点概括起来可分为三层：自然律规定我们不该干什么；我们需要在国家中贯彻自然律；我们如何通过让渡权利达成这一目标。我们从两个方面得知了霍布斯心中的法律定义：法律的内容应当符合自然律；法律的行使应当遵循我们贯彻自然律所必要且必需的那些特定方式。

不难看出，古典自然法学理论通过对自然存在的分析（往往还掺杂了历史分析），树立了两个核心思路：一方面，自然法学者们注重于明确法律内容的凭依，即自然本身；另一方面，他们还注重讨论法律制定的最终权力掌握在谁手中。从这两方面来考察，功利主义法学完全可以纳入广义自然法学派当中。

（二）边沁的功利主义法学

从某种程度上说，我们根本无法在探讨自然法学派的时候忽视功利主义这么一个重要的流派。这不仅是因为它对后世各派法学理论有着深远的影响，更是因为这一派的开山鼻祖边沁，在其《道德与立法原理导论》中，不遗余力地将

---

① ［法］孟德斯鸠：《论法的精神》（上册），张雁深译，商务印书馆1961年版，第1页。

② 同上。

③ 参见［英］霍布斯：《利维坦》，黎思复、黎廷弼译，商务印书馆1985年版，第97页。

④ 同上书，第二部分。

宗教与诸多世俗活动的关系拆了个干干净净——这一点对于启蒙时代诸思想家来说几乎遥不可及。[①] 启蒙思想家对于自然法的认识，在理性之余还掺杂着崇敬，他们对自然状态长篇累牍的分析，往往冲淡了其观点的清晰性。相比之下，边沁对于自己的思想，自始至终有着清醒的认识，他在正文中写道："就是非标准形成的各种不同理论体系，皆可归结为同情和厌恶原理。"[②]在功利主义的构架下，边沁描绘了人们的行为系统及其成因，然后他用这样一个逻辑完成了从功利主义到主权者的联系：人们服从法律→法律由主权者制定→主权者服从功利主义。[③] 这一逻辑和自然法学派的核心思路几无二致。

这里有一个问题：边沁是不是也可以被归入实证分析派？[④] 诚然，边沁对法律的界定有规则论的意味，但需要注意，他的着重点不是规则本身，而是规则对人们行为的影响，以及规则内含的功利原理。[⑤] 简言之，它说的是法律应当囊括什么样的东西，但不是这个囊本身。这使边沁的学说更适宜被纳入以法律内容及其在内容上的来龙去脉为侧重点的自然法学派，而非以规则形式为侧重点的实证分析学派。

（三）新自然法学

新自然法学派承接了古典自然法学派的思想，并在 21 世纪的诸多法学流派中有着极为重要的地位。在这一部分，笔者将对本学派三位代表性学者的思想进行概括与讨论。

第一位是富勒。他在《法律的道德性》一书中，用了一整章的篇幅介绍何为法律。令人遗憾的是，他在继承自然法学派高度的道德正义感之余，还继承了自然法学派在法律定义上含糊其词的不良作风。

富勒并没有为我们直截了当地介绍法律是什么，而是花了大量的篇幅告诉我们，不应当如何定义法律。[⑥] 他批判了几个殊为清晰的观点，比如，"法律被定义为'公共秩序的存在'……法律的最显著特征被认为存在于一项叫做'暴力'的手段当中，这种手段被常规性地用来实现法律的目的……科层式的结构，它

---

① 参见［英］边沁：《道德与立法原理导论》，时殷弘译，商务印书馆 2000 年版，第 74～80 页。

② 同上书，第 78 页。

③ 参见［英］杰里米·边沁：《论一般法律》，毛国权译，上海三联书店 2008 年版，第 1～42 页。

④ 参见张玉堂：《边沁功利主义分析法学研究》，华东政法大学法律史系 2010 年博士学位论文，第 90 页。

⑤ 参见［英］杰里米·边沁：《论一般法律》，毛国权译，上海三联书店 2008 年版，第 1～31 页。

⑥ 参见［美］富勒：《法律的道德性》，郑戈译，商务印书馆 2005 年版，第 112～184 页。

们认为,这种结构组织和引导着被我称为法律的那种活动",[①]然而他自己的总结提出的要点却非常模糊:"我尝试将法律视为一项有目的的活动,它通常会遭遇某些困难,而为了成功地达致其目标,它必须克服这些困难。"[②]

这个模糊的定义为富勒带来了麻烦,富勒自己也承认这一点——"它无法充分区分法律与道德"。[③] 富勒对此的回答是,"……应当如何来确定这个规则系统是一个法律系统还是一个道德系统。对于这个问题,我们的唯一答案包含在'事业'这个词里面,而这个词的意思包含在我的这项主张当中:如果把法律理解成有目的的人类努力的一个方向,那么它便存在于'使人类行为服从于规则之治的事业'当中"。富勒还发展出许多别的理论,但从这里我们已经能够看出他对法律的态度:法律是方向、目的,而非手段(与强制力、秩序的存在本身无关);我们需要从该方向最终的目标来判断它究竟是不是法律。富勒对于法律的定义思路,是从结果出发,而非从过程出发。

第二位是罗尔斯,他与富勒的观点十分相似,也把判断"什么是法律"这一问题的标准,放到了法律运行的结果,而非法律的形式上。然而他也没有明确给出法律的定义。在他的《正义论》中,他论述了何为正义,然后把法看作实现正义的手段,并在这个基调下谈论了许多关于权利和义务的话题。[④]

第三位是德沃金,他一方面承认了实证主义"核心的和组织性的命题",[⑤]另一方面批判了实证主义。[⑥] 他首先抽出了实证主义的"关键性信条",[⑦]其中最为关键的莫过于这句话——"一个社会的法律就是由该社会直接或间接地、为了决定某些行为将受到公共权力的惩罚或强制的目的而适用的一套特殊规则……"[⑧]另一方面他又对实证主义做了补充,把原则等其他概念补充进来,并且论述了原则和规则之间的差别。这种差别体现在适用逻辑、分量和重要性的

---

① [美]富勒:《法律的道德性》,郑戈译,商务印书馆2005年版,第138页。

② 同上。

③ 参见[美]富勒:《法律的道德性》,郑戈译,商务印书馆2005年版,第151页。

④ 参见J. Rawls, *A Theory of Justice*, Harvard University Press, 1971, pp. 195–391。

⑤ 参见[美]罗纳德·德沃金:《认真对待权利》,信春鹰、吴玉章译,中国大百科全书出版社1998年版,第34页。

⑥ 同上书,第40~68页。

⑦ 同上书,第34页。

⑧ 同上。

深度等方面。[①] 然而无论他从哪些角度进一步阐述这些区别或联系，对于本书来说都不重要。德沃金对法律的态度已经足够明显：法律是一套运行的概念逻辑，而不是什么方向。他与其所声称“必须抛弃”的法律实证主义理论核心命题之间[②]只隔了一层“窗户纸”。德沃金不过是在告诉我们，除了被名义上称为规则的那些东西，还有什么能被视作法律。他的路径在本质上和富勒与罗尔斯没有任何区别，这种路径的核心思想可以总结为一个等式：“后果评价原则→后果评价＝对象性质”。

二、泛社会法学派

泛社会法学派对法律概念的界定，往往有两个特点：第一，他们总是关注社会中法律的地位与职能，即从社会的角度，“由外向内”地观察法律；第二，他们总是在社会背景下，讨论具体的权利义务内容。[③] 此处笔者将把与之相符的三个重要学派（传统社会法学、现实主义法学、经济分析法学）一并纳入，并统称为泛社会法学。

（一）传统社会法学

一般认为，社会法学派的理论源于孔德的实证主义哲学。其主要代表人物是法国的狄骥和美国的庞德。狄骥因其社会连带关系理论而著名，庞德则论述的更为广泛。[④] 我们在此仅介绍庞德的观点。

首先，庞德的论证路径，吸收了孔德的思想，即“思辨的理论阶段”。[⑤] 庞德指出：“我们一开始面对的是……上世纪宗教、道德与法律混杂部分。”[⑥]之所以要强调这一点，在于我们必须依此把他的研究视为一种实证主义的，而非历史

---

① 参见［美］罗纳德·德沃金：《认真对待权利》，信春鹰、吴玉章译，中国大百科全书出版社1998年版，第43～51页。

② 同上书，第43～51页、第72页。

③ 参见何勤华主编：《西方法律思想史》（第2版），复旦大学出版社2009年版，第265～305页。

④ 参见张圣怀：《社会法学派述评》，载《学员之家》（法律版）1986年第3期。

⑤ 孔德在其《论实证精神》的开篇便谈道，“我们所有的思辨，无论是个人的还是群体的，都不可避免地先后经历三个不同的理论阶段，通常称之为神学阶段、形而上学阶段和实证阶段”。参见［法］孔德：《论实证精神》，黄建华译，商务印书馆1996年版。

⑥ ［美］罗斯科·庞德：《法律与道德》，陈林林译，中国政法大学出版社2003年版，第39页。

主义的,虽然他的著作中有着大量针对历史素材的评析。①

庞德在《通过法律的社会控制》中写道:“三个完全不同的东西都曾用着法律的名称,而人们都曾试图以其中一个为根据来解释这三者。明确地说,这三种意义就是:(一)法学家们现在所称的法律秩序——即通过有系统地、有秩序地使用政治组织社会的强力来调整关系和安排行为的制度。(二)一批据以作出司法或行政决定的权威性资料、根据或指示……(三)卡宴佐法官充分地所称的司法过程,而今天我们还必须加上行政过程——即为了维护法律秩序依照权威性的知识以决定各种案件和争端的过程。”②他同时说:“如果这三种意义可以统一起来的话,那就是用社会控制的观念来加以统一。”随后他花了几乎是整本书的篇幅介绍了法律的任务、价值问题、功能等。③

其次,庞德为社会法学派开了个好头。同时,这一派的思想,也几乎从未跳出庞德划定的范围——法律就是与社会目的、社会状态紧密联系的工具,因此法律必须反映并适应社会,而不是倒过来。从某种程度上看,这种站在社会立场上的法律概念,与自然法学理论十分相似,只不过是把核心替换了而已。

(二)现实主义法学

美国现实主义法学以霍姆斯的实用法学为理论基础。④

当我们试图在这个基础上寻找法律的概念时,我们必须面对一个事实,那就是我们很难认为霍姆斯为法律下了什么明确的定义,或者,与其说他是在定义法律的概念,不如说他是在描述法学概念的方方面面。或许在他看来,为内涵丰富的法律及法律体系下定义,本身就是一个不可理喻的行为。他说:“法律的生命不是逻辑,而是经验。一个时代为人们所感受到的需求、主流道德和政治理论、对公共政策的直觉……在决定赖以治理人们的规则方面的作用都比三段论推理大得多。法律蕴含着一个国家数个世纪发展的故事,我们不能像对待仅仅包含定理和推论的数学教科书一样对待它。要理解法律是什么,我们必须了解它以前是什么,以及它未来会成为什么样子……法律的内容,就其本身而

---

① 参见[美]罗斯科·庞德:《法律与道德》,陈林林译,中国政法大学出版社2003年版,第一章。

② [美]罗斯科·庞德:《通过法律的社会控制》,沈宗灵译,商务印书馆1984年版,第22~33页。

③ 同上书,第34页以下。

④ 参见何勤华主编:《西方法律思想史》(第2版),复旦大学出版社2009年版,第281页。

言,都完全可能与时人所以为便利的东西严丝合缝;但是它的形式和机理,以及它在多大程度上能够导致我们所希望达到的效果,则极大地依赖于过去。"[①]

他在上面这段文字中,用不同的表述方式,说明了同一个意思:我们不要试图去定义法律,法律的关键不在于定义或逻辑,而在于内容,以及这些内容是怎么使用的。一句话概括,"不要想着法律,要感受法律"。这近乎悟道一般的法律概念,实在是令人摸不着头脑。令人费解的是,虽然霍姆斯对"什么是法律"这一问题缺乏兴趣,但他却为"什么是法学"这一问题提供了很有见地的解答。他认为,当我们学习法律的时候,我们学习的是一种近乎风险控制的技术,我们凭借这种技术决定应当如何出庭辩护、如何说服法官和当事人、如何判断当事人面临以公权力为后盾的裁决的风险。[②] 这就是所谓的"法律预测论"。[③]

卢埃林等法学家继承了这种法律观。卢埃林认为,法律的核心是研究官员的行为,是研究如何解决争端,而不是形式上的规则。[④] 这种观点与霍姆斯的逻辑相差不大,只不过是把着眼点从整体的社会聚焦到了社会管理的行为主体上而已。

(三)经济分析法学

毋庸置疑,波斯纳是经济分析法学的代表人物。[⑤] 作为一名法官,他更关注具体问题,而非根源性的概念问题。他在《法理学问题》一书中花费了大量的篇幅探讨了法律概念之上的诸多问题,比如,法律推理、法律确信等。[⑥] 相比之下,他对法律根源问题的讨论,却只占了一章,这不得不说是一种缺憾。[⑦]

---

① [美]小奥利弗·温德尔·霍姆斯:《普通法》,冉昊、姚中秋译,中国政法大学出版社 2006 年版,第 1 页。

② See O. W. Holmes, "The Path of the Law", *Harvard Law Review* 110, 1997, p. 99.

③ 在这里我们应特别注意:法律预测或许最多能算作法学的属性,但绝不可能算作法律文本的属性。

④ 参见何勤华主编:《西方法律思想史》(第 2 版),复旦大学出版社 2009 年版,第 298 ~ 302 页。

⑤ 参见沈宗灵:《论波斯纳的经济分析法学》,载《中国法学》1990 年第 3 期。

⑥ 参见[美]理查德·A. 波斯纳:《法理学问题》,苏力译,中国政法大学出版社 2002 年版,第一、三、四编。

⑦ 在英美法系中,似乎存在一种难以言状的传统,使我们在探求波斯纳、霍姆斯等人对法律概念的态度时,总会遭遇不少阻碍。英美法的学者和法官往往更注重具体的法律推理过程以及这些过程中的具体问题,对法律本身作哲学的、批判性的思考却不成比例的少。参见高鸿钧、程汉大主编:《英美法原论》(上册),北京大学出版社 2013 年版,第 29 ~ 195 页;高鸿钧、程汉大主编:《英美法原论》(下册),北京大学出版社 2013 年版,第 1164 ~ 1325 页。

波斯纳对法律概念的观点散见于大量著作，这里我们只观察比较集中的两个片断。他在《法理学问题》一书中，分两个部分介绍了他对法律的认识。他首先在绪论中指出："应当从工具意义上来看待法律规则……法律是向前看的。这一点是隐含在工具性法律观中的，这也就是实用主义的法律观，即把法律当成人类需要的仆人。"①这体现出他明显的工具论倾向。但在后面他又令人失望(或许令某些人欣慰)地写道："法律是什么？斗胆说来，这个问题实际上没意义。'法律'是一个词，与'宗教'、'时间'……都一样，都是可以使用、不会造成严重的理解问题，但却又不能界定的，除非你理解了定义的目的。"②然而笔锋一转，他又写道："分清'法律'一词的三种含义……首先是作为一种独特社会制度的法律……其次是作为一个多套命题之集合的法律……第三种是作为一种权利、义务和权利之渊源的法律……本章集中关注的是第三种意义上的法律。"③随后他花费了不少精力描写霍姆斯、哈特与富勒之间的争论，还说到了尼采。

从他所写的这一章我们能看出什么呢？至少有以下三点：第一，波斯纳实际上并未找到一个终极的法律定义，而是从多个视角观察了法律在社会用途、形式表现和具体内容上的特征。第二，他也没有明确排斥一个特定的答案，只不过他不愿意探讨这些问题。第三，他的确是支持工具论的，这也就是他为什么反复强调诸多争论对于实际法律运作的作用——这也体现了他的实用主义倾向。④

三、分析法学派

分析法学派有着天然的统一性和传承性，这一点与自然法学派、社会法学派形成了鲜明的对比。形成这种统一性和传承性的原因，正是分析法学派注重形式而非内容的独特视角。这种传承性，是分析方法符合思维规律的必然结果——当我们摒弃了纷繁复杂的实质内容，专注于形式之时，我们的思想就能从复杂的讨论中解脱出来，进入由规律到规律、由形式到形式的高效认识阶段。

---

① [美]理查德·A. 波斯纳：《法理学问题》，苏力译，中国政法大学出版社 2002 年版，第 38 页。

② 同上书，第 276 页。

③ 同上书，第 277 页。

④ 同上书，第 276～301 页。

因此，虽然推理过程纷繁复杂，分析法学派学者对于法律的定义却往往非常精简（在自然法学者眼中或许精简得过了头），为我们省去了不少辨认工作。因此我们将不会用同等的篇幅介绍它们，而是简明扼要地列举三位名家对法律概念的观点。

奥斯丁是整个分析法学派的奠基人。[①] 他在《法理学的范围》一书的导论部分提出："准确意义上的法，具有命令的性质。如果没有命令的性质，无论何种类型的法，自然不是我们所说的准确意义上的法。"[②]随后他分析了"法"这一术语的内涵，包括上帝法、实在法、自然法、习惯法等，并将其适用情形作出了区分。[③] 在同一部分，他树立了分析法学派的源头公理，概括说来就是一个由约等式构成的逻辑链：法律≈规则≈命令≈强制≈义务。

由这个约等式衍生出来的，是凯尔森和哈特的学说。在《法与国家的一般理论》中，凯尔森开篇就提出："法是人类行为的一种秩序。"[④]在这个高度概括的命题下，他进一步完善了从法律到制裁的逻辑链，并在他的规范论下，对强制、规范、义务等概念的构成关系进行了澄清。[⑤] 在他的逻辑中，他把规范与叙述上的规则相区分，然后把法律规范与强制力联系起来，再把强制力与不法行为、法律义务联系起来，从而为法律概念打造了一个相对完整的逻辑链。[⑥]

哈特把法律看作一个由设定义务的主要规则和授予权力的次要规则（包括承认规则、改变规则、审判规则）组成的整体。[⑦] 同时，他也将这一由规则组成的体系与强制力联系起来，承认"凡是存在法律制度的地方，就必定有这样一些人或团体，他们发布以威胁为后盾、被普遍服从的普遍命令"。[⑧] 这与分析法学的基本假设一致。

---

① 参见何勤华主编：《西方法律思想史》（第2版），复旦大学出版社2009年版，第215页。

② ［英］约翰·奥斯丁：《法理学的范围》，刘星译，中国法制出版社2002年版，第2页。

③ 同上书，第13～73页。

④ ［奥］凯尔森：《法与国家的一般理论》，沈宗灵译，中国大百科全书出版社1996年版，第3页。

⑤ 同上书，第18～72页。

⑥ 同上。

⑦ 参见［英］哈特：《法律的概念》，张文显等译，中国大百科全书出版社1996年版，第28～111页、第115页。

⑧ 同上书，第25页。

第二节　对既存定义的反思

一、对既存定义的分析

（一）既存定义的统一性

在上面的讨论中，我们看到了三个重要法学流派对法律的定义以及这些定义的模式。自然法学者分析了自然状态，并从中得出社会的应有状态，而后又将这些状态与立法权力、法律运行以及具体的权利义务内容对应起来，最终得出一个与自然律令相匹配的法律系统。

社会法学派则批判继承了自然法学派的思路，并进一步地将从自然状态到法律系统的分析过程作了区分。具体而言有三个步骤：第一，在实证主义思潮下，社会法学家基于不同角度的、实证的社会分析，得出了社会目标，然后将社会目标“替换”到自然法学分析路径的源头上，从而完成了从自然导向到社会导向的第一层转变；第二，经由实证主义，社会法学家将法律从一种假象的自然状态当中剥离出来，并淡化了推定法律内含的客观意志性，转而强调法律的工具性；第三，社会法学家将法律的工具性与法律的社会目的性统一起来，完成了由社会目的这一实证结果到社会工具这一实证实践的衔接。

分析法学派进一步扬弃了前两种学派的定义方法。分析法学家们把目光从社会背景下的法律进一步集中到法律本身的形式与结构，并通过对法律本身的彻底分析，丰富了法律在形式上的内涵。在这一基础上，分析法学家得以彻底转换法律分析的立场，不再受到自然状态、社会运转等外在视角的禁锢，而是站在法律本身的立场上，反过来批判吸收这些法律外的存在，从而使法律本质和法律分析能够相对独立地区别于对社会、自然、宗教和政治的其他分析。

（二）既存定义的矛盾性

三种学派对法律的定义，虽然有着千丝万缕的联系，却也同时存在难以调和的矛盾。

首先是法律工具性与目的性之间的认识矛盾。这一点主要体现在自然法学派和社会法学派之间。分析法学派因其对法律实体内容整体上的淡化，与对形式的强化，没有明显地卷入这一矛盾。

在自然法学派的学者眼中，法律是统一和谐的自然规则下的组成部分。自然状态决定了人们需要何种形式的社会，从而间接决定了应当具有何种社会组织形式、何种国家权力形式，以及一系列具体的权利义务。同时，自然状态决定了法律存在及法律存在形式的必然性;法律的存在及其存在形式,也在自然的统络下,与社会、国家的存在及其存在形式相统一,并同时成为法律本身的维护对象。因此法律既是工具又是目的;法律目的性、工具性的依托,即法律的社会属性与自然属性,也互相统一。

在社会法学派的学者眼中,所谓"自然状态",不过是思辨在神学阶段或形而上的产物。法律的源头,不在于自然状态,而在于实证分析出来的社会经验。法律只是依据经验,实现总结经验得出的社会目的之工具。这意味着法律及其具体内容不可能成为法律本身的目的,因为法律的目的实际上源于实证的社会研究,而法律的工具性则体现在社会预测上。实证研究和社会预测——这两者在时间上有着天然的不协调,与自然法学派那种将法视为自在之物的观点截然相反。

对比这两派观点,我们可以发现,形成矛盾观点的根本原因,不在于法律概念本身,而在于认识法律概念的方法与假设。

首先,自然法学者将法律与自然或者假想中的客观意志绑在一起(而且这种理解往往缺乏辩证环节);他们把法律视作神学、形而上学、历史学研究认识的对象,是终极价值的实在化。相对地,社会法学者将法律与社会研究放在一起,就相当于把法律视作实证研究的经验产物。

其次,法律内容与法律形式的认识矛盾存在于自然法学派、社会法学派二者整体同分析法学派之间,尤见于自然法学派与分析法学派的辩论。① 这一辩论可以归纳为两个逻辑:

第一个逻辑属于自然法学者和社会法学者,他们认为,法律是某种道德或目的的产物。虽然法律的源头有着形式或过程上的区别,但法律终究具有道德属性或社会目的属性。因此,我们应当先辨别这些属性的内容,然后再依此辨别一项规则或原则是不是法律,能否被法官引用。

这种定义逻辑的本质过程,是从目的到内容。它必须先尝试确定法律的目

---

① 参见[美]富勒:《法律的道德性》,郑戈译,商务印书馆2005年版,第143~177页、第217~279页;[美]德沃金:《认真对待权利》,信春鹰、吴玉章译,中国大百科全书出版社1998年版,第34~68页;[英]哈特:《法律的概念》,张文显等译,中国大百科全书出版社1996年版,第151~207页;[美]理查德·A.波斯纳:《法理学问题》,苏力译,中国政法大学出版社2002年版,第288~301页。另参见[英]H.L.A.哈特:《实证主义和法律与道德的分离》(上),翟小波、强世功译,载《环球法律评论》2001年第2期;[德]诺贝特·赫斯特:《法律实证主义辩护》,袁治杰译,载《比较法研究》2009年第2期。

的、来源,再尝试确定法律所包括的具体权利义务。从这个逻辑衍生出的法律定义,是一种基于法律来源本身内容的定义。在这个逻辑下定义法律的过程包括三步:如何确定目的?目的是什么?如何用法体现这些目的?采用这一逻辑定义法律的学者,不仅不去刻意划分法律和道德的界限,反而有着强烈的倾向,即认为在法律没有制定出来时,法官行使自由裁量权,最终依据的是原则或道德。

第二个逻辑属于分析法学者。他们认为,法律和道德没有必然的联系,乃至和社会目的、自然状态也没有必然联系。法律就是法律,是一套基于强制力的、广泛承认的命令规则。这套命令规则,以承认规则起,以审判规则终。前面的规则形成后面的规则,规规则则无穷匮也。

这两套逻辑之所以打得不可开交,是因为所站立场不同,而不是因为法律概念真的有那么不可捉摸。自然法学者过分强调了法律和道德的关联,而忽视了一个问题:当分析法学者试图将法律和道德分离开来的时候,法律和道德的关联就已经无法自始当然地成立了。反过来说,分析法学者用这种"无穷匮"的链条,也很难彻底洗清法律规则与道德内容之间的联系——我们总要问一个问题:那些授予立法者权限的次要规则,究竟从何而来?本质为何?是社会道德吗?是自然吗?甚至是神灵的意思?

这两派的辩论,或许仅由于其讨论内容的重要性才显得非常重要。今天我们似乎无法想象:一场法学辩论的背后,不牵涉任何对社会的理解或对法律实践形式的总结。我们也很难否认千年来诸多辩论的意义和价值,但不得不说,仅就"法是什么"这一辩题而言,辩论过程本身让人看得非常糊涂——像是两个人吵架,一个叫自然法学派的人说:"切菜是做菜不可分割的一部分,没有做菜切菜就毫无意义。"一个叫分析法学派的人说:"我也可以切了菜不做,只要我是拿起刀子把菜弄断,哪怕我用的是刀背那也算是切菜。"一个人谈切菜的意义,一个人谈切菜的步骤,这两个人显然没有吵到点子上(或许所有涉及基本含义的辩论都有此问题)。

然而这两派在思维方式上的矛盾其实非常容易辨别。我们刚才提到,自然法学派、社会法学派力求法律的内容能够贴合自然状态、社会目的,在法之概念的内容上更为开放;而分析法学派则关注法律的固定形式,在法承载的内容上更为开放。它们在思维方式上的矛盾则反了过来——自然法学派在思维方式上更形式化,因为他们不得不依靠预设的公理、至高无上的概念来辅助思考。可以想象,一旦我们从自然法学派那里抽走了正义、权利等人为预设的概念,自然法学派的大厦必将立即倒塌。与之相比,分析法学派在思维方式上反而最自然,因为他们自始至终都在强调逻辑分析与抽象形式的作用,而几乎不会去预设什么公理。分析法学者对于法律概念有着严格的限制,却并不限制法律的具体内容。

(三)既存定义的整体逻辑

在上面的讨论中,我们看到了几个重要法学派之间的核心矛盾。这些矛盾有着不可调和的属性,并且自古以来便一直存在。

稍加思考即可明白,三个学派的观点,有一个总体的关系。折中的态度会迫使我们将其笼统地总结成一句话:"法律从自然状态、自然意志衍生而来,由命令、规则的形式,实现特定的社会目的。实现目的的社会,将成为我们据以判断自然状态的基础之一,然后继续这个循环。"这句话统合了目的论、工具论和规则论,然而这样做的结果,是使法律的定义更加远离了精确和简洁。

上面提到的法学流派,在其建构法律基本概念的时候,为了规避这种低级的综合,用到了一种伪辩证逻辑。这种伪辩证逻辑的表现,就是简单地在上面那个长句里找一点站稳,然后在这一点上向其他学说开火。它并不能真正地从根源上统摄各个要素,而只是作简单的、相同平面当中的环节切割。

于是我们看到了形如上文中讨论切菜那样"驴唇不对马嘴"的大辩论。这种辩论导致了不可停歇的论理实践问题:无论站在这个句子的哪一点,往前跨一步,则距离真理远一步;停留在原地又一定无法得到真理。于是只剩下一个选项:把其他的概念说成是自己所凭依的概念。比如,把规则看作道德判断的必然形式,或把社会目的看作法律活动的必然产物,或把道德本身视为一种规则……这场辩论就成了戴着不同有色眼镜的人看玻璃的游戏——A 说玻璃是黄的、B 说玻璃是蓝的。A 说不信你用我的眼镜试试看,结果 B 一看,居然真的看到了蓝色的玻璃。B 想怎么可能玻璃既是黄的又是蓝的,于是把两个眼镜叠加在一起,玻璃居然变成了绿色。

二、如何解决这些问题

在试图用种种词语为法律下定义的时候,有一些怀疑显得如此合理而令人畏惧:法律能在如此长的时间内容纳如此众多又千差万别的概念内容进入它的定义,是否说明法律和其他的这些概念有着本质上的区别?有没有可能,是其他概念在围绕着法律运转,而非法律本身围绕着其他概念运转?甚至,权利、义务系统有没有可能与法律没有什么根本关系，也不是法律的组成部分，而只是一种认识法律的工具而已？或者说它们只不过是简单的逻辑环节，却在使用中被赋予了过多的情感和价值内容？

由此我们还要进一步问，为什么一定要将法律视作一个规定性，而非规律性的概念？仅仅是因为我们在使用法律，所以它必然被使用所规定？还是说我们无法摆脱这样一个逻辑：凡是社会的必是创造的。或者，按照自然法的理念，既然人们可能不过是认识到了应当存在的法律并把它记录下来而成为自己的行为准则，那么为什么不进一步问，认识、记录的过程是否也是规律的一部分，它们才是法律的真正内涵？

跳出来看，无论多么贤明的人，都不会问"什么是历史"（至少不会问其基本定义）。因为，从最基本的视角来看，历史就是过去发生的事情，而"过去"两个字就阐释了"历史"二字在定义上的绝对性，剩余的不过是在使用赋予它的含义。在这里，时间是绝对的范畴、认识时间是本能，这意味着，一个人若知道"历史"这个词语的含义，就不可能再去问它。因为询问历史的含义，就是询问"什么是过去"，甚至是在询问"为何如此"——这是超出人类思维能力的问题。①

时间还存在且继续流动，就会有过去、现在和将来之分。历史是沿着时间方向往回看的、纯粹逻辑性的规定产生的概念，这个概念所包含的区域是无限广阔的。时间的绝对性、"历史"一词与时间相关的逻辑属性，就决定了"历史"这个概念同时间一样，绝对而不可动摇，而且只能认识不能质疑。历史是一个与纯粹的认识范畴直接挂钩的概念，是人们对本能认识结果的规定，是"过去"与"实存"叠加的产物。

同样，人们也不会问："什么是数字？"或者"什么是直线？"数字就是人们对直观认识单纯规定出来的东西。我们或许会问，为何一加一等于二，但诸如"为什么一是一，而不是二？"这种问题则毫无意义。我们之所以会在整包纸巾或袋装干脆面之前，同时加上"一"这个量词，完全是我们自己规定的结果，是辩证环节的作用，而不是自然界中有什么天然关于称谓的规律被我们发掘了出来。同理，直线则作为一个系统的公理假设而存在。直线无限延长、没有起伏、没有粗细的定义，是由几何学家强行规定出来的。纯规定性的概念和本能挂钩的概念一样，没有什么好讨论的，至多也就是为了省字数而已。我们完全可以把"一碗

---

① 关于认识论的相关基础，参见本书附论以及第六章的相关讨论。

粥”说成是“200 毫升水和 324 粒米经过烹饪产生的稠状食物”,不过是更费气力而已。

这几个例子体现着很朴素的道理:有些概念不适合从其具体内容或形式上进行探讨,因为它们是纯认识性或纯规定性的,没有这些概念,进一步的认识或规定,根本无从谈起。它们是基础逻辑环节本身,而不是应用这些逻辑处理过的对象的名称。

沿此道路反思,再结合前面提到的几个法学流派关于法律概念的界定,我们便无法回避与之相伴的危机感——几个主要流派可能都犯了同样的错误:他们试图把连续的过程切割成几段,然后在各自的段落里吸纳整个过程——这注定得不到任何满意的答案。法律或许根本就不是一个外在的实践过程,而是一个相似于历史、同某种绝对的概念有着不可分割联系的概念。

当我们排除那些盲人摸象的结论,余下的就只有一个可能性——法律直接对应着思维本身。这意味着,当我们探讨法律本身概念的时候,我们必须回顾,我们的脑子里究竟是怎么认识法律的。从这一点来看,这些大气磅礴的法律名家,都突然显得吝啬起来。自然法学者说“法律是意志、是自然律令”,却不舍得告诉我们,在认识意志、作出判断时,他们脑中那些独特的思考过程。如果我们体会到法律即意志、法律即自然的时候,我们还要法律这个多余的概念做什么呢?

社会法学者强调法律的目的性、工具性,他们大谈特谈法律应当包括什么、法律如何运转才能适应社会目标等外在运动着的东西,可就是不谈法律本身的运转逻辑,不谈法律在我们的认识规律当中究竟有着何种体现。既然法律是社会的工具、是社会运行的一部分,为社会目的服务,那我们干脆只看社会过程好了,法律的概念在此难道不是一个空壳吗,难道这种空壳不会让问题更复杂吗?

分析法学者虽然更进了一步,但也仅仅停留在对法律外在形式及其运行逻辑的描述上,却没告诉我们形式的成因、形式与认识过程的联系——法律怎可能使法律合法呢?无论对规则的形式、体系和形成过程再怎么定义、梳理、分类,分析法学派的核心思想不过就是一句话:“A 规则在 B 规则的作用下让 C 规则合规,B 规则如何作用取决于 D 规则。”这句话从字面上看是毫无意义的。

当我们把法律看作一种实践,那么越是试图定义法律,就越可能影响到法律本来的面目。看看现代金融学说体系和金融实践的关系,我们很容易就能明白,这种视角会带来多少问题。[①] 不可避免地,总有一些法学家和金融学家,在做研究的时候,都抱着能像数学家或哲学家那样彻底置身事外、客观地观察其研究对象的幻想。然而,从实践角度开展针对法律系统和金融系统的研究,越是精要合理,越会被这些系统迅速地吸收,并在下一个阶段酝酿出巨大的不确定性。法律、金融、政治……它们不是任凭我们学习分析、自娱自乐的自然界。法律如何运作、银行与券商如何判断市场并作出决策,总要依赖人们对之前市场的分析。法官学习了前人的学说,并据此进行实践,最终形成了新的状态——下一位法学家又要分析新的状态,提出新的学说——在这种分析方法下,人们永远得不到什么关于法律的真理。因为我们分析的是我们自己创造出来的东西,而创造即破坏,破坏了被更新的旧世界。创造的一瞬间,关于旧世界的真理就崩塌了。

在实践的视角下,法学家、金融学家的思想言论,与法律和金融的运作直接相关。比如,在认为法律只是政治目的的手段之前,人们或许还对法律有些崇敬之心,可一旦出现此类言论,崇敬之心便荡然无存;法律在某些场合就会真的倾向于成为一种手段。再如,文本主义发展之前,对非文本内容的考量可能还有不少合情之处,而这套规则一旦建立并开始运作,以至于规则运作的实在对象与之紧密相连,我们就会发现,无论之前的情形如何,如果我们在此时舍弃了它反而比不舍弃它更有害。

然而这并不意味着法律自身的定义完全不能琢磨。果真那样的话,法律在每个人对其下定义时,都在不同程度上改变了自身的本来样貌。那么我们就必须想清楚,为什么人类在蒙昧时期所遵从的规则,比如,禁止谋杀,到今天仍在使用,并且仍在法的框架下使用。反过来说,无论是自然法学、社会法学这种注重实体内容分析的道路,还是分析法学这种注重形式构成分析的道路,都有天然的缺陷,根本在于它们要么将法律的定义等同于某种人创造的事物,或者全然客观的事物,然后从这些事物,即认识对象的内容、形式、规律上对其展开

---

① 在《非理性繁荣》(*Irrational Exuberance*)一书中,席勒(Robert J. Shiller,1946 ~)先生在不经意间向我们展示了实践性学科与其研究对象之间的互动关系。这一关系的框架在前言中就被揭示出来:"主宰当今金融市场的分析工具,是上一代人发展出来的……这些理论在全世界范围内系统管理财富的活动中有着深远影响……这些经济学家撤回到简洁优雅的模型当中。"换言之,前代学者根据实践情况总结出理论模型,将被当代的实践者操作使用,当代的实践又将发展出新的情形,导致当代学者总结出新的理论。参见 R. J. Shiller, *Irrational Exuberance*, Princeton University Press,2000,pp. xiii – xiv。

研究。

具体而言,这种思路的合理性,在于它注意到了法律概念在自我扬弃过程当中显现出来的一些固定形式,这使它们能够从不同的侧面反映法律在内容上的发展,甚至能够把方法论做到相当可观的形式。它们的缺陷在于,扬弃的起点认定错误,起点不对意味着抓住的不过是表象,而不是真正的核心逻辑。

法律可能根本就不是什么人创造的东西,也不是什么客观存在。更直白地说,法律概念的核心,不是认识的对象也不是由认识创造出来的对象,而是之所以这些对象能被创造出来的认识过程,是人能动认识过程当中不可分割的一部分。它是意识的组成部分,它使我们对意识的判定成为可能,甚至可以说,法律就是意识,意识的不同表现阶段形成不同阶段的法律。①

我们站在意识之外,谈论法律的意义、过程、目的、形式,都只不过是在一个平面上往返而已。在法律的概念范畴下谈论法律的本质,注定逃不出一开始就划出的圈。因此我们必须更往上一层,从纯认识的角度探讨法律概念是如何形成的,借由无可增减的认识规律本身,剔除掉人为附加到法律概念当中的那些实际上属于法律运行结果,或属于非法律的其他概念,进而为法律概念提供一个认识上的重新定义。

---

① 出于本书其余部分连贯性的需求,我们在此不过多论述这个命题的内涵,而是先提出这个命题,并在本书后面的分析当中不断补充它的具体体现和来源。

第三章　法律概念定义问题

根据上面的讨论,我们得出了两个结论:第一,我们需要重新定义法律;第二,这个新的定义不应当从对法律内容或形式的简单总结反思中来,而应当将其嵌入认识过程本身的逻辑构架当中。

为了满足上述需求,同时简要地叙述观点,我们将在第一节首先介绍对法律概念重新定义的结论,然后再讨论这个结论的具体含义。同时我们还将讨论,在该定义视角下,我们该如何看待一系列争论不休的问题。通过这些讨论,我们将给出法律的逻辑定义。我们将在后文根据这一定义讨论法律的诸多特征,进而深入到具体实践的分析。

第一节　法律的逻辑定义视角

在这一阶段,出于叙述的方便,我们对法律的逻辑定义如下,这也是最简单直观的定义——法律是精神上由目的性认识和规律性认识相结合,实在上对行为、事物状态作出描述性规定的过程。

法律将认识与实践结合起来的固定形式,是规则。规则包含两个部分:对前提背景的描述以及对结果的描述。这两种描述,并不是即时的,而是演绎的;它不是简单的"A→B"这样的判断——在规则当中,"→"包含了意志,这个意志的去向是实在,来源是认识。目的认识、规律性认识在这里的作用有三个:决定应当描述的全部内容;决定哪些内容应当置于前提,哪些内容应当置于结果。

根据这一定义,把法律简单等同于外在的规则,把对规则的遵循与强制力保障视为法律之外因素的分析视角是有缺陷的。因为,如“规避强制后果”这一类使人们遵循法律的心理因素之所以能起作用,归根结底源于人们的认识,是认识规则本身而不是被认识的规则导致了遵循法律的举措。人们必须根据这些认识制定法律规则的实在内容,即对行为或客观事物状态的指向性描述。导致传统分析法学诸多形式分析可能自圆其说的背后原因,并不是法律形式的结构,而是法律认识的结构。

同样,把“法律”二字与单纯的自然规律、历史规律或社会需求放在同样的色调下考察也有失偏颇。法律当然具有精神属性,但这并不意味着法律的精神内容,即对目的和规律的认识,一定与上述三者相一致,或应当与这三者相一致,又或者应当与它们共享同样的基础。事实上,如何保证法律的精神内容与这三者相一致,并由此保证法律的实在内容以及法律的运行能够达成各种目标,从宏观来看,是社会学家、政治家的工作。这些工作不可能牵涉对法律实质的讨论,而只能讨论如何利用法律达成工作。从这个意义上看,法律如同数学,法学家如同数学家。数学家掌握从一般到概括抽象的分析技巧,法学家则掌握了在认识和实践之间的“搭桥”手艺。社会学家、政治家大可以使用这种手艺,在合适的地点搭出合适的桥梁,但这与桥梁是否坚固、搭桥工程是否高效关系不大。

从这一点来看,我们不应当认为法律单纯是某种认识的载体,或单纯仅是某种社会运转的环节或工具,它的实际内涵要在这两者之上,为这两者的实现提供基础。实际上,从我们跳出目的论、工具论、现象论的那一刻起,前人的观点就变得明朗了:为了维持理论建构的现实性,之前的论述者必须脱离法律的立场,跳入社会、自然甚至立法过程等别的立场。然而,这些互相统一依赖的立场,显然不可能为对方提供基础。① 他们着实跳入了同在认识之下,与法律平行的这些概念,甚至是包含于法律过程之下的法律推理过程。

---

① 即便是哲学家,也并不一定跳脱了这个思路。黑格尔虽然力求通过他的哲学体系将法律的实体扬弃掉,却仍然落入了具体内容和外部概念的陷阱。他还是在强调历史、社会、精神的法律,而不是从认识的角度思考,当我们判定法律存在的时候,我们的判断过程为何。参见[德]黑格尔:《法哲学原理》,范扬、张企泰译,商务印书馆1961年版,第2~48页。

相对地,我们之所以在这里提出逻辑定义,首要目的就是从缠成一团的历史、政治、权威、社会等概念或实在当中抽离出来一个能够构成现实运动基础的环节。法律的逻辑定义,是对应于"如何认识法律"的思维上的定义。在给出这一定义的时候,我们注重从认识过程上将法律与其他认识,如历史、数学规定、逻辑推理等过程区分,而不是将此一层面下,法律实践的结果、形式,或法律与其他思想共同作用而生的产物,作为分析法律概念的对象或素材。此处,法律概念包含于认识与实践的本能范畴当中,是精神上思维认识活动与客观实在二者相互运动的产物,是在精神认识与实践活动之间,与二者密不可分的桥梁。

为了更形象地说明法律逻辑定义的内涵,我们可以类比"食物"的概念暂举一例。假设有一群"食物学者",而不是法律学者在争论食物的定义。其中,"自然食物学者"告诉我们,食物就是生命存在的基础,也是生命存在的意义(包括微生物视角中的人类);"社会食物学者"告诉我们,充裕的食物是社会发展的基础,也是社会发展的目标之一;"分析食物学者"告诉我们,食物就是食物链上的环节而已,和生命、社会没什么关系。

显然,这样一片一片的思路只会使我们对食物更摸不着头脑,因为这始终是在用非食物的概念,倒推出食物本身的概念。实际上,对于"什么是食物"这个问题,我们完全没有必要用这么多复杂的概念和论证来"农村包围城市",只要换一个视角就能得到很好的解决:食物就是我们认为能吃的东西。

第二节 对几个重要问题的澄清

一、法律的自然逻辑①

试想一下,古代人类群体的某个成员在与他人争夺配偶时,突然拿起石头向另一个人的头颅重重地砸去,另一个人应声倒地。

我们暂且不管在这之前发生了什么,先来看看这个行为的后果:群体少了一个人。不巧的是,这个群体以往打猎总是需要固定的人数,否则打猎成功的概率就小了很多。更不巧的是,群体在随后的打猎中,因为无人配合,还额外损失了一个人。于是整个群体都陷入恐慌中。从此群体中形成了一项规矩,不得

① 关于规则的起源及其形成,有大量著作从不同角度加以阐释。一些更早的著作通常更加原始而朴实地进行了解读。希望详细了解类似血亲复仇和政治规则演进的读者可以参考一些资料如[美]H. 摩尔根:《古代社会》(上册),杨东莼等译,商务印书馆1977年版,第47~355页。

在争夺配偶时杀死别人。然而，可以想象，保证自身生存繁衍的本能总是能激起生物最有攻击性的暴力意图，因此，若要使这条规矩能够一直执行下去以保证群体不至于沦落到因丧失劳动力而无粮可食的境地，就必须采取什么方法，防止或制止超过限度允许的暴力的发生。

的确，上述例子似乎从未在史料中确切出现过，我们可能永远也无法找到远古时代的证据，以证明发生过此类暴力，或发生过此类暴力而最终被制止，又或是出于某种规矩而被制止。然而这并不妨碍我们借此讨论最原始的法律形态。

具体而言有两个原因。第一，在观察动物的时候，我们不难发现，许多动物都有因争夺配偶而斗殴的习性，也不乏失蹄失爪致使对方死亡的例子。但越是社会化程度高的动物，小至蚂蚁大至狮虎，因种内争斗而致使对方受到致命伤害的频率就越小。换句话说，一类动物越依赖群体而活，其在争斗时，就越有"点到为止"的倾向。甚至可以猜测，此类动物争斗对双方的影响，以及过度争斗给整个族群带来的后果有一定的预见性。研究比较不同社会化程度动物对待、处理争斗行为所得出的趋势来看，上述例子便显得合情合理。第二，常识告诉我们，人类一定是在某个时候有了他们的第一条适用于别人的规则。这第一条规则，如果不是在群体刚刚形成的时期，因为某些关乎存亡的事项（实际上在远古时代几乎所有事情都能关乎存亡）而形成，又能是因为什么呢？

在这个例子中，一项简单而至关重要的规则以近乎个体条件反射的方式形成了。我们称杀人者为 A。A 杀了人，这是他的一个行为。这个行为直接导致了一个无名氏的死亡，并间接使群体因为此人的死亡而面临危机。当群体成员归纳出，一个人把另一个人杀掉会间接影响自己的生存，他们出于本能就会开始防止这项行为——哪怕直接被杀掉的不是自己。更直接地，他们会意图避免下一个被杀害的是自己。

采用这个例子的好处在于，它与一切让我们头疼的概念都没有多少联系。这一例子中不存在既成的道德规则，它顶多描述了道德的起源；这里面也没有基于权威和服从关系的命令，因为等级观念还没有建立起来；这里或许有人类社会的影子，但这种"社会"概念，显然不是现代社会法学家笔下的概念，反倒更近乎于蚂蚁；这里或许有暴力的保障，但最原始的暴力，可能仅仅是为了让另一个暴力停下来而已，不存在维护规则本身的目的。

在我们排除了目的论、工具论等因素干扰之后，这个例子强烈地印证了我们对重新认识法律概念的结果。如果说上述例子蕴含着的是一个最原始的规则,那么至少:其一,上述规则有所指,它描述了客观状态或行为;其二,上述规则有其存在的目的;其三,上述规则包括了精神内容,即对规律的原始认识;其四,上述规则针对可认知的行为或事物,但不包括思维活动本身。简单结合这几个要素,即“精神上由目的和规律性认识相结合,实在上对行为、事物状态作出描述性的规定”。

在这里可能会有这样的质疑:难道我们认识规律的方法不是自然给予的吗?依照自然给予的认识方法,认识到了自然的规律,然后塑造自己的活动,从而适应自然,这不是自然法的一部分又是什么呢?这样的质疑之所以产生,在于提问者混淆了自然实在与自然理念。前者属于认识对象的范畴,后者则是认识过程当中的包含着特定规律和意志的成分。即便是再极端的自然法拥护者也必须承认,只要我们的讨论还在理性而非信仰的范畴内,我们就只能认为,无论那个虚无缥缈的“自然法”究竟通过什么方式存在,都必须经过认识、意志化、规则化的过程,才能实现其作为“法”的内涵,否则它就只能停留在认识阶段,至多不过是被假设拥有其自身的意志,或接受我们主观意志的可能性。

不难看出,这个道理同样适用于实证的社会价值。那么,自然法也好、实证法也罢,既然其作为“法”的理由,不源于自然或实证,而是源于特殊的主观加工过程,我们就不能认为法的本质来源在外界。简言之,无论是自然还是社会现象,本来都没有法,只有规律。从自然现象或社会现象当中找寻规律当然没什么问题,但我们没有理由把意志的属性擅自安在它们头上;至多,我们也只能承认,由于社会本身建构过程的意志性,或许它反映着意志实现自身的过程,但这仍不能够简单等于它拥有一个属于自身的意志性的法。

同时,由于过程内部特有的环节性,我们也不能认为法仅仅指代其以规则形式展现的成果——这个成果必须放在环节整体当中才能实现其自身价值和特性。

二、法律与权威的关系

是否只有有权制定法律的人,他依据一些规则制定的、符合另一些规则的,才能称为法律?

这是一个鸡生蛋、蛋生鸡的问题。我们都清楚,仅仅在蛋和鸡之间徘徊,无论把二者单独及其运转逻辑的构造摸透到何种地步,都无法解释这个问题。解决这个问题的一种方法,是把鸡与蛋放到物种的大背景中,先搞清楚,在大的背景下,何为鸡,何为蛋,如何分辨鸡与鸭子、鸵鸟,如何分辨鸡蛋和企鹅蛋。然后再来验证,从何时开始,第一次有了鸡蛋,或者第一次有了鸡。

但这实际上跳出了鸡生蛋问题本来的意义背景,换言之,权威论靠不住。如上文所探讨的那样,依照这种只看过程,不看背景的逻辑,我们必定会陷入过程概念的循环:一个法律之所以是法律,是因为它合乎先前的法律,而先前的法律合法,是因为它合乎更前的法律,而后条条律律无穷匮也。法律成为了描述一个过程的词语,而不是一个具有确切含义的词语——连从形式上判断何为法律的方法,都要依据前法的继承,我们便连形式上的讨论都做不到了。

因此,当我们追寻到最开始的那些可供后续规则"合乎"的规则,就会发现,它们之所以能被认为是法律,并不是出于什么更先前的法律或概念,而是因为它们符合法律的逻辑定义,而不是出于权威维护的什么体系——在认识的最初,根本就毫无权威可言。可能被称为权威的自然本能,也已经被我们证明不适用于讨论这些问题。

有人可能会质疑,这种逻辑是不是在试图否认法律与权威之间天然密不可分的关系。的确,如果仅把上述观点解读为法律与权威没有实质上的因果关系,那么这种怀疑理所应当。可是在质疑之前,还有几个可能没有被排除:法律是否和权威同时存在且互有交叉?法律是不是仅为权威的手段?权威是否可能实际并不源于法律,而源于意图保证法律得以实施的另外的一些东西?比如,暴力、政治、外交、经济实力,甚至单纯的思想,等等?

然而这些想法也不成立。我们不妨先抛开暴力、政治、外交、经济实力,单纯检验一个绝对至高无上的君主(他已经不需要那些暴力等)。显然,此君主能够对自己制定法律,然而他却无法自己对自己进行政治活动。他制定的法律中,或许有针对自己而实施的暴力,意图保证自己能够遵循自定的规则。但此时,是暴力在依附于法律实现其自身,而非颠倒过来。

当然,这个例子的前提是,君主之所以是君主,因为他拥有权威。那么权威从何而来?从暴力或政治吗?他之所以拥有权威,是因为他用暴力逼迫了别人?或者别人仅仅是知道他可能会这么做?这可不一定,因为一个智者也可能成为权威,一个精神领袖也能成为权威。信徒视先知为权威,并听从先知的号令,这并不是因为先知的话语有实在的暴力为后盾,而是因为信徒认为先知的话语符合真理。如果在信徒内部出现了暴力维护教义的行为,那也是因维护信仰而生,不能因此认为信仰源于暴力的维护。即便有些信徒是因为畏惧教义所称的种种死后的制裁而信仰,那也不意味着先知掌控着暴力——除非先知声称不信自己就会遭到制裁,但实际上此时他把自己和整个世界或神灵等同起来,我们便不能将其视为活在自然或神灵之下的、具有权威的个体。如果我们真的相信某人的话语是自然或神的旨意,那么这与我们相信感性、直观和思考规律就没什么区别——此人的话语不过是省却了我们用眼睛观察、用手脚试探的工夫而已。

有人会说,法律和信仰不能相提并论。但如果我们把先知换作权威者,把信徒换为守法的人,把教义换作法律,把上帝的制裁换为违反自然规律或社会规律而遭受的损失,那么上述的逻辑仍然成立。人们可能因为一个人正确地把握了自然规律或社会规律而将其奉为权威,并自动组织或赋予这个权威实行暴力的权力。人们虽然也可能遵循掌握极大暴力的人的意志,但一旦我们问及,此人究竟因何获得这些暴力,答案就又回到了整个逻辑的开端。退一万步讲,哪怕人们畏惧一个人,仅仅是因为此人身体强壮而力量无穷,人们畏惧的实质,仍然是自然界弱肉强食的规律,而不是作为其表象的简单暴力。

退一万步讲,至少有一种法是和权威或暴力完全没有必然关系的,那就是自己对自己制定的法律——人怎能自己对自己拥有他们本意所指的那种社会关系之上的权威?一个人完全可以规定每天早上6时起床,同时拒绝任何违背这个规定的后果(比如,这一天菜里不能放盐)。

如果这样一来我们就认为这不是法,那么我们实际上就是把判定法是否存在的前提,放在了规则是否牵涉不同主体关系上面。我们所信赖的就是某种关系,但这种关系论的视角是不稳定的:一个国家的宪法之所以为法,依赖的是国家和国家的外部关系吗?当然不是——我们可以说人们因惧怕人与人之间的野蛮掠夺关系制定了民法或刑法的某些条款,但不能说因为敬畏某些具体的关系而宣布一个国家的存在——这种宣示的依据不是什么对外在关系的惧怕,而是单纯的意志。有人可能会说,宪法所宣示的,实际上是“内部具有此类而不是他类特征”的国家存在,而这种特征又回到了人们对某种落后制度的畏惧,进而显示出人们对落后制度当中暴力的畏惧,以及用新的暴力制约旧的暴力的手段,这就回到了权威基础论、暴力基础论的轨道。

问题来了:如果认为,是权威模式的更迭或者破坏性后果的升级导致了法律的更新,那么我们就是在不经意地违背法律最基本的理性原则,要么是简单地把理性等同于某种逃避恐惧的技巧。此时,这种观点反而恰恰证明了“6点起床”是法律,因为这个人就是因为害怕睡过头才规定早起。持有暴力或权威后盾观点的人,在反驳这个判断的时候,一定会陷入这样一个僵局:如果规避后果的动机能够使法律附着于全体对全体本身(宪法)、全体对个体(刑法)、个体对其他个体(民法),那么为什么就不能附着于个体对个体?

因此,对法律的遵从,不一定最终源于对暴力或制裁的畏惧。这种外在关系的视角反映出来的是对认识过程在法律形成过程当中地位的不重视。简单来说,使暴力可能成为后盾的并不是暴力本身——如果暴力的根本理由不合乎认识,那么仍没有人会遵从。换句话说,我们实际上借此论证,法律的存在与权威没有必然联系,权威和暴力后盾之间也没有必然联系。与之相反的逻辑哪怕在最马基雅维利主义化的世界中也是说不通的:如果我们承认暴力导致权威,权威创设法律,就相当于承认人们把弱肉强食当成终极的行为准则——那又是什么让一个父亲在知道自己将死的情况下,舍得用身体保护地震中的孩子?难道是因为他害怕自己不这样做就会遭受某种制裁?恐怕又有人要拿出"社会"关系来辩驳——请看吧,这种进路只能让法律的定义越来越窄,而非揭示其应有的普遍性。

一方面,如果我们按照自然法或实证法的道路向下延伸,就会发现,那所谓的令人折服或畏惧的权威,要么必须能够依据客观标准可以准确度量,要么必须依据人们的具体行为进行判定。依据前者,一个人、一套法律之所以权威,可能是因为他的思想更接近真理。但实际上,这种情况下只有真理自己(假设真理有意识这么做)能够最终评判权威是否存在,他人相不相信与此无关。那么,此时把权威所言称为法律,相当于把真理的一部分内容称为法律,那么法律的本质和真理就等同了起来。但如此一来,信服权威的人,实际上是在信服自己对权威之所以权威的判断,权威二字就被晾在一边,了无生气;定义的出发点倒成了累赘。

另一方面,如果依据人们的具体行为判定权威存在与否,就必须询问,权威从何而来。沿着这条路走下去,就会不可避免地回到第一个标准,即人们因权威更贴近真理、贴近规律性认识而服从,哪怕真理的内容是弱肉强食。此时,法律似乎成为了权威依据真理而行动的一个部分。但问题的关键在于,如果权威不依据法律的形式而行动,他人就无从认识并判断,他的言语行动是否权威——他如果不在实在上对行为、事物状态加以判定,又怎能把精神上的反思展现出来呢?不能展现出来,又怎能使他人信服呢?一个原始人认识到杀人的坏处,但他却不因此对自己或别人的行为结果作出任何限制并遵循这些限制,而是像往常一样行动,这显然永远不可能导致任何人对他的敬畏。反过来说,我们可能看到一个人后于另一个人的命令在走,但这就能够让我们确定这是出于权威或对权威背后暴力的畏惧？真正使我们确定一个人是因为权威而行动的，恰恰不是行为本身，而是我们对此人行为动机的理解。

把法律和权威等同起来，实际上是基于“只有被信奉、遵循的规则才能称为法律”这个认识。这个认识本身就有许多待澄清之处。比如，我们怎么判断信奉或遵从？一个个体要遵从到什么地步？这与法律具体内容是否有关？是否与个体有关？或者需要检验群体？群体的结构是不是也要考虑进来？不难看出，在这条路上我们走得越远，方法论和成果就越贴近于社会分析，而不是法律分析。我们在研究的不是法的本质，而是它在社会当中体现出来的现象。

法律是让权威得以产生的前提而不是其后果。在我们提到的例子中，法律的精神部分贴合真理，并通过对实在行为和事物的规定展现了出来，最后得以让人信服。在法律运行的过程中，人们根据其了解的法律内容，结合自己认识到的规律和形成的意志进行判断。法律合理，则人们可能视制定法律者为某方面的权威——这是开始，然后才有所谓的权威反过来影响判断基准的过程。而纵使视某人为权威可能影响到日后人们的判断，比如，把明明不合理的规定视为合理，这也与法律和权威的根本联系无关。这个过程依然印证了法律的逻辑定义：法律是根据相统一的目的认识与规律性认识，对行为或客观状态的演绎内容作出的指向性描述。同时我们也顺带证明了一点：法律不仅仅是形式上的规则。

这很容易理解：不含有任何行为内容的规则，永远不能成为法律。法律不能仅包含单纯的认识活动，它必须具有实在的规定，即对精神内容客观映象的描述（虽然这个内容本身可以是纯精神的）。这条铁律不由实践经验得出，而来自规定本身结构所蕴含的意志性。①

三、法律权威性的来源

在确认法律与权威的逻辑关系之后，我们还要继续深入地探讨这一重要议题。因为，如果不能解决权威本身的来源，就无法替法律的逻辑定义在自然法学家和社会法学家那里验明正身。

我们判断某人某物权威的唯一方式，就是得到足以证明此人此物之言论表现，足以使人信服。法律也不例外。通常来看，判例或法律之所以可能被人遵

---

① 具体分析参见第六章。

守、为人信服,以下三点绝不可少:

第一,具备社会可接受的形式。一条法律如果不以某种特定的形式颁布并书写,便不能算作法律。比如,立法机关可能希望人们不要在公共场合吸烟。但如果只是以新闻发布会的方式将此公布出来,而不是将其制定成为符合既有规则的文件,那么就不能算作权威的法律(请注意这并不影响法律的内涵本身,只影响法律的作用效果)。理解这一条很简单:去找一个完全没有受过法律教育的人,告诉他,国家对如何种地作出了规定。如果规定本身是事实,那么唯一可能让他起疑,进而拒绝相信我们对他讲述的内容是法律的,就剩下“这看起来不像法律”。比如,告诉一个小孩子,国家规定天上没有星星,他一定不会相信。并不是因为他有什么天文常识,也不是因为他知道此次表决程序有问题。而是因为连一个小孩子都知道,正常的国家不可能就此类事项制定法律。

第二,合适的立法程序。一个国家总会在宪法或宪法性文件中规定制定法律的过程。这可能牵涉起草、辩论、投票的种种程序,也常常涉及立法机关人员的组成与选拔。无论程序还是主体资格,如果有瑕疵,那么即便立法者声称该法律生效,也应当予以撤销。或者说,即便把这些文本制定出来的人或团体声称其为法律,也不应当将其视作法律,而应当在接下来的司法过程中澄清这一点。比如,议会被一群蒙面人攻占,即便这群蒙面人严格复制了被代替的议员平日立法的各种程序,制定出一条法律,例如,“本国素食主义者免税”,这条法律仍不可能得到执行,因为这条法律的立法者不够资格。

第三,法律的内容合理。试想,某个英国法官在判例中写道:“因为‘三角形内角和等于180°’这条推论沿用的时间太久了,所以应该放弃它。”即便他是通过正常程序当选法官,即便判例本身没有任何形式上的问题,人们仍然不可能将其视为法律。因为这项判例的内容,严重地违反了法律的理性精神,在论证上也不得要领。最重要的是,这一律令与我们的直观认识相违背,除非这位法官同时告诉我们,他只不过是要换个表示角度数的方式,比如,采用弧度制,并不是在对数学定理进行批评。无论是往日多么权威的立法者制定的法律,都可能面临这样的状况。举个极端的例子:即便第二次世界大战时的德国民众被希特勒所煽动并狂热地信奉雅利安至上,他们仍然只会对灭绝犹太人这类法令作出反应;若希特勒要求德国人与犹太人同归于尽,想必连最核心的纳粹党徒都会认为他们的元首疯了。因为这条法令明显与“保存自身”的生物本能及国家本能相违背。

许多关于立法的理论,都依靠上述标准建立,最终不约而同地汇聚到一个地方:“立法的根源在于传统原则。”但这全然无法解决一些基本的问题。比如,为何立法过程必须与国家联系起来?为何遵从原则和传统,就能让法律得以被遵守?原则和传统从何而来?基础规则如何指引着法律、判例的制定与确认?为什么我们能够判断,即便经过了符合传统与既有规则的程序,仍有一些文件不应被视作法律……

过去,当我们询问这些问题的时候,通常有两条路摆在我们面前:第一,找到自然或社会等很难被个体彻底解析的概念,然后边假定公理边进行推理告诉我们,自然法则衍生出某项传统,或者社会的历史发展印证了传统或原则的存在。① 第二,从历史的进路当中反过来找寻到法的本质。② 第二条路还引申出另一个非常重要的问题——我们是否应当止步于描述表象上的立法活动及其成果,而对立法活动真正的内在逻辑不闻不问;然后,仅从描述性的结论出发,讨论与立法密切相关的诸多问题——比如,法律的存在与运行,法律的执行,立法与司法机关之间的关系,以及与前述所有的问题密切相关的法律解释问题?

这种表象的方法,似乎能够让我们从拖沓的价值争辩中解脱出来,但又会让我们沉迷于历史现象无法自拔。这种思路能让我们看到政权的更迭总是以强权手段实现,却同时忘记,这些手段的形成,往往伴随对前一个政权的不满的积累。一个又一个新的权威依靠直接的暴力或暴力后盾树立,而这些暴力之所

---

① 这种路径原因多种多样。一个可能性是,这种路径使自然法学派的推理方式更加适应他们的思想。最早如孟德斯鸠,他有一个响亮但脆弱的论断:“如果说一个盲目的命运竟能产生‘智能的存在物’,还有比这更荒谬的吗?由此可见,是有一个根本理性存在着的。”这句话的气魄和洞察的确令人折服,但说实话,细究起来,盲目的命运和智能或许并不如他和他那套价值观所想象的那么不可调和。参见[法]孟德斯鸠:《论法的精神》(上册),张雁深译,商务印书馆1961年版,第1页。较近的例子是罗尔斯(虽然严格意义上来说他并不是一个法学家,但他的论述无疑是在澄清规则本质的相关问题),他称“正义是社会制度的首要价值,正像真理是思想体系的首要价值一样”。我们不能说这个论断错了,但至少我们可以说这个论断缺乏必要的分析基础,或者至少他可以多费一些笔墨谈谈还有什么其他的价值本可能拿来和正义比较。参见[美]约翰·罗尔斯:《正义论》,何怀宏、何包钢、廖申白译,中国社会科学出版社2001年版,第1~45页。

② 泛实证主义的分析方法采取这一路径。波斯纳的总结是,“这些问题的最终起源于劳动分工。即使是在最简单的社会中,也会有默示的或明示的规范;在法官或其他官员出现之前,由于社会的需求,就演化出了这些规范”。参见[美]理查德·A.波斯纳:《法理学问题》,苏力译,中国政法大学出版社2002年版,第6页。当我们尝试着理解这种思想的时候,便会发现,它并不像是出于对法本质的理解,而或许更多来源于研究方法或研究传统。如同霍姆斯在其著作中展现出来的那样,针对法的本源的分析,和针对社会的研究糅合在了一起。这种进路体现出法在社会发展过程当中的重要地位,但同时也混淆了法的本来面目。参见[美]霍姆斯:《普通法》,冉昊等译,中国政法大学出版社2001年版。

以存在,是因为手执刀剑枪炮的人们以及他们的家人在支持夺权者的主张。在一个黑暗的、把抢夺和侵占视为正当手段的社会中,人们可能因首领在夺权后利用恐怖与武力瓜分原有资源与地位的承诺而服从于他;在一个崇尚道德与荣誉的社会中,人们可能因君主的昏庸腐败而誓言推翻它;还有些人认为,民族独立与自由高于任何情况下的殖民,于是他们让民族自决的政府代替了殖民政府。

参考历史进行实证分析没有错误,但应当注意到动作和动因的区别,并避免因学科的界限,仅就动作考察,忽视了动因当中隐藏着的法的本质。恰恰是这个隐藏着的本质,让任何一条法律都可能成为其源头并可能为人接受遵从。反过来说,无论法的形成是基于什么,这些原因背后的思维本质都没有差别——运用规律判断决定何种行为能够达成目的。

人们不是毫无知觉地遵循着法律。或者说,如果我们以人的视角而不是以野兽的视角看待源头上的法,那这些法律必定包含着本能之上、属于认识的要素在里面。认识的对象、背景乃至认识的方法论都可能不同,但这与“法律包含认识”这一定理无关。我们的确可能活在被设定的语境当中而浑然不自知,但我们并不是全然盲目地遵从着。

必须再次强调,法律自身不能使法律合法——无论我们往这些被擅自称为“法”的内容当中塞入多少互为因果的杂乱概念。无论法律成形有多早,如果它缺乏了精神性的内容,而只剩下对实在行为或事物的规定(更不要说只剩下这些规定的形式),注定无法让人信任,反之亦然。一个人只有因其精神贴近真理,或者贴近未被证明脱离人们所信奉的真理的那些传统,并将其作为指导实在行为的法律所奉行或表达,才能成为权威。而取得权威地位的人,其行为和言语的权威性,使其所言所行中反映出来的法律被人所尊崇信赖。至于暴力,在此处既可能是不理智的狂热,也可能是为了维护权威及其依据的一种理性选择。

对于自然法理念来说,还有一个特殊天然的难题——从乌尔班二世(Urbanll,1042～1099)到罗伯斯庇尔,从蓄奴主义到法西斯主义,许多人在特定时期,被视作手握真理,并跟随着大批信徒。他们的话在当时许多人看来都是正确的,并继承、夺得或被赋予了立法权力,最后却造成了灾难性的后果。即便这些暂时的“真理”最后大多都能被证伪,因其而出现的不良后果,无论是精神上还是物质上的,往往都无法得到很好的弥补。这种现象清晰地证明,我们判断法律存在与否的基础,并不是客观真理或社会需求,也不是对这两者的认识。

简单来说，如果把判断某一规则是否构成法律的依据归为客观真理或者对真理的认识，那么就只能被迫承认，我们对法律的定义方法(不仅是定义)一直在变来变去。或许我们真的能够从这种变来变去的定义方法中归纳出某些上位共性，但这无损于我们摒弃这种依内容而非逻辑的定义视角。稍加推敲即可发现，无论自然法学者如何维护一个权威，或者批判一个权威，其批判或维护的路径都是相同的，都必须对精神认识、实在描述以及二者关系进行充分的考察——这便回到了我们的逻辑定义上。自然法学者或许在哲学、社会学乃至自然科学当中都颇有建树，但自然法的方法，在法自身的领域，说穿了便不过是用自身的理念衡量一切实在内容的、套着法律语言外衣的评论家、批评家。如果有自然法理念的拥护者意图批判法的逻辑定义，那么我们就要反问这样一个问题：如果不是根植于头脑中的逻辑，那又是什么使这些人笃信我们违反了某种理念，应当换一个方法定义法律的路径呢？

总而言之，法律和权威没有本质联系，权威从何而来及其大小轻重，是自然赋予还是实践累积，都与法律毫无关系。权威作用的体系和法的运转体系不能混同起来。一些法律可能被赋予权威体系中的地位，另一些则丧失或不可能具备权威性，但这取决于权威体系的运作规律而不是法自身的规律，并不影响它们的逻辑本质。“饿了要马上吃东西”就可以是一条法——因我信，此法在我这里有了权威；因别人不信，此法在别人那里便没有权威；当我不信，此法就失了权威；当别人信我，此法又可能重获权威——通俗来说，无论怎么折腾这条规则在权威体系当中的位置、无论怎么分析位置的成因后果，都和它是不是法没有关系。

四、法律与政治的关系

必须承认，许多人维护传统或支持政治活动，并不是因为他们对传统或改革背后的原因有着多么充分到位的认识。他们可能根本就不关心此类事务。哈特的总结很到位：“不管法律多么经久，想象大多数民众对赋予一个不断改变的立法机构以立法资格的规则有任何清楚的认识，那将是荒诞的……这等于把普通公民可能还没有的对宪法问题的理解硬装进他们的头脑。”①

一个人可能认为，这些活动就是政治，没什么理性不理性的。他还可能仅

---

① ［英］H. L. A. 哈特：《法律的概念》，许家馨、李冠宜译，法律出版社2006年版，第62页。

仅因为大多数人的支持,而转而支持某一方,全然不顾具体的主张和内容是什么。深究这个现象,或许没有止境。而且当我们问及一个人或一群人,他们为什么支持或反对应当让一些人获取、转移或放弃立某样的法,他们为了解答问题的思考或辩论,反而可能开始改变他们原始的观点。因此,在这里,注重结果而非思路,注重宏观而非微观,显然更有利于我们认清这些问题。

最基本的一条规律是,无论对政治的定义为何,立法权永远掌握在政治斗争胜出的一方手中。然而,仅根据这一点,我们无法确切地把立法权的来源等同于政治斗争的胜利,因为政治斗争在此仅仅表现为获取权威的诸手段的其中一种而已。有的人的行为即使与政治毫无关联,也可能在群体当中获取它,比如无可辩驳的智者,再如信徒心中的先知。如果硬要说他们的行为实际上就是政治行为,就等同于将政治说成获得权威这个结果。那么,政治理念、政治哲学又是什么呢?难道政治理念的意思,就是权威的理念?或者为了获得权威而生的理念?又或者能够使人获得权威的理念?这显然说不通。

即使我们把考察的范围从个体扩大至社会,此观点仍能成立。法律并不一定由立法机关创制,法律可能由司法机关创制,而司法机关的确可能不受政治影响。比如,美国联邦系统法官的任期通常是终身的,期间立法者的身份或许因政治斗争而更迭,但由于法官在履职上保持着相对的独立性,政治波动并不一定会传递到司法机关的人事安排,进而影响具体的判案准则。① 同时,不一定所有的案件都与政治相关联。如果硬要说社会所遵循的一切传统和规则最终都源于由政治确立的权威,硬要说这些传统和规则的内容最终都源于由政治理念、政治哲学经政治活动而形成的社会实体,那么政治将等同于社会的一切——这种观点就又回到了我们批判过的泛实践论视角当中。简言之,如果我们将社会的运转、运转结果统统归于政治的作用,那么这种观点和认为压根就不存在政治似乎没有什么区别——既然 A = B,那么 B 就是多余的。

应当认识到,政治并不是建立在具体的行为之上,也不会直接规定什么具体的事情。这也就是为什么,连“政治法则”这样的词,指的也不过是政治系统本身的运行规律,而不是政治家因政治需求对现实行为或状态作出的规定。根据王沪宁的分析:“政治最根本的问题是国家权力……政治活动主要指围绕国

① 批准、弹劾美国联邦法官的权力的确掌握在国会手上,但在当代美国,弹劾联邦法官很少再被用作权力斗争的手段,实际上,对法官的弹劾往往作为对法官普通犯罪行为的一种处罚。参见何家弘主编:《当代美国法律》(修订版),社会科学文献出版社 2011 年版,第 77 页。

家政权或社会公共权力而展开的各式各样的活动……与取得、运用、维护和参与国家政权或社会公共权力有关,凡由这些活动引起的活动都可以划归为政治活动的范畴。"从这个定义角度我们可以看出,使政治活动区别于其他活动的根本性质,是其活动的指向性,或者说是目的性。① 或者说,政治的目的性,必须借助法的逻辑才能最终落实到指导行为的实在规则上面。这一点能帮助我们正确理解政治与法律的关系。

简单来说,政治和法律的关系,不能等同于政治关系与法律关系之间的联系。法律的精神属性虽然内含目的性,但不能等同于目的性,因为目的性是它精神属性的有机组成部分。法内含目的性,不是为了目的的内容,而是为让目的意志化。因此,法律并不因其在社会当中进一步展现自身的成果(法律关系)与政治关系之间的亲密关联,而附属于政治。即便说法律的确是一个工具,那么它也不仅用于实现政治目的。或者说,政治的目的性,必须借助法的逻辑才能最终落实到指导行为的实在规则上面,法的逻辑的确是政治活动得以顺利开展的基础;但反之则不然。

我们先看一个经典的政治活动事例:伯利克里在演说中要求雅典人爱他们的城邦,似乎是在让雅典人做具体的事情。② 但应当看到,爱城邦是一个政治理念或原则,而它也仅仅是一个原则;通过什么行为来爱城邦,则应被视为具体的法律。伯利克里要求雅典人爱城邦的理由,与他要求人们通过慷慨而生、慷慨而死的方式表达这种感情的理由是不同的。伯利克里的意思大致为:爱城邦是因为雅典的体制非常优秀,且有许多优点;而为了城邦抛头颅洒热血,是因为人们应当崇尚英勇,应当维护给予他们美好生活的雅典城,否则如此美好的城邦就会不复存在。此处,爱城邦的政治理念,可以说源自更高的哲学、美学追求;而捍卫城邦的行为要求,则源自行为与实在的因果联系。一方面,政治理念指出人们的利益在何处,它是一种对结果的描述而不是具体行动的内容。如果不是运用法的逻辑将政治理念和设想意志化,那么伯利克里做的事情就是在讲课、分析问题,而不是借助法的逻辑,将政治理念外化为政治活动。

另一方面,政治活动有其内在规律,但这些规律也可以被认为是某种法则,

---

① 这个目的性,使政治的基本逻辑属性和法律产生了区别。参见王沪宁主编:《政治的逻辑》,上海人民出版社2004年版,第11~19页。

② 参见[古希腊]修昔底德:《伯罗奔尼撒战争史》,谢德风译,商务印书馆1960年版,第128~137页。

这种法则的构成以及我们发现这种构成的可能性，源于法的逻辑。如前文所述，不一定只有权威制定的规则才能称为法律。政治哲学或者说政治观点，都成为了相应法律的精神反思直接或间接的组成部分。有些政治命题还需要更细化的子命题，才可能与实在的行为相联系，并最终化为法律。

这个规律不仅适用于古老的、微观的城邦政治，也适用于当今国际政治。自19世纪以来，尽管有过法西斯主义和霸权主义的干扰，人们还是认为，国家间的力量平衡能够有效保障整体和平——无论主要参与国数量是几个，无论这类平衡的范围是全世界还是局部地区。这个理念似乎在针对古老的“挑战者效应”，人们认为，一旦力量平衡，就不会引发对自身挑战的威胁，也就不会引发战争。霸权主义者则相信，最能保障和平的，不是国家间的力量平衡，而是与单一国家巨大的力量差距，以及该国家对和平秩序的主动维护。①

我们从这两套政治体系观察国际层面上政治与法律的关系。首先，利益是考虑一切问题的出发点，而和平则成为了维护利益的第一道屏障，即最基本的政治理念。此处，和平是一个理念，而不是具体的行动意志。其次，大国平衡或一国霸权，也都是作为一种现实的设想，基于它们在经验上与和平的联系，被纳入次一级的政治理念中来。当巨头们谈及如何维护平衡或霸权的时候，他们可能会谈到具体的贸易、金融或区域防御一体化政策，这便把一个整体的国际政治理念分解成了分属于在不同国家之间的、更次一级的具体政治理念。最后，当谈及如何依次实现这些理念时，国家之间签订了条约或备忘录，并依据这些文件或至少口头的协定，采用不同的方式，对自身的行为作出指引。

可以说，只有在最后一个环节，国家才真正地把大大小小、整体或分散的政治理念付诸实践、给予他们现实的可能性。在此之前，法律和政治至少在实在的层面上分开了。

从政治主体的角度来看，我们不能说，不同的政治家都借由法律所代表的行事逻辑（这个对法律定义的描述反而把该观点弱化了）实现他们的政治目标或理念，就意味着法律总是政治的附庸。因为，一旦我们去实现他们的探求政治理念、政治命题内在的逻辑，总能得出一个明显的结论：没有什么政治哲学是凭空蹦出来的，而即便是相同的政治理念，其缘由也各不相同。柏拉图、康德和列宁可能都把和平当成终极的政治理念，然而他们这么去想的依据以及思维的

---

① 参见[美]亨利·基辛格：《大外交》，顾淑馨、林添贵译，人民出版社2010年版，第三十一章。

具体构架显然不一样。如果我们的逻辑是，不管怎么样，法律最终都要直接、间接地与政治目标相关，那为何不把这个逻辑延伸到政治目标之上，那些属于哲学、历史甚至纯直觉或经验的领域呢？

总之，我们没有理由说法律是政治的附庸。我们只能说，法律的具体内容，充其量可算作语境、文化等一切精神成果的附庸。而且附庸的对象，显然不能直接归于先前的、静止的法律条文本身，更不能归于法律的核心逻辑。这就又回到了我们初始的框架中，即我们可以认为，不能把法律含有精神性的部分这一事实，等同于法律必须服从于精神性的部分，或等同于精神性的部分——当然包括政治理念或政治原则。

政治确实和法律高度相关，政治家也必须借助法律实现他们的政治理念，但因此认为法律服从于政治是荒谬的。既有法律往往借由实践，对哲学、道德以及政治理念起着不同程度的影响，这就和生物的变异一样自然，同时也不会影响过程中所有参与主体的独立性。

第四章　法律活动特征再解读

至此，本书已经讨论了许多问题，以求辨明法律是什么而又不是什么，从哪里来、不从哪里来。在这些讨论当中，我们通过修正法律定义的视角而非内容，得出了法律的逻辑定义。这些论证出于对实证主义的“离经叛道”，因为我们并不是采取经验的视角，通过归纳庞杂的既存法律和法律活动得出这些定义，反而是从这些既存事实的根源出发，思考这些经验发端的逻辑。

在先前的定义中，法律指的是精神上由目的和规律性认识相结合，实在上对行为、事物状态作出描述性的规定。显然，为了解决既存的问题，只有这个定义是不够的。因为此定义仅是对一切法律的逻辑上的定义，却无法从实践的角度说明一些重要的问题，比如：神的法律与人的法律有何区别？个人的法律与国家的法律有何区别？立法和司法在实践中的联系到底为何？

这些问题的本质并不复杂，但既有的、基于表象的分析思路形成的概念和系统，将对分析问题的实质造成观念上的障碍。这一章的写作目的，便是在进一步展开讨论之前，运用逻辑定义的理念，对一些可能引起障碍的概念进行清理。清理的对象，既包括对法律规则的基本认识，也包括对围绕规则展开的活动的认识。

第一节　法律实践特征重解读

一、规则的可复性

就法律规则而言，一切讨论的基本前提，都建立在同一个公理性质的假设上：法律规则之内容可能复现。

从法律的精神属性来看，这理所当然：精神反思的成果，即规律，不可能仅存在于一时一刻，否则它就与"规律"二字的逻辑含义相悖。同样，因认识而生出的目的，也含有持续性，因为最基本的目的直接绑定于客观与人之间的认识关系。此关系因不可讨论的本能而恒定。认识的方法是否恒定并不重要，因为无论使用什么样的方法，认识方法的来源和最终所指，都是确定而可复现的。因为，一方面，我们无法通过由认识得出的规律推导出不确定的结果，我们至多认为在某一步是无法继续的。另一方面，即便规律之内容是不确定的，也并不影响规律本身的确定。规律的恒定，允许我们即便无法一时对其准确把握，也有可能在此后对其进行进一步的修正，哪怕最后得到的内容是有限的。

从实在属性出发，法律对行为及其结果的规定，也必须能够复现。这有两个层面的含义：首先，法律必须规定那些能够发生的事情，即可"现"。举个例子：人死不能复生，因此人不可能杀死或被杀两次（所谓不能犯）。既然如此，法律便不应规定"禁止杀死自己两次"之类的——无论自杀一次是否合法。对此类法律的排除，依据简单的剃刀法则就能成立。然而当人能够复生，成功自杀两次就可能发生，上述排除就无法当然成立。① 其次，在可"现"的基础上，法律规定那些可能重复的行为。若非如此，则意味着要用法律去规定那些永远不可能再次出现的行为。一旦我们认为某些行为状态不可能再次发生，我们就失去了目的这一基本要素的逻辑内涵——目的基于演绎。

在这里我们不妨进一步作些推论。严格来说，所有的行为都不可复现，因为哪怕是静止的事物，其周遭的环境也一定会因时间的变化而变化。那么，我们似乎要对每个相应行为都设立单独的法律，并且必须证明，任何一个单独的行为，都必须契合一条法律，否则就是对法律背后理性规律的背叛。这样的想

---

① 虽然眼下法律不应对重复自杀进行规定，但这并不意味着不可能制定这样的法律，而只是说制定此类法律没有用处。我们当然有能力想象，重复自杀这种行为会造成何种结果，这种结果又和其他结果有何区别。实践基础将在之后的讨论中继续发挥它的作用。

法无异于把我们自身视作上帝——只有想象中的全知全能,才能让我们了解每一个单独的行为与规律和目的之间究竟是何联系。

如此看来,实践上的“复现”自开始就不可能是一个严格意义上的逻辑概念,而是一个近乎于统计学的概念。只不过,在统计学作用下所忽略的实在,是不同的行为结果之间的微小偏差,而不是行为过程本身的偏差。这符合直观认识:如果我们认为,无论在什么前提、背景下,过失杀人和故意杀人、诚信交易与虚假交易的直接结果,以及它们和间接影响的结果全都一致,我们还有何必要将它们区别开来吗?反过来说,出于实际情况,尤其是效率方面的考虑,我们不可能把一切结果的细微差别都加以比较,然后给出相应的规则——我们只能合理地忽略它们,否则法律规则将无穷无尽,而这就又回到了行为绝对不可复现这个从实践角度来看不可采纳的论点上。

因此,在法律规则内部,我们看到了如下的链条:客观规律的恒定性,决定了规律与人的根本关系具有恒定性,同时决定了思维对规律的把握也具有可复性,因此法律的精神内容具有可复性。同时,因为具体的、实在的限制,普通的人们无法全然把握一切规律,也不能把精神内涵彻底贯彻到每一个细微的行为结果上。因此我们只能对结果进行取舍,通过对结果与结果之间合理的忽略,人为地让法律的实在内容在特定阶段、特定条件下可复。是法律精神、实在两个方面的可复性的统一,使既不是哲学王也不是先知的我们,能够在有限的时间内,凭借有限的脑力和精力,认识规律、生出目的,并借此指导行为,以达到所希望的结果。

进一步分解这些规律,便能够得到法律可复性与各个基本要素之间的抽象联系——我们只能认为,得到直观的那一刻,客观是恒定的,而我们的认识本能又是有限的;因此,我们的主观认识就是一种有限的恒定,即确定。我们还论证了,目的是对确定的主观的再认识,这种再认识过程本身不是无限的,也要依据有限的基本认识规则,那么目的就是确定且有限的。同样,我们只能根据确定且有限的认识方法,认识到假设恒定的客观规律,那么我们得到的规律性认识也是确定且有限的。更进一步讲,我们对规则内容的描述,显然是一种演绎的拟设,而我们的演绎过程也与规律性认识一样,是确定且有限的。那么,一条法律规则当中,精神性的两个要素,即目的性认识与规律性认识,都是确定且有限的;而实在性的要素,即由演绎规律所得出的对行为或事物状态的描述,也是确定且有限的。法律两要素确定性、有限性的统一,形成了法律整体确定性、有限性的统一,这便与法律的可复性相契合。

这也是法律时效性的依据：被忽略的细节可能积累而造就全新的环境。同样的行为，在新环境中导致的结果，与旧环境中的结果，其偏差之大，或许使我们无法忽略，又或者让我们生出新的目的，还可能使我们认识到新的规律或让认识更为全面，从而需要对法律本身进行调整。因此，时效性归根结底并不是行为的时效性，而是意图产生的结果的时效性。在我们认识到的规律和目的发生变化时，这个结果的时效性，指向了目的与规律的时效性。这一切是有限认识的必然结果。

需要额外补充的一点是，当我们考虑到实践经验告诉我们的种种限制，行为的背景就必须加入对法律规则的描述中来。的确，有些规则，如“无论什么条件下都不可谋杀”，就字面意义而言排除了情境的限制，但将没有情境背景视为一种背景，有助于描述的统一（如同数学中把0也划为自然数）。

二、规则的连锁性

人们发现了一个不符合他们所期望的结果（结果既可能不够积极，也可能过于负面），然而结果本身不能导致结果的发生，期间必须有运动的东西把结果与结果联系起来。于是，为了改变结果，我们必须询问这个不符合期望的结果是怎么来的，符合期望的结果又是怎么来的，如何达到期望的结果，又如何矫正非期望的结果。而这些问题又基于两个重要的问题，期望本身是否合理，以及如何判断期望是否合理。

法律规则结构当中所蕴含的理念便在于此，这一步是仅通过表象分析就能达到的：第一，我们必须判断，我们的认识本身是不是正确，有没有可能抵达了边界。第二，在确定方法没有问题的时候，则需要检验由这些方法得出的目的是不是合理、是否内在一致没有冲突。第三，确定目的合理之后，需要确定什么样的结果和这些目的之间是契合的，或者说，什么样的客观能够满足目的有限演绎的拟设。第四，确定所期望的结果之后，又需要单开出一条线，从既有认识经验中归纳、演绎或直接抽象提取关于前提（之前的结果）、行为和下一个结果（通过演绎得出目的性的拟设）之间的对应规律，即何种行为在何种条件下会导致这样的结果，又有什么可能造成偏差——此乃法律根本的、目的引导下的三段论。第五，我们将根据三段论的规律，对背景、行为或结果作出规定。剩下的工作，不过是尽可能贴切地执行这些规定而已。

无论什么法律，至少在表面上都必须遵循这五个步骤，才能完成从理性认识到具体规则之间的运动。有些情况下,法律可能直接规定某种行为的相应后果,但这并不是逻辑上必不可少的一环,而是出于“人们可能违背法律”这个事实的一种经验的选择,出于对被破坏的期望的一种修正意愿。否则,这些相应的后果就没有必要存在。这也再次说明,实证主义的观点其实是把法律的逻辑定义与对法律出于可能的实践需求而展现的一些特征混杂了起来,比如,认为强制力是构成法律规则必不可少的一部分,或认为“真正的”法律只是一种让官员行使强制力的命令。应当注意到,法律是否存在、法律是否合理、法律是否能够被遵从、法律因何而被遵从,这四个问题并不一致。硬要用“强制力”、“权威”或“认同习惯”等概念将四者统一起来,就注定要对因此生出的大量问题粗暴地选择性失明,然后在过于狭窄的定义中打转。

法律对行为作出规定,强制作为一种行为,必然被包含在了法律能够规定的范围中。根据我们已经得出的结论,强制力既然属于法律所规定的行为,那么必须有其目的,有目的衍生的期望结果,而且其背后的目的必须符合理性。这告诉我们三点:

第一,一切强制力都必须为了达成某种结果,进而符合目的;

第二,在确定的规律性认识与目的性认识下,确有期望的强制力,这意味着强制力本身也必须符合法律规定及规定背后的规律性考虑;

第三,哪怕强制力无所不在,依然不能迫使我们改变法律定义,以及本书的其他推论。因为它只是规则的内容,而非规则的逻辑。

简言之,法律条文中经常会出现强制力或与之相关的法律后果,这些关于法律后果的描述,应当被视为在法律的相关部分被遵循或不遵循的状态下,对行为人或非行为人的其他主体作出的另一项规定,而不是某种内在的、必然的保障。这些规定出于实践的需要而被制定出来,又出于其他需要或习惯规则,与后果所对应的规定写在了一起。

了解法律后果的作用及其与强制力的关系之后,我们再转向另一个问题:有些法律规定并不是具体的、实在的行为,而只规定抽象意义上的甚至概念层面的活动,如原则;或者关于法律体系运转本身的一些规则,如法律之间的指向、援引、排除等。它们在这个框架中究竟处于什么位置?

举个例子:A 国民法典规定,缔结合同双方应遵循诚实公平原则,对严重违反这一原则的缔约行为,将直接适用相关刑事法律。

首先看后一部分,即如果缔约行为被认为严重违反诚实公平原则,便直接适用相关刑事法律——这句话显然对裁判者的行为作出了规定。从表面上来看,这条法律的意思是,当裁判者断定缔约行为严重违反诚实公平原则,就构成了裁判者进入下一个行为的背景——在这个背景下,裁判者应该去适用相关的刑事法律。

它背后隐藏的链条是,出于理性的认识,我们确定,如果法官不能按照刑事法律裁判,便不能达到所期望的合理结果,从而契合相应的目的。因此,法官应当按照刑事法律裁判。需要注意的是,虽然这部分规则在文字上表现出了整个链条的最后一个部分,即对背景及行为的规定,却似乎没有给出这个行为导致的结果。或者说,即便我们把"适用了刑事法律"当成结果,似乎还是少了点与"诚实信用"直接对应的、确切的结果期望。

那么省略的部分到哪里去了呢?我们不妨这么分析——如果执行这条法律,第一个合理的结果是,法官适用了刑事法律,那么不合理的结果就是适用了其他法律,或者自己造法。适用这些法律所造成的结果,与期望中适用刑法所造成的结果不符。因此必须适用刑法。而适用刑法的目的,可能是意图通过严厉的惩处,对严重违法的行为进行有效遏阻,并恢复法益——这个目的可能被分别列于民法典和刑法典的总则部分,或是列在一些古老的判例中,甚至可能只作为习惯法被反复提及。而这个目的本身也可被视为一条法(至少是立法者心中的法),即应当使用严刑峻法来规制严重违法的行为。这个规则的目的,既可能是出于对法律权威性的保护,也可能是出于对违法造成经济损失的担忧。之所以要避免这些结果,可能是为了保证整体效率之和最大;之所以用严厉惩处的方式,又可能是出于一些对心理学规律的朴素把握。

从实践的角度来看,这些基本原则,并没有反复出现在法律条文中,而是处在宪法、法律的总则部分,似乎也符合了某种对效率的关注。这种内部结构的重复性、相似性,与数学中的混沌理论不谋而合。① 混沌理论恰恰告诉我们,许多结构不一定真的如其表面所见那么复杂,而是由简单的结构不断迭代演化而来。比如,我们没有必要在《中国入世议定书》的每个地方都写上"本议定书依据 WTO 协定制定",只要在总则的部分或一些不得不明确的部分予以提及即可。

即便如此,我们的讨论仍然只把原则当成了具体规则中的背景,只讨论了它在逻辑体系中的地位,却没有讨论原则本身在法规则的表象世界当中究竟有

---

① 关于混沌理论的简单介绍,参见 Lenoard · A. Smith, *Chaos: A Very Short Introduction*, Oxford University Press, 2007, pp. 58 – 86。

何种地位。比如,当我们说"遵守诚实信用原则"的时候,我们究竟说的是什么呢?原则是否也符合我们的推论?抑或只能作为非法律规则的某种概念加以对待?

与其从概念本身入手,我们不妨反过来想,究竟我们是如何实际对待"原则"二字的:两个人缔约了合同,而我们必须依据他们进行的一系列行为的结果来认定,他们缔结了这份合同。这些结果包括纸张上的一行行字、签名的手迹等。我们可能会去追查,在这些足以让我们认定合同已经缔结的结果发生之时,还有没有足以让我们认定某一方在进行欺诈的、其他行为的结果。而一旦我们确认了两组结果的存在,我们便能够据以判断,他们缔结了合同而其中一方存在欺诈行为。据此,我们判断,存在违反诚实信用的情形。

我们对待原则的方法,实际上与对待其他具体行为规则的方法并没有多大区别。原则依然包含对结果的预期,只不过,归属于原则的结果预期,通常要比归属于更精细的、具体行为规则的结果预期,在种类上要多得多——在不同的背景下,足以让我们断定相关的行为到底是符合原则还是违背原则的那些既成事实,相应地也往往比想象的要多得多。这也就是我们对某一大类行为,只能作出原则性的指导,而不能逐个制定规则的原因。与此相应地,当原则本身所包含的背景或结果不足以涵盖新的情形时,我们就要从原则性法律规则的实在层面转向精神层面,像对待普通法律规则那样(对待原则时往往更注重这个方面),去了解既有的原则性法律规则是如何确定偏差的来源、如何判断期望的结果、如何确定期望与目的、目的本身又源自哪里,等等。

通过上述分析,立法过程的核心逻辑也得以揭示:所谓立法,也不过是按照法律结构的顺序,从认识出发,止于规定背景、行为与结果的过程。此处的行为和结果,既可能是具体的,也有可能是抽象或概念上的。一条法律,既可能是对行为单纯的指导性规定,也可能是既对一方行为进行规定,同时又对在前述行为违法情况下,对行为人或国家应采取何种措施、造成何种后果进行另一项规定的组合式规定。我们把组合的后一项称为法律后果。

三、权利与义务的同一性

至此,有一个问题不得不澄清。既然我们引入了"法律后果"这个概念,那么此处的法律后果,与人们常说的因违背义务或行使权利而引发的法律后果,有什么区别或联系呢?

为了弄清楚这个问题,我们必须先弄清楚权利和义务之间的关系。

长久以来,权利和义务被当成法律界一切讨论的基本范畴。笔者认为,每条法律都直接或间接地规定了权利或义务当中的至少一个。每个人在法庭上都一定会主张自己的权利为何、义务为何。但就在我们大谈人权、治权、个人义务、国际义务、自然法、分析法、实证主义、形式主义等理论,为权利义务的具体内容展开唇枪舌剑的讨论时,一个问题始终挥之不去:权利和义务到底是什么?我们声称有某种权利、有某种义务时,到底说的是什么?

或许有人会说,权利就是法律允许、保护的行为,义务就是与权利相对的概念。而为了解释它们是如何相对的,我们又必须引入利益获取、利益损失等进一步的概念,为了保障利益获取和利益损失这个说法能够成立,又必须引入强制力,而引入强制力,又必须和国家权力、主权理论挂钩……

这个问题远没有这么复杂:法律并没有规定具体的、可以独立存在的"权利"二字,而只是把它当成了一个抽象的概念,然后对这个抽象的概念加以保护。法律对权利只有两种规则:(在特定条件下)有权做什么、某种权利受到保护。比如,一个人声称他对某物的所有权,他可能用各种发票、取货记录,甚至一手交钱、一手交货的视频来佐证这一声明,但他还是没有办法在缺乏破坏义务的情形下,声称对此物的所有权。

相比之下,义务似乎是可以独立于权利存在的。法律针对义务只有两种描述:(在特定条件下)必须做什么、不能做什么。这两种描述,都是具体确定的行为或结果指示。事实上,法律可以完全不规定某个人的权利,而只规定他所应负的义务,比如,不得侵占他人所有之财产。而这丝毫不会影响所谓的"权利"的行使。理由很简单——"权利受到法律保护"实际上包含了权利概念赖以存在的隐含前提:权利可能受到侵犯。换言之,没有侵犯权利的行为,我们就没有规定权利的必要,因为与之相对的义务本身就不存在。如"独立死亡权"之类的权利,之所以从未出现今后也不会出现,并不是因为这种权利"不值得"保护,甚至我们根本就不需要讨论它值不值得保护。我们之所以不说它是一种"权利",是因为缺乏保护该"权利"的对立面,即对"独立死亡"的侵害——显然我们谁也无法代替消耗属于他人的生命。

当我们说,一个人在A条件下有权起诉另一个人时,实际上是描绘了这么一个情形:法律规定了,当满足A条件,且有任何人满足赖以判定当事人的B条件,且a提出了什么形式的诉求(这诉求中又一定包含特定的文字),那么法院必须进行C行为,即对该案进行审查。脱离了这些针对法院的具体的行为的规定,任何起诉的权利,都只是一纸空文。反过来说,哪怕没有任何对权利的描述,人们依然能够根据这些针对法院的义务的规定提起诉讼。因为他们知道,在满足若干条件的情况下,法院必须审查诉状。如此看来,权利、义务之间的关系和利益及其衍生概念无关。不存在实质的“权利”,只存在实质的义务。既然如此,权利的概念,在分析具体事实的时候,就纯属多余。它或许能够作为我们在运用直觉进行推理的时候的落脚点,比如,我们可能直觉地认为,某种行为应当受到法律的保护;它也可能作为一种抗辩的技巧,比如,先扣一个“拥有权利”的帽子,再绞尽脑汁地想,对方如何侵犯了这些权利。但无论如何,我们永远无法对权利进行具体的解读,而只能在与之相对的义务当中寻找答案。

我们甚至可以这么说,“权利”的概念之所以还没有被法律界抛弃,并不是因为它本身有什么令人不舍的、实在的意义,而是因为由它构成的诉讼逻辑、诉讼技巧系统一直运行地很好。若非如此,便不能解释,为什么这么一个不能独立存在,而又能够很好地被义务系统消化掉的概念,还没有被“剃刀”根除。同时,不难发现,基于权利义务系统的诉讼,其实与权利存在之有无并无关系。诉讼之所以存在,一定是因为其中一方根据另一方做了不该做的事情,或是没有做应该做的事情,判定自己的权利受到侵犯,进而提出诉讼。而所有的论证过程就在于:论证法律有没有规定此类权利及其相对的义务——这种论证完全可以简化成为对义务性规定的勘证;与证据是否足以显示对方是不是违反了这些义务。

或许会有这样的疑问:我们有时判定某些人并未违反义务,是因为我们认为原告主张的权利自始不存在。但这种疑问,恰恰把论证拉回上文的论证:我们认为原告主张的权利不存在,或者是认为相关法律没有阐述,或者是认为原告没能出示足以证明其权利存在的证据。如果是因为相关法律没有阐述而作此判断,则疑问本身和“认为义务自始不存在”没有逻辑上的区别。如果是因为不足以出示相关的证据而作此判断,则我们必须回答:为什么“缺乏证据 = 不存在权利 = 没有违反义务”,不能简化为“缺乏证据 = 没有违反义务”?

实际上,这个省略的步骤,恰好还能简化另一个问题,即“我们如何对待法律仅泛泛地规定了权利的情况(如贸易管理权)”?依据前面的逻辑,在当事方依据这种泛指的规定主张其权利时,实际上是在主张法律并未明确列示的对方的义务。他当然无须证明此权利的存在,却必须证明对方违背了并未明确列示的义务。此时,这种泛指的权利的描述,实际上就只剩下一个目的:让行文更简洁。因为如果不使用“权利”二字的话,我们就必须把“不得侵犯他国管理货物贸易的权利”改换为“不得干涉、干扰……他国管理货物贸易”，而这不仅费笔墨、费工夫，还可能被误认为对义务类型采取了列举的方法而对制止侵犯行为（保护管理行为）不利。

总而言之，在对实际问题进行逻辑上的探讨时，我们有充足的理由把“权利”的概念统合到义务的对立面去。我们仅需检验，法律是不是规定了某些义务，以及这些义务是否得到了遵守。这也符合我们对立法滞后性的认识：与其说是法律没能保护到应受保护的权利，还不如说法律没有预见到应当制止或强制实行的行为。即便是社会法学家也会赞成这一点，因为他们自己应当非常清楚——大多数时候，连他们所谓的“社会目标”，也不过是历史上人们所犯错误的反方向而已。

如果这还不能说服权利主义者，或者“权利—义务”二元范畴的坚定拥趸，那么我们就必须祭出这样一个例子：如果我们认为个人的生命权至高无上、一个民族的生存权至高无上，那么全人类的生存权又在哪里呢？我们向谁来行使这种“生存权”呢？显然，我们从未向自然主张这样的权利，自然也从未有过保证人类生存、不侵犯人类生存的“义务”。然而我们能够确定的是，人类有着不能破坏自然的义务，却没有因此就能向自然索取什么的天然“权利”。人类的生存不是权利，而是能力、是愿望——作为一个与义务相对的、实质为逻辑概念的权利，和具体而现实的能力、愿望的分别，必须严加区分。这种区分的道理也非常明显：只有义务存在可被认识的客观依据，以供我们形成目的性认识与规律性认识，而虚无缥缈的权利则没有。

第二节　法律活动特征重解读

一、立法与司法的分离

现在，我们还须补上一块重要的“砖石”，否则便不能开始对法律解释问题的具体论证：作为法律解释基础的立法与司法活动究竟是何关系？

在谈论这一问题时，许多法学家都将英美法系和大陆法系相比较，以期在求同存异的基础上，能够得出一个近似地概括性适用的答案。但是，之所以来用这种方法，实际上是基于以下一个观点：作为一门基于实践的学科，法学家必须把既有的实践结果，作为认识既有实践当中规律的根本证据。实证主义如此甚嚣尘上，以至于法学家似乎忘记了，他们的“祖师爷”、写就《法律篇》的柏拉图，其最大的成就，不在于法律，而在于哲学；他们似乎还忘记了，许多根本的法律传统，其形成便来自备受实证主义者鄙夷的神学甚至形而上学。[①] 简单来说，我们尽可以去实证地检验历史和现状，但不能忘记，我们是在用实证的态度检验由神学、形而上学塑造的历史和现状。

的确，从国家以上层次的法律来看，经验或许能够让我们更快得出结论，然而这些结论往往需要返工弥补。因为我们必须让个体来总结、切磋关于群体的经验，这就有了主体层次不同产生的鸿沟。反过来说，如果个人对人类全体的认识从不需要返工，甚至不需要多大的返工，人类历史恐怕将变得一马平川。基于同样的道理，在下面的讨论中仍会出现以不同法系为基本立足点的、实证的考察，这并不影响我们把讨论的方法扩展到实证之外的领域。反之也成立，即我们也不会过于纠缠基于神学、形而上学和逻辑观点的论证。

梳理如此庞杂的问题时，为了避免过多干扰，不妨先找到一个“极点”，再由此引申出不同的变化和定义。

在和“法”有关的一切主体概念中，权威最大、精神最完善、目的最不容置疑，而又对一切行为及其后果都了如指掌的，莫过于人们口中的“老天爷”了。在信徒眼中，哪怕没有死后的暴力，神明的旨意也不可违逆。神明规定了一切，知晓一切，而又无时无刻不在审判一切、安排一切。在“神”这个概念中，立法、司法、法律与真理的关系，一切都得到了统一。

此时，如果将神规定的主动性、神审判的即时性剥离出去，剩下的就是所谓“自然”。自然并不规定法律并告诉人们该如何做，自然只是按照法则运转着（暂且不考虑法则到底是自在的，还是神创造的），留给人自己去发现什么是真理，又应该做些什么。但自然还是有着无限的“司法权”，只不过自然的审判总是要等到人们违背规律之后才姗姗来迟。自然对它遵循的法则缄默不语，但这并不影响自然的权威。

更进一步地讲，如果我们把主体与真理的统一去掉，再给自然一个人的嘴巴和躯体，就形成了所谓“哲学王”的概念，或者说圣人。这位哲学王既可能生而知之，也可能学而知之，但无论如何，他和真理的关系，是知道与被知道的关系。他最多作为真理的一部分存在、反思并熟知真理，但他不能作为真理之所凭依而存在。对于这样的存在，人们听命于他，便好比是听命于一个自然的代言人。

---

① 关于实证主义对形而上学的批判焦点，参见［法］孔德：《论实证精神》，黄建华译，商务印书馆1996年版，第1～12页。

讨论到这里,我们会发现,以上的推演实际上建立在数个前提之下:真理理应得到贯彻、人们总可能违背真理,而行为、裁判是确定人们是否违背真理的唯一方式,裁判是一切对偏离真理的行为进行纠正的基础。然而这些前提本身是否正确,着实很难说清。人的行为有没有可能是真理的一部分,有没有可能是被安排好的呢?但无论怎样,这些带有宗教色彩、宿命论色彩的前提,都不是本书讨论的重点。

当然,这并不意味着此问题不可讨论。一个角度是,生物繁衍就是不可突破的真理,而并不依赖大量繁殖与变异进行生理性进化的人类,为了避免被喜怒无常的自然所摆布,必须想办法提高自己认识自然、利用自然的效率,以最大限度地规避灭顶之灾。那么,谋杀就是不符合生存效率的行为。同理,贪污虽然没有导致既成成果的减损,却在谋划、掩饰贪污,以及减少积极性的方面,损耗了效率。因此,谋杀和贪污是理应被视作犯罪的,必须予以规制。

无论根本认识的内容为何,当我们加入了"人"的概念,整个讨论的情境就已经发生了巨大的改变:"人"这一定义的内涵意味着,哪怕是哲学王,也必须认识真理,而无法生而知之,同时其寿命和精力一定是有限的。这意味着,即便他知晓一切(除了如何克服因"人"这个定义而受限的部分),并能据此对一切行为作出规定,他也可能仍旧没有办法为所有的行为作出裁判。

那么,哲学王能遇到的最省力气的情况,就是所有人和他一样,都是哲学王,这样一来他们就能遵从无限理性带来的正确结果而行事,无须哪一个单独的哲学王进行裁判。次一点的情况是,众哲学王中的一个犯了糊涂,他在某一单个行为上偏离了理性。但这仍然无关紧要,因为即便哲学王的精力是有限的,但这个错误是如此短暂而又易于处理,以至于哲学王们不用费什么力气就能帮助犯错的人回到正确的规则上来。

然而,当我们一点一点地把犯错的人数、频率、程度、持续时间扩大,就会发现,总有一个不能使理性认识继续维持的规模,使仅剩的一群哲学王恰好无法仅凭他们的力量处理这些事情。此时,这群哲学王就只能想办法,要么让错误本身减少,要么让他们的能力增强。而如果哲学王们自己的能力都已经达到极限,他们就只能将能力传授于他人,并期待,传授能力对于纠正错误效率的影响,能够通过扩张之后他人对哲学王纠偏工作起到的帮助来弥补。而当他人对纠偏工作起到帮助的效率,与传授能力的效率二者之间又达到平衡的极限,哲学王就只能成为传授能力的人,而放弃自己去纠偏的崇高使命。他能做的,就是告诉他所传授的人,什么是偏、什么是正,以及当这些人去纠偏的时候,怎么做才能正确地分辨出来,并施予相应的措施。

如果我们再把作为传授人的、立法者的哲学王属性去掉,整个情景就会变得与近现代的法律系统比较吻合。此时没有人能够仅凭自己了解真理为何,以及他人应该如何行事,也没有人有足够的资格去检验他人是不是哲学王——从字面所反映的逻辑上来看,只有哲学王才有能力去甄别他人是不是和自己同等水准的另一个哲学王。因此,不仅司法权要分与多人,立法权也要分与他人。进而,一个主体可能既有一部分立法权力,又有一部分司法权力。比如,在大陆法系国家,立法机关可能有裁断法律违宪的权力;而在普通法系国家,司法机关有制定判例以期使之成为法律的权力。

从这个角度来看,比起分权等实践理性的考虑,或者涉及法律内容真理性的考虑,这种对立法权与司法权的分割,首先是追求效率的结果(虽然效率可能仍然并不理想)。

即便因为预防滥用权力等实践的需要,将立法和司法分开,它们二者在内容层面的统一也不会受到任何影响。从实践理性的角度看,将立法和司法权力分开,反而有助于立法和司法权的统一,因为立法者或司法者滥用权力可能导致司法或立法不能遵从既有的、合理的法律传统,而且立法或司法可能过于滞后或过于超前。

尤应注意到,我们之所以力求避免"滥用"权力,是因为滥用权力往往会导致不好的结果,这应当被视为一种非哲学王统治下的必然现象。所以,除非承认立法者的绝对正确,对滥用权力的规制将永远存在于使立法与司法分离的根本原因之中。反过来说,如果我们认为立法者绝对正确,拥有绝对的权威,那么就没有必要限制他的权力,也就没有必要限制他的审判权,甚至应当尽可能地将案件交由他来裁断。

由以上推理,可以发现,立法者和司法者之间的一切分工合作,实际出于两个基本需求。一是保障效率,让法律能被贯彻、社会有法律可被贯彻;二是保护法律内容的理性,避免错误的法律得到贯彻。在这里,滥用立法权的危害,在于它干扰了纠偏工作的效率,在于我们必须对错误的纠偏进行再纠偏,这就成了返工——相比于不能有效立法或者不能及时审判带来的不足的效率折损,滥权导致的返工可被视为重复的效率折损。

由于这两个需求,立法权和司法权可能在不同主体之间出现四种不同的分配方式:立法权和司法权截然分开;一个主体享有立法权和司法权,但另一个主体仅享有司法权;一个主体仅享有立法权,另一个主体享有立法权和司法权;两个主体都同时享有立法权和司法权。

我们稍作总结：无论来源如何，我们有充足的理由认为有一批原始规律存在（如上文提到的效率）。人们为了特定的目的，认识这些规律，并指导自己的行为，这就形成了法律。立法者的作用，就是认识规律（如效率），并分辨何种实在的结果（如避免贪污）能够让行为契合规律，最终达成目的（如生存）。司法者的作用，则是当结果可能与目的不符时，对其进行分辨；若确认不符，则使用正确的方式对结果进行纠正。① 而人们的行为，又会促使新的规律出现，有时新规律还会代替旧规律。此时，立法者就必须及时发现，并订正新的法律，让司法者借以裁判。这个道理本身非常简单，导致了现实当中复杂性的，不是道理本身改变了，而是其自身反复迭代的结果。

特别地，这两个效率要求的实现，和立法、司法活动的形式没有任何关系。一个国家可能有被称为议会或法院的权力机关、立法机关、司法机关，却由一群不是立法者、法官的人行使着相应权力。但这并不意味着合理的立法、司法活动不存在了。因为这样做的结果可能并不导致法律错误或错判，即便这是对社会资源和效率的浪费。②

二、司法活动内的分离

在上文论及法律可复性的时候，我们曾经谈到，法律对行为的规定，实际上是对行为造成结果的把控。举个最极端的例子，哪怕当我们依据一盘录影带证明某人实施了杀人行为，这里足以让我们认定杀人行为成立的，也是白刃入肉、一命呜呼两个行为的结果。但就这一结果来看，这刀刃是直着刺入还是斜着刺入，对我们认定“杀人”行为的发生没有任何影响。即便是违背诚实信用原则这类既描述意图又指向模糊原则的规则，实际上也必须依据行为的结果，来认定行为及其背后的意图是否存在。这种把控关键事实节点的方法，是实在法律的

---

① 之所以会制止行为，在于行为可能已经造成了特定的结果，或将会造成特定结果。因此，对行为的制止，实质上是对预期结果的纠正。而一旦行为已经造成一些我们不希望的结果，法律往往既会对行为进行纠正，又对结果进行纠正。

② 虽与本书论点没有直接关系，此处实则又生出一个耐人寻味的问题：为何面对着无数灾难性的后果，总有些国家忽视最后两个效率上的要求与其存在的背景（如认为国家中有一个哲学王式的人物，或是低估了人们犯错的可能）？

一大特征。[①]

那么我们如何界定行为存在？又如何判断此行为区别于彼行为？直观一点说，我们无法直接观察“行为”本身，我们只能把行为的单个或一组事实表现，当成行为的标签。不同行为的标签种类和数量可能不同。我们通过认识标签从而判断行为的种类和性质。

这样来看，实践中的法律系统，就是从事实到事实的规定。结合上文对可复性的推论，不难发展出一个进一步的推论：法律不管规则之外的事实，否则法律就不能维持有限时间内的确定性和有限性（当然，此处规则的内容，既可能是具体的，也可能是抽象的）。同时，在法律面前，事实即行为——法律判断中一个行为与“一揽子”事实顺序是等价的。[②]

在司法过程中，法官要做的就是一件事情：适用法律。显然这是一个行为，既然是行为，它就应该能被拆解成为数个阶段，并借由体现这些阶段的、具有时间顺序的“一揽子”客观结果而被认识并定义为司法过程。如同立法有无可再分的最基本的顺序结构，司法过程也有其最基本的逻辑链条，而且这一链条相对于立法者而言要简单得多：司法者面对事实，去寻找可能适用的法律规则。如果法律规则的内容能涵盖这些事实，司法者便裁定，事实及其背后的行为符合法律或不符合法律。实践中，司法者往往要依据法律，告诉行为的主体或执法者，在合法或违法的背景下，他们又应该遵循哪些法律，采取哪些行动，达成何种结果。

这个过程，又可以更加详细地拆解为以下几个密不可分的步骤：

第一，司法者需要决定管辖与否。在这个阶段，司法者已经在适用法律，以检验呈现在他面前的材料当中，是不是具有或缺失一些法律规则描述的事实，从而断定应不应该立案以及应不应该由他来立案。

第二，司法者需要决定，哪些事实能够被当作证据，从而与法律规则进一步匹配。在决定证据的过程中，他仍然需要法律规则来检验这些事实到底是否符合法律对证据的描述。

---

① 当我们说“这是事实”，而不是说这是“行为的结果”的时候，我们更强调同一现象的客观属性，而非它与行为之间的因果联系。

② 此处需要提醒的是，在后面的论证中，出于行文和理解的效率，可能还会出现“行为”二字，但应当把它理解为相对应的一组事实顺序。是这一组事实顺序，造成了接下来的一个事实，即行为结果。

第三,面对确定的证据,司法者将判定这些证据是否契合了当事方所援引法律规则的内容,并作出符合或不符合的裁定。当然,排除实践情形下对效率的考虑,单纯从活动顺序意义上说,司法者在这一环节并非只限于审查当事方援引的法律;他完全可以寻找任何可能契合这些证据的法律规则,并告诉当事方,他们的行为及其结果,实际上符合了其他的法律,而不是当事方所提交的法律。

第四,司法者将把符合或不符合的裁定视作对他自己行为的背景,然后据此寻找法律规则,以期指导下一个阶段的行为,即以司法者的身份,再告诉当事方(刑事诉讼中,控方代表的国家也是当事方之一),接下来应当做什么、达到何种结果。

应该注意到,在这些步骤中,还隐藏着两个步骤:首先,司法者必须保证对法律规则的实在部分的理解。他必须明白,规则中指明的行为,即"一揽子"按时间顺序排列的事实,以及行为的结果,究竟指的是什么。其次,司法者必须保证他所适用法律本身这个行为,合乎法律的规则。比如,他应当适用刑法的时候,就不能适用民法;给予他自由裁量权的时候,他既不能拒绝自由裁量的行为,也不能超出限度地裁量;法律要求他使用 B 词典来确定通常含义,他就不能使用 W 词典。无论在什么国家、组织拥有什么权限的司法者遇到什么样的案件,他都必须遵从这两个步骤,否则司法活动就不可能在法律的框架内展开。

第五章　立法活动逻辑再解读

第一节　广义微观立法活动模型

一、模型基本假设

我们在第四章第二节探讨了传统定义上国家层面的立法活动、司法活动以及二者之关系。在这一节，我们将这些规律扩大化，并应用到更广泛的层面上。我们将建立一些基本假设，并根据这些基本假设创设模型，解释一些基本问题。

在法律的逻辑定义之下，法律本身、立法过程、司法过程，都与主体的特征、形式无关。只要一个主体有目的地认识了某些规律，并根据这些规律对行为、事物状态作出描述性的规定，那他就是一位广义上的立法者。只要有一个主体，决定了是否管辖、决定了哪些事实或反映事实的事物可作为证据、决定了证据所还原出来的情形与法律内容之间的关系，并根据这种关系寻找指导性的规则，那他就是一个广义上的司法者。

立法者创设规则的时候，必然要遵从他的理性。考虑到实际操作中，重要的规则创设活动，大多经由受过良好训练、经验丰富的法工委委员、议员、律师或法官完成，而且人们对自身的权利义务往往比较重视，为了简化讨论，我们不妨假设立法者都是理性的。此即第一个基本假设——理性的立法者。

进一步地沿用我们界定立法活动时的思维逻辑

(从哲学王起步逐次增加条件),由于立法的基础,在于目的和对规律的认识,我们不妨再一次从讨论方便的角度,假设理性的立法者们,对于其目的和规律,有着充分的认识。此即第二个基本假设——对客观的充分认识。①

二、模型简述

在微观经济学的基本过程当中,经济活动主体进入市场,根据自身的经济目的,参考供需状况,不断报价议价,最终依赖市场出清机制,达成交易价格,并进行商品交换。若价格高于预期,则买方拒绝买入,或根据市场情况、自身需求降低预期;若价格低于预期,则卖方拒绝卖出,或根据市场情况、自身成本降低预期,最终达成一致。②

相对地,我们直接给出广义微观立法活动的简述:在广义微观立法活动的基本过程当中,法律活动主体进入一个由议题构成的"议场",根据自身的目的,参考对规律的认识,不断给出自己需求的法律内容并就其内容进行争论,最终依赖议场当中自然存在的合意机制,达成最终的法律内容,并依此指导和进行活动。

在经济学当中,我们之所以能够观察、分析无数各不相同的主体在市场出清过程当中的行为和考虑,并将其简化为一般模型,依赖的是货币尺度的中立性。微观经济学模型有两个坐标轴:供需和价格。③

为了能够将经济学的思路迁移到广义微观立法活动的描述上,我们也需要建立两个坐标轴。显然,横坐标是立法者根据其目的和规律拟制出来的不同情景,而且与权利义务内容直接对应(幸好我们在上文将权利和义务的实质统一了起来),那纵坐标呢?

参考我们的定义,很容易就能想到:在没有其他因素的作用下,法律对实在的描述,一定与拟制出来的情景相互匹配,而且一定与那些情景当中,最能符合立法者目的、最理想的状况相一致。这就好比,在没有其他因素的情况下,一个买家或卖家的报价,一定与他想获取的最大利益相一致。经济学家会说,利益

---

① 这两个假设与古典微观经济学基本假设——"理性人假设""完全信息假设"高度相似。我们将在后面的模型构建中,大量借鉴成熟且发展迅速的经济学思想和术语。借鉴的基础在于,经济学作为研究人决策过程的学科,与法学具有天然的紧密联系。

② 参见[美]保罗·萨缪尔森、威廉·诺德豪斯:《经济学》(第 18 版),萧琛译,人民邮电出版社 2008 年版,第 39 ~ 53 页。

③ 同上书,第 25 页。

一定是越高越好——我们姑且认为这是对的。我们参考着说——法律的实在部分,与精神部分越契合越好,与立法者本来意志越匹配越好。

诚然,在思路开阔的经济学家眼中,货币不一定是纵坐标的最佳选择。出于行为动机的考虑,他还可能将货币替换为交易过后产生的多巴胺。分析广义微观法律活动也如是——意志的匹配程度,或许并不是唯一的选择,但根据定义,这无疑是最直接也最简单的一个选择。

有人可能会说,货币是中性的,意志不是;货币可分,意志不可分。的确,每个人的意志都不同,也很难把满足或违背意志的程度标注出来。但这并不意味着我们无法测量——至少是定性地测量。痛苦显然是一种精神属性,它无法分割,每个人的痛苦也都不同,但医学界还是使用了痛苦量表。[①] 我们甚至可以这么说:即便是经济学模型当中的货币,也仅仅是在使用货币的概念,而非实际市场中每一个交易主体手里的那些资金——市场中的行为比经济学模型要复杂太多,复杂到与实际市场行为相比,基础的经济学模型就是"定性"分析。

简言之,我们在此处将使用"意志满足/偏离程度"作为另一个坐标轴的标量。我们将完全满足意志的程度,与完全自由联系起来。我们可以这么认为:如果某一法律的内容,完全满足、契合了一方的本来意志(而非实际期望),那么他在这项法律之下,就是完全自由的;同时,无论人们意志之间的差异有多大,完全满足、完全不满足的状态是绝对的。

这一拟设的标量,不仅能够匹配不同的意志种类,也能匹配不同的情形条件。比如,在以生命为客体的情形下,无论手段如何,杀人者之意志满足程度,等于被害人之意志背离程度。在以遗产为客体的情形下,大儿子之意志满足的程度越高,二儿子意志背离的程度也就越高。

基于法律的逻辑定义,我们能够更精确地描述意志背离:根据逻辑定义,法律是精神上目的性认识和规律性认识相结合,实在上对行为、事物状态作出描述性的规定。注意到,这个规定完全有可能仅存在于精神世界中——即便它的内容是实在的。比如,一个理想主义者 K,可能盼望着一些仅作用于政府行为

---

① 关于主观感受测定的相关原理和介绍,参见张理义等主编:《临床心理学》,人民军医出版社 2008 年版,第 145 页;并参见 Pain:Current Understanding of Assessment,Management and Treatments. Joint Commission on Accreditation of Healthcare Organizations and the National Pharmaceutical Council, Inc. December 2001。

的法律,比如,政府应当鼓励民众吃咸豆腐脑等。但这些法律,既不对他个人产生影响,更不会被立法机关承认,而仅存在于K的头脑中。而一旦立法机关开始制定相关的法律,或者,当他意识到实现理想要从自身做起,把具体内容改为自己每天吃一碗咸豆腐脑,那么法律就从精神转存于实在。

仍处在精神层面的规定,与存于实在的规定,显然不同。在这里,我们把意志背离的内容定义为精神层面的规定内容与实在层面的规定内容之间的差异。至于意志背离的程度,则因立法主体的不同而不同。我们把精神当中那个原本规则的内容,称为本意;把实际制定规则的内容,称为合意。

还有一个问题:那些没能摆到谈判桌上的想法,是否应当归为本意?毕竟各方有可能出于种种理由,没有将这些想法表达出来,并进一步落实到合意当中。在这里我们规定,从开始就没有表达的部分,不算本意;一开始表达但中途撤回的意图,属于本意。理由是,一开始就没有表达,一定是因为认为表达了也没有用处,那么它从一开始就没有参与形成合意。这就好比A男暗恋B女,表白之后成不成是一回事,敢不敢开口表白则是另一回事。未能表达的这些意图的原因,并不存在于谈判过程,而仅存在于谈判前主体的精神思维过程。

在此,我们构建出广义微观立法活动最简单的、最基本的模型。这个模型有一个共同的情形序列,有两个立法者参与,有他们的意志背离程度作为动态度量的标准。我们总可以找到一个能够让不同情形安定下来的排列,在这个排列中,后一种情形与前一种情形相比,总能更贴合某一方的意志,却更远离另一方的意志。双方根据自己的政治能力,[①]不断进行论辩、议价、施压、劝说等一系列表达自身意志、影响对方意志的政治活动,最终在某个情形下达成合意,并使该情形成为了法律的最终实际内容。图5－1即是广义微观立法活动的静态示意。图5－1中的两条(曲)线,称为意志满足(曲)线和意志背离(曲)线,分属于两个不同的广义微观立法者。两个曲线的交点是合意达成点。合意达成点意味着,在其对应横坐标所示的情形,能够同时满足双方的意志表达和实施需求。

---

① 在此,我们把政治能力狭义地理解为,以为参与方创设规则为目的、使对方在创设规则的过程中接受自身意志的能力。

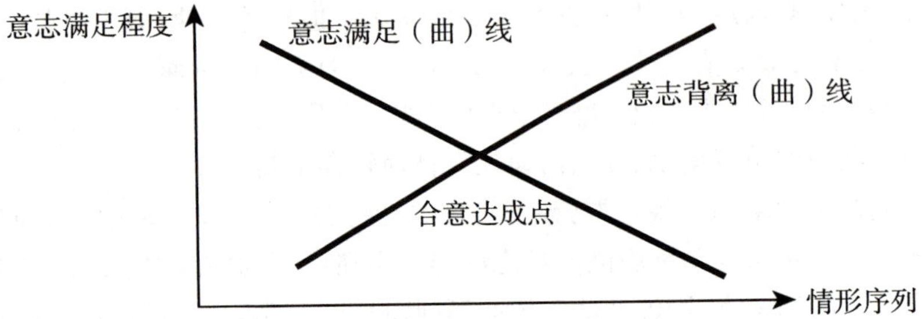

图 5－1　广义微观立法活动静态示意

第二节　意志机制

借鉴经济学的推理路径，我们将借此模型阐述一些立法活动当中的基本原理。为避免阅读的烦琐，我们将在此节直接提出一个基本框架，而在后面的几节当中补强本节所使用一些概念的细节论证。

（一）合意机制

依前文所述，一切立法活动的终点，是以规则的形式，对事物的状态、性质作出描述性的规定。同时，这个规定就是义务的内容，也是与义务相对的权利的内容。

由于权利和义务的同一性和相对性，又由于达成合意时，立法的双方需要共同制定同一个规则；因此，从结果上看，立法的双方，必定反映为一个权利方和一个义务方。在此我们人为地规定：斜率始终为正的曲线，是权利方的意志曲线，简称为“权利曲线”；相对地，另一条曲线是义务方的意志曲线，简称为“义务曲线”。

在一个立法过程中，权利方的活动目的，就是不断设法使其意志满足程度最大化；义务方的活动目的，就是不断设法使其意志背离程度最小化。前面已经提到过，我们将这类活动统称为立法过程中的政治活动。

我们假设一开始权利方所希望达成规则的内容对应 A 情形，义务方所希望达成规则的内容对应 B 情形。如图 5－2 所示，在 A 情形下，A 的意志满足程度要大于 B 的意志满足程度。同时，不难看出，无论是 A 情形还是 B 情形，权利方和义务方的意志背离程度总和，一定大于合意处的 C 情形。

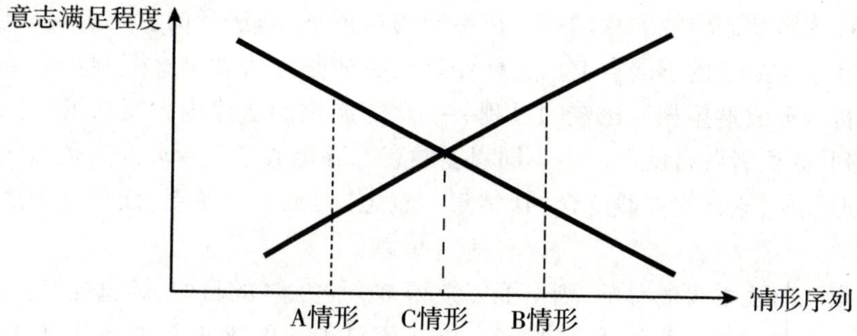

图 5－2　意志满足程度分析

现在回想我们提出的两个假设：双方都是足够理性的个体，且对序列上的各种情形都有充分的认识。因此，权利方和义务方都能够判断出来，权利方的意志满足程度大于义务方的意志满足程度。最重要的是，双方的政治能力旗鼓相当。

此时，义务方一定会向权利方施加影响，迫使其下调意志满足程度；而权利方也一定会被迫接受义务方的影响，并最终提出以 C 情形为内容的规则。原因有两个：第一，双方都清楚，如果自己不让步，那么合意就无法达成，最终将造成彻底的意志背离，而不是部分意志背离。第二，双方必然会选择意志背离总和最小，同时也是双方意志背离程度相同的情形；否则，意志背离程度更多的一方一定会认为，最终达成的规则不够公平，然后向另一方再次提出让步的要求。

如果议场上有足够多的理性谈判人，那这个过程就能达成得更快：所有人都清楚，不让步的一方将无法与对方达成合意，从而造成全部的损失；议场上第一个表示让步的人，一定会优先吸引意志背离程度更高的一方，那他们就将最优先从合意当中受益。①

（二）意志曲线移动和沿意志曲线的移动

在上文，我们已经阐明，意志曲线就是在不同情形下，立法者意志满足或背离程度所构成的曲线。在任何情况下，双方都可能沿着各自的意志曲线，互相施加影响，并最终达成合意。

应当注意到，在这个动态过程中，因为情形变化导致的意志满足程度变化，与因为情形序列外因素导致的意志曲线本身的变化是两回事。我们将前一种

① 关于相关机制的细节问题，现代数学中有博弈论专门讨论，本书仅选取其部分内容作为参考。详情参见［美］朱·弗登博格、［法］让·梯若尔：《博弈论》，黄涛等译，中国人民大学出版社 2002 年版，第 439～499 页。

变化称为沿意志曲线的移动——在不同的情形下，立法者的意志满足程度，将反映在意志曲线的不同点上。这种变化反映的是立法者将意图制定的法律内容与自身形成期望相互比较的过程——意图制定的法律内容反映了不同的情形序列，立法者各自就会产生不同程度的意志满足或意志背离。这是曲线本身的静态性质，它代表曲线蕴含的“情形—意志”二元对应关系，而与是否形成合意无关。

意志曲线本身的移动，则可能复杂得多。立法者的目的、认识规律，都可能造成意志曲线本身的移动。比如，A 与 B 签订了一份速递合同，A 要求 B 帮忙运送一箱进口的榛子。对于 A 来说，他可能看重运送的安全性，也可能看重运送的及时性。我们可以把不同的收发货间隔时间作为情形序列，以看重运送安全性为基本假设绘制 A 的意志满足曲线。如果出于某些情形，导致 A 对运送及时性的重视程度增加了（比如，他刚好读到了一篇介绍榛子口味的文章），那么在同样的收发货间隔上，A 的意志满足程度必然要降低——原先他能嗑瓜子等上一星期，现在他可能馋得希望上午订货下午送达。假设情形序列仍是收发货间隔，则 A 目的的改变，导致了他的意志曲线整体向下移动。

A 的意志曲线还可能因为他对规律的把握而移动。他可能发现，3 年前网购的运货速度，一般是隔 2 天到达；现在网购的运货速度，24 小时之内就能送达。他认识到了物流行业的发展规律，于是，同样是在网上订一本书，现在当日送达的满足程度，要大大低于 3 年前当日送达的满足程度。

（三）意志曲线的弹性

微观经济学的另一个重要概念，是弹性。如果在价格波动巨大的条件下，市场对某个商品的供需仍然比较稳定，那么对该商品的价格就是低弹性的；如果一点点价格波动就会导致商品供需的巨大改变，那么对该商品的价格就是高弹性的。①

类似地，如果情形的一丁点儿改变，都会使意志满足或背离程度产生巨大波动，那么就这一类情形而言，立法者的神经将变得高度敏感——我们称这种情形序列就是高意志弹性的。与之相对，当立法者不太关注某一类情形的变化，以至于情形的巨大变化很难满足或背离立法者意志，我们就称此情形序列是低意志弹性的。

---

① 参见[美]保罗·萨缪尔森、威廉·诺德豪斯：《经济学》（第 18 版），萧琛译，人民邮电出版社 2008 年版，第 57 ~ 70 页。

还是用A买书的例子。一方面，只要书中有几个错字，就可能严重降低他对这本书的评价；另一方面，他对印刷质量的要求却仅仅是“不重影即可”。那么，对他而言，书的校对质量是高意志弹性的，印刷质量是低意志弹性的。

弹性的决定因素比较复杂，既受到立法主体本身精神认识的影响，也与客观情况高度相关。一名员工与公司签订的合同中可能包含了加班的相关条款。对于一名地方事业单位的科员来说，加班的弹性可能很高；而对于一名在大型律所工作了两三年的年轻律师而言，加班的弹性可能就很低。区别在于，两个人对加班的认识不同，加班与其目的、规律性认识也不同。对科员来说，他找这份工作的目的可能就是想要朝九晚五的规律生活，每天能按时下班陪家人，那么哪怕是加班一小时就已大大背离他的意志；而对年轻律师来说，他找这份工作的时候，可能早就预料到了每天都要加班，那么加班三四小时，对于预备着天天通宵的他来说，就不是什么大问题。

（四）意志的满足或背离程度的边际效应

意志的满足程度也有边际效应。这个边际效应体现为：意志满足或背离程度的变化速度随着情形的发展不断降低。①

比如，一个制造企业与一家保险公司签订运货保险的合同。我们将情形序列的内容设为不予理赔的事项数量。就保险公司而言，不予理赔的事项数量越多，其意志满足程度越大（我们假设这个数量是有限的）；就制造企业而言，不予理赔的事项数量越多，意志满足程度越小。为讨论方便起见，我们假设这些事项对于保险公司和制造企业双方来说，都没有什么本质差别。

就制造企业而言，最理想的情况，当然是无论出现什么情况，都能得到理赔。同时，这也是保险企业最不希望签订的合同。从这一点看来，任何一项不予理赔的条款加入合同，都意味着保险企业的重大谈判胜利，同时意味着制造企业的重大谈判失败。即规则内容的一点点变化，导致了情形迅速地背离了一方的原本意志，又迅速满足了另一方的意志。

但是，当情形不断增加，一直增加到十几种、几十种的时候，保险企业就没什么成就感可言了。对于以规避自身风险为目的的保险企业来说，这也不赔、那也不赔，多加一个没什么关系，反正自己早就非常安全，目的早已基本达到。对于制造企业来说，这也不能赔、那也不能赔，多加一个条款也就算了，反正选

① 关于微观经济学的相关理论，参见［美］保罗·萨缪尔森、威廉·诺德豪斯：《经济学》（第18版），萧琛译，人民邮电出版社2008年版，第73～78页。

择这家保险企业来规避风险本来就是一个荒唐的选择。

第三节　广义微观立法活动的要素

一、主体结构

(一)主体结构的定义

在前面的章节,我们一步步剔除了法律的社会属性、形式属性。我们无须通过纷繁复杂的哲学讨论、社会考察、形式分析,来确定某些叙述、惯例或规则是不是法律,而仅需检验这些实在表述背后的逻辑内涵。进一步地,我们使立法概念彻底脱离了权力范畴,将其定义为各方精神活动借由合意机制进行意志匹配的过程。在广义微观立法活动最基本的模型中,产生合意的是两个抽象的主体,它们不存在任何身份、地位、组织、政治能力等方面的差别。在这一节,将探讨不同的主体对微观立法活动的影响。

为了探究这一影响,我们将使用"主体结构"这一概念。在此,我们定义,主体结构是由两个立法主体构成的二元结构。一个主体结构的元素,仅包括两个抽象的立法主体以及它们之间的静态关系(两个主体的动态关系,即模型当中的合意机制活动,必然基于这种静态关系,具体联系将在后文论述)。

在借用主体结构概念进行探讨之前,还要澄清几个基本的问题。

第一,如何处理自身结构不同的主体?比如,一个国家可以是一个主体,一个企业也可以是一个主体。对此我们规定,无论自身结构如何简单或复杂、包含多少分支或子集,只要该主体是以一个整体上统一的意志参与合意机制,那么它就应当算作立法活动的一个主体。

第二,何为主体之间的静态关系?对此,应注意到,在这些讨论当中,我们已经剔除了双方主体自身的性质,仅留下主体之间的抽象关系。又由于这个关系包含在广义微观立法活动的简化模型当中,它就必须且仅能体现为简化微观模型当中的关系。简化微观模型当中的动态关系显而易见,就是双方意志的表达和相互影响。同样显而易见的是,如果我们只有完全抽象的主体以及固定的动态关系,那么一切微观立法活动,都将毫无区别——这显然不可能。既然动态关系的内在机制相同,参与动态关系的是抽象主体,导致微观立法活动不同的原因就必然存在于抽象主体之间,先于动态关系而存在于静态关系当中。

第三,静态关系和主体自身的性质差异,究竟有什么区别?或者说,为什么不干脆分析主体性质差异对微观立法活动的影响?首先要说的是,主体性质差异和静态关系是从两个不同的视角看待同样的对象。因此,第三个问题实际是在问,为什么用关系的视角而非主体的视角。原因有两个:

第一,为了分析的简洁。我们无法穷尽地分析一切主体,甚至无法穷尽地归纳它们,因为如何归纳主体这一问题本身,就又要逼迫我们进一步在各种视角当中选择——国家还是非国家、权利还是义务,等等。相比之下,对关系的归纳是一定能够穷尽的。无论多么复杂的主体,在抽象的二元关系下,总能使用不同的维度逐次地分析其相互关系。而每一个维度的关系,又无非只有平等、失衡、平行三种可能。如果我们需要分析多个维度,那么把这些维度本身当作分析的再抽象主体,进而分析其上层关系即可。

第二,为了模型的简洁。我们已经花了很大力气将模型当中的动态关系抽象化,也为之匹配了抽象的主体结构。不难得知,如果从主体本身的性质下手,或多或少会影响我们对动态关系本身的描述,至少是描述的方向。比如,我们可能必须考虑主体在政治、经济上的差异,这就可能会模糊立法合意机制、政治合意机制、经济合意机制之间的差别。选择关系的视角则不然,因为关系总能保持性质中立。

出于这两个原因,我们将探讨主体结构当中不同静态关系对广义微观立法活动的影响。由于动态关系当中的影响因素,仅取决于双方表达自身意志、影响对方意志的能力,静态关系也必将附于此维度。在此维度上,我们讨论三种静态关系下的主体结构对合意机制产生的具体影响。这三者静态关系是平等、失衡与平行。与之对应的主体结构是平等结构、失衡结构和平行结构。

(二)平等结构与合意机制

在平等结构当中,主体双方影响对方的意志的能力完全相同。双方在表达各自意志之后,若非自然达成合意,则必然试图影响对方。双方都将对对方的规律性认识、客观认识等一切精神活动施加影响。如果这些影响的范围不受限,则双方的精神活动将不断磨合并趋同,最终形成一个统一的精神认识,并获得一个统一的意志。

完全对等的意志影响能力几乎从未存在过,但我们的确能够找到与之相似的关系,比如,冷战初期的美苏核政策。① 意识形态的对立导致东西方阵营都不

① 关于相关政策的介绍和背景,参见[美]亨利·基辛格:《大外交》(修订版),顾淑馨、林添贵译,海南出版社 2012 年版,第 377~445 页、第 677~705 页;资料来源:http://www.theatlantic.com/politics/archive/2012/09/the-brilliant-prudence-of-dwight-eisenhower/262556/,最后访问日期:2019 年 6 月 5 日。

希望对方继续存在下去。然而，在美苏获得核打击力量的时候，一切先前积累下来的对抗筹码——军事、经济、政治、文化影响力等，在毁灭性打击能力面前，都变得微不足道。双方的筹码完全相同，双方的地位完全相同，双方所处的世界也完全相同。在客观、规律、影响能力都完全一致的情况下，双方的目的和意志也开始神奇地趋同了（无论美苏在意识形态领域的分歧有多大）。双方看待核武器的思维视角却出奇地统一。双方甚至基于统一的视角，构建了一个前所未有的和平手段——共同毁灭体系。在共同毁灭体系下，一个阵营对另一个阵营的打击，必然遭到核报复和反报复，并最终彻底摧毁双方。为了避免自身的毁灭，就不得不避免打击对方，从而维持和平状态。

（三）失衡结构与合意机制

所谓失衡的主体结构，指的是两个主体之间存在可以单向影响对方意志的可能性。最能体现这一结构的是国家和个人的关系。在一种极端的状况下，一个国家的任何一个公民都无法仅凭自身对国家法律内容的制定产生足够的影响，以至于他只能接受国家意志，而无法与之辩论。

一个人的生活，总离不开国家对他的限制。如果限制范围广、持续时间长，那么一个人的意志曲线，很有可能要根据国家的各种限制而调整。比如，一个年轻的北欧人可能比一个得克萨斯州的牛仔更厌恶死刑。这个得州的牛仔，对持枪的渴望，又要远甚于中国人……这种区别不仅仅是个人独立思考的结果，而是更多地源于其所处的环境、接受的教育。现有的环境、教育，则又出于先前人们的实践，进而源于促使他们进行某些特定实践的意志，以及这些意志背后的环境、教育、个人思维等。

这反映了一个规律：在主体结构严重不对等的情况下，一方意志可能不仅是另一方意志在同样水平上的对立，而且有可能在更长的时间序列上演化并最终表现为另一方意志之来源，即产生规律性认识的前提。在国家对个人的例子里，稳定的法律造就了稳定的行为或行为预期，稳定的行为或行为预期又转化为稳定的客观实在、客观运动，即个人的认识对象（前提是个人无法有效干预法律，也就是说，君主制、元首制不在此列）。换言之，当我们将法律看作国家意志的表述，国家意志将具有两重属性：第一，国家法律作为国家意志的体现与表述，在同一层次上对立于个人意志；第二，国家法律作为一国普遍之行为准则，造就一国普遍之客观实在，并成为个人意志之间接根源。我们称前一个属性为国家意志的相对性,第二个属性为国家意志的绝对性。[①] 请注意,如果一个国家只有一个人,或者这是个独裁国家,那么国家意志的相对性和绝对性,就一起消灭了。[②]

简单来说,在抽象的失衡状态下,一方意志将被同化为另一方意志。

(四)平行结构

所谓平行结构,就是双方不可能达成合意的结构。在这种结构下,无论双方各自具备何种能力,都无法迫使对方坐下来谈判并达成任何程度的一致。在主体结构种类的集合当中,平行结构相当于空集。出于完备性考虑,对它进行讨论理所应当。

平行结构并不意味着两个主体无法在任何方面达成合意,而仅仅意味着它们无法在特定方面达成合意。需要指出的是,平行结构并不存在于推论层面,而仅存在于实践层面。从理论角度出发,只要双方站在同一事实序列上,那么双方就必然或多或少对这一序列有些精神上的认识,既然有认识,就必然有统一认识的可能。如果双方从开始就无法共享同一事实序列,微观立法模型的基础就无法建立,主体结构存在的前提条件消灭,我们自然也不需要讨论这一问题。

二、情形序列

(一)情形序列的定义

为了快速为读者提供一个整体观念,本章开始便提出了意志机制的基本框架。我们将在本部分和下一部分进一步讨论构成意志机制的两个重要组成部分:情形序列和意志本身。

主体不可能面对纯粹的空虚进行精神活动。包括形成合意本身在内的一切属于广义立法者的精神性活动,都必须依赖于事实。结合我们在本书第一章的论述,可以看出,在法律逻辑定义下,立法者如果想要进行立法,或者说想要使法律得以存在,其所依据的事实,必须能够足以支撑立法者形成对规律的认

---

① 为避免与类似的概念混淆,在此特别注意:我们在这里提出的两个属性,并不侧重于国家意志本身是否稳定,而是侧重于其对个人意志的影响方式与逻辑。

② 由此产生一个问题:为什么国家的意志具有绝对性和相对性?有人可能说,国家与个人在时空、空间两个维度上的属性都不同。国家太大,个人太小;国家存续时间往往要长于个人,或者,至少一个民族、族群的存续时间往往长于个人。由此导致的是个人缺乏用于依照自身意志持续塑造客观的时间和空间覆盖能力。因此,主体结构实质上是基于时间或空间的结构。

识，并形成目的。这些事实，可能是纯客观的，如自然规律；也可能是主观指导下的客观展现，如习惯性行为或守法行为。

所有参与立法活动的立法者精神活动覆盖到的一切客观事实的全集，显然与我们常说的立法的客观背景是等价的。由于情形序列的构成与特性对下面的讨论十分重要，我们在此稍花篇幅讨论情形序列的特征。

（二）情形序列的基本特征

第一，从内容上看，情形序列不仅包括单纯的客观事实，还包括以客观形式展现出来的主观性内容，以及主观指导下形成的客观性内容。在这里我们还必须进一步强调两点：

首先，情形序列的内容可能同时具备客观性与主观性。这一点很好理解，毕竟几乎不存在从头推导一切原理的广义微观立法者。法学家和老百姓虽然在社会地位、知识能力等方面相差巨大，却都必须或多或少依赖从外部学习而来的知识来帮助自己建构自身的知识。

其次，情形序列的内容具有主观性，不代表它的形式也是主观的。实际上这与下面的第二个特点相匹配，即主观性内容必须以客观方式表达出来，形成可以被广义微观立法主体认知的客观对象。通俗点说，一个人或许会为了增进自己的知识去看书，此时我们可能想要了解他所看书籍的内容是什么。经常遇到的情况是，此人转述出来的内容，很有可能与书本实际内容不相一致。这就有两种情形：要么是多了、要么是少了；如果是多了，我们便无从知道，这到底是该书作者的想法，还是立法者在脑子里补全的想法——除非我们看到该书作者亲自撰写的注释。我们将这一特性，称为情形序列的客观性——情形序列的形式必须是客观的。

第二，从范围上看，情形序列只包括被广义微观立法者所认知的部分，并排除一切可能被认知但没有被认知的部分。我们已经说过，即便是哲学王也不可能全知全能，在哲学王不存在的讨论背景下，我们当然必须认为任何立法主体的认知范围都是有局限性的。由此不难发展出两个进一步的推论：

首先，从时间上看，情形序列仅包括合意形成之前的客观。比如，A 看了一本书，或许这本书再版后，作者对原版当中的一些内容进行了澄清，但严格来说，这已经不是 A 所看的那本书了。A 的理解或许与再版后的内容一致，甚至 A 读书笔记里的感想可能与再版后的字词严格对应，但那些感想并不是读书那个时刻作者表达出来的部分，而是 A 通过自己推理得出的部分。A 没有能力知道未来作者会怎么表达。我们将这一特性称为情形序列的先时性——它永远先于合意存在。但是,情形序列的先时性,不影响其内容在时间上的定位——A读的书当然可能是一本预言书。据此,我们将与情形序列先时性相独立的、其内容上不受时间约束的特点,称为情形序列内容的全时性。

其次,从范围上看,情形序列只包括被认知的部分,没有被立法主体认知到的部分无法称为情形序列。这意味着我们必须明确区分客观被纳入情形序列的事实,与客观纳入情形序列的可能性。根据这一点,我们应当在讨论情形序列范围的时候,主动而不是被动地去探求立法主体所认知到的范围。就A看书的例子而言,如果这套著作仅有上半部分能够支持某些论点,而这些论点与A的意志表现相关,我们就应当主动搜寻A是否阅读了上半部分的证据。极端一点说,如果我们有机会看到A在图书馆的借阅记录仅包括了著作的下卷,却没有包括上卷,我们就不应当理所当然地认为上半卷包括在情形序列之内。或许我们能够很轻易地从下半卷的内容推导出上半卷的内容,或许A和我们做了同样的工作,但这仍然只是A的主观精神活动的结果,不是A所接收到的客观存在所包含的信息。我们将这一特点称为情形序列内容的观限性——非主观所及之客观,不得被纳入情形序列的讨论范围。

第三,从结构上看,情形序列是线性客观事实复合形成的结果。根据我们在前面章节的讨论,单一客观无法构成目的和规律性认识的基础。情形序列必然包括数个以上的客观,且这些客观一定互有差异。这些客观,可能是简单的,也可能是复合的,但多数情况下是复合的。

情形序列的复合程度,可能很高也可能很低,但无论如何必有复合。因为法律总会不可避免地规定行为——我们已经谈过,我们对于非自身的、无法直接观测的行为,只能通过一系列的客观予以把握,并借由其中有限个客观作为基准对其进行分类,并与其他行为区分。

复合程度的高低,因立法主体的需求和认识层次不同而不同。一个例子是,父母给孩子立规矩时所面临的情形序列复合程度可能就很低:孩子+火=危险,想必所有父母在碰到这个等式的时候,都不会考虑孩子能否进行规避动作、火焰温度有多高——父母心中的这个等式,其实只有三个属性:孩子的认识、火的认识、二者空间方位的认识。另一个例子是,雅尔塔三巨头在规划世界秩序的时候面临的情形序列复合程度就非常高:国家、国家行为、文化背景、另外两位的个性,等等。

我们很难直接定量地分析情形序列的复合程度,但这并不意味着我们对其完全无法把握。一般来说,认识的层次越低级,越依赖直观,复合程度就越低。

认识、归纳、推理的层次越高,复合程度就越高。几乎没有任何一个立法主体具备彻底分解所有客观认识的能力,因此,出于把握规律的需要,他可能必须将一系列客观定义为一个客观组,并将该客观组与其他单独的客观或客观组放在平等的地位上予以考量,甚至将客观组的部分与客观组放在平等的地位上予以考量。这既不是归纳也不是抽象,而是在这些思维活动之前的定义过程。比如,当一名研究 IT 产业的官员希望了解某些巨头销售活动在整个 IT 行业中的影响,他既有可能将单家公司的销售活动与其整体业务进行比较,也可能将数家公司的销售活动与单家公司的整体业务进行比较。出于不同的目的,立法主体可能希望搜寻不同的信息,最终认识到的客观便不同,情形序列的结构也可能因为搜寻方式方向的不同而出现差异。

(三)认知情形序列与意志情形序列

读者可能已经注意到了,在上两个部分讨论的情形序列,比我们在第一节给出模型中作为坐标的情形序列概念,范围要宽泛得多。同时易知,这两个情形序列之间有着包含关系:作为立法过程整体背景的情形序列,包含着合意机制所依赖的情形序列。我们将前者定义为广义微观立法过程当中的认知情形序列,将后者定义为意志情形序列。

意志情形序列必然依据认知情形序列生成,这一关系可以简要表述如下:立法主体的认识能力决定了最基础的认知情形序列;立法主体的主观与认知情形序列的客观相互作用生成规律性、目的性的认识;出于认识能力的有限性,这些认识通常不可能一次性针对认知情形序列的全集,而仅能将全集割裂成若干部分,在子集的层面上依次进行认识、整合;当参与合意机制的双方主体所选择的子集有所重合时,重合的部分就构成了作为合意机制客观基础的情形序列,即意志情形序列。

为了进一步明确认知情形序列与意志情形序列的区别,我们在此澄清一些关键性的问题:

1. 认知情形序列仅能通过认识形成,它不包含任何选择性因素;意志情形序列则需要在认知情形序列之上通过一定的选择过程形成(我们将在下一节对此详细探讨)。比如,A 可能获取了大量有关做菜的知识和实践经历,这些都构成了认知情形序列的内容;A 总结了一些经验和教训,这些经验教训虽然是主观的、不能作为认知情形序列的组成部分,却让 A 萌生了写一篇《炒鸡蛋标准操作指南》的想法;同时,A 深知自己的厨艺不够火候,于是拉上 B 合写这本指南;我们假设二人将指南分为“材料和用量”“准备工作”“成品标准”三个部分,并在这三个部分上进行讨论;讨论的过程中,A从B那里获得了大量关于蒸鸡蛋羹、煮鸡蛋等菜式的知识,于是A与B经过多次讨论,写成了一篇《家常鸡蛋菜肴标准操作指南》。

在这个过程中,A首先获得了认知情形序列,然后在此基础上选择形成了子序列。A关于炒鸡蛋的子序列与B的子序列重合,具备了形成意志情形序列的可能性。然而这种可能性并没有使该重合的子序列真正变成意志情形序列,因为A与B的交谈过程中获得了新的认识,这个认识虽然内容上是B的主观精神活动的结果,却经由表述,转化为可被A认识的客观。这一过程显然使A的认知情形序列的内容增加,并让A生成了新的规律性认识和目的,促使其选择了新的子序列。这一新的子序列再次与B的子序列重合,并最终形成了意志情形序列。由此可见,形成意志情形序列的基本过程为:(1)可被认知的客观→(2)认知→(3)认知情形序列→(4)形成主观并作用于认知情形序列→(5)认知情形子序列→(6)子序列重合→(7)意志情形序列。在这个过程中,(2)至(5)是纯主观的,意味着我们不可能精确地观测其具体内容。同时,在(5)→(6)或(6)→(7)的过程中,主体之间的交流可能为对方提供了新的信息,进而改变(1)的内容,并开启一个新的形成过程。

了解这一点的重要性在于,我们能够通过掌握不同形成过程中(1)和(7)的内容,判断(2)~(5)的主观活动是否可能包含变化——这在我们后文的讨论中非常有用。简单来说,如果我们发现,处于不同形成过程的可被认知的客观发生了变化,最终的意志情形序列却没有变化;或者,相反地,客观没有发生变化,最终的意志情形序列发生了变化,原因可能为:(1)至少一方的认知过程发生改变从而导致作为意志情形序列基础的认知情形序列发生改变;(2)双方认知过程没有发生重大变化(比如,在期限很短的谈判过程或者单回合谈判的过程当中),但至少存在一方对同一认知情形序列形成的规律性或目的性认识发生了变化(比如,谈判团队接到了新的思路上的指示,使其看待局面的角度突发重大改变——指示可以被简单理解为主观活动方向性的调整),从而导致至少一方选取的子序列发生改变(比如,可容忍的底线提高了,或者降低了最高预期值,无论哪个显然都使子序列的内容减少)。

2. 我们这里所说的重合机制,既要考虑子序列的内容,也要考虑内容的复合结构。举一个最简单的例子:如果A认为咸一点儿的面条比馒头好吃,而B认为甜一点儿的面条比馒头好吃,我们就不能简单地认为,A和B的子序列既然都包含了"面条比馒头好吃",那么二者子序列一定重合。我们必须考虑到,

A 和 B 用来与馒头相比较的面条,口味是不一样的。当然,在这一例子中,A 和 B 其实并不存在分歧,因为在序列内容复合程度较高的条件下,A 和 B 的序列都能简化为“面条比包子好吃”——他们要么更喜欢面条的形式,要么更喜欢口味重一点的东西。

但是,当子序列包含的内容更多、复合度更高、结构更复杂的时候,重合就会变得越来越难。比如,A 认为“张记的牛肉面比李家的烤面筋好吃”,而 B 认为“张记的清汤面比李家的烤肉串好吃”,我们就不能简单地说,A 和 B 都认为张记的面比李家的烧烤好吃。原因在于,在与上面那个例子相同的复合程度下,我们可能无法得出相互包容的答案:第一种可能是,A 和 B 都喜欢张记;第二种可能是,A 和 B 都是喜欢面条甚于烧烤;第三种可能是,A 喜欢肉食甚于素食而 B 喜欢素食甚于肉食——这里的第三种情况就与前两种不相容,或者说,序列内容的方向与其依附主体的方向相反。

应注意到,当我们加大复合的程度,仍旧能够得出一个笼统的序列:“张记有些菜比李家的另一些菜好吃”,A 和 B 当然可以在这个层面上达成一致,但这没有多大意义。为了解决这个问题,我们可以加上两个序列:A 还认为“张记的清汤面比李家的烤肉串好吃”,且 B 认为“张记的清汤面比李家的烤面筋好吃”,我们就能排除第三种情况,这使我们仍旧能够在有意义的复合层次下得出和上一个例子相同的结论。

我们从上面这个例子可以看出,导致复合失败的原因,不仅在于内容,也在于复合的过程。根据上面的两个例子,我们很容易进一步推导出导致重合机制失败的几个情况,以及它们对于形成意志情形序列的影响:

第一,双方的子序列不包括任何重合的元素——这是最坏的情况。比如,A 谈面条和包子,B 却谈扳手和螺丝。A 和 B 显然都需要重新检视它们对重合机制作用范围的基本认识——重合机制不能作用于不相及的元素之间。

第二,双方子序列当中重合元素种类不足。比如,A 谈面条和包子,B 谈面条和螺丝;或者 A 谈面条和包子,B 谈扳手和包子。这两种情况的问题是一样的,即 A、B 认为只要有共同点就能谈出个结果,但他们面前只有两种选择:要么根本无法继续,要么只能将那个无法重合的元素抽象到毫无意义的地步,总之二者不可能谈出什么有意义的东西来——除非他们的目的仅仅是磋商本身,或者说拖时间,再或者是随便达成任何层次任何内容的一致意见以彰显合作精神。但就正常的目的而言,这种重合过程毫无意义,而且无解,无论双方怎样沟通都不可能沟通出一个有益的结果。对此我们可以总结得出:有限目的下的重合机制不能作用于无限复合的元素。

第三,双方子序列的复合层次导致不确定性。上面“张记与李家”的例子就属于这种情况。更精确地说,复合层次之所以会导致不确定性,根本原因不在于复合本身,而在于被复合的元素。“张记与李家”的例子会在特定复合层次上呈现不确定性的原因在于,特定复合层次下,我们看到,A 和 B 对店名和面的排序相容,但二者对于肉食和素食的排序则冲突。我们在解决这个问题的时候,使用了添加元素并进行排序的方法,这个方法之所以会起作用,并不是因为它扭转了 A 和 B 对肉食和素食的好恶,而是因为添加的部分使“肉食还是素食”这一问题变得模糊。这个模糊机制之所以会起作用,在于我们为了消除第一组排序当中低复合层次下观察到的不相容的子排序的影响,构造了一个与该不相容子排序复合层次相同的且方向子排序的第二组排序,同时还保留了两组排序中能够相容的部分。这就使两组排序当中的两个自排序同时成立但又方向相反,迫使我们放弃这对矛盾,只把重合机制作用的范围放在没有矛盾的子排序上。我们由此可以得出三个规律:其一,当复合层次不足以消除冲突子排序的影响,重合机制失效;其二,当子序列既包含相容排序,也包含冲突排序,但冲突排序之间构成矛盾时,重合机制能够作用;其三,最重要的一点,当重合机制能够在特定复合层次上有效作用时,则它也能在更高的复合层次上作用,进而形成意志情形序列。

这里需要特别提请各位读者注意的是,我们使用的例子,虽然包含了 A、B 对两个元素的好恶判断,但这些例子并不是在描述 A、B 是否在这些元素构成的序列上达成一致,或者说二者是否形成了合意。请注意,我们所谈的话题,仅仅是 A、B 所赖以达成合意的基础是否能够被清晰地确定。三个重合机制失败的原因,不在于 A、B 关于某些事物的意见相左,而在于无法确定 A、B 是不是能就相同的情形发表看法——他们发表的看法可能针对完全不相关或相关程度不够高的情形,或者这些看法使得我们不可能在某些复合程度上判断这些情形相关与否。

三、意志曲线

读者可能还记得,从直观图形上看,意志机制的基本构成包括两个立法主体、共享的情形序列和双方在该情形序列上的意志曲线。我们将在这一部分讨论意志曲线的定义与性质。

(一)意志曲线的定义

与情形序列不同,意志曲线并不是客观和主观相互作用的必然产物,而只是我们用以分析意志情形序列当中各个情形下单个主体意志满足状况的形象化的工具。更直接地,意志曲线是我们用来描述主体出于规律性、目的性认识,与客观相结合所产生意志的工具。

我们在此将意志曲线的内容定义为:在特定意志情形序列当中,广义微观立法主体在每个单独情形下意志满足程度的有序排列。我们将根据这一定义,讨论意志曲线的几个性质。

(二)意志曲线的性质

意志曲线具有三个主要的性质。

第一,意志曲线具有有限性,这来源于两个方面的复合作用:

首先,意志曲线必须根植于意志情形序列,而我们已经论证了,意志情形序列不可能无限延伸,这就使意志曲线同样不可能无限延伸。借助图5-1,直观上可以简单理解为:横轴的意志情形序列是有限的+意志曲线必须与意志情形序列上的点一一对应→意志情形序列在横坐标上也是有限的。我们将意志曲线在横坐标上的有限性称为意志曲线的情形序列限制。

其次,我们也已经谈过,法律中的情境是拟设的、主观精神的,不是现实的。这就是说我们预想的情况,最多与我们所期待的目的完全相符,即实现意志的完全满足,而不可能存在客观上超出我们满足预期的情况;而最低的情形,也只能是完全背离我们所秉持的目的,即意志的完全背离。在图5-1中,这可以直观理解为:意志曲线在纵坐标上,最高不超过1(完全意志满足),最低不低于0(完全意志背离)。我们将意志曲线在纵坐标上的有限性称为意志曲线的意志实现限制。

第二,意志曲线具有方向性,该确定性源于两个方面的复合作用:

首先,意志曲线与情形序列内元素的对应关系是唯一的。很明显,在仅考虑单一情形序列的情形下,主体意志在拟设情形时,必然只能赋予其单一程度的意志满足。该唯一性在意志曲线上的最简单的直观表现是砍价,同一价格不可能为一方提供两种满足程度;复杂一些如外交谈判,外交官心中预设了若干不同方案,这几种不同的方案当中的每一种,都不可能存在满意程度不同的状况。需要注意,虽然情形序列的单个元素只能对应单一程度的意志满足,但单一程度的意志满足可能对应情形序列上的多个元素。这也很好理解:对于一个只想及格的人来说,他从60分或者90分获取的意志满足程度是一样的;同时,

59 分到 0 分造成的意志背离程度也是一样的。

其次,因为我们使用单一指标评价意志满足或背离程度,就必然能够对意志情形序列上的元素连带意志曲线进行排列。我们使用的方法是比较法(这一方法也将在第六章继续使用)。操作方法:(1)任选两个情形序列上的元素,比如任选一顿饭吃的米饭量,显然可以从一两一直依次排到半斤。(2)确定这些情形序列元素对应的意志满足程度,比如,对 A 来说,如果以"吃饱"为目的,半两不够、二两稍好、三两正好吃饱,则不吃饭是完全意志背离,三两及以上是完全意志满足;如果以"吃得舒服"为目的,就还要考虑四两稍多、五两太撑,那么就只有三两处于完全意志满足状态,三两以上意志满足程度逐渐下降,直至五两让他难受、达到意志背离;如果以"吃奇数两饭"作为目的,则一两、三两、五两实现完全意志满足,二两、四两实现完全意志背离。(3)将对应着相同意志满足程度的情形序列元素视作一组进行复合,依照意志满足程度从小到大(或从大到小)排序;比如,在"吃饱"的目的下的排序应当是"半两→一两→二两→三两及以上",在"吃得舒服目的下的排序应当是"一两或五两→二两或四两→三两",在"吃奇数两饭"的目的下的排序是"二两或四两→一两或三两或五两"。

可以看出,经过这三个步骤,我们总能完成某个方向单一的意志曲线,该曲线在特定复合层次的意志情形序列上,总能够实现从小到大或从大到小的排列方式。如若不然,要么是意志情形序列的复合层次不足导致意志满足程度无法平滑上升或下降,要么是意志情形序列的复合层次太高导致有一些元素对应着两个或两个以上的意志满足程度。直观上,这一特性表现为意志曲线随着情形序列的特定排序上升或下降。当然,视情况,我们也可以使用在较低复合层次下起伏不定的意志曲线。

第四节 广义微观立法活动分析

本章的前三节叙述了广义微观立法活动的基本假设。在此假设上,我们借助经济学对于互动关系的整体思路建立了意志机制模型,作为广义微观立法活动的核心机制,并详细阐述了意志机制得以成立的三个要素:主体结构、情形序列、意志曲线。

在这一节,一方面,我们将在法律逻辑定义的框架下,观察这些立法过程要素的组合以及它们互相作用的机制,尝试从基本逻辑上把握立法活动过程,进而在过程中分析立法过程在逻辑上的特性。另一方面,我们将在这一节的叙述中,尽可能详细地讨论各个要素组合的微观运动,以弥补为方便读者而在前几节省略的细微讨论。

一、单要素微观立法过程分析

所谓单要素微观立法过程,指的是主体结构仅有两个独立主体、仅就同一认知情形序列下的同一意志情形序列形成意志曲线时,达成合意并对达成的合意进行表述的过程。这一过程具有四个基本步骤:形成意志情形序列→修正情形序列→达成合意→进行合意表述。我们将依次对这四个方面进行讨论。

(一)形成意志情形序列

仅需三个本能就能使我们源源不断地获取认知情形序列:认识本能、思维本能、完善本能。认知情形序列因本能而得,永不间断、无法拒绝。只要感性还存在,我们就无法拒绝获得直观;只要思维的本能还存在,我们就无法拒绝获得新的认识和经验;只要针对外界或自我的完善本能还存在,我们就无法拒绝从认识和经验中获取目的。而目的是基于演绎的认识结果,其内容是拟设的客观。从演绎基础的客观到拟设的客观,两个客观已然构成了一个情形的序列。这是最原始、最根本、复合程度最高的序列,它仅有两个元素——现实和目的当中的拟设。

两个序列与这个基本序列直接相关:形成主观目的的精神性序列,和使目的能够确切成为现实的实在性序列。其中,针对初次产生的目的的精神性序列是唯一且确定的;而在任何情况下,使目的成为现实的实在性序列都是复数的。道理很简单——任何一个希望保持健康的人,在了解到吸烟有害健康的时候,都一定会产生避免吸烟的念头,哪怕他暂时忘了,当他再次了解到这一点的时候,他还是会产生这个念头;反过来说,这个避免吸烟的念头,也不可能因为什么别的认识而起。与此相对,如何避免吸烟是一个复杂的问题,可能有多种不同的路径达成这一目标。

我们将意图保持健康的人称为A。对A而言,可供生成序列的元素有三个:健康、吸烟和X。其中,吸烟和健康之间的关系已经通过某个报社编辑写成文章,形成客观事实,而后被A所认知,从而在A这里形成了主观的认识,变成了创造意志情形序列这一精神活动中的要素,且该要素以二元序列的形式存在。同时,A可能认识到,有多种X可能导致一次吸烟行为,比如,朋友或上司劝烟、之前吸烟形成的烟瘾、烟瘾没那么大但是下午实在犯困,等等。就A而言，X与吸烟之间，也构成了序列。既然A将健康作为目的，则任何导致健康拟设产生不良变化的演绎前提都将被否定。由于此处序列元素单一，序列元素在客观上的时间顺序就等价于元素在主观上的规律性。根据“吸烟＝健康不良”的规律性认识，A将否定健康不良，同时否定吸烟。同理，A将否定一切与吸烟形成序列的X。

如果我们认为，不同的X最终造成的健康损害程度不同，则对于维持健康的A来说，不同的X最终将导致不同程度的意志背离。比如，A可能从不同的报纸上了解到，吸劣质烟影响20年寿命，吸二手烟影响15年寿命。当A把保持健康作为目的，则影响20年寿命造成的意志背离大于15年。又根据传递律，吸烟行为与目的之间的联系可以简化为：劣质烟影响寿命造成的意志背离大于二手烟，二手烟又大于下午吸烟。当A将不同的吸烟方式和意志背离程度联系起来时，意志情形序列就存在了。

（二）修正情形序列

回顾我们谈过的情形序列形成过程——(1)可被认知的客观→(2)认知→(3)认知情形序列→(4)形成主观并作用于认知情形序列→(5)认知情形子序列→(6)子序列重合→(7)意志情形序列——不难看出，有三种情况可能导致认知情形序列产生变化：客观发生变化、认知过程发生变化、主观发生变化。我们将从动因、形式两个角度简单归纳这三方面的变化。

除了记录，可认知客观几乎不可能停止变化，尤其是考虑到环境的影响。其中，主观内容的客观记录一般而言不随客观改变，除非客观的改变达到了严重影响“记录”这一形式的程度。比如，一本书只要保存得当，哪怕纸张已经脆弱不堪，也不影响人们解读其中记述的内容。但即便如此，仍有两种情况可能影响我们对书本的解读。第一种情况是载体遭到毁损，尤其是其中关键部分的毁损，客观上的断章总会或多或少影响我们取义。第二种情况是主体角度下载体时间的变化，即我们总会不自觉地将文本和其所处的时代背景联系起来，以帮助我们把握其中的意图倾向。主观记录尚且如此，更何况客观本身。

客观随时间运动的恒定，迫使我们以变化而非静止的基调看待可认知客观。事实上，我们很难采用绝对静止的视角，毕竟视角本身就形成于变化。客观的运动性、运动的时间序列性，给我们提供了描述可认知客观的基本维度：时间—内容。只要不同的可认知客观元素还在依据时间排列并沿着时间序列变化，讨论任何静止客观的认识就只有两种路径：要么取时间上待讨论的元素，并沿着前后时间序列依次寻找其与其他元素的关系；要么取我们已知的元素，并沿着时间序列不断逼近待讨论的元素。

简单而言,我们无法探讨客观的动因,客观本身就是动因。但我们可以找到客观变化的形式,或者说我们能够认识到的形式:要么客观的内容或形式发生改变,要么我们所知内容的时间顺序发生改变。

在认知对象发生变化的假设下,我们需要进一步探讨认知过程本身发生改变的情形。① 很直接就能看出来,在这个框架中,认知过程主要在两个方面起作用:(1)通过感性接收可认知对象;(2)通过思维过程将接收的内容转化为规律性认识。与之相对,认知过程的改变也包括感性的改变和转化的改变。然而我们在此仅仅讨论第二种改变,因为第一种改变只涉及认知效率的问题,并不对认知的结果产生影响。

从直观到规律性认识的转化种类,在此可以简略分成三种:(1)发现,即认识到完全不了解的新规律;(2)整合,即在已有知识的帮助下形成对更全面的规律性认识的把握;(3)翻译,即我们通过在脑海中模拟和还原他人对规律性认识的记述,将其"复制"到自身认识当中。相对于发现与整合,翻译其实是一个前置程序,它处于主观层面和客观之间,源于主观内容的客观记述,终结于发现或整合过程的起始。我们在此讨论的认知过程改变,指的是整合过程改变。更确切地说,是作为整合基础的既有知识的改变。这既可能源自对主观叙述的翻译所得,也可能源于新直观造成的冲击。

举例而言,当我们将"吸烟有害健康"这一结论,同时告知一个生活在19世纪的英国绅士、一个生活在当代的化学家和一个退休老大爷,这三个人的接受程度可能完全不一样。对19世纪的英国绅士来说,吞云吐雾是一种颇为流行的娱乐,是振奋精神的良药;对当代的化学家来说,烟草中含有焦油等致癌物质早已是常识;对退休老大爷来说,他即便听闻过吸烟对健康的危害,却可能同时告诉我们,丘吉尔、邓小平抽烟很多,但是活得也很长,所以他觉得健康跟吸烟无关,而与个人体质有关。

在这个例子中,吸烟本身没有改变,烟草的质量和加工工艺可能也变化不大,但三个人既有知识并不相同,导致三人对烟草的认识也不同。这三个人的既有知识当中,吸烟与健康的关系分别是正向、负向、无关。我们告诉他们的讯

---

① 需要澄清的一点是,我们这里所说的认知过程改变,并非意味着我们在第一章探讨内容发生改变,而是在应用层面进行讨论(毕竟没有人每时每刻都能够清楚地意识并应用到自己思维的本质过程)。

息,与他们既有知识之间的关系,则分别是矛盾、相容、矛盾。如果我们跟老大爷说,如果不是晚年在医生和子女劝诫下戒烟,邓小平的寿命可能没那么长,他可能就不那么相信自己的无关论,因为我们告诉他的情形序列与他自己规律性的情形序列认识产生了主体上的重合,从而使其无关论的前提内部产生了矛盾。

可以看出,认知过程变化的根本动因,是既有规律性认识的变化。其形式则通过认知对象与既存认识相关联的方式展现出来。我们并不是说,所有认识变化都会导致规律性认识的变化。比如,如果老大爷在知道邓小平抽了很多烟的时候就提出了他的无关论,那即便他知道丘吉尔也抽很多烟,他也不会改变他的无关论。但是,任何认识变化,只要在序列的元素上有重合,都会或多或少地导致规律性认识过程的变化——丘吉尔的案例显然让老大爷更加确信无关论了——如果说他之前没那么坚定不移的话。

进一步地,参考我们之前对主观目的的讨论,当规律性认识发生变化,主观目的也可能发生变化。如果这位 19 世纪的英国绅士意图保持健康,则当我们告知他吸烟有害健康的知识之前,他可能希望在不惹妻子生气的前提下尽可能多地抽一些烟;而如果他活到了吸烟有害健康成为常识的年代,他或许会希望尽可能少抽烟。换言之,规律性认识的变化可能导致特定复合层次下目的的变化,这是目的规律性基础与演绎性基础所决定的。

(三)达成合意

在情形序列修正的任何过程中,两个主体都可能试图产生合意。我们在此不谈论产生合意的契机(那是社会学家研究的领域),我们只讨论合意的产生过程。回顾上文可知,在这一部分,意志情形序列是讨论的起点,合意情形是终点,我们此处将探讨意志情形序列如何一步步转化为合意,以及这个过程在形式和逻辑上有何特征。我们首先从一个极端情形开始:

依然沿用我们对法律的定义——法律是精神上由目的性认识和规律性认识相结合,实在上对行为、事物状态作出描述性的规定。同时,我们还说明,目的基础是对实在的拟设。如果我们使用最广义的视角看待“主体”二字,那么规律性认识的根本来源——自然或社会本身——也可以成为某种具有主体性质的要素,我们可以将其看作不完整的主体,或者“类主体”。

在一般主体与类主体进行交互的过程中,一般主体无法确定类主体是否拥有以下数个能力:(1)形成规律性认识;(2)形成目的性认识;(3)认识表达;(4)认识修正;(5)依照认识行为。但这不影响我们与其进行交互。比如,我们可以获取自然的认识，但我们无法确定自然是否对我们的行为具有规律性的认识（自然的确会有规律地对人们行为的结果作出反应，比如，温室气体排放导致全球变暖）。同样，我们也无法确定，金融市场的涨跌规律是否遵循某些目的，即便涨跌几乎总是成为经济的风向标。通常而言，如果某个主体得到对方主体关于某个意图的确认，并且发现被确认的内容与对方主体在客观上的行为或造成结果一致，那么我们就说对方主体能够与我们进行意志上的直接交互。

反过来说，在我们的模型中，我们能够观测到一个主体具有这五个基本能力：(1)形成规律性认识；(2)形成目的性认识；(3)认识表达；(4)认识修正；(5)依照认识行为。需要注意，虽然任何一个人都具有使用五个基本能力的可能性，但这不等同于人们在任何情况下都具备实践它们的能力。比如，在一个国际贸易场合，一个中方谈判团队的翻译，可能也形成了对美方开出条件的判断，但他无法在谈判桌上表达。再如，虽然双方谈判团队已经达成一致意见，但由于一方接到上峰指示，迟迟不能签字，这就属于无法依照认识行为。

应注意到，合意本身也是行为的结果，那么这个行为本身必然要接受认识指导。比如，A 生成了 C 目的，并了解到达成 C 目的（拟制的客观），需要 M 状态。此时，对 A 来说，“M 与非 M”形成了最简单的意志情形序列，其中 M 对应意志满足，非 M 对应意志背离。如果，依据 A 自身的规律性认识，M 状态需要 A 之外主体（设为 B）的 N 行为，那么“N 与非 N”则构成 M 满足的前提，即“M 与非 M”包含的子序列，其中 N 通过造成 M 状态，达成意志满足。这一过程能够无限重复下去，直到 A 无法将序列进一步细化。同时注意到，如果 A 不确定 B 的行为能否自然地执行 N，那么 A 就可以通过认识表达的方式，试图使 B 执行 N。此时，无论 B 之前的想法如何，只要他具有认识能力，就会自然形成“N 或非 N”的序列。当 B 形成这种序列，“N 或非 N”就成为 A、B 共同的意志情形序列。

同时，通过认识表达，A 可能认为 N 并不符合 B 的目的 D。在这种情况下，若 A 目的唯一且满足条件唯一，则 A 必然要试图使 B 不排斥 N，即向 B 证明 N 并不会导致 B 意志背离。若 B 对 N 排斥，则 A 依次有几种选择：(1)重新考虑 M 状态实现可能性，并将考虑的结果纳入规律性认识，以重新确定是否需要调整目的 C；(2)重新考虑是否只能通过 M 状态才能达到 C 目的；(3)重新考虑达成 C 必要的状态 M 或其他可能的状态 P、Q 等，是否均必须具备行为 N；(4)重新考虑 N 是否必须由 B 完成；(5)考虑说服 B，即在没有其他规律性认识影响的情况下，试图通过认识表达使 B 面对新的认知情形序列，并形成新的规律性认识,直至 B 的目的与 A 一致(假设这两个人脑子里面不想别的,只在乎这些)。

若 A 与 B 的信息交换是双向的,则在理想情况下,A 和 B 必然最终形成一个共同的认知情形序列。若 A 与 B 的认识能力相同,则他们也必然能够在不断的认识和认识交换过程中,形成共同的规律性认识,直至:(1)双方形成的目的相同;或者(2)最终发现,目的、目的必须的状态、达成状态必须的行为、行为必须的执行者或条件不再是唯一的——无论最终产生哪种情况,A、B 最终都将在形式上消灭矛盾——要么意志情形序列上产生完全的"共意";[①]要么因为规律性认识,意志情形序列的重合性崩解,双方只遗留下各自单独的认知情形序列,并将其与无法相提并论的目的各自匹配。

一个问题是,"妥协"在哪里?为何 A、B 没有在意志情形序列的某一点上达成妥协,而是只有共意或崩解这两个出路?这是因为我们给出的情形序列是单要素的,它只由两个情形构成,且只存在独立的单序列,双方也只能在依据该认知情形序列时形成规律性认识。在这个单一的模型中,对于 B 来说,N 即是意志背离,那么他就没有任何理由进行 N 行为。即便我们在 N 与非 N 之间插入一个 N′,并且规定 B 对"N→N′→非 N 或 N′"这一序列对应着意志背离→部分意志背离或满足→意志满足,因为 B 并没有对达成一致本身的需要,他就没有理由针对任何程度的意志背离达成一致。

举例来说,如果 A 是卖大米的,B 是粮食收购商,那么如果 A 卖大米的底价始终超过 B 的综合成本,那么 B 仍旧收购 A 所售大米的原因,只能是出于从本次买卖获利(单一意志情形序列)之外的考量,比如,维护客户关系,或者为了满足米粉厂的订单不得不赔本购进大米以免违约。在这个例子当中,B 并不考虑任何其他的相关问题,那么他就没有任何理由赔本做生意。

此处,B 之所以愿意达成合意,就是因为认知情形序列发生了改变,从而影响到他的目的,使原先不可接受的情形变得可以接受,甚至合乎目的需要。这个例子包括了全部五个主体达成合意所需的基本能力:(1)形成规律性认识;(2)形成目的性认识;(3)认识表达;(4)认识修正;(5)依照认识行为。尤其是认识修正,如果 B 无法按照情形将更广范围内的情形一并考虑,则合意不可能达成,B 也将蒙受损失。据此,我们可以得出两个基本规则:(1)若情形序列单

---

① 我们使用这两个字简略指代某一意志情形序列之上的各方主体目的、所需行为、执行的行为完全一致的情形。

一,则要么产生共意,要么意志情形序列崩解;(2)若双方达成非共意基础之合意,则序列必不唯一。

我们现在稍稍扩展一下,讨论有两个序列的情形。其中一个序列是合意所依附的主序列,另一个序列是两个主体各自的认知情形序列。有两个序列共同作用,合意便能够在非共意情形下达成。

两个主体获取了认知集合,这个集合囊括所有可认知的单要素情形,形成了一个位于横轴上无限延伸的直线,即认知情形序列。通过规律性认识,主体分别在直线上画出了各自的子序列,这表示为若干有限度的点集。由于规律性认识与认知子序列的作用,主体形成了目的性认识,并因此将子序列的元素与不同的意志满足程度相对应,即横轴上的点集开始映射到表示意志满足程度的纵轴。两个主体分别形成的若干点集之间可能重合也可能不重合,其中重合的点集便是意志情形序列。

在意志情形序列上,对应着固定的意志满足程度,分别构成了双方的意志曲线。我们假设共意不存在、双方的意志曲线都是单调的,并假设不达成合意是双方的最后备选项。此时,选择 A 主体作为分析的起点,易知在该意志情形序列上,A 意志满足最大的情形 C,总会造成 B 的意志背离。若 A 并不了解 B 的意志曲线,他就一定会先试图将 C 作为合意的内容并将这一点以可接受的方式传达给 B。他可能直言不讳,也可能以一系列方法暗示从而使 B 能够推断出来 A 的大致意图。B 则因为 C 构成意志背离,而同样地以各种方法予以拒绝,同时可能还给出更向 B 意志靠拢的情形 D。

当 A 接受到 B 的表述,“C 违背 B 的意志”将加入 A 的认知情形序列,改变 A 对整个序列的规律性认识,改变其目的性认识,并最终使 A 调整他在意志情形序列上的预期。此时,A 或许认为自己能够说服 B,那么他就会选择想办法提高 B 在 C 情形的意志满足程度;或让自己的意志曲线向上凸起,那他就会选择对自己而言意志满足稍弱,对 B 来说意志背离稍弱但意志满足稍强的点 D。无论选择哪条道路,A 都必须向 B 进行表述。此时,B 又将 A 的表述加入自己的认知情形序列,并调整其意志曲线。

A 和 B 的“表述—调整”依次循环进行,直至其中一个主体认为对方在本轮提出的内容能够接受。主体接受对方意志表述可能出于多种原因,比如,一个商人认为对方开价已经能够满足心理价位,他便会接受这个价格;或者一个外交官在对方威胁中止谈判的时候有所退让;再或者执政党通过一段时间以来的报刊评论判断,某个法案再拖下去可能要影响支持率……无论具体内容如何,这个原因显然不存在于合意所依附的意志情形序列,或者至少说不存在于既有复合层次的序列,而是存在于"问题"之外的序列上。这也就是为什么我们必须先假定二者需要达成一致,然后再举这个例子。

简言之,我们可以想象两种意志曲线。

一种是隐含的,是在双方未接触之前,任意一方就已经形成的。这种只存在于一方头脑中的曲线,是规律性和目的性认识的直接产物,始终处于指导地位。由于双方的接触均以某一情形为开始,我们可以想象在该情形处,双方或者意志满足程度一致,或者一方处于相对满足的状态而另一方处于相对背离的状态。立法主体将通过不同的手段,试图影响对方的意志曲线,在己方无须变化的前提下让对方的意志曲线尽可能上凸,直至双方均无法产生进一步的影响,并在交点处达成一致,确立合意。

另一种可能是,双方曲线大体走向相同,但有一些区域并不完全重合。此时,两条意志曲线将在相同的两点当中包含一部分区域,这些区域内并未达成事实上的合意,但因为在相同情形下一方意志满足程度总是高于另一方。若双方出于各种各样的原因,并不需要在全序列上达成一致,而只是在序列的某两个区域进行沟通,那么我们就可能看到在两个情形下形成了两个合意,而仅根据这两个合意便无法得出对两个主体意志的相容认识,这就对在全序列背景下看待意志曲线提出了要求。

还有一个疑问:为何合意只在曲线交汇处产生?这个疑问的来源,在于我们经常看到某些规则的内容对某一方有利而对另一方不利,也在于对意志曲线当中"意志"二字的理解。需要再次强调,意志曲线的"意志"二字,不等于"意愿",而是对规律性、目的性认识的抽象量度。我们将在多要素微观立法过程分析中专门讲述,为何意志曲线总交汇于一点。

(四)进行合意表述

"合意"二字指代的不是原生性概念,而是观测性概念——双方可能都希望执行或避免某个行为,但直至他们当中至少一方向对方以可辨认的方式表达这个意愿之前,立法主体和其他任何观测者都无法确定合意是否已经形成。我们在上文描述的,都是达成合意的逻辑过程,而非确认的实践步骤。

合意表述必须依赖表达性的系统,且此系统为双方所知。关于表达性系统运作的具体原理及框架，我们可以从语言学家那里获得，在此不予赘述。[①] 我们只是借助部分语言学的思路，帮助我们分析广义微观立法活动当中的合意表述，尤其是这些表述在立法活动背景下产生的原因，它的形式，以及它的作用。

“表述”这个词本身就包括了有限性的意味：我们只是在表述某一个事物，而不是把事物本身拿出来。声音和文字本身是确定的，但当我们用它们表示某些思维上的东西时，这种确定性就要被思维的模糊性与限制性所掩盖。比如，我们很难从语义上说出“枝”与“杈”究竟有什么本质区别，这并不是因为这些枝丫客观形态相似，而是因为我们的思维中缺乏将它们区分的手段。再如，我们虽然知道烧鹅和白斩鸡是粤菜，却很难反过来正面确定粤菜的范围。

即便我们使用的是逻辑性的词语，如“是否”“先后”这一类单纯表示思维逻辑关系而不含有任何具体对象的词，我们也必须将它们与非逻辑性的词语连起来使用，此时逻辑判断的内容就要变得模糊。这个模糊性不是事物本身的性质，而是语言的性质，是借助语言认识事物的人类思维的性质。

然而，当我们说出“模糊性”这三个字的时候，就已经处在一个清晰的立场上了。我们之所以能够清晰地认识语言的模糊，靠的不是语言本身，而是语言背后的思维，乃至思维根据时间的发展。一旦考虑到时间的作用，我们就会发现，不论某一个时刻，某个语词的内涵相对于它所意图描绘的事物多么模糊，都不妨碍我们往语词当中塞入更多的内涵，或加入更准确的判断要素，以使它变得更加精确。

这种精确性的来源，正是我们的思维。而且，思维越靠近基本认识，我们赋予语词的内容就越精确，越不可辩驳。比如，当我们将粤菜定义为在广东省境内发明的菜式，那这个概念就几乎不可能有任何模糊；同样，我们也不可能混淆过去与未来——没有任何区分能够比空间或时间更加基础。反过来说，我们创造的概念离基本认识越远，概念就越模糊。比如，安全，我们能够说明安全是一种状态，但这种状态的判定却需要从一系列前后运动的特征，甚至运动的可能性来判断。又如，门窗不上锁，在日本可能是安全的，在哥伦比亚可能就很不安全，而这个“安全”状态的所有者，既可能是人，也可能是财物；安全状态的判定，

---

① 如何区分表达的方式方法、表达如何在两个人当中进行，是近现代语言学的基本工作。我们不在此展开论述，只择取其中比较重要的几个概念帮助我们理解合意表述。关于语言学的相关知识范畴，参见胡壮麟主编：《语言学教程》，北京大学出版社 2004 年版；另参见何兆熊主编：《新编语用学概要》，上海外语教育出版社 2000 年版。

还需要结合社会环境等一系列因素确定。但是,若我们将概念和基本认识之间的距离,看作衡量模糊性的直接来源,这又显得肤浅了。既然存在距离,我们就必须要问:距离从何而来?

显然,距离是思维程度的反映。"安全"的意义之所以比"广东"更难确定,是因为"安全"二字背后蕴含了大量的思维。它不是对空间的划分,而是包括了一系列相互交叠的判断与区分过程。换言之,与我们重新发掘"法律"二字定义相似,"安全"之所以具有"安全"的含义,既不在于发音,也不在于书写形式,甚至不能从人们的用处用法了解它,而是应该找到当我们说某事物或某状态安全的时候,我们的思维究竟经历了怎样的过程。回过头来,"广东"二字也如是,"广东"这两个方块字本无含义,是我们将其与划分、认识地理区域的一系列思维及其成果对应起来,它才能够表示我们所认识的客观区域。

因此,静态的含义总是有限的,因为它不过是一系列思维过程及其普遍结果形式的总结而已。如果我们要探求更精确的含义,就不能只从静态含义入手,而是应该找到动态的、保存在运动中的含义,即词语反映的思维本质。从这个意义上看,语词之间含义的差别,是因为这些词反映出来我们看世界的思维和视角不同。安全是一种思维过程,万全是另一种思维过程。思维在一段时间内总是有限的、不够精确的,那么这段时间末尾以语词形式总结出来的思维过程及其成果形式,就必定是有限的、模糊的;然而思维总是可以发展的,总是可以变得更加精确,那么语词的含义就能够发展,能够变得更加精确且易于使用。

总之,思维的有限性与模糊性,导致了语词静态含义的有限性与模糊性;思维的发展性,导致了语词动态含义的扩张与革新。一时的有限与模糊不可怕,将一系列静态含义综合考虑,我们就能够看出相对清晰和确定的发展路径;发展路径模糊也不可怕,将多个阶段的发展路径综合起来,我们就能够看出相对清晰的原始思路。这种不求片段本身,而是从其运动的、连续的来源掌握性质的方法,我们在高中就已经见过,数学上称其为"积分"。

的确,立法主体的思维总是有限的,他们也无法避免根据模糊的基本假设使用语言系统进行表述。然而表述的方法和思路却总能有迹可循。我们已经建立了事实序列与规律或目的性认识的联系,也论证了能够通过序列分析的方法描绘合意形成过程。既然我们知道,任何合意都出自意志曲线,而意志曲线总来源于事实序列与规律或目的性认识,那么,合意表述的语词,就必须要对应意志曲线,进而对应意志曲线所反映的意志情形序列与目的性认识,再进一步对应更深层次的认知情形序列、规律性认识乃至认识能力。如果对应失败,那么通过这个路径,我们也能找到究竟是哪个层次出了问题,或有一些省略。这就好比一步步探求原函数,直至无法继续积分下去。

如果我们对一个时间点上的分析不能满意,那么我们总可以通过时间这个维度,将数个连续的合意看作具有运动性质的来源,从而构建起一个函数对应关系,以增加维度的方式,让我们的分析更为精确。

此外,如果我们认为难以从某一个词语看出其背后的意志曲线,或者从某些词语的表述推出序列的要素,和词语普遍的要素不相符,也可以通过类似的方法消除这种影响。我们只需要在可能的范围内尽可能多地进行这种"概念积分",并结合回归的方式寻求将不确定性化解到可接受范围内即可。我们将在后文探讨法律解释的时候,谈及回归方式及其影响。

二、多要素微观立法过程分析

所谓多要素的微观立法过程,指的是主体结构包含两个以上独立主体就两个以上认知情形序列共同影响形成的意志情形序列,形成意志曲线、达成合意并进行表述的过程。有了单要素分析构成的基础,这一部分我们能够省去不少麻烦,并借助图形工具方便讨论。

(一)多认知情形序列的影响

上文已经将合意化解为意志情形序列与意志满足程度的符合。直观上看,这在二维空间中能够展开如图 5 – 3 所示的平面:

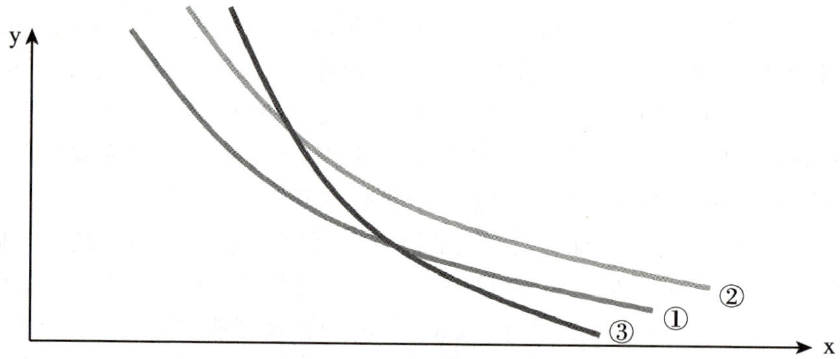

图 5 – 3　单主体意志曲线

在这个示意图当中,x 轴代表情形序列,y 轴代表意志满足程度,曲线①②③代表意志曲线。我们还讨论过,出于认知变化,规律性认识和目的性认识也可能变化，意志曲线可能会出现平移（曲线②）或斜率改变（曲线③）。

我们还说明了意志表述的有限性与模糊性，因此，从表述出来的内容看，意志曲线可能并不是连续的，而是点状或线段的（见图 5－4）。

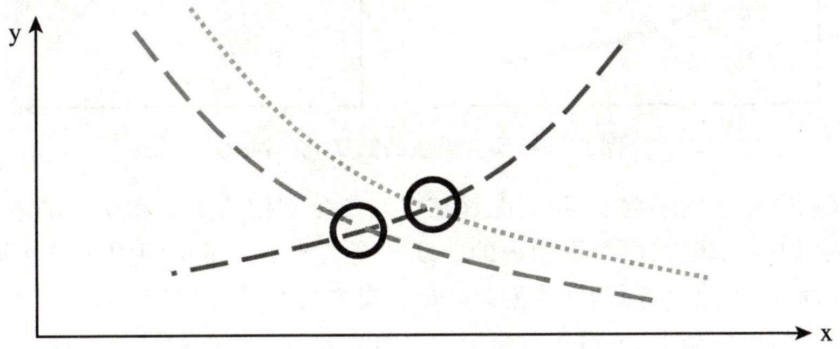

图 5－4　非连续意志曲线的合意形成

在模糊性的影响下，我们或许只能确定合意形成在两个圈内。

当我们引入了情形序列的复合，事情就会变得有趣得多。两个情形序列和统一的意志量度使我们能够在三维空间内描绘这一过程。我们假设两个情形序列之间存在某种联系，比如，我们用 y 轴表示意志满足程度，用 x_1 轴表示购货数量，用 x_2 轴表示购货价格。对于流动性压力不太大的卖方而言：

收入＝购货数量×购货价格

显然，我们可以针对在两个情形序列上构建意志曲线如图 5－5 所示。

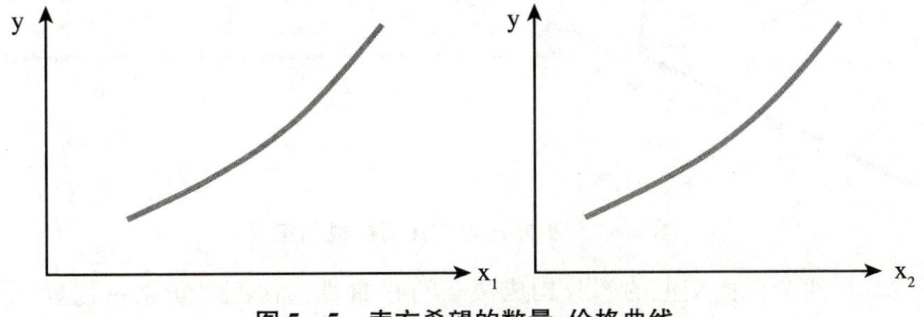

图 5－5　卖方希望的数量、价格曲线

另外，对于买方来说，他所需要的购货数量可能很多，但他希望能够借此获得较多的谈判优势（注意到表示 x_1 轴的数量方面缺乏弹性）如图 5－6 所示。

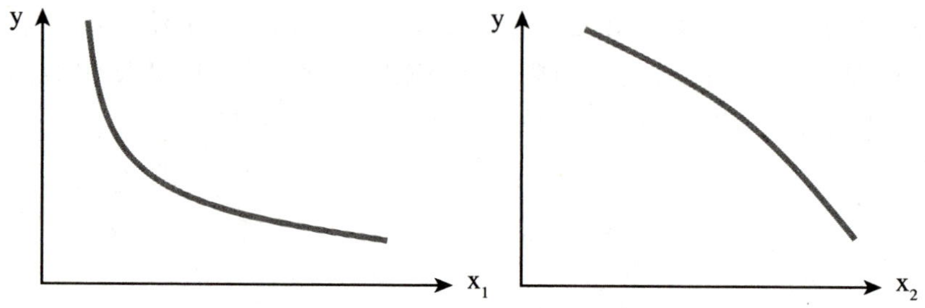

图 5－6　买方希望的数量、价格曲线

在两个序列的影响下，我们能够在空间内分别构建买方和卖方的意志“曲面”。我们可以想象，两个平面内的曲线共同构成了三维空间中卖方和买方的意志曲面，四个曲面将交汇（我们此处仅以卖方为例）。我们将情形序列围成的平面称为情形序列平面，将含有原始意志曲线的两个平面称为意志曲线平面见图 5－7。

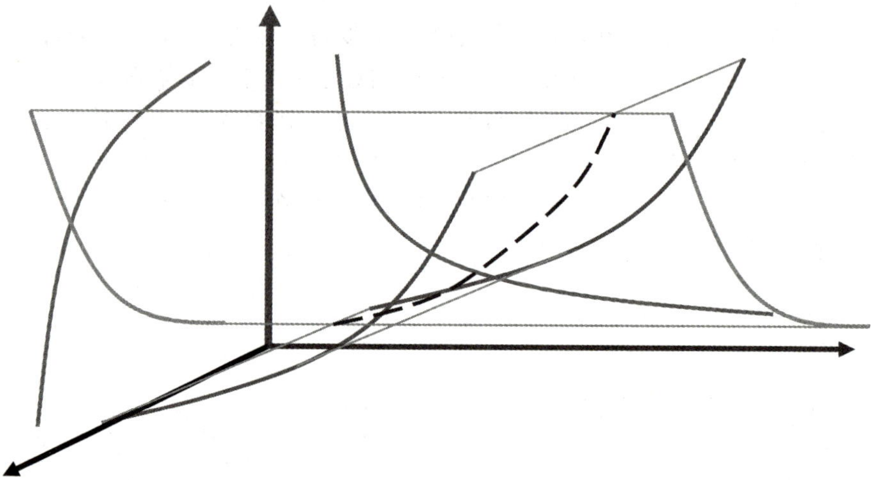

图 5－7　买方与卖方共同构成的空间

此时，四个曲面交汇的部分构成两条间断曲线，曲线在“价格—数量”的意志情形平面上投影如图 5－8 所示。

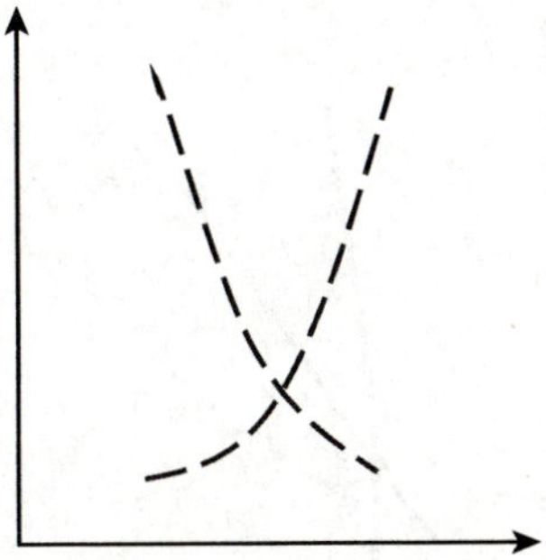

图 5 -8 多情形意志曲线平面交汇投影

同时,我们还能够看出间断曲线的意志满足程度,易知,在本例中,最终成交范围对应的意志满足程度不高于"数量—意志满足"平面当中潜在的合意点,也不低于"价格—意志满足"平面当中潜在的合意点。进一步地,我们能够看出,最终产生合意的集合,将处于间断曲线段上。两条曲线在情形序列平面上的定义域分别等同于两主体在两个意志情形平面上意志曲线的定义域(见图 5 -9)。

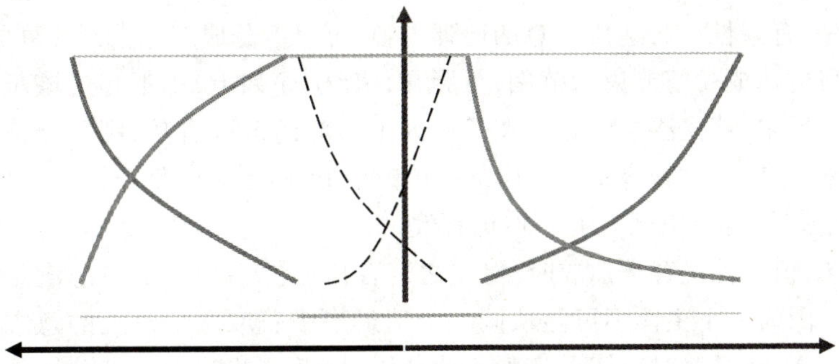

图 5 -9 定义域投影

我们还在单要素过程当中谈过,合意并不是简单的沿曲线运动,真正合意的达成是曲线本身变化的结果。在多情形序列当中,这一定律仍然有效。这意味着间断曲线段代表的只是合意产生的可能性,而非合意本身。真正的合意,需要双方意志曲线的进一步调整,最终使间断线产生交点,并达到分别与两个意志曲线平面内的交点意志满足程度一致。此时,双方在两个意志曲线平面当中的意志满足程度相同,且在意志曲线平面的交点在情形序列平面内投影形成唯一的交点(见图 5 -10 中位于正中央的黑点):

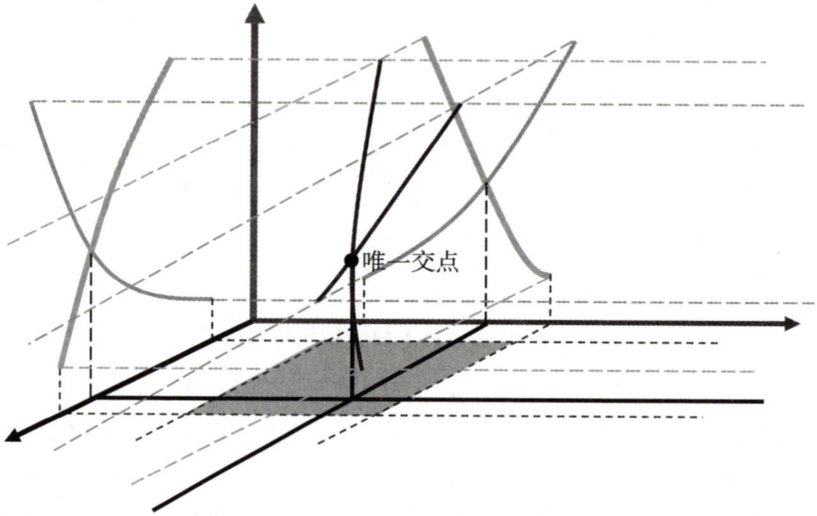

图 5－10　多情形下的合意

从以上的分析中我们可以看出多情形序列下广义微观立法活动所遵循的四个重要性质：

第一，有限性。若达成合意的序列内容，可以拆分成多个情形序列的复合，则合意可能达成的情形集的范围，投影在任何子序列上，都不超过该子序列上的范围。反之，若立法主体意志在子序列上对应的范围有限，则复合情形集范围也有限。易证明，若合意未对应某一单独情形，而是对应复合情形集（如原始曲面“包覆”了部分空间），有限性仍有效。

第二，恒一性。合意达成时，对应之复合情形（集）对应的意志满足程度必定相同。因为一个主体不可能从同一个情形当中获取两个以上的意志满足程度。换言之，在合意对应情形序列的全范围，以及这些范围可能分解出来的所有子序列的范围，立法主体都必须遵循相同的意志满足程度，即至少在形成合意附近的短期内遵循对这些情形序列相同的规律性认识和目的性认识，否则他们就必须通过其他的情形序列间接调整短期形成的意志曲线。

第三，单向性。因为在微观立法过程当中，可能有多重序列共同影响最终合意的形成，则该合意未必能够反映立法主体对于任一子序列的认识，而只能反映立法过程当中各主体对于序列所有意志的所有活动的结果。我们只能够从子平面上的意志曲线正向推导得出复合空间上形成的意志曲线及最终合意，却无法逆转这一过程，从复合空间形成的意志曲线及最终合意反推子平面上的意志曲线。

第四，复合性。易知上述规律不仅作用于双意志情形序列，还可作用于无穷多的意志情形序列。

有了对多情形序列下立法过程的认识，我们很容易就能解决上文留下的一个问题——为何合意必定在交叉点产生？理由很简单：是否需要形成合意本身就是一个序列，且是一个点序列。我们可以得知，对于发起立法过程的一方，合意达成的情形最初总是提供意志满足；而对于后来加入立法过程的一方，合意达成的情形不一定提供意志满足，则合意达成对应的序列在意志曲线平面形状如图 5－11 所示。

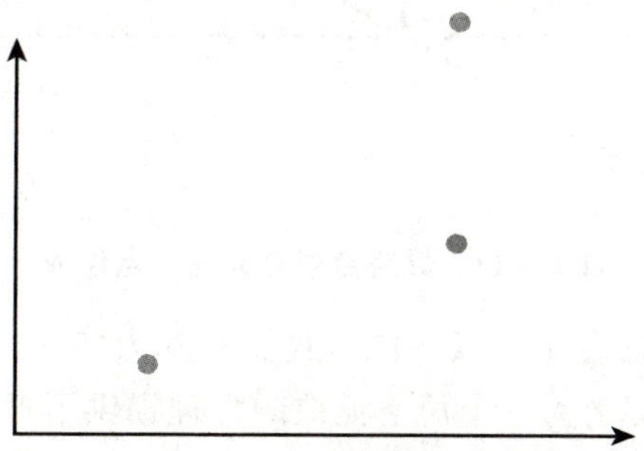

图 5－11　合意可能呈点状

由于双方最终达成合意，则我们可以推定双方在"是否达成合意"这一问题上的认识是一致的，换言之，双方在"合意"这个情形下的意志满足程度必定相同。另外，这个相同认识的达成，需要建立在不断调整另一个序列中意志曲线的基础上。这个过程之所以能够进行，原因在于两个意志曲线平面内的意志曲线变动具有联动关系：就立法过程发起方而言，面临对手的强硬态度，他可能不得不调低自己在实际问题上的期望，或在可讨论范围上作出让步；其他参与方则可能因发起方的劝说而对某些情形的认识发生改变。最终双方达成的协议总会偏离发起方最初的意图，造成短期内的意志满足偏离，使合意提供的意志满足程度下降；同时，其他参与方也可能因合意内容变得有利于自己，而变得不那么排斥或更加欢迎合意的形成。最终反映到整个立法空间当中的情形如图 5－12 所示。

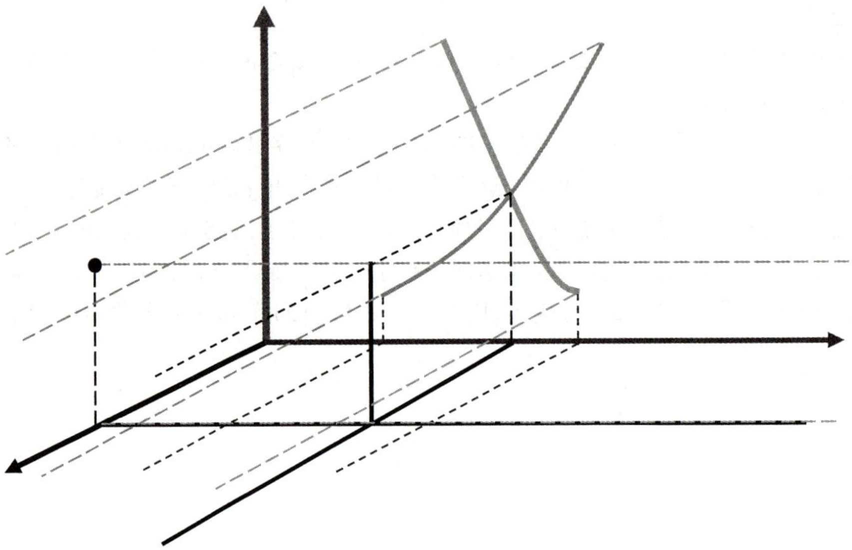

图 5－12　最终合意总会在一点达成

不难看出，合意总会在一点达成。我们称其为广义微观立法活动的单一性。在这里，我们实际上为一个司空见惯的常理提供了严格证明，从基本认识和逻辑出发，解释了为何“合意”总是在双方均认可的情形下达成。需要注意的是，这里的“情形”是抽象的，从逻辑上看不出它的复合程度。它可能是一个低复合程度的情况，如某一固定价格；也可能是一个高复合程度的情况，如“一揽子”减让——但这都不影响单一性。

我们将“平面”全部换成“空间”，便完成了 n 维立法空间的分析原则。

（二）多独立主体的影响

在主体结构部分，我们曾经把主体简要抽象为二元对立关系。我们仍维持这一结论不变。甚至可以说，多主体造成的影响，就微观立法过程分析而言，几乎可以忽略不计。因为独立主体数量多寡并不能影响合意机制的二元对立结构。原因如下：

第一，无论将群体冠以何种名称，如国家、企业、家庭等，它们的决策和行为最终还是由人作出。这一点无须多言，哪怕我们假定国家真的有独立意志，它也必须借助政治家们和外交官们的口和笔，与另一个国家的独立意志交流。

第二，人总是以二元对立的形式（请注意这里的“对立”不是“对抗”）与其他主体进行互动。我们要么与一个群体中的每一个个体分别建立关系，要么将群体抽象为一个整体并与之建立关系，但这不能改变这些关系的二元对立形式。

第三，凡是二元对立形式的主体，总要落到我们先前论证的主体结构当中。它们要么是平等结构，要么是失衡结构，要么是平行结构。

第四，平行结构必然无法产生意志情形序列，故无须讨论；失衡结构，总会化为单一意志，则该意志或者与其他等量意志构成平等结构，或者直接执行自身意志并作出规定（如婴幼儿与监护人、董事与董事会、人大代表与国家）；平等结构亦无须讨论。

总之，无论有多少独立主体，它们总能最终化简为两个抽象的主体，并使我们能够依据这两个抽象的主体，在确定的情形序列空间上进行分析。我们将其视为立法活动的第六个性质——退体性。

三、小结

在这一部分，我们使用广义微观立法活动的要素，从单一要素开始，构建了立法活动过程。我们又根据单要素过程，分析了多要素过程的情形，并证明了有限性、恒一性、单向性、复合性、单一性、退体性这六个立法活动的基本逻辑性质，还证明了这些分析过程及其性质不受独立主体数量的影响。为简化叙述，我们现在使用逻辑和数学符号表达这些性质。

有限性：设各意志曲线平面上定义域分别为 A_1、A_2，…，A_n，则除了“形成合意”这一平面的定义域 A_0 之外，其余平面复合构成的情形序列空间定义域 B 有：

$$B = \bigcap_{i=1}^{n} A_i$$

恒一性：设各 A_i 上合意对应之情形为 a_{im} 且 B 上对应之复合合意情形为 b，且以 y(x) 表示任一情形对应之意志满足程度，则有：

$$y(a_1) = y(a_2) = \cdots = y(a_n) = y(b)$$

单向性：设定义域上双方意志曲线为 $\varepsilon_i(A_i)$ 和 $\zeta_i(A_i)$，设从 A_i 到 B 的投影函数为 P(x)，B 上双方意志曲线为 $E(B)$ 和 $Z(B)$ 则有：

$$P\{\varepsilon_1(A_1), \varepsilon_2(A_2), \cdots, \varepsilon_n(A_n)\} \Rightarrow E(B)$$

$$P\{\zeta_1(A_1), \zeta_2(A_2), \cdots, \zeta_n(A_n)\} \Rightarrow Z(B)$$

单一性：若 B 上存在点 K，使 $y(K) = E(B) \cap Z(B)$，则 K 必唯一，且 $K = f(a_{1k}, a_{2k}, \cdots, a_{nk})$，且 A_i 上的 a_{ik} 唯一。

退体性:主体结构及数量不影响上述规律。

复合性:易知上述规律可作用于无穷多的意志情形序列复合。

使用这些性质,我们能够轻易得出几个比较有用的结论:

第一,根据单向性,仅仅知道合意,我们无法通过合意本身准确逆推出形成合意所依赖的意志曲线,但若我们既知道合意,又知道合意所依赖的 N 个单位平面当中的 N-1 个意志曲线,便能够知道第 N 个意志曲线。

第二,根据单向性,我们只要能够得知意志曲线,便能够还原合意。

第三,根据恒一性,若一合意包含的情形能够拆解为 N 个子情形的复合,那么立法主体在数个子情形当中的目的和规律性认识应当推定为相同。

第四,根据恒一性、单向性,立法主体在某一情形序列空间当中达成合意,不代表其出于相同的规律性和目的性认识在其他情形空间当中达成合意——即便二者均由 N 个序列复合而成,且当中有 N-1 个序列都是相同的。但若剩余的序列是“合意达成”的点序列,则该结论不成立。

第六章　微观/静态解释论

这一章集中讨论应当如何对静态法律体系进行解读。首先,我们将说明什么叫作对静态法律体系的解释,指出可能引起混淆的概念。其次,我们将从静态法律体系的结构切入,通过分析结构指出应当如何开展解释活动。最后,在完成一系列建构之后,我们将在最后一节讨论逻辑定义视角下,各种常规解释方法之间的联系。

第一节　静态解释的定义

我们定义,任何一个人——无论他是立法者还是司法者——试图以作为静态结果的法律体系本身为依据阐述其对该体系的理解,他的行为就应当被视作法律解释。

这个定义并非源于复杂的经验总结,而是根据我们对立法过程和法律体系的普遍逻辑结构的理解。在我们的体系里,法律体系(至少从表面上)就是按特定逻辑关系组织起来的实在内容的集合,这个集合根据广义微观立法活动建立,其实在内容、逻辑关系,均依立法者意志而构成。在这里,总是先有一个称为立法的动态过程,后有法律体系这一静态结果。二者的区别非常简单:立法活动具有能动的意志性,它的一切主观和客观的目的都在于展现意志,为他人理解意志并最终外化、实现意志作出准备;而解释活动只有被动的意志性,它的一切主观和客观的目的都在于了解意志、吸收意志。

我们的定义可能引出两个问题,在此稍加讨论。

第一个问题是,根据这个定义,我们如何区分立法解释和司法解释?

从严格意义上说,这个问题本身就不在我们讨论的框架内。简单来说,如果我们把A贴上立法者的标签,把B贴上司法者的标签,却发现他们的解释活动别无二致,那我们就不应当在法律解释过程这个范畴内对其加以区分。在我们这里,解释是一种活动,活动包含了起因、经过、结果。我们讨论的是这个活动内部诸要素,这个视角是内部的而不是外部的。换个角度看,立法解释与司法解释的划分,其实与作为动态过程的法律解释没有关系,只不过是根据活动的主体,对活动结果加以区别而已——从实质上看,这种划分并不是基于解释过程,它并不影响一个静态法律体系的解释可能性。

第二个问题是,可供讨论的方面有哪些?

根据我们的定义,法律解释就是理解静态法律体系的活动。这里面包含两个层次:其一,法律解释是一种活动,那么我们就应当以适用于分析活动的基本维度去讨论它,包括活动的基本模式、活动如何在时间序列上加以组织、活动的起点和终点为何,等等;其二,此活动作用于静态法律体系,那么我们就应当探讨这个活动是如何作用于法律体系、法律体系又如何反过来影响活动本身。事实上,这些问题恰恰是我们将在后面三节讨论的内容。我们将首先讨论法律解释的基本模式,其次探讨这种活动的组织角度,最后讨论法律解释活动和静态法律体系之间如何互相影响。

第二节 静态法律体系的结构

在前几章中,我们已经得出了相当的推论,以支持模型的建立。其中相关推论有以下几种:

推论一:法律的逻辑定义包括精神内容与实在内容两个方面。精神内容基于对自然规律,包括人们认识规律的方法、对规律的认识、对规律与人之间关系的认识,以及由此而生的目的。实在方面则是基于所认识规律和目的,对行为及其结果的指导性规定,此行为或结果,既可能是具体的,也可能是抽象的。这个定义并不局限于制定法或判例法,也与权威、道德、政治种种无关。

推论二:法律的精神内容有可复性。客观规律是恒定的,因此,在无论多短的、确定的一段期间内，立法者对规律的认识方法、对规律与人之间关系的认识以及由此产生的目的，也是确定不变的。

推论三：法律的实在内容也有可复性，而此可复性建立在法律对客观事实的统计上的概括与舍弃。这意味着，法律既描述了一部分行为；又不描述一部分行为，不描述的部分，应当被视为不被法律所管辖。

推论四：法律规则的实在内容，无论行为还是行为的结果，无论是具体的行为还是抽象的、仅属于法律之间的一些逻辑关系，都可以被理解为依时间顺序展开的单个或一组事实。

推论五：法律判定分为不同的步骤，一般意义上对行为的规定和其法律后果之间的联系，实际上是将前一部分判定的结果，当成后一部分判定的背景依据，从而完成对当事双方的双向指示。

通过以上推论，我们得以在同一部法律内，对所有最终针对具体行为及其后果的法律，建立模型。

首先，由推论四，我们得出，某一时刻既存法律中，单个法律规则的逻辑式：

$$A \rightarrow B$$

其中，A 表示背景事实、B 表示后果事实。A、B 均为事实的集合。这意味着，A、B 当中所描述的事实，必须是确定、互异、无序的。同时，A、B 均可能是空集。①

确定性指的是，法律赖以判断的背景事实与被判断存在与否的后果事实，必须是确定的，不应当存在模糊不清的情况。而当此情况出现时，则应当进行法律解释，将其确定下来。

互异性指的是，法律不可能就同一背景作出两个或两个以上相同的指示。这很好理解，因为法律没必要就同一事实规定两遍，比如，法律不可能说"不得故意杀人且故意杀人"，也不可能说"不得在任何情况下违反某某原则，且无论什么情况下都不得违反某某原则"。即便有此类规则，我们也应当将其视为等同的一项。

无序性与法律推理的"要件"规则相统一，即当我们判断某些事实成立或不成立时，我们所依据的各个要件之间没有先后顺序，而是必须同时、平等地对其

① 相关讨论大多集中于语言哲学领域。一些学者对法律结构有着相似的认识，但这些认识最终回到了传统法学方法论，即注重内容而非逻辑的体系上。参见季卫东：《法律解释的真谛（上）——探索实用法学的第三道路》，载《中外法学》1998 年第 6 期。

进行考量。需要特别强调的是,所谓没有先后顺序,并不意味着造成事实的行为是割裂的,而只是说我们把这种顺序本身也当成了一个事实加以对待。当我们验证顺序时,实际上也是根据一组事实进行推断的,而这组事实在我们进行判断的时点,必须同时具备。举例如下:

事实 a_1 = M 在 22 日中午刺伤 N;

事实 a_2 = N 在 22 日下午死亡;

根据判断时间顺序的规则 g,得出 g(A) = B。其中,$A = \{a_1, a_2\}$,$B = \{b\}$,事实 b = a_1 先于 a_2 发生。而规则 g 的内容是,哪个行为发生对应的时间在记录的数值上小于另一个行为,应当判定记录数值更小的一个先于另一个发生。

而如果我们再把"事实 a_3 = N 在 a_1、a_2 事件发生时间之间没有受到其他任何可能造成损伤",加入用以判断因果关系的规则 r 中,就可以依据"a_1 先于 a_2,且两事实发生期间没有其他相关事实"判定,a_1 与 a_2 之间有因果联系。

在这里特别要强调空集的作用。实际上,A、B 之间空集的排列组合,这些组合成立不成立的判断以及这些组合成立时,相应的真假判断,完全涵盖了可能的法律命题。同时,它们也与既有的推论相吻合。具体解释如下:

1 类式:$\exists A \rightarrow B, A = \varnothing \cap B = \varnothing$

若此逻辑式成立,意为法律对此没有记载,不在法律框架之下。此式没有对应的不成立情形,亦无从判断其真假。

此式即为推论一所述法律定义之对立。

2 类式:$\exists A \rightarrow B, A = \varnothing \cap B \neq \varnothing$

此式符合推论二之内容,即法律精神内容根源上的绝对性与时期内的可复性。若此式存在,意味在该法律体系中不需要前提则应作出之根本性、绝对性判断(这并不妨碍可能在超越本法律体系的更广的法律体系中包括此类判断),诸如,不得杀人、人生而自由;若此式不成立,则或者此判断结果必有前提(4 类式),或此规则本身不受法律管辖(1 类式)。

此式成立时进行判断,若结果为假,则或者 A 为假,即 B 实际上必须依靠特定背景才能成立(这可能是因为漏掉了相关的法律依据,也就是所谓的"想当然");或者 B 为假,比如,在正当防卫理论建立之后,"不得杀人"就不再是一项绝对的法律规则。换言之,当 A 假时,由于空集的性质,此式本身不成立。

3 类式:$\exists A \rightarrow B, A \neq \varnothing \cap B = \varnothing$

此式符合推论三之内容,即法律实在规定的可复性与有限性。若此式成立,意为符合某种情形事实时,法律并无进一步规定,比如符合意思自治的情形,法律就不应对其具体内容进行干涉;若此式不成立,则或者法律应作出规定(4 类式),或者法律并未对此情形进行记载(1 类式)。①

此式成立时进行判断,若结果为假,则或者 A 为假,比如意思自治情形不成立;或者 B 为假,即法律实际上对此类情形作出了规定,而当事方或者司法者忽视了这一规定之存在。同(2)理,由于空集的性质,当 B 假时,此式本身不成立。

4 类式:$\exists A \to B, A \neq \emptyset \cap B \neq \emptyset$

此式成立时,代表了最普遍的法律判断逻辑,如在何种情形下应如何行为、达到何种结果;若此式不成立,则或者此结果不应受具体情形背景限制(2 类式),或者法律在此情形下不应作出具体规定(3 类式)。

此式成立时进行判断,若结果为假,则或者 A 假,比如,事实本身不足以支撑 B 之判断;或者 B 假,即事实所支撑的,不是 B,而可能是 C、D。这里省略了 A 或 B 实际上不是空集,而将此式转为(2)(3)的情况。

这四个式子涵盖了所有法律规则的结构。据此,我们进一步将其整合成整个法律体系的结构,并探求体系的边界。

由推论一得出,法律体系的结构必有其起点,该起点由 2 类式呈现,即绝对性、根本性的规则。而将此规则的非空集的后果事实,当作新规则的背景事实,则可能导向 3 类式、4 类式相应的规则。当导向 3 类式之后,法律将不能继续作出规定;当导向 4 类式后,则法律可以继续作出规定。

比如,我们规定,无论什么情况,都必须让肚子里有点东西(不得空腹)。而如果把非空腹状态当作 3 类式的背景事实,这就是说,法律仅仅规定了不得空

---

① 梁慧星教授的《民法解释学》中采纳日本学者石田穰的体系,从法官的视角对各类漏洞进行了分类解析。大类上包括明显漏洞、隐含漏洞两种。在明显漏洞中,立法者未就情形作出任何立法表示;具体包括:(1)授权型漏洞,即立法者任由解释者自行判断之情形。(2)消极型漏洞,指立法者持消极价值判断但未经明确立法否认之情形。(3)预想外型明显漏洞,指立法者未将相关事态融于考虑之中之情形。隐含漏洞当中,立法者可能已经有所表示,但表示不明。具体包括:①白地规定型漏洞,即仅以抽象用语规定相关原则,但具体内容仍需解释者补充;②预想外型隐含漏洞,即法律用语涵盖到超出立法者预想之外的情形;③冲突型漏洞,即立法矛盾,但不能合理排除;④立法趣旨不适合型漏洞,即立法内容和立法者自身意思不一致。参见梁慧星:《民法解释学》,法律出版社 2017 年版。在这数种漏洞中,"明显漏洞"的逻辑核心就是三类式,具体属于哪种情形,则需要从三类式之前提倒推寻找。"隐含漏洞"的本质,是解释成果和法律条文不匹配。其中①③均属于带有瑕疵的 4 类式,根本原因在于 4 类式当中的背景与后果规定不明、不具体或相互冲突。情形④本质上属于司法者内心对立法意图的判断,根据我们在第四章的推理,这应当属于司法者自身的立法意志。情形②较为复杂,出于叙述方便,我们将相关讨论集中于本书第六章。

腹，而没有规定我们如何达到这一状态。2 类式接 3 类式，构成了最短的法律链条（删去此链条仅有的非空集，便相当于 1 类式，即没有法律规定）。

此处，我们仅对 2 类式接 3 类式的情形加以描述，其他情形皆可比照此逻辑而成立。由这些，我们得出以下规律：第一，法律体系必由至少一个 2 类式起；第二，任何 2 类式、4 类式都可后接 4 类式，任何 3 类式、4 类式都可前接 4 类式；第三，4 类式可无限相接；第四，法律体系必由至少一个 3 类式收束。

根据这些规则，我们可以描绘出无数种法律体系可能的架构。它或者仅由一个 2 类式与一个 3 类式相接，因而构成了一个点。或者由一个 B 为单元素集合的 2 类式起，然后不断地与所有非空集合都是单元素集合的 4 类式、3 类式相接，最后止于 3 类式，这便是一条线状的法律体系。最复杂的情况是，它可能由数个 2 类式起，经过若干 4 类式，最终结束于若干 3 类式，而且，所有牵涉的集合，都是包含数个子集的复杂集合，它们最终呈现平面上的网状结构。不仅如此，我们还可以把国内法与国内法的大网、国内法与国际法的大网，通过冲突条款、指向性条款、国际条约等方式连接起来。

而所谓法律的边界，就是 2 类式所陈述的法律起点与 3 类式描述的法律终点。2 类式所述的根本性规则，无法通过法律内部的逻辑推断来予以证明；3 类式所述之情形下，法律不得进一步管辖。我们只能通过非法律的手段，比如，哲学、历史等方式，来推导出法律的边界。相应地，法律起点与终点之间，则都能通过法律规则进行推导、确认。

由对法律体系及体系边界的描述，我们得出了法律解释的作用：因为语言文字的限制，或者立法情形的限制，我们有时不能确定某些法律规则逻辑式的一段或两段集合的性质，以及规则与规则之间的关系。因此必须作以下三种判断：

第一，弄清这一法律规则的逻辑结构到底属于 2 类式、3 类式、4 类式中的哪种。这需要确定 A 或 B 到底是不是空集。

第二，如果确定，有疑问的 A 或 B 实际上是空集，即相关规则实际属于 2、3 类式，那么就应当注意，不能在既有法律的框架下继续向前或向后进行推导，而应把工作移交给规定法律边界的立法者（普通法中可能是法官自己）进行创设法律的工作，或者是裁定法律不予管辖。

第三，如果确定 A 或 B 不是空集，那么就需要确认，与这些非空集所相连的，究竟是哪些规则。如果既确认推导的一端集合非空，又无法找到与其直接相连的规则，就必须在被授予的权限内，想办法将其与既有规则联系起来。同时，进行此类确认工作的时候，还要注意不得违背与确认工作相关的规则。如果不经更改,相关规则就无法继续,那么司法者就应该将工作交给有权限的立法者。

在作出第一种、第二种判断时,律师或者司法者,理应遍寻所有可能的法律法规,以确定联系,并据此进行诉讼活动。比如,将国际法的内容转引到国内法框架中,或是把行政法的管辖事项转给更具体的环境保护法,或更严厉的刑法,等等。国际法层面,VCLT 第 31 条、第 32 条对法律解释时能适用的法律渊源作出了规定,在此不予赘述。[①]

第三节 静态解释的基本模式

过失杀人与使用爆炸物等可能危害公众的犯罪方式进行故意杀人。前罪相关法律规定的逻辑式为 $M \to X$,后罪为 $N \to Y$。其中,M、N 均为判定所需的事实集合,X、Y 分别为待判断成立的行为。

想象一下,现在我们的对面有一位刚刚接触刑法规则的法科学生。我们问他,刑法规则中提及的这两个行为有什么区别。他可能有这么个直觉:后一项比前一项更严重一些。而当我们追问为何如此的时候,他可能会说,因为作案手段不同,导致侵犯的法益不同。后者不仅侵犯了个人的法益,还侵犯了不特定公众的法益,造成了潜在的公私财产损失,因此更为严重。

请注意,当说明为什么后者比前者严重的时候,实际上他做了一个步骤,即把判定两个行为成立所需的事实进行了对比。而这个步骤,实际上又分为四个必不可少的要点:

首先,他对背景事实进行了分解。该学生发现在 M、N 中,都含有"行为对象死亡"这一事实;而在 N 中,含有"威胁他人安全""威胁财产安全"这两个额外的事实。

其次,他对额外事实的作用进行了解读。该学生发现,额外的两个事实都反映了对法律所期望保护法益的侵犯。

再次,他挑选了评判的标准。当把对"法益"的保护作为法律规制行为的目的时,如果把偏离程度更高,视为判定更严重的标准,那么就可以说,若情形造成的损害更多,所以对所需保护法益的侵害越大,偏离程度更高,因而更加严重。

---

① 参见《维也纳条约法公约》,载中国人大网:http://www.npc.gov.cn/wxzl/gongbao/2000-12/07/content_5003752.html,最后访问日期:2019 年 6 月 5 日。

最后,他把分解出来的两组事实,放到这个评判标准上衡量。最终发现,在两种行为都侵害了同一种法益的情况下,后一种行为侵犯的法益更多,因而相距原始目的偏离更多。据此,他认为后一种行为更加严重。

这四个步骤,实际上能够运用在任何两项法律规定中。注意到,此同学在进行评判的时候,实际上既分解了待考察的两个规则的背景事实,同时又援引了别的规则对这两个事实加以评判。因此,在一个规则的指引下,不同的背景事实呈现出的后果,将会与那个指引规则的目的之间,产生疏离关系。在法律框架下,要么两项规则的偏差被视为均等(比如,在城铁上行窃与在地铁上行窃),要么其中必有一个规则偏差更多。当没有偏差的时候,我们就称此行为"合乎目的"。请注意,"合乎目的"与"合法"或"违法"并不等同。假设我们视情节为不同场合下的见义勇为设立了从少到多的十级奖金,那么,仅符合第一级奖金的见义勇为显然合法,但它可能不符合十级奖金设立的目的。这里面的区别在于,合乎目的有远近之分,而合法和违法之间只能作定性判断。

因此,在同一目的的指引下,我们总是能够将其作为测量标准,对下属的规则予以排列考察。考察两个之间的关系时,它们只能在 $A<B$、$A>B$、$A=B$ 之间任取一个。而依据最简单的传递律,即 $A<B$,$B<C$,则 $A<C$,我们将能够对大部分规则进行完整的排序。

这里剩余了两个问题。

第一个问题是,当一组规则有多个测量标准时,我们该如何进行判定。既然我们无法让规则的测量标准相统一,那么不妨尝试让标准的标准相统一。①

比如,侵权行为可能导致精神损害,但法律却用损害赔偿金这样一种非精神的物质的方式,对精神上受到侵害的法益予以补偿。再如,国际法院对一国领土争端作出裁判,裁决某片领土归属于争端一方的某国。在任何一个时间点,只要运用经济学模型,这片领土的经济开发价值都能够被相对公允地评估出来。不仅如此,这个裁决引起的其他领域的非物质的后果,如游行示威等,也能够通过评估经济损失,将其予以量化。

此外,行为性法律后果也可以被货币化。比如,服刑带来的损失,可以通过计算此人在社会服务的机会成本予以量化。又如,一份刊登在报纸上的道歉声明,对败诉方产生的名誉影响,也可以通过复杂的经济、会计方法予以度量。再

---

① 此原理类似于数学中的非线性回归或离散回归。参见[美]斯皮格尔:《统计学》,杨纪龙等译,科学出版社2002年版,第232~329页。

如，商标的撤换，可以通过对商标进行估值，对其经济影响予以评估。最后，甚至程序性的事项，比如，举证责任的分配，也可以通过计算特定条件下败诉后果与无法证明风险之乘积，予以量化。

总结起来，如果我们完全采用价值化的评判方法，那么现有技术条件下，法律为了解决纠纷针对行为进行调整，无外乎采取以下两种手段：其一，对纠纷中物质性的部分，直接予以相应的物质性后果；其二，对纠纷中精神性的部分，人为地赋予物质性后果，间接地予以调整。而只要是物质性法律后果，就一定可以用一般等价物这一共同单位，予以估值量化。需要注意，货币化只是价值化的一种可能的方法，或许有更精确的方法。但无论采用什么手段，总有一个前提使这些手段能够成立：如果法律后果不存在价值化评判的可能，那么人类将只能为所有不同的行为设定同一个法律后果——这显然是荒谬的。

第二个问题是，当出现类似于 $A < B$ 且 $A < C$ 或 $A > B$ 且 $A > C$，我们该如何判断 C 究竟与 A、B 共同指向的目的偏差多少。比如，采取核爆的方式进行谋杀，显然比 A、B 的偏差都要更大，但我们究竟该如何对待它呢？

引入推论五，能够帮助我们解决这一问题。推论五的内容为："法律判定分为不同的步骤，一般意义上对行为的规定和行为与法律后果之间的联系，实际上是将前一部分判定的结果，当成后一部分判定的背景依据，从而完成对当事双方的双向指示。"实践中，大部分的规则都有与其相对的、将主规则所认定之结果事实作为背景事实，对当事人、权力机关等作出指示的从规则。从规则对背景的描述一旦被判断成立，其中对行为及其结果的规定就相应成立。不难理解，从规则的结果事实就是通常所说的法律后果。

引入主从规则的定义，为理解归纳性质的法律解释活动提供了便利。现在我们观察四个犯罪行为：持刀伤害（P）、持刀杀人（Q）、持刀连环杀人（R）、利用原子弹杀人（S）。其规定如表 6－1 所示。

表 6－1　四个犯罪行为主从规则比较

主规则 A 集	主规则 B 集/从规则 A 集	从规则 B 集
使用刀具、特定对象受伤	持刀伤害	3 年徒刑
使用刀具、特定对象死亡	持刀杀人	未知
使用刀具、不特定对象死亡	持刀连环杀人	50 年徒刑
引爆核弹、大量不特定对象死亡	利用原子弹杀人	未知

对于A集中的元素,我们使用伤害程度与伤害范围的双重标准衡量。根据上文关于问题一的论述,实际上这两个标准可以统合为一个标准,即所有人遭受的总伤害量,相应地,原始的目的,就是保证总伤害量为0。

此处或许会产生疑虑,即伤害一万人,与谋杀一人,到底哪个对“避免伤害”的目的偏离更大。实际上,这种“救5个人还是救1个人”的问题,总是需要其他的规则来予以评判,不同国家的不同法律体系可能有不同的认识。我们仅给出一种解决思路:我们总能找到一个近似的范围,使在此范围内,谋杀一人的偏离值与伤害一万人的偏离值相等。同时,根据推论三,即在实在可复性中,基于实践效率作出的省略,我们有充足的理由,将此等号存在的情景,设定为一个范围,而不是一个具体的点。

据此,我们把P、Q、R、S四个规则中所描述的背景事实,分别设为集合A_1、A_2、A_3、A_4,在四个背景事实得证时,与目标之间偏差的程度,即规则中情形与期望情形之间的差值(Ap - Ae)、(Aq - Ae)、(Ar - Ae)、(As - Ae)分别设为D_1、D_2、D_3、D_4。

不难看出,因为P、Q、R、S所述情形,依次更加复杂,而使后一个比前一个更复杂的部分本身,均背离了目标情形,因此四者偏差程度依次累加,$D_1 < D_2 < D_3 < D_4$。

现在我们作如下规定:将目标称为D_0,并赋值为0。同时规定,在一组规则中,与目标偏差最小,将其赋值为1,从1向后,若偏差程度更大,则依次规定它们的偏差值比前一个多1。由此可得:

$$D_0 = 0, D_1 = 1, D_2 = 2, D_3 = 3, D_4 = 4$$

同理,我们也可以将从规则的结果事实以类似的程度进行划分并赋值。注意,P、Q、R、S四者的从规则部分,不仅与主规则相关,还与从规则的结果事实评判标准相关。即在从规则中,判定主规则所述情形的目的,在于确定该情形的偏差程度;而确定偏差程度的目的,在于适用与该程度相应的刑罚(罪责刑相适应原则)。同时,偏离程度越高的,适用刑罚应当越重。

此时,沿用上面对偏差程度的赋值法则,也可以设刑罚的严重程度为:

S_1、S_2、S_3、S_4,因为刑罚的严重程度与偏差程度相对应,可将它们分别赋值:

$$S_1 = 1, S_2 = m, S_3 = 3, S_4 = n$$

现在我们获得了两组数字,并且知道,它们之间不仅有量的关系,还是一一对应的。因此,可以将这两组数字之间的关系视为函数关系,并列出下式:

$$f(D) = S, D \in \{1,2,3,4\}, S \in \{1,n,3,m\}$$

此外,我们既然知道 $D_2 = 2$,又知道,在 f(D) = S 这个函数中,D 与 S 的值正相关,那么可以确定, S_2 的值 m,必定与 D_2 相对应。由此可得:

$$\because D_1 = 1 < D_2 = 2 < D_3 = 3$$

$$\cap S_1 = 1, S_2 = m, S_3 = 3$$

$$\cap D_i \propto S_i, i \in \{1,2,3,4\}$$

$$\therefore S_1 = 1 < S_2 = m < S_3 = 3, \text{即} S_2 = 2$$

可以确定,m 的值在 1 ~ 3。而又因为我们对 S 的赋值均为正整数,所以 $S_2 = m = 2$ 。这也意味着,无论持刀杀人的刑罚多么严重或轻微,仅凭既有的规则推断,它既不能比持刀伤人轻微,也不能比持刀进行连环凶杀严重。

那么我们该如何确定 n 呢?依据前面的逻辑,我们可以得知 $D_4 = 4 > D_3 > D_2 > D_1$, $S_4 = n > 3 > 2 > 1$ 。我们当然可以将它在逻辑上赋值为 4,但这并不能代表使用原子弹杀人所能面临的最高刑罚,应当在什么限度上。我们并不知道,n 所代表的刑罚,到底是无限大,还是有一个上限。因此,必须根据其他规则进行判断。鉴于现有刑罚中最严重的是死刑立即执行,我们可以断定,无论原子弹杀人多么罪不可恕,对行为人实施的刑罚,最轻不得低于持刀连环凶杀,即 50 年,最高则只能抵达死刑。

这个方法,实际上就是解释方法中最基本的联系上下文原则。严格来说,是联系具有相同法律位阶的一组规则的上下文。

需要补充的一点是,我们或许会在衡量定性的过程中,将两个规则内含情形的偏差值强行等同起来,但这并不影响上述推理的成立。我们只需要将相应的大于、小于号替换为等号即可,内核逻辑是不变的。

有人可能质疑,使用赋值方法进行的推理缺乏效率,使用传统的推理方法,一样能够得出相同的结果。的确,在变量单一且变量之间具有明显的线性关系时,这种推理方法可能还不如传统方法效果好。然而,我们不应将包含大量具体内容与概念的法律推理及其形式,等同于这些推理背后的机制。而且,大量的法律规定之间并不存在这种严谨、明确的相关关系,即便对其进行赋值,得出的分布也是离散的。在这种情况下,使用成熟的数学工具,比如回归分析,就能大大简化问题。

比如,如果 D 与 S 并非正相关,且我们发现,对背景事实依序排列的 1 至 7 种情形的从规则后果事实进行定量排序后,仅能知道有 $S_1 = 1, S_2 = 3, S_5 = 3, S_6 = 5, S_7 = 2$, 此时依据传统方法对 S_4 作出判断就不那么容易。但如果利用最小二乘法进行回归分析,我们便能够得出:

$$\hat{b} = \frac{\sum_{i=1,i\in N,i\neq 4}^{7} D_i S_i - n\bar{D}\bar{S}}{\sum_{i=1,i\in N,i\neq 4}^{7} D_i^2 - n\bar{D}^2}, \hat{a} = \bar{S} - \hat{b}\bar{D}, S = \hat{b}D + \hat{a}$$

从而计算出 $S_4 = 2.83$，即在排除其他条件影响时，仅从法律规则本身进行解释推理，S_4 的处罚，应当不低于 S_7 但不高于 S_2 和 S_5。

可以看出，当需要进行推理、解释的法律规则越多，此方法效率越高。所谓最小二乘法，即在没有一条直线能够贯穿分布在平面上所有点的时候，应当寻找一条所有点和此直线之间距离之和最小的线，并依据此线，在自变量或因变量的值确定时，判定相对的另一个值。

反映到法律推理中，这种方法的意义在于，联系上下文理解规则、对规则的空隙加以填充时，出于许多原因（或许是效率），我们能做的往往并不是找到一条能与所有已知规则相契合的解释，而是去寻找一个和所有已知规则相差总和最小的解释，或者说最不坏的解释。VCLT 第 33 条第 4 项对此也有所反映："除依第一项应以某种约文为根据之情形外，倘比较作准约文后发现意义有差别而非适用第三十一条及第三十二条所能消除时，应采用顾及条约目的及宗旨之最能调和各约文之意义。"①

通过对解释机理的描述，我们还顺带澄清了"上下文"的意义。我们不应将其简单地理解为记录顺序上与待解释规则相邻的部分条款（物理的、呈现方式的"上下"）；而是应该从逻辑结构出发，寻找与待解释规则相连接的规则。习惯上，一组规则的记录顺序与这组规则之间的逻辑结构往往高度相关，但这并不意味着它们的逻辑结构必然地、穷尽地反映在了记录顺序之中。这一点对于充分理解上下文解释的应用限制非常重要，我们将在后文反复提及并深化它。

第四节　静态解释的范畴

一、静态解释诸方法的实质

在上一章的讨论中，通过对权利和义务之间关系的澄清，使我们的模型从一开始就简化了一半。现在仅剩下最后两个问题，也是最困难的问题——司法

---

① 参见《维也纳条约法公约》，载中国人大网：http://www.npc.gov.cn/wxzl/gongbao/2000-12/07/content_5003752.html，最后访问日期：2019 年 6 月 5 日。

者通常如何理解法律规则的确切含义？在何种情况下，他应该适用什么方法如何理解？如果不能厘清这两个问题，上述所有的模型都毫无用武之地。

梁慧星教授在其《民法解释学》当中，博取百家之所长，全面地总结了 10 种通常法律解释方法。[①] 然而这 10 个方法的内涵及其使用顺序，是从司法活动的“形式”方面加以总结得出的。出于本书目的，我们需要从“质料”的角度对其进行检验。这个工作应当从分析各解释方法之内涵入手：[②]

1. 文义解释：按照法律条文用语之文义及通常使用方式，以阐释法律之意义内容；同时所作解释不能超过可能的文义（否则即成为造法活动）。为文义解释时，一般需按照词义之通常意义解释；但如果其有特定法律含义，应以法律含义为准。由于文义解释往往难于确定真正含义且容易拘泥于文字而导致曲解文义，因此需以论理解释补充。

2. 体系解释：以法律条文所在之编、章、节等前后关联位置或相关法条之法意确定其含义，并使各法条相互补充。

3. 法意解释：探求制定法律是所作价值判断或目的，以推知立法者意思。同时，必须依社会现有观念，对所依据之立法资料予以评估。其功能在于帮助文义解释之理解、划定文义解释活动范围。

4. 扩张解释：当法律条文文义过于狭窄，不足以表示立法真意，则扩张法律条文文义以正确阐释法律意义内容。

5. 限缩解释：当法律条文文义过于广泛、不符合立法真意，则限缩法律条文文义以正确阐释法律意义内容。

6. 当然解释：法律虽无明文规定，但依规范目的衡量且事实较法律规定者更有适用理由，而径行适用该法律规定。其根据在于“举重以明轻、举轻以明重”之法理。

7. 目的解释：以法律规范目的为根据阐释法律疑义。其中，立法目的既包括法律整体目的，也包括个别法条制度之目的。

---

① 这一总结相对而言比较全面，不仅基本涵盖了大陆法系的理论，在许多英美法系的著作中，这些解释方法也以“解释原则的具体操作方法”呈现。参见梁慧星：《民法解释学》，法律出版社 2017 年版，第 215 ~ 245 页；[美]理查德 · A. 波斯纳：《法理学问题》，苏力译，中国政法大学出版社 2002 年版，第 330 ~ 390 页；[美]罗斯科 · 庞德：《普通法的精神》，唐前宏等译，法律出版社 2000 年版，第 116 ~ 135 页；[美]约翰 · 亨利 · 梅利曼：《大陆法系》，顾培东、禄正平译，法律出版社 2004 年版，第 39 ~ 48 页。

② 下述 10 个方法，参见梁慧星：《民法解释学》，法律出版社 2017 年版，第 215 ~ 245 页。

8. 合宪性解释：以上位法解释下位法，以控制下位法不超出上位法；核心在于上位法之规则本身。

9. 比较法解释：指引用外国立法例或判例学说进行解释。

10. 社会学解释：当文义解释存在复数可能、均为合法，则应考虑社会影响。

根据梁慧星教授的总结，这几种方法之间既相互区别又相互联系。

区别有两点：其一，扩张、限缩解释重点在于将文义与立法真意比较，并自此区别于超出法律可能含义之目的性解释。其二，合宪性解释重点在于内容，方法是以上位法规范内容制约下位法规范内容；目的解释重点在于从现有法律规则出发寻找规范的真正意图；法意解释重点在于从立法资料出发寻找真正意图。①

关于联系，梁慧星教授从应用的角度给出了一个判断步骤：文义解释→若存在复数可能之结果则进一步采用论理解释→先依据体系解释和法意解释以探究法律意旨→扩张解释或限缩解释→目的解释→合宪性审查→仍不能满足要求则采用比较法解释或社会学解释。②

简单总结下来，这个步骤的基本逻辑，是先从客观文本出发，即尊重立法者；而后逐步增加司法者自身对立法意图的认识在解析文本当中的比重；最后，当立法意图本身不够明朗，则应当采用比较法或社会学方法，从立法规律本身的角度出发进行阐释。

依照我们在第四章的分析以及本节的讨论，在这 10 种解释方法当中，只有文义解释、体系解释、当然解释、合宪性解释 4 种方法能够在逻辑上被归为对静态法律体系的解释。法意解释、扩张解释、限缩解释、目的解释、比较法解释、社会学解释的实质，都不是从静态法律体系本身的语言文字出发进行推理判断。

后 6 种解释方法的实质，在于要求法官以解决动态变化的实际需求为实践目标，借助其他的语言文本体系、结合法官自身知识，形成一个法律体系能够容忍的暂时性立法意志，并将这个意志填充进静态体系的间隙当中。然后，依法律制度不同，这些意志将继续执行，等待在下一轮法律清理活动当中被立法者追认或废弃，或在判例体系下自动成为整体法律体系意志的一部分。

不难看出，这些方法本质上并非源于法律自身所蕴含的立法者的意志（无论这个意志多么混乱），而是法官自身的意志。那么，根据我们的定义，运用相

---

① 参见梁慧星：《民法解释学》，法律出版社 2017 年版，第 224～226 页、第 234 页。

② 同上书，第 247～248 页。

关方法展开的解释活动,从逻辑上来看,就必然要被归入广义立法活动当中。

需要澄清的是,虽然文义解释、体系解释也是为了最终解决问题,而且也需要法官结合自身的语言素养、逻辑能力进行解读,但它们的运用不以法官自身意志为转移,也不因法官自身意志而起。相比之下,后6种方法,若缺乏了法官自身作出的主观意志判断,就无法形成具体成果。至于前4种方法如何具体运用,我们留到本章第六节集中讨论。

二、静态解释的基本维度

目前为止,我们已经讨论了立法过程及一般性的法律体系逻辑框架,讨论了立法和法律解释在基础上的逻辑区别,并讨论了法律解释的基本模式。我们很容易就能从这三者当中看出法律解释的基本维度:

首先,法律系统自身在其形成之时便因其语词、条文之间的逻辑构架,形成了解释的对象。其次,经济、政治等严格意义上非纯法律的因素,既然作为法律条文赖以生成的背景,便也自始当然地构成了法律解释的背景。人的思维活动,使我们拥有将一切背景批判吸收,并依照特定过程制定成为法律的能力。这也是法律精神属性作用于实在运动的必然体现。最后,最重要但同时也是经常被忽略的是,时间的流动本身亦成为解读法律不可脱离的必然约束,毕竟我们的思维和对象不可能自如地穿梭在不同的时空当中。

在这四个维度的共同作用下,一个运动中的法律解释过程被揭示出来,也同时印证了我们在前文所描述的情形:在特定情形下,(抽象意义上的)立法者根据他在当时的认识方法,针对当时的情形,总结出相应的规律,生成了目的,并根据当时的立法规则,对行为、结果作出规定,最后以他当时的习惯用语制定了法律,记录在判例中或法典中——与之相对,身处现时的司法者,便要首先根据时间维度上的坐标,尝试理解前人的思维方法,理解前人面临的情景,理解前人将思维贯穿于情景,从而得出相应的精神属性、实在属性,并将此二者统一为法律的过程。在经历这些步骤后,他才可能理解法律文本的真实含义,从而开始依照我们在上文所探讨的逻辑,去探寻文本自身蕴藏的构架关系。

简言之,微观上,语言与条文、实在的背景、思维的方法、时间的流动:这是任何一位意欲探寻法律条文含义之人所无法回避的四个永不停止的维度。只有四个维度同时齐备,我们才能够依据一些被赋予特定名称的"解释方法",执行相应的思维过程,尽力完成对法律的认识和解读。同时,这四个维度之间,有其必然的先后关系。不难看出,法律的含义在这四个维度之间交错顺序推进,并受到时间这一不可超越之维度的统驭(时间点→思维→实在→法律→实在→思维→下一个时间点)。

亦不难看出,正是因为法律含义在四个维度上的推进过程遵循着交错的顺序,而非同时进行,法律解释的诸方法之间便因而存在着逻辑上的先后顺序,而非平行交融。比如,我们可能认为是在解读文本,但这并不能使我们脱离四个维度的限制——我们只不过是在此之前已经预先判定自己的思维方式、对实在背景的理解,与前一个时间点的立法者别无二致,或者差别可以忽略不计。

三、解释的尺度问题

尺度是我们判断活动的一个重要逻辑范畴,它的重要性首先体现在帮助我们把握活动与对象之间的关系,进而让我们能够更加精确地理解活动或对象。以观测活动举例,在极为宏观的尺度上,我们可以使用射电望远镜阵列观察宇宙大爆炸的影响,或者为相对论提供新证据;而在极为微观的尺度上,我们使用质量加速器制造碰撞,并寻找新粒子的轨迹。

法律解释的尺度与解释对象,即法律规则的复合程度相匹配。需要注意的是,这意味着我们将不再受到传统位阶概念的约束。在一个理想的、依照内容实质逻辑划分法律部门的体系当中,上位法或同一部法律当中的总则部分,应当总是拥有更高层次的复合程度。现实当中,出于各种各样的原因,复合程度与呈现形式上的顺序,虽然倾向上贴合着理想状态,但没有绝对必然的联系。上位法的条文的复合程度很可能非常低,相关的解释活动尺度也可能很低。无论如何,法律解释的尺度,与法律条文在文本呈现方面的(物理上的)位阶,没有任何必然联系。

同时,法律解释的尺度和我们将在本章第五节讨论的解释边界也属于两个不同的维度。我们将讨论的解释边界,实际上是一种逻辑划分。我们将依据逻辑划分决定何为解释、何为立法。

在观察活动当中可能也有类似的逻辑划分,帮助观察者反思确定哪些是观察的结果,哪些是因为观察方法不当造成的误差,哪些是想象或者创造的内容。比如,对微粒子的观察,无论从方法上还是过程上,都与微粒子活动特性本身高度相关。我们实际上是在利用一些已知微粒子的性质,验证另一些微粒子运动规律的理论。

类似地,微观法律解释总是与法律规则、立法活动最微观的部分直接相关。这并不意味着法律解释活动的基本模式有所变化——我们已经论证过,小到西红柿的分类、大到自由的内涵,基本模式总是稳定不变的。我们只是在强调,这个基本模式在何种尺度上应用。

在这里,西红柿问题就是一个典型的甚至是几乎最微观层面的法律解释活动。当我们试图判断西红柿究竟属于蔬菜还是水果的时候,我们实际上是在试图理解法律体系当中一个不可再分的实在规定。换句话说,在从没想过这一问题的立法者眼里,西红柿甚至不能构成他用来建立规则的最小规模的序列,而只能成为序列当中的一个点。

不难想到,欲在避免实质上立法的前提下,将西红柿按照合乎既有法律体系要求地分类到蔬菜或者水果当中,我们就必须假定,这个法律体系当中提供了充足的内容,以阐释立法者判定蔬菜或水果的依据和思路。在大陆法,这些内容可能体现为数个版本法律文件当中共有的一句话;在英美法,这些内容可能体现为一段论述或者数份裁决。司法者需要做的,是将经立法者承认的判断方法、思维方式作用于西红柿上面,然后得出结论。这是一个简单的函数运用:立法者提供用于判断蔬菜水果的函数,司法者代入西红柿这个自变量,然后得出判断结论。

我们可以进一步问,司法者是怎么知道函数存在的?回答只可能是——他熟悉那些用于判断哪些条文是函数的、复合程度更高的函数。这个问题可以不断循环下去,并将最终抵达一国或一个法系当中,归于法理与法律传统的那些部分,这些部分又要归于更加原始的社会意识、哲学体系。然而,这并非意味着,凡是非常具体的法律规定,就与法理没太大关系;而一些原则性规定,就不适合细致入微地探究其文本含义。细致的文本分析手法和高层次的法理、哲学前提共属一个整体——这正是本书力图表达的观点。

换言之,解释并不是简单的文字与文字的对应,比如,A 的定义包括 B,B 的定义包括 C,那么 A 就包括 C——这是普遍尺度下解释活动表面呈现的假象。当尺度变得更加极端,无论是微观还是宏观,解释活动都将必然倾向于超越简单的含义,进入思维层面。微观上,它表现为对某些词语定义过程、定义路径本身的探索;宏观上,它表现为对基本价值、理论构架的反思。

第五节　静态解释的边界

在本章第四节,我们通过基本的推论,对法律解释的过程,以及此过程下几个具有代表性但并非穷尽的解释方法进行了考察。由这些考察,不难得出以下四个推论,同时它们也构成了探求一切法律解释活动边界的标准。

一、定义边界

推论七:法律解释和法律创设之间,必然相互区分,永不可能相互混同。这使我们能够得知法律解释在定义上的边界。

此处应注意两点。首先,并非所有名义上被称为"解释"的活动,实际上都止于"解释"。法意解释、目的解释、社会学解释等,不一定真的是法律解释,而可能是以解释为基础的法律创设活动。具体应当进入哪个分类,需要观察它们的基础到底是顺从既有的静态体系并遵循体系内架构深入,还是为了特定价值目的不得不跳出体系予以补充。其次,法律解释的概念与文本解释这个原则(方法)也不能等同起来。一方面,法律解释的着眼点在于想办法弄清楚文本的含义,而只要解释的方法也在法律框架之内,不至于让我们先去寻找或推测解释的素材、方法或目标等,那么就足以使此活动与法律创设相分离。另一方面,文本解释不一定是为了对既有法律规则进行澄清,也有可能是为了追求立法者的原意,为新的法律提供某种依据。

简单来说,我们对"解释"活动下了一个殊为严格的定义:它仅限于对既有法律规定内容的澄清。相对地,一切为了弄明白或仅仅是为了在判决文书中阐明"应当如何规定""应当如何理解"的活动。或者说,以立法者原意本身而非原意所指的实在内容为终点的活动,都不是严格意义上的法律解释。这个定义有助于我们分清,声称在进行解释活动的司法者,实际上到底在做什么事情。

在此不妨借用一个经典的例子。500 年前生活在欧洲某国的立法者可能会针对蔬菜和水果征收不同的税率。然而,陈旧的法律只是列出了人们习惯的分类,却没有告诉我们为何这么分类。19 世纪的某一天,突然有人对法官声称,对番茄征收水果税率实为错误,应当征收蔬菜的税率。不巧的是,法律没有对此问题进行描述,而坐在立法席位上的政治家们正在想办法避免一场大战。

法官必须对此案加以合理的裁决。他可能去寻找文本,但文本没有告诉他该如何区分蔬菜和水果。此时他就必须通过研究文本规则背后的逻辑和意图,而非文本本身,来对蔬菜或水果的定义加以"解释"。请注意,无论他是去访问农夫和厨师,还是请教植物学家;是拜访经济学者、会计,还是去询问祖先中制定过这个法律的立法者,他都早已跳出法律解释的边界,而进入了法律创设的领域。他实际上在做立法的工作,是在想办法知道,应当如何进行规定,而非想办法知道规定的内容究竟是什么。

二、时间边界

推论八:实践中,解释活动必须被囊括在已经制定的法律框架之内,否则就要退回到法律创制过程。因为这是法律解释活动与法律体系之间因时间顺序产生的问题,不妨称之为法律解释的时间边界。

续接上面的例子,根据我们对解释的定义,以及对解释作为抽象司法活动的理解,不难发现,只需三个明确的规定,我们就能让这位法官的工作重回法律解释的边界之内。一是规定区别蔬菜、水果的条件;二是规定这些条件成立的子条件;三是规定法官该如何确定这些条件的含义。法官能够知道含义、能够明白如何确定这些条件,便能够对西红柿究竟属于蔬菜或水果中的哪一类作出判断。

把法官从造法—解释的边界拉回到解释一侧的力量,正是法律条文本身。更精确地说,是关于法律解释的规则,而且是已经包含在法律体系内部的规则。我们刚刚谈到,当问题触碰到法律规则文本体系的边界,法官就不得不开始造法,否则就要放弃在现有法律规则体系之内解决问题的尝试。在此我们进一步说,导致法官放弃的原因,其实并不是那些麻烦的文本自身(发明"西红柿"这个词的人本身并没有什么错),而是因为现有的法律没办法支持对文本的解读,甚至,现有的法律没有对解释方法作出规定。

法律解释的时间边界告诉我们,任何一个静态的法律体系,都可能让最优秀的法官在面临棘手问题的时候开始造法。这不是法官的错误,而是时间的错误。

三、运动边界

推论九:法律解释的诸方法之间也有逻辑联系。逻辑联系的起点和终点,构成了法律解释的边界。在上面的例子中,文义解释是所有法律解释活动的基础,它旨在正确理解既有的条文规范。比较法解释作为理解法律文本意义的补充方法,也具有基础性。而当然解释、体系解释等,则是基于在正确理解文义的基础上,对法律之间逻辑关系,以及逻辑关系产生的必然结果,对法律规则进行澄清。简单来说,联系上文中对法律体系、构成体系的逻辑式以及构成逻辑式之事实的描述,不难看出,诸法律解释方法,始于澄清基本事实,进而分化为澄清具体事实与逻辑事实,而后由逻辑事实推导得出规则之间的逻辑关系。最后,解释活动将无法触碰最初规定的逻辑关系本身。

换言之,规则的具体事实,与对规则之间初始的逻辑关系的定义,是法律解释边界之一。我们将这种在法律体系内部运行的法律解释活动所必然遇到的边界,称为法律解释的运动边界。

有人可能不禁怀疑,凭什么法律规则之间最初的逻辑关系,是法律解释的边界?

我们可以从法律解释的定义边界入手。法律最初的逻辑关系,必定反映于法律体系当中的指向性规则。从逻辑上看,这种指向引用规则的初始创设,只能是立法者而非司法者的工作。依前文所述,法律解释只做两件事情:弄清楚构成法律规则判断要素的那些事实究竟是什么,以及保证前一过程合乎规则本身。若司法者想要弄清楚各个法律条文之间在形式上的流转联系究竟为何,他就必须把这些流转关系放到法律框架内部,然后去看,法律是怎么规定,哪里应当设置指向性规则,哪里又应当设置排除性规则。

然而我们不可能在既有的成文法律或判例中找到此类规则,比如:“当规则A是××而规则B是××,则应当在它们之间建立××联系。”我们只能规定,“A法律依据B法律制定”或“当事实既符合A又符合B时,优先适用A”,等等。但这还是必须建立在对事实的描述之上。换言之,我们不可能制定“规则之间应当如何联系”的规则。从逻辑上看,这不仅构成了早在20世纪初就被解决的罗素悖论,还违反了法律最基本的定义,即法律的内容必须最终反映实在的反思对象。法律体系是不可能自给自足的,它必定需要一些体系外的东西作为其扬弃的对象。而从实践上看,一旦这类条文被设定在了成文法规则中,则法律文本的逻辑将自成一体,连立法者自己也无法插手。这就好比我们创造了一个能反过来影响我们该如何立法的机器。在此情况下,它要么与我们同一,那么,在实践的视角下就没有必要再设定这样的法律;要么最终控制我们,并把我们变成法律的奴隶,而有能力到达这一地步的,只有神或哲学王手中的法律,则这种法律在实践的视角下不可能被规定出来。

换言之,关于法律与法律之间固有联系的解释,只能被归于法律的创设活动。只不过这种立法或修订法律的方式,是经由司法机关而非立法机关之手得以完成。反过来说,到底是创制、修订法律还是解释法律,和这些活动依附于何种主体、表现为何种形式,没有必然联系。而后一种视角,是我们已经批判过的造成诸多混乱的元凶。

四、反向边界

推论十:在实践视角下,一切解释方法本身,应被视为独立于任何法律规则以及规则体系之外。

这个推论造成一个逻辑上的结果:任何法律规则体系都无法帮助我们彻底了解适用于该法律规则体系的解释方法,我们可能必须寻找甚至创设新的方法。

为了证明这个推论,我们不妨学习数学上证明无理数的方法,采用一"引子",将"解释方法可能不在法律体系之内"引向矛盾。[①] 这个引子是,"解释方法已经被穷尽地容纳到了法律体系中"。不难看出,这个引子本身是法律解释方法的一部分,而不是需要运用解释方法才能得出的某项规则。我们把这个引子整合到法律规则当中。

如果我们认为,解释方法实际上已经被穷尽地容纳到既有的法律规则体系中,那么必然会得到两种可能性:情形一,这个命题已经成为明文法律规则的一部分,在法律文件可以找到;情形二,这个命题并没有出现在法律文件当中。

如果我们认为,解释方法没有被穷尽地容纳到既有的法律规则体系当中,那么我也会得到同样的两种可能性:情形三,"解释方法已经被穷尽地容纳到既有的法律规则当中"这一表述仍然作为明文法律规则列在法律文件当中;情形四,这一表述没有被列入法律文件。

显然,情形二和情形三都与其前提矛盾,因此我们只需考虑情形一和情形四。

---

① 认识无理数的方法,不是直接定义它,而是将其"塞入"有理数的定义,并按有理数的形式推导,最终得出其与有理数性质相矛盾的结果。在这个矛盾的结果中,无理数和有理数得以区别开来。推导过程参见[俄]菲赫金哥尔茨:《微积分学教程》(第 1 卷),杨弢亮、叶彦谦译,高等教育出版社 2006 年版,第 28 ~42 页、第 110 ~117 页。

在情形一中，我们假设所有的法律解释方法都被纳入了既有的法律规则当中，而一个判断本身又作为一条解释方法的原则性规定被写入了法律规则。表面上看，这或许是许多立法者所追求的完美境界。

然而，着眼于法律解释方法与法律规则之间的关系，我们会发现，这个情形实际上把问题本身给消灭了。此时，从概念的角度上看，法律解释方法与法律规则之间没有区别。既然这两者没有区别，我们又从何判断，哪些是法律解释方法、方法恰当不恰当呢？

如果我们硬要判断的话，就相当于人为地在法律解释方法和不属于法律解释方法的那些法律规则之间画了条线——这就相当于承认了，法律解释方法和法律规则之间的区别，其实并不由法律规则体系本身决定，而是由一些法律范畴之外的思维所决定。或者说，仅凭对法律文本本身的理解，不可能让我们实现这种区分——帮助我们区分的根据，在静态法律体系之外。① 总而言之，在情形一当中，法律解释方法与法律规则之间是相互独立的。

在情形四中，我们假设解释方法没有被穷尽地容纳到法律规则体系中，而且既有法律规则中没有规定法律解释方法与法律规则体系相互之间的关系。这看起来也很合适：既有规则体系并没有说法律解释方法被穷尽地容纳了进来，也没有说一点也没容纳进来，解释方法是灵活的，对解释方法的选择也是灵活的。

然而全面灵活，就意味着全无预期、全无效率。这样的法律规则体系注定无法维系下去。这又是实践上不能接受的——法律规则体系必须确定解释方法，或确定解释方法的选择方法，否则法律的含义将没有任何稳定性可言。

进一步地讲，我们方才已经验证过，法律规则体系无法尽数囊括所有解释方法。因此，摆在我们面前的就只有一条路——确定解释方法的选择方法，这又是一个无底洞。举个例子：我们假设，依据 A 法律系统中的甲项规则，有 1 号、2 号、3 号解释方法能够与 A 法律系统相契合。此时，甲项规则是一个确定解释方法的选择方法，而其余三种方法是具体的解释方法。问题来了：我们如何判定甲项规则是不是符合甲规则本身呢？当然无法判定，因为判断的依据本身不能作为判断的对象。这就好比我们说“1 号是圆形，因为它没有棱角”——根据判断圆形的标准，来判断“判断圆形的标准”这一标准本身是不是圆形，这

---

① 理性本身或许是最好的工具。法律创制的理性和法律解释与适用的理性就此衔接了起来，从而构成了一切法律运行的理性基底。

一行为本身就是荒谬的。反之,我们只能认为,甲项规则无法自证其属于A法律系统的合理性。如果我们想要解决这一问题,就不得不找出一个乙规则——那乙规则就将成为新的“甲规则”,并遇上和甲规则相同的麻烦……既然如此,我们就只能认为,甲规则实际上与A法律系统没有联系,而是与1号、2号、3号规则一道,成为独立于包括A系统在内的任何法律系统的规则。换言之,我们总能找到一个方法,而这个方法的存在方式与适用这个方法的系统是相互独立的。

我们再来看这样一种情况:法律体系当中仅规定了寥寥数种解释方法,而不是规定了用来选择法律解释方法的上位法——这无疑是推论十的完美阐述。既然法律体系仅仅允许这几种解释方法的存在,又没有选择解释方法的规则,我们就可以当然地认为解释方法和法律体系的其他部分相对独立。或者说,哪怕将这两者割裂开,分成两部法律,也没有什么问题。

综合上面分析的几种情形,可以得知,法律解释方法与任何法律系统都是相互独立的。严格来说,我们不能从静态体系推导出具体解释规则,而必须着眼于围绕着这个法律系统之外的更大的系统,倒推出适用于本系统的解释方法。如果我们从既有法律体系推导出来的解释方法,和外系统倒推出来的解释方法相同,那这不是因为既有体系内涵丰富,而更可能是因为我们在推导的时候已经将应有的解释方法融入进去了。

当司法者需要从既有法律系统外寻找、定义本系统的内容时,他的所作所为,就不仅仅是根据既有系统进行解释、填补空缺,而是在想办法定义系统本身的基础,是在代行立法者的工作。

这便是法律解释方法的反向边界。形象地说,如果哪个法官在碰到疑难案件时,触碰到法律解释方法的反向边界,他就是在试图模仿吹牛大王,要自己把自己从法律的泥潭中拉出来。这从物理学上说不通,从法理学上也说不通——我们想要得到解释方法,只能从泥潭之外找帮手拉我们一把。反之,我们越试图在泥潭中挣扎,反而可能陷得越深。

最后还要注意一点:这些法律解释的边界,是由法律的逻辑定义一步步推导而来,而不是由具体的权利义务内容,或者法律传统归纳而来。这意味着只要我们依照法律的逻辑定义,判定了某条法律规则的存在,而该法律规则又被拿到了法官面前加以解释,则无论法官经验丰富与否,无论法律规则是长是短、是抽象还是具体,它的解释边界已经在我们判定其为法律的那一刻便天然地存在。

第六节　既有解释技术再解读

我们从法律的基本定义开始，一路探索到了法律解释的基本模式、基本规律。任何基于新定义的理论构架都必须面对两个问题：第一，新的构架是否包容了既有理论？第二，新的构架是否解决了既有理论解决不了的麻烦？读者可能记得，我们之所以会尝试讨论一个基于新定义的构架，就在于WTO法律当中存在一些棘手的问题。我们将在后面的章节尝试使用新的构架来解决它们。如果我们的讨论成功了，第二个问题就不言自明。

至于第一个问题，通常的做法是将新的构架与既有构架相互比较，并叙述它们的逻辑关系。事实上我们已经在本章前三节做了许多相关的论述，只不过出发点不同。我们将在这一节着重解决新旧构架的兼容性问题，为后面章节运用它们提供合理性，并探索新的构架是否具有普适性。需要澄清的是，我们无意颠覆之前人们对于各种解释方法原则的基本理解，而只是从逻辑视角进行了更加微观的梳理。这好比几何研究方法的变化——椭圆还是椭圆、直线还是直线，只不过我们从欧几里得式的直观测量改为笛卡尔式的坐标测量。又好比从望闻问切到血液分析。望闻问切很好，但今日问题的复杂性，要求我们不仅知道舌苔发白，还要知道为什么发白。

一、上下文解释

上下文解释是一切解释的基础，其他解释在某种程度上不过是上下文解释基本逻辑在不同尺度和领域当中的扩充而已。① 本章在论述基本模式的时候，指的就是上下文解释的基本模式。简单来说，只要我们能够在一个规则框架内找到用于定义某些元素的其他元素，那么其他元素就是被定义元素的上下文。我们在第五章详细说明了人们如何根据精神认识构建规则框架；在本章第一节说明了构建出来的规则框架的基本逻辑结构；在本章第二节讨论了被规定元素和其他元素之间的动态逻辑关系，以及我们认识该关系的一般模式。

想要说明上下文解释的逻辑含义，首先需要明白上下文是什么。弄清楚这个问题的最好途径，就是从上下文的形成过程入手。回想我们在第五章讨论的

---

① 本节所分析的四个解释方法，均来自《维也纳条约法公约》第31条。

法律内容的形成过程:立法者基于情形序列获取规律性认识,生成目的并最终达成合意。合意是基于认识形成的,与一个情形序列当中某一元素相对应的另一个情形。在本章第二节,我们对法律体系的逻辑框架进行了梳理,根据我们的讨论,直观地说,简单的法律规则体系就如同一棵树,较粗的部分是较细部分的前提,较细部分是较粗部分的后果。立法就好比是让树木生长,由前提开始,基于合意机制,形成后果。注意到,前提自身也是前一个生长环节形成的后果。同时,前提和后果之间的对应关系可能是多对多,即数个前提对应一个后果,或数个前提对应多个后果——这意味着我们必须超越对法律框架的二维想象,进入多维的逻辑空间当中,同时把握住这个空间的本质——意志满足的实质与表达、前提与后果。

从这个角度看,我们就有充足的理由将上下文解释放在通常含义解释之前并称其为法律解释的基础,因为一切词语都应当被视作规定的结果。事实上,我们的确是通过规定的方式,将规律性认识转化为特定内容,并借由对文本表达含义的规律性认识,再将这些内容转化为特定文本。这很好理解:立法者看到腐败对国家的伤害,他希望禁止这项行为(特定内容);然后,他基于对所使用语言系统表意规律的认识,将它们以文本的形式表达出来(特定文本)。我们之所以看到,以上诉机构为代表的一些司法机关习惯于从通常含义解释开始,不过是因为类似的教育使参与诉讼的各方能够推定对方和自己共享了绝大部分次级系统。

在此基础上我们可以深挖下去:他是如何辨认“伤害”的?他是如何界定“腐败”的?为什么他认为应该用“腐败”二字?等等。显然,立法者的这些思维活动及所连带的规定行为,无论在哪个层次上发生,都必然含有更次级、更基础的思维活动和行为予以支撑。这就好比孩童学说话,他必须先知道“腐”和“败”的基本含义,才能知道“腐败”二字的组合含义;他必须先知道“腐败”组合含义当中最基本最直观的含义,比如,他能够将一个霉烂的苹果和“腐败”一词联系起来,然后才能去学习更高级的含义。基于此,不难形成四个基础性认识:

第一,上下文永远存在——哪怕不存在于纸面上,也存在于头脑中;哪怕不存在于法律系统,也存在于基本的知识系统乃至语言系统。

第二,法律系统的复杂性与模糊性并不在于条文本身的逻辑,而在于条文逻辑之外的、我们观察不到的、缺乏普遍共享前提的次级系统。反之,如果不是因为众人可能在某个词汇、某个句子、某段文字、某段文字的叙述方式、某几段文字叙述方式的差异等问题上,因各自所熟知的、用于匹配并理解它们的次级系统有所不同,我们对于任何法律系统的理解也就不会存在差异了。

第三,真正的含义只存在于立法者的头脑中,存在于他最终写就的文本当中。其他任何人的解读,都不太可能完全契合立法者的考虑——除非他真的完全地复制了立法者表达特定文本之时全部的次级系统。或者我们可以这么说,既然我们提到了解释,那么我们就承认文本具有模糊性,这个模糊性就在于,谁也没办法完全确定立法者当初是怎么想的、又是为何用特定的词句表达了出来。

第四,我们不应再将"上下文"简单理解为类似于"前后条文""前后部分"等基于法律文本书写顺序的范畴。这种理解其实将法律文本制定的习惯与习惯形成的原因本末倒置了。法律条文与其他文本体裁最大的不同就在于条文之间的关系并不总是以连贯行文、先主后次的形式体现,也并非总是需要特定的连接词。法律条文制定的习惯影响着立法者,引导他们将原则摆在一起,又将细枝末节摆在一起。法律条文阅读运用的习惯和经验,又使立法者择情形在下文省略上文已经澄清的部分,或者是在上文特意标明需要引用的下文。这种逻辑联系、词语连接的跨度不受文本长度限制,只因条文自身逻辑覆盖能力强弱而变化。我们将在后文结合具体案例详解这一点。

那么应当如何定义上下文呢?相比于传统的文字书写顺序,更佳的选择是着眼于逻辑实质。这意味着,除非逻辑上具有关联,我们不应当认为任何相邻的条款互为上下文——虽然习惯上它们具有逻辑上下联系的可能性的确更高;反之,若逻辑上存在关联,则哪怕条款之间存在再多的隔阂,也应当放到一起作为整体加以理解。同时还需要注意的是,上下文并不是一对一的,尤其是上文,因为制定条款的决策可能有多个理由。

我们所说的逻辑关联,不仅是主次的关系,更重要的地方在于上文能够解释下文生成的原因并提供依据,或下文能够在更细节的层面体现上文所述的意图、宗旨、规则。至于更加细节的区分标准,相信读者都能够随意列举许多,比如,逻辑上实体规则应当是原则和宗旨性条款的下文,规定较微观问题的规则应当是规定较宏观规则的下文,等等。

这样的视角,除了更加符合法律制定和解读在逻辑上的基本过程之外,还能够防止我们因简单的文本类似或差异,犯下两个古老错误。第一个错误是"猫有四条腿,我的狗有四条腿→我的狗是猫"——不同文本的相似部分,不能表明这些文本非相似部分的任何关系,我们必须完全掌握定义猫狗的方法(次级系统),而它们可能散落于文本各处。第二个错误是"猫是动物,猫有四条腿,我没有四条腿→我不是动物”——文本的差异造成的后果不能无限扩大化，我们必须分清这些差异究竟在哪些判断过程中是有用的，又在哪些判断过程当中是无效的。为了准确说明这一问题，我们在此根据法律解释的基本模式稍加扩充，以简要说明上下文解释的基本逻辑。

上下文解释的基本逻辑大致可以概括成三句比喻：(1)橘子树结橘子，橘子长在橘子树上；(2)橘子树不结柚子，柚子不长在橘子树上；(3)橘生淮南则为橘，生于淮北则为枳。

第一句的意思是，上下文应当完全匹配，而且应当在所有适当的尺度上匹配。

我们之所以用有机体作比，就在于我们认识有机体的尺度有明显的发展，而且有机体具有自相似结构。1000年前的植物学家根据植物果实叶子的形状区分它们，今天的植物学家则根据DNA测序区分它们，但两者区分的效果在宏观上是相似的，只不过在微观尺度上可能有所不同，但进步恰恰就表现在这种尺度的进化上。想象一个橘子园，对于需要分辨植株种类的李时珍也好，对于挑食的我们也好，这个果园当中的橘子可能没什么区别；但在先进的检测方法下，我们或许会发现，橘子的DNA有许多差别。这是因为李时珍的植物学知识和分辨植物的经验比我们少吗？李时珍的知识经验远超过摆弄仪器的某个大二学生。实际上，这样的结果，完全是出于观测尺度的差异。

当然，这是检测植物而不是解释法律。立法者在制定法律的时候，也不可能像自然演化般细致而精确，这也就是为什么我们需要在匹配尺度的时候加上“适当”二字。立法者自己的推理过程可能从头到尾都是模糊的。即便如此，我们仍然应当尽可能找到基于该模糊性、相对于立法者思维的那些法律规则的“DNA”，以求尽可能精确地确认上文和下文在全尺度的统一与和谐，同时避免根据片面的内容特征判断上下文关系。这就回到我们上面几段说过的问题：“猫有四条腿，我的狗有四条腿→我的狗是猫”——如果我们只从“头＋四条腿＋有尾巴”这种尺度观察，那我们确实无法区分猫和狗。

第二句的意思是，上下文不应当存在根本性的逻辑冲突，否则它们就不构成逻辑上的上下文关系。这里的上下文，不仅指上下文的某些具体规则，还包括规则群与规则群的对应关系。单看柚子是一个整体，单看橘子树也是一个整体，但橘子树和柚子不可能匹配起来。澄清了局部的规则群却使这些规则或规则群与另一些规则群乃至整体框架相违背——任何解释者都应当避免这种错误。

第三句的意思是，上下文的逻辑关系可能由多方面因素共同导致。我们在前面提到的另一个类逻辑错误：“猫是动物，猫有四条腿，我没有四条腿→我不是动物”。用中国人的说法，就是“以偏概全”。为避免这类问题，我们不仅应当在词语选择、语法结构等微观尺度检验上下文关系，还要从原则、整体框架、立法进程等宏观尺度上检验上下文关系；不仅应当一对一地检验，还要多对多地检验。如前文所述，规则可能由多个前提复合形成，仅从一个前提出发检验规则，可能并不足以掌握该规则的全部内涵，以及与该规则相关的全部上下文关系。

二、通常含义解释

通常含义并不总能以“通常”的方式解释出来。比如，我们很难看到国内某些法官拿着字典逐字注释条文，并根据严格的语法结构梳理条文内容——（虽然这种方法在 WTO 上诉机构或许称得上稀松平常）。这就反映了“通常”二字最重要的性质，即相对性。“相对”这两个字告诉我们，脱离背后的体系，我们就无法判断含义的“通常”性质。简言之，通常含义是上下文解释的一种应用。那么，我们的重点就应当放在如何理解这种应用的形式与过程上面，顺带澄清为何某些方法被视为“通常含义解释”。

通常含义本身实际上是三个庞大的“上下文”系统互相作用的结果。从这一意义上说，它是最复杂的概念之一。

第一个层次存在于现行法律框架。在这个层次内包含着三个系统：

第一系统是立法者的认识系统，用于确定规则的内容和逻辑关联。这个系统内包含了规律性认识、宗旨目的等内容。

不难想象，它内含最复杂的子系统群，如实践经验、经济知识、谈判技巧、道德约束、文化习惯、法律素养甚至政治直觉。比如，一项旨在保护湿地的细则，当然构成保护环境相关原则性规定的下文；这些原则性规定若作为一般例外出现在某些经济法律部门的规则系统当中，便又构成了如可持续发展等涉及规则系统整体意图的基本假设的下文。

这些上下文关系本质上并不是经语法逻辑、法律行文习惯串联起来的文字关系，而是存在于立法者的精神意志当中，是动态知识系统本身具有的关系。这个系统的一切可观测的内容，等价于法律规则体系的实质内容；这些内容实际上可以独立于任何文本存在，法律文本不过是用于公示它们而已。换言之，它们是规则文本逻辑背后、真正作为立法者精神意志存在的逻辑。正是这种分离性,让文本本身在我们确定了规则背面的真正逻辑之后变得毫不重要——想象一下根据内心正义裁判的哲学王便能明白这个道理。更直白的说法是,任何解释者都只不过是希望通过立法者的说法尽可能还原他的想法。同时,不难理解,这一系统也是最容易受限于时间维度的。

第二系统是立法者的语言系统(类似于一般意义上的叙述习惯)。该系统用于将意图制定的规则以文本的方式表达出来。

这个系统主要受两个子系统影响。一是纯粹的语言系统本身,如英语、法语。单纯的语言系统往往受到时间维度的限制,尤其是语法习惯、词汇内涵。仍以西红柿为例:在中国唐朝若有关于蔬菜的立法,那么这项法律当中的"蔬菜"二字显然不太可能包含西红柿——除非"蔬菜"二字在法律当中仅是一种判定程序的推定结论——此时又把问题本身给消灭掉了。纯粹的语言系统是能动的,它总要随着立法者所处的时代、地点而改变,要随着立法者自身的语言习惯而改变。二是法律语言系统,它包含了一系列特别的概念和用语习惯。这个系统是相对稳定的,或者说立法者或多或少依赖法律语言系统以创造相对稳定的文本内容。这个系统在构成"通常含义"的三个次级系统里面是相对最稳定的,进而也是绝大多数法律解释活动的切入点。

第三系统是法律框架下的规则系统。

因为规则系统是立法者表达的结果,而表达本身具有将内容从单纯的精神活动剥离出来并独立化的属性,规则系统就具有相对的独立性——独立于立法者确定文本那一刻及之前的所有思维与叙述活动——同时使该系统产生了相对的不确定性,亦即解释的必要性与可能性。需要补充说明的是,我们在此还需要区分两个不确定性:一是规则系统内部的不确定性,简单来说就是规则可能有所疏漏,或者说立法者当初要么没有想明白,要么没能说明白;二是文本形式本身赋予规则的不确定性,因为法律当中总存在无法与基本认识领域直接挂钩的词语。

为何我们并非总是感受到通常含义的复杂性?基本原因有两个,这两个原因实际上也反映了解释问题在特定角度的分类。

第一个原因是,三个系统当中可能导致模糊的众多因素,被解释主体的繁多与共性稀释了。某一特定领域的法律专业人员或多或少具有类似的背景知识。他们在细节上的理解可能不尽相同,但当大量具有相近基础性知识框架的人员在长时间内进行大量相互实践的时候,这种细节的差异就变得相对无关紧要;同时,真正的差异和分歧将会显现出来,并成为下一轮立法意图解决的问题,进而也变得相对清晰、易于把握。不难看出,就是这个原因使我们往往忽视了第一系统和第二系统的复杂性。正因如此,法律人眼中的分歧看起来总是那么不可调和,因为能够调和的部分早就在大量反复的实践过程中弥合了——剩下的都是因基础知识结构或基本假设不同导致的巨大差异。

第二个原因更加简单。需要解释的法律问题当中有相当一部分出于文本形式本身的不确定性,或是因为立法者制定文本的时候未能提供足够的补充说明。这些部分通常能够基于解释主体在语言系统方面的共性,在很短的时间内解决(至多也不过是多找几本词典参考参考而已)。在剩下的问题中,源于立法者表述瑕疵的又占了相当一部分,但这些部分往往能够通过分析句法逻辑、上下文关系、找寻共同目的或共同对象加以解决。最后,只有我们完全无法确定立法者是否曾经意图制定的那些规则和内容,才会迫使我们尝试分析形成"通常含义"背后的第一系统和第二系统。

大多数法律工作者只会把解决第一部分问题的过程称为"通常含义"解释,并省略了原先"通常含义"形成过程的绝大部分。但需要注意,无论细微的模糊性被共性和反复实践稀释到了何种程度,这些模糊性都无法彻底消除,因为人们总是无法完整地共享形成文本含义的三个系统。这也就是为什么我们常说再完备的法律规则也具有解释的空间。

一个问题是,我们是否真的需要把本来很简单的东西弄得这么微观?实际上,这些讨论的目的,不仅在于廓清"通常含义"的一般理解,更在于同时找到划定非"通常含义"的思路。原告律师有相当一部分工作,就是在共性当中找差异,在习惯当中找问题;被告律师和法官则希望了解原告律师找问题的路径以求恰当应对。如果各方能够熟悉通常含义的构成系统,以及解释问题复杂性的形成原因,他们就能迅速找到有利于履行自身职责的论点论据,并及时区分对方到底是在使用哪种解释方法。同时,就立法者而言,熟悉"通常含义"意味着能够尽可能提前避免立法陷阱。而就学者而言,这个框架有利于把握文本及其背景的演变规律。反过来说,如果我们忽略了这些隐藏在通常含义背后的复杂系统,律师们可能就缺乏维护权益的思维工具,法官可能很难辨明律师观点的真正意图,立法者可能会为了弥补漏洞而制造出更多的漏洞——然后,他们所有人都将陷入对各方意图和语言体系的繁杂的理解辨析工作,因而浪费大量的时间和资源。

三、目的(意志)解释

目的解释可以被认为是上下文解释当中较为独特的一个分支。上下文解释要求我们在不同的尺度和维度上对上下文逻辑进行梳理匹配。目的解释进一步要求我们在匹配当中关注立法者意图对最广义的,包括时间层次、结构层次的上下文的影响,而不仅是通过语法逻辑或词汇构成进行推理。

同时也需要注意,目的解释决不能被当成某种独立的解释方法或原则。法律均有目的性,这些目的的实在内容可能包含多种价值判断。但我们的头脑必须清楚——无论这些判断和具体内容多么复杂,都必须蕴含在其语言当中;无论这些目的的作用机制是什么,都只能借助规则的意志性表达自身。简言之,应不应当尊重目的是一回事、如何尊重目的是另一回事,而在这里我们谈论的是后者。

在这个基础上,回想我们在第五章讨论过立法者意志、目的和规律性认识之间的逻辑差异,这就引导我们不仅关注这一解释方法当中狭义的"目的""意图",还应当关注生成这些意图的认识性内容(如果能够找到的话)。因此我们将在这一部分使用"意志解释",以概括说明其全部内涵。

规则是意志机制的结果,是立法者意志的表达。在谈及通常含义解释的时候,我们曾经分析过形成通常含义的三个次级系统;根据我们的分析,这三个次级系统分别包含了庞大的、流动性的上下文体系;立法者借由这三个体系,结合自身意志,生成新的规则并形成这三个流动上下文体系当中最新的部分。彼时我们关注的是"通常含义"如何一步步形成,又如何消除了复杂性并展现出一般意义上的"通常含义"。

意志解释包含两个层次。第一个层次的实质内涵较为复杂但形式相对简单,即规则和立法者意志之间的关系为何,这基本属于我们所说的第一系统(认识系统)的范围。第二个层次实质内涵较为简单但形式较为复杂,在于精确描述立法者意志,这属于第二系统(语言系统)的范围。

有人可能会问:第三系统(规则系统)去哪儿了?实际上,在一般情况下,解释者总要从基于第三系统的某些结论出发,才能开展意志解释工作;他们最多是使用意志解释的结论反作用于第三系统,并更新之前的结论。这意味着意志解释的全过程必须建立在一个基本假设之上:解释者已经默认其对规则系统逻辑的基本理解没有问题。我们暂且使用这个基本假设,并在这一小节稍后的部分讨论它的影响。

在此假设之上,立法者将展开对语言系统的分析工作。这个工作包括两个部分:纯粹语言系统分析和法律语言系统分析。这两个分析的目的是使用更微观的尺度,从规则的纯粹语言层面和法律语言层面挖掘更多的信息,并将其与初步获取的一些解释结果相匹配。

这一过程又分为三个环节:第一,解释者自身需要建立对两个语言系统的基本认识,包括它们的内容、一般规则、变例和应用条件。如词汇的特定用法,法律规则在制定和叙述上的一些习惯,等等。第二,解释者将规则系统嵌入到对语言系统的基本认识当中,并从更加微观的角度获取对规则系统的一些新的理解。第三,他将这些新的理解与初步解释结论相匹配,并找到更佳的方案。在这个过程中,法律语言系统往往是解释者关注的重点,因为他们常常需要借此在许多近义词或法律框架下相似的规则群中,通过法律语言在形式上的差异,找到特殊性,然后根据这种特殊性进行分析。

比如,MA 第 16 条第 3 款规定:“在本协定条款与任何多边贸易协定条款抵触时,应当以本协定条款为准。”(In the event of a conflict between a provision of this Agreement and a provision of any of the Multilateral Trade Agreements, the provision of this Agreement shall prevail to the extent of the conflict)当司法者进行常规的规则层面分析时,这一条对他来说仅仅是对 MA 与 MTA 之间关系进行了一个简要的说明,规定当 MA 条文与 MTA 条文冲突时应当以 MA 为准。然而,无论是在规则内容还是叙述上的一般原则中,都是特别法优于普通法、特别条款优于一般性条款(环节一)。立法者将这一原则嵌入到 MA 第 16 条第 3 款,自然会发现 MA 及 MA 所连带的 WTO 规则体系具有相当的特殊性。根据这个特殊性,他就应当在 MA 规则与 MTA 规则可能隐含矛盾的时候,倾向于以 MA 规则为基础的解释。

第二系统的确是意志解释当中非常重要的组成部分。在许多情况下,它能够为束手无策局面提供出路。然而仅依靠这一系统是不够的。基于第二系统的目的性解释,永远不应当单独使用——这应当成为一项基本原则。原因在于,通过表达习惯来判定立法者目的,归根结底还是一种间接的方法。正如前面我们所讲,立法者有的时候可能根本就没想过刻意改变某种叙述方式以体现规则的特殊性。甚至,某些法律体系当中可能根本就不存在成型且具有普遍影响的规则系统。无论我们对法律规则的内在统一性有着何种期待,都无法回避这些问题。认为仅凭法律语言系统的形式规律就能判定立法者意图——这种观点与法律体系的构成过程脱节，因为语言系统归根结底不过是表达工具，表达工具自身的规律决不能替代实质内容的规律。

进一步说，一方面，如果解释者承认立法者在法律语言表述方面的有限性；另一方面，又声称规则当中没有因此导致的疏漏，唯一的可能就是他用自己的意志弥补了有限的立法者意志，把自己头脑中那些尚未得到立法者认可或使用的法律语言系统规则套在了现有规则的缝隙当中。从这个角度看，对“规则沉默”的解释基础，并不总是存在。原因在于，试图将某项缺失等同于特定含义的表达，必须基于一个前提，即某种上位规则在法律语言的表达形式上对沉默提出了要求。在此之前，沉默除了告诉我们立法者没有说什么（或者说解释空间可能在哪里）之外，毫无意义。

通俗地讲，这项规则可以表述为：我们能够借由说出的话语推测一个人的想法，但当他什么都不说的时候，我们就连推测他想法的基础都失去了。的确，如果我们足够熟悉这个人，知道他经常在何种情况下会通过沉默表达自己的意见（比如，熟悉某些人“闹别扭”的习惯），那么这种经验也未尝不可运用到对他意见的推测上。即便如此，如果缺乏明确的上位规则，或缺乏既成的习惯和默契，我们还是不能100%确定他的想法。

实际上，无论我们从第二系统当中获得多少信息和推断，都必须经过第一系统的检验。意志解释更重要的部分在于对第一系统的理解。

与第二系统不同，第一系统的表述总是直接的。同时，解释者只可能出于一种原因将目光转向第一系统，那就是他在文本当中看到了明示的意志。理解第一系统需要的并不是什么法律技巧，而是对文本背后立法者意志实质内容的理解。简单来说，如果解释者不知道“可持续发展”的含义，无论我们如何理解文本细节，都无法与该含义联系起来。具体而言，这里涉及三个问题。

第一个问题是，解释者该采用何种手段理解第一系统。

在理解第一系统的时候，解释者只能从立法者意志的文本体现入手。这是一个我们再熟悉不过的流程：在某些书本上看到一个陌生的概念，然后试图找寻这个概念的内涵。这个流程似乎应当置于认知科学的研究范围之下，因此我们不对其细节进行过多的探寻。简单来说，法官、律师总可以在立法者立法过程的记录或立法者在其他场合的表达当中，获取关于这个概念的信息，然后顺藤摸瓜，一步步找到这些概念的出处、起源、学术论证，最终明白这个概念当中包含了哪些假定、推论、适用情形、最终目的。从某种程度上说，这就是针对既成合意进行逆向工程——多角度、多方面地反向推导一个意志背后各复合层次的情形序列。

第二个问题是，解释者对第一系统的理解应当精确到何种程度。这分为两个层次：理解第一系统自身与理解作为法律体系构成背景的第一系统。

任何意志的内容都不可能凭空产生，如同我们在前面所说的，它总有出处。无论是归纳而来、推理而来还是经由别的什么方式，意志的内容总有其客观背景。反过来，这些客观背景的存在，或多或少也有意志参与其中。我们只能通过概念和概念交叠形成的各个体系理解单独的概念，然而理解一个体系通常又要求我们理解更基础的体系——这需要近乎无限的工作量。从实践上看，没有任何立法体系能够仅凭单独个体的意志内容而建立。换句话说，我们也不可能指望任何单独的解释者凭一己之力彻底理解一个体系内在的所有意志内容及其背景。即对第一系统内涵的解释具有实践层面的天然有限性。

进一步说，概念本身是一回事，法律体系当中的概念是另一回事。党的十七大报告当中的"可持续发展"与 MA 序言当中的"可持续发展"，显然不能自动等同起来。原因是，体系当中所有的宗旨、目的、原则等意志性内容，都会对剩余同类内容产生影响。就强调经济增速而言，可持续发展的要求可能会起到牵制作用；就强调民众健康安全而言，可持续发展的要求则可能起到促进作用。同样的概念放在不同的体系当中，产生的效果不一定相同。解释者不仅需要考虑单个概念的含义和背景，还要考虑同体系当中与之相关的概念，以及立法者为何将这些概念放在一起，而不是将其他的概念放在一起，等等。强调这一点的根据源于第五章的论证，即法律囊括的意志，即便去除了语言的因素，也仍然是多维度复合而成的统一整体。我们虽没有必要斟酌立法者未表达的那些意见，但还是应当注意已表达意见的范围、类型和组合，以及它们整体的特性。此即意志法律化带来的限制。

此外，还有一个限制，即法律体系本身赋予解释者的解释理由与解释可能性。解释的理由与可能性由法律的基本逻辑，以及法律体系的特定规则复合构成。比如，解释者不可能仅根据可持续发展原则的文本表述，推理出并未记载于法律文本当中的公平贸易原则，除非他有充足的证据证明，公平贸易原则从一开始就是可持续发展原则公认不可分割的一部分。而如果在特定情境下，法律体系当中的另一些规则要求解释者必须严格避免扩张解释，那么即便解释者真的能够证明规则未予记载的公平贸易原则，的确是既有规则当中可持续发展原则的一部分，他也应当避免将其作为裁判依据。

严格说来，这个限制与立法者理解文本的能力与时间无关，与他理解文本所选取的角度、范围是否全面立体无关，而是应当归于某些法律体系乃至法系的解释原则和习惯当中。不难理解，法律体系某些部门的解释原则，在一段时期内通常是稳定的，比如，我们很少在刑法领域适用扩张解释。也不难理解，稳定性不仅存在于文本当中，还存在于立法者的头脑里，存在于培养立法者和解释者的课堂上。它的来源是反向边界的功劳——正因为解释方法体系和法律规则体系在逻辑上属于不同的维度，解释方法体系才能够相对独立于规则体系，不会随着规则体系的变化而变化，从而保持稳定性。

我们可能很难确定这些解释原则和习惯在法律当中的地位，但如果它们反复出现在判例、诉状、教材和研究作品当中，如果立法者在不同场合的言论没有受到质疑，如果这些习惯不会造成对第一系统理解上的瑕疵，那么解释者仍然可以将它们作为补充论据，支持自己的观点。

第三个问题是，解释者如何将第一系统的含义与其他的理解互相匹配。

当立法者理解了第一系统的实质含义后，他便完成了对第一系统内容逻辑实质的建立，从而能够将其与手头数个等待与立法者意图匹配的逻辑推论相互比较。最简单的例子是，某个情境下需要解释者判断哪些果子是橘，哪些果子是枳；同时，他有气候说、地理说、颜色说、形状说、甜度说可供选择。此时，如果解释者发现立法者曾经谈过"橘生淮南则为橘，生于淮北则为枳"，那么他就应当选择地理说。在我们看来，这实际上是一个标准的定义逻辑。如果解释者又发现，立法者的这个论断，实际上建立在早年对淮南淮北果子形态味道差异的研究之上，那么他就应当适用形状说和甜度说。不难看出，这个过程本质上落回到了上下文解释的基本模式。

四、善意解释

善意是一个相对难以把握的概念，善意解释是一个相对缺乏实践的解释方法。这个概念之所以不好把握，首要原因在于它并不是直接规制解释者的行为内容，而是在规制解释者的精神活动。我们曾经谈过，法律的逻辑本身要求其只能针对客观实在进行规定。这意味着，即便善意解释原则意图规制的是解释者的心理活动，也必须以解释者的行为作为间接切入点。为了准确理解善意概念在解释原则当中的内涵，我们先谈一谈善意概念最基础的内涵。

最基础的善意是道德上的善意。"善"的道德含义，简单来说就是"关注他人利益"。人们对乞丐有恻隐之心，源于我们关注了他的利益；人们维护弱势群体而非借权能压迫他们,也是出于对他们利益的关注。反之,一个真正善良的人,也不会因为某人家财万贯,就忽视他应有的利益。正是出于这种对利益的关注,我们才会去进一步思考究竟何种利益、多少利益是合适的,即公平问题。

传统民法当中善意的基本内涵,无非是要求行为人依据民法当中诚实信用原则、公平原则去订立合同、履行合同。① 其间各种细节问题,大多集中于如何判断行为人是否遵循了这些原则。无论这些判断依据何种基准,它们的实质都要回归到善意道德理念,即关注他人利益——区别无非在于关注应当采取何种方式以及关注到何种程度。在交易时要求对方提供代理权限证明文件,在买房的时候查询房产登记状况,在履行合同的时候不因微小的瑕疵拒绝履行……从内容本质上来说,这些都是在要求行为人关注对方利益。反之,当法律判定行为人已经依据法律的要求善意地关注了对方利益,法律就应当保护善意行为的结果。

我们关注的并非内容的本质,而是逻辑本质,为了分析逻辑本质,我们必须探寻善意原则运行过程。从过程上看,善意原则实际上在引导行为人贯彻其他的民法原则,其他的民法原则构成了善意的实质性内容。在判断善意的时候,各种情形下的各类要件不过是经验上总结出来的常规情形而已。这似乎与我们的直接认识相违背——善意取得等制度难道不是诚信原则之下的特殊处理么?其实不然,诚信也好,公平也好,无不是善意概念的子概念。而正因善意在逻辑上高于它们、涵盖它们,我们才可能在基于诚信原则、公平原则的一般性规定之中,仅基于善意这一相对抽象的概念,发展出一套特殊规则。简言之,这种特殊并非出于相同逻辑层级的规定当中对普遍与特殊的区分,而是出于逻辑层级差异本身。正是这种层级的差异使善意得以对抗(压制)一般性的诚信与公平,比如,善意第三人能够对抗无过错的原权利人。

进一步说,在民法所反映的历代立法者的意志当中,善意是一个高复合层次的概念,诚实信用是低复合层次的概念。出于善意的行为必然是诚信且公正的。逻辑上高复合层次概念之客观实现,必然以低复合层次概念之实现为前提;善意显然也是以诚实信用、公平公正之实现为前提。简言之,善意原则的逻辑本质,是立法意志当中高层次目的为了自身实现,对低层次目的实现的指引。

---

① 关于民法诚实信用原则、善意原则的学术作品数不胜数。此处仅举两例。徐国栋:《民法基本原则解释:诚信原则的历史、实务、法理研究》(再造版),北京大学出版社 2013 年版;秦伟:《英美法善意原则研究》,山东大学 2006 年博士学位论文。

在澄清这一点后，我们能够将善意的道德内涵从它的逻辑过程当中剥离。对于大多数法律体系来说，这种剥离不会产生什么影响：因为大多数法律体系建立在善良、公正的终极价值之上，这些终极价值自我实现的要求必然带动其他一系列诸如诚信、公平、公允等原则。实际上，善意原则背后的逻辑过程太普遍，以至于我们常常忽略了它的作用过程。

为了向读者更清晰地展示善意作用的实质逻辑，笔者举一个极端的例子：一个东德士兵真的在人们翻越柏林墙的时候把枪口往上抬了一厘米。在这个例子中，士兵的举动无疑是善良的行为，但这很难说是在法律上善意地履行军令，因为纯粹逻辑上的善意履行，强调的是低层次意志实现与高层次意志实现的一致统一性，而高层次意志的实现必须以其涵盖所有低层次意志实现为前提。士兵的行为只实现了开枪的要求，但没有实现有效处置越境者的要求。

这里产生了一个问题：如何区分善意原则的逻辑构成与立法者目的系统内部的关系？“士兵没能达成军令内涵的目的”与“士兵非善意地执行了军令”似乎说的是同一件事情，但为何我们直觉上认同有这两种说法？区别在哪里？区别何以可能？这些问题的答案，隐含在一个三阶段的法律演化过程当中：

第一阶段是原生阶段。在第一阶段，善构成了目的本身，甚至可以说是法律一切目的之根源。如果我们认为人生而自私，那么，除了善良，很难想象还有什么别的念头，能够在人的头脑中扮演更基础性的对立作用，让自私的人类跳出为了自身利益进行的一切可怕勾当，开始关注他人利益、整体利益，进而限制自身利益、构建社会秩序。

善良是我们区别于一般动物的标志，甚至是某些动物区别于其他动物的标志。基于善良的秩序体系和纯粹基于生存压力的秩序体系，有着明显的区别。典型的反例，如蚂蚁社会。蚂蚁之间也有秩序，甚至可以说有着极端完整良好的秩序：一群蚂蚁在遇到洪水的时候能够舍弃工蚁，让它们自身筑成筏子，载着蚁后漂很长时间。但这些工蚁贡献生命的原因，纯粹是因为接收到蚁后的信息素，而不是出于什么崇高的精神。蚂蚁社会的秩序几乎没有一丝一毫善良的影子——一切秩序无不是出于蚁后生存的需要，为此目的蚁后可以舍弃其他工蚁，区别不过在于舍弃的效率而已。这种冷酷甚至可以说邪恶的秩序体系，在人类社会当中是不可想象的，而且越是文明的社会越排斥它。

反之，我们也很容易判断善良的举措。比如，为婴儿叼来果实的麋鹿、保卫孩子的忠犬等。人类或许生而自私，但在自私群体之上构成社会秩序靠的是善良。这可能是被迫的，但却是不容否认的，否则我们早就成为地球上体型最大的蚂蚁社会了。这里的逻辑很简单:如果没有善就没有群体法律之存在(我们暂且不提对自己创设的法),那么任何群体法律的精神基础都必须包含善其中。

第二阶段是发展阶段。这个阶段是善外化的结果。在第二阶段,善的内涵不断扩大,并开始转化为一般意义上的善的对立,并因此衍生出公正等一系列次生概念。

最基础的例子是正当防卫。个体没有正当防卫的概念,甚至两个个体也没有这个概念(但两个个体可以有契约)。正当防卫至少有三个个体:侵害人、防卫人与判断是否构成正当防卫的第三人。一个人对侵害的反抗,是天然的,可以归类到生存法则当中。但正当防卫的概念并不是天然的,而是归于群体的善当中。群体决定赋予个体在遭受侵害时可能超出即时侵害程度的制止措施,以形成足够的威慑,保护无辜个体——无论具体意图多么复杂,正当防卫的基本理念仍然能归于善的意图。然而,这个意图并不是单纯的、单向的利益关注或利益保护,而是允许为了保护一种利益在客观上侵害另一种利益。从这个角度看,善意取得制度与正当防卫制度的本质是一样的。

在第二阶段,善的意图因其外在于群体而异化,其内涵变得丰富起来,并最终构成了内在的矛盾与冲突。为了化解这个冲突,我们又必须发展新的内涵,比如公正、罪责刑相适应等内容,反馈到源头的善之意图,然后如此往复循环。关于其演化的具体过程,著作颇多,在此不予赘述。

第三阶段是反馈阶段。这个阶段当中,法的善从原生的、个体的善抽离出来,反过来囊括它,并形成了新的概念。

简单来说,我们实现善的过程,不再是单纯出于个体的善制定法律,然后通过法律行使它。由于法律本身的庞大,不太可能有人仅凭一己之力获取法的全部内涵。法的实在内容成了人们获取善的来源。人们不仅赋予法以善的精神,还要通过认识不同时代、不同层级、不同领域的法的实在内容,反过来学习善的内涵。外在的法本身构成了一种善的主体,与个体、群体的人并行交互。排除意识因素,客观上看,人借助法推进自身善的演化,法也在交互运动当中推进自身善的演化。双方的理念在演化过程当中,均实现了自身的前进过程,只不过人在意识上具有主动权而已。在这个阶段,善也好、善意也好,不仅指人类个体自身的某种精神理念,还指向了法律体系的精神理念。同时,善仍然作为法律体系原生性的精神内容核心,所以在法律体系的演化过程当中,善还要作为演化的归宿,指引着所有法律演化过程的自我实现方向。

回过头来谈"士兵没能达成军令内涵的目的"与"士兵非善意地执行了军

令”这两句话的区别。我们之所以认为这两句话不太一致,是因为我们站在了不同的角度看同一件事情。第一句话说的是,我们站在结果的角度,认识到士兵的行为与法律所载的立法者意志对客观的拟设相悖。第二句话说的是,我们站在动因的角度,认识到士兵之所以如此行为,并非出于对法律所载意志的理解,而是出于其自身的意志。我们之所以能够区别这两者的原因在于,士兵“将枪口抬高一厘米”这一自身意志的形成,并不是军令背后法律体系所含精神反作用、反向“外化”于士兵精神的结果,而是士兵自身另一套意志的结果。在彻底军令背后法律体系的人眼中,这位士兵善良的行为,反而使他成了异类,与军令系统格格不入。

我们并不是从普遍道德的角度说这位士兵非善意地执行了法律,士兵的良知不容否认。之所以说在他所处的法律体系中的理解并非善意,在于我们是在用第三阶段的逻辑构架观察士兵意志与法律体系意志之间的互动过程。由于我们一直默认法律体系意志客观演化的过程源于善的自我实现,我们习惯上而非道义上用“善”作为描述这一实现过程的归宿,并将违背这一归宿的意志活动定义为非善意的。然而,在这个例子当中,法律体系的整体精神恰巧是非善意的,这就造成了一种直觉上的冲突:我们一方面承认士兵行为在道德内涵上的善良,另一方面必须出于对分析用语习惯的遵循,否定其法律逻辑上的善意。

返回到我们的主题——善意解释。实际上,在分析上述例子的过程当中,我们已经得出了非常有用的结论:在法律框架下的一切行为,均具有立法者意志实现过程与法律体系意志演进过程双重性(请注意这并不违背“法律不管法律不管的事情”这一定律)。那么,处于 VCLT 之下的善意解释,就必须遵循 VCLT 整体的精神,如自由意志、善意、尊重约文等。进一步地,当其运用于 VCLT 之外的体系当中,善意解释原则本身也将如其他所有法律所载意志一样外化,融入其他法律体系的解释过程当中,并要求:

第一,解释行为本身应当遵循法律的整体精神。若法律整体强调实质正义,解释就应当一并强调实质正义;若法律整体强调程序正义,解释就应当一并强调程序正义;法律整体强调法律在裁判当中的最高地位,法官的解释就应当尽可能避免造法嫌疑。

第二,解释的结果应当遵循法律的整体精神。对崇尚公平的法律体系进行解释,必须得出公平的解释结论。极端地说,如果法律偏袒一方,那么解释的结果就不应当偏袒另一方。

第三,解释的内在精神应当遵循法律的整体精神,不得与法律整体精神推进与实现的方向相违背。法律解释不仅包含结论,还包含得出结论的过程,后者甚至更为重要。解释的过程须与法律整体精神及其前进方向相符。若法律体系趋于原则性,法律解释必须趋于原则性;若趋于细化,则解释亦应尽可能细化。

总而言之,善意解释在法律逻辑当中,实在是要高于上下文解释、通常含义解释、目的(意志)解释。因为善意解释存在的基础,并非简单存在于一般性的认识过程中,而是存在于立法者意志与法律体系既存意志的交互过程中。它是真正的原则理念。与之相比,前三种严格来说不应称为解释原则,而应称为解释技术。

第七章　宏观/动态解释论

在第五章和第六章,我们根据基本的认识范畴花费大量篇幅讨论了立法和法律解释的基本过程。两章连起来看,我们讨论的目的,归根结底是解读一个呈现在我们面前的静态法律体系。

遵循自然的思路,我们首先在第五章分析了法律生成的基本过程以及生成过程的要素。我们讨论了立法活动在逻辑上与客观实践的分离特性,并从其基本要素和模式入手,根据最基础性、常规性的推演,最终抵达了立法活动的一般模型。同时,在认识到这一过程根植于人自身思维过程的基础上,我们还解释了思维自身的限制如何影响着立法过程和立法成果。

然后,在第六章我们讨论了静态法律体系的逻辑组织形式,以及反过来理解、解释静态法律体系的过程。我们分析了法律体系的一般逻辑构成及其边界,理解法律体系的一般模式、思维如何限制着我们尝试理解有限的、有边界的静态法律体系,这些限制从何而来(时间因素、文本的隔离、解释的尺度等)。最后,我们在第六章的末尾,以 VCLT 为蓝本,重构了通常话语体系下的四大解释原则,并分析了长久以来隐藏在这四个原则背后,依附在基本认识过程之上的解释演绎过程,这一过程自身的基本架构以及其与立法过程、文本形式等要素之间密不可分的联系。可以说,如果将传统解释语言体系下的四大解释原则比作中医的望闻问切,我们做的工作就是从科学的角度重新解剖人体、探讨病理机制,然后在更微观、更逻辑化的角度重新审视望闻问切的解释方法。

如果我们试图解决的,仅仅是目前面临的一两个个案,那么这些讨论提供的工具已经基本能够满足常规性的需求。但我们的目的不仅是分析个案和静态的法律体系,还在于从宏观的角度,从跨案件、跨时间、跨情形的角度维护法律整体的作用。就这一目的而言,以基础规则及其组合为研究对象的静态法律体系解释工具,显然不够。我们还需要从更宏观的角度把握法律体系整体的演化过程,将目光从规则层级的演变上移到体系层级的演变。

为此,我们将在本章讨论法律在宏观范畴内的演变过程。需要说明的是,我们在这里所说的"宏观",并不简单指法律运作范围的扩大(当然我们将包括这一点),还要从更有广泛性、普遍性的角度探讨法的现象。即我们需要一种视角的转换,把对法的讨论从具体条令、习惯、日常概念当中再进一步抽出来,使之进入更具有普遍性的层次当中去,比如,我们将从逻辑基础上建立起法的概念——就逻辑基础而言,具体的现象反而是一种全环节上的微观。

第一节　法律文本的特性

一、法律基础语言的双重属性

对于这一题目,我们已经谈论了一部分。在此,将简要地扩展这个问题。

无论从哪个角度看,就探索法律体系的特性而言,文本的双重属性或许是最不受重视却又最重要的基础问题,但将其放在立法过程和解释过程之前却又过于唐突。原因就在于语言在法律体系形成和演化过程当中的工具性作用。工具性的特点在于我们无法将工具的使用方法和我们拿工具做的事情彻底分离:一方面,没有要做的事情,我们对工具的认识就不可能完整;另一方面,没有工具,我们也做不了这些事情。简单来说,没学过英语的人不可能知道英语是什么;而人们在想到能使用锯子之前根本就不知道还有"锯木头"这回事情。

在逻辑视角下,法律是从精神投射到实在的结果。语言则或许是我们借助思维向实在投射规则最基础的工具,甚至是唯一的工具。甚至可以这么说——没有语言就没有可认知的法律。其中最重要的联系,就是法律体系当中语言具有的双重属性:联系与隔离。关于这两个属性,需要从三个方面理解:它们含义为何?从何而来?有何影响?我们在这一部分着重讨论前两个问题,第三个问题则留到后面。语言的联系属性无须多言。但何谓法律体系当中的联系与隔离属性？①

想象一下，在一个公司里，上司在训斥一位下属。上司发怒的原因在于，他的要求是“原样复印一份”；下属发怒的原因也在于，上司告诉他要“原样复印一份”。上司认为“原样”指的是下属应当用相同质量的纸张彩印，下属则认为仅用普通的 A4 纸彩印就足够了。

为什么两者理解会有所不同？在这个问题产生之前，恐怕任何一个人都不会认为这句话中有任何含糊的因素，因为“原样”也好、“复印”也好、“一份”也好，无一不是含义极其明确的词语，甚至明确到了无以复加的程度——即便我们就算在“原样”之前加上“彻底按照”四个字，恐怕下属该怎么理解还是怎么理解。追究起来，两个原因让我们得以在含义如此确定的一句话中仍能找到解释空间。

第一个原因应当定位到一般解释过程当中→用于分析通常含义的→第二系统（语言系统）下面的→特殊语言系统（叙述习惯）。上司可能忘了把复印品的用途告诉下属，比如，简单的一句“展台不够用了”，或者详细说明纸张应当相同。又或者下属可能刚刚入职，对行业不够熟悉（如印刷业）。无论哪个理由，最终都要归结于一点：用于支撑双方理解语言背后的那一整套特殊语言系统并不匹配，并且双方都没有意识到这一点。

第二个原因或者说更根本性的原因，就是语言本身的隔离性。与之相对的是我们对于完美信息传递的设想，比如，神话故事里面有时会谈到，某人在某某神明的启示下做了某些事情。这些启示往往不是语言，被启示者并没有听到什么确定的句子，他只是单纯地“知道”了自己应当如何做而已。

我们因语言而得以传达想法，但语言本身就是一种不完美的传递方式。我们首先需要能够区分不同的视觉和听觉符号，然后区分思维的不同部分并将他们的逻辑区别想清楚，还要让这些内涵与符号的组合联系起来，进而还要将联系的结果和方式传播出去，才能让另一个人有机会理解我们。在这方面，法律界人士最熟悉的例子，莫过于“善意”二字的民法含义。而即便我们所有人都知

---

① 对于熟悉语言学和语言哲学的读者来说，下述讨论可能显得比较宏观。但由于语言学学科的特性，相关问题的基础论证散见于各个领域的著作当中。这导致我们只能择取与本文问题相关的部分进行较为宏观的概括。对相关细节感兴趣的读者，可参考以下书目按图索骥：胡壮麟主编：《语言学教程》（第 3 版中文本），北京大学出版社 2007 年版，第 1～16 页、第 107～259 页；何兆熊主编：《新编语用学概要》，上海外语教育出版社 2000 年版；陈嘉映：《简明语言哲学》，中国人民大学出版社 2013 年版；江怡：《分析哲学教程》，北京大学出版社 2009 年版。

道“善意”的基本含义，我们所有人也都应当承认，恐怕谁也无法真正说尽“善意”的内涵。而在哲学家那里，“有”“无”这样纯规定、纯思辨的概念，也值得咀嚼和品味。

这就又回到一般解释方法的局限的边界问题上：我们对语言内容的理解，永远要依靠层峦叠嶂的上下文系统，从认识方法到纯粹语言习惯，再到叙述习惯、生活情境。然而这些系统的应用永远是实时的，而且极为复杂。在我们赞赏人脑如此精密强大的同时，我们也必然要承认，现在的语言体系——毋宁说任何一种记录体系都无法彻底记录并还原意志的全貌。既然如此，一切语言的记录，都只能是选择性的。关于剩下的部分，它们要么直接表明，要么以其所在的上下文背景、性质和用语习惯，使我们了解应当通过何种方法推断剩余的部分。而如果作者对于这一点又不甚敏感；或者这些用作更高级别推断的语言系统本身相对模糊，或是缺乏普遍性，我们便束手无策。

上司对下属说的这句话就是一个例子：或许就上司所在的领域而言，对于“原样”二字的理解，可能真的涵盖了纸张种类，但请注意，他在使用这个领域作为传递信息的支撑系统的时候，并没有考虑到一个刚进入公司的下属对此并不熟悉；反过来说，这位上司对于领导新员工的方法恐怕也不甚熟悉。耐人寻味的一点是，我们对某件事情的精确定义，往往是与命名过程同时进行的。用一句老话来说，就是“脑袋里想的和写在笔头上的不是一个东西”。上司可能或多或少也了解该如何领导新人，但在他的管理学词典里面，恐怕没有“叙述习惯”这四个字，即便有，他可能也已经忘掉了。

因为语言的双重属性，我们永远无法在解读文本的时候，彻底理解立法者的意志。立法者意志在文本化的那一刻，就不再彻底由他自己解读，而是必然要被纳入文本化那一刻之后，已经或多或少产生变化的、至少不可能完全等同于立法者自身的他人意志当中。进一步地，还要纳入他人用于解读文本的、更高层次的辅助系统。在这里我们提出隔离性这个概念，在下文我们将提供更详细的逻辑论证。

二、文本的特性

（一）文本的稳定性

承认了文本的隔离性之后，应当认识到，法律体系稳定性不可能天然生成，因为隔离性——作为导致文本理解偏差最根本的因素——总是要扰乱文本。

同时,既然我们发现有一个性质在扰乱稳定性,那么,直觉上我们便应当试图去寻找与扰乱作用对抗的另一个性质。

我们通常认识所了解的辅助系统稳定性,并不是天然存在的,而是依赖于两个前提:第一,用于解读文本的辅助系统本身的稳定性;第二,对辅助系统稳定性的承认与维护。

辅助系统自身的稳定性依赖于两个互相依存的过程。一方面,法律并非单纯逻辑的产物,而是从精神投射到实在的产物,既然必须最终投射到实在上,法律的内容就不可能无法理解。另一方面,内容决定了表述,实在的内容要求我们使用适于实在的表述,而我们不可能产生出完全异于实在的精神性内容,或者说,我们的想法只能建立在实在之上。

读者可以试着想象一位量子物理学家,他天才地发明了一种能够直接复制钢材的机器,并引领了整个行业。现在这个行业的人面临一个问题:他们的业务想要继续发展,就必须引入行业标准,备品备件质量、产品质量都不会稳定。可以想象,或许他们在制定行业标准的时候,会用到一些量子物理学特有的表达方式,比如,晦涩的公式乃至费曼图。然而,无论他们用的方法多么晦涩,这些公式和图画都必须源于对实在的描述,否则没有人能够理解它们。

简而言之,最尖端的物理学家,用最抽象的语言,也只能描述客观的内容;数学家可以不描述具体的现象,但必须描述客观的逻辑;哲学家可以不相信客观,但他不可能描述逃出主客观范畴的内容,即实在内容。

人们只能发现内容,或是在实在的范畴内创造,而永远不可能脱离实在范畴进行描述。我们的思维只能面对实在活动,至多不过是基于实在进行矛盾对立的推理。脱离实在,思维无法存在,自然无法产生概念性的内容。任何人,无论他思想有多么复杂、内容多么丰富、过程多么奥妙,他思维的路数,终究不过是站在一点上作反向的排除法。我们看到一,就要想到不是一的东西;看到天,就一定要想到地;看到别人,就形成自己的概念;认识到自己的有限,就必然要想到无限……无论是从外界一步步排除到只剩下自身,或是从自身一步步排除到整个世界,我们只有通过这种方法才能获取认识,进而获取概念,区别不过是排除的起点和结构不一致罢了。

虽然如此,这种稳定性仍然被动地存在于辅助语言系统,还仅仅是一种原始的可能性。它并不必然消亡,也不必然扩大或增强。出于这种纯偶然的可能性,或许产生了一些稳定的系统,但它们并不是思维与理性的结果,而只能说是成为了理性运作的一个部分。然而,当人干涉辅助系统的稳定性,辅助系统就具备了精神的要素,此时它不仅具备了完全基于思维规律本身的、被动存在的性质,还具备了思维赋予它的主观的性质。

一个辅助系统,因其自身的不完备而模糊是一回事,因维护不佳而模糊是另一回事。比如,我们尝试着使用古罗马法律精神解读今天的法律条文,并对今天的案件进行裁判。当我们认为,有些条文的制定背景和案件确实超出了古罗马人的考虑范围,那么这就是辅助系统自身的不完善,导致我们无法用它解读今天的情形。当我们认为,有一些条文确实能够归入某些古罗马法律思想的范畴,但因为我们对这些思想掌握不精,或无法确定它们的具体逻辑,以至于我们很难严谨地阐述这些思想,并按照这些思想本来的逻辑进行运用,那么这就是我们没有能够做好维护辅助系统的工作。

这些维护行为,有时是自觉发生的,有时则是环境所驱。对于"环境所驱"这个概念感到困惑的读者,不妨想象一下哥白尼之前的天文学家是如何维护地心说的——仅仅是重复使用地心说而已。当所有人都在使用地心说的时候,如果你不提到它,就很难与人交流自己对于天体运动规律的理解,同时也很难脱离它建立新的理解。同理,当所有人都在讲分析法学的时候,法官也就不得不跟着"分析"起来;如果他两者都不用,便很有可能连基本的分析都无从下手。这有一点像地心引力:脱离引力很难,而真正脱离之后,找到另一个让我们歇脚的地方更难。在大多数情况下,我们并不是有意识地运用某些方法,而是维系在某一方法周遭的人们推动着身处其中的我们。

可以这么说,直到下一个具有重大影响的体系塑造成型之前,辅助系统总是带有自我强化的属性。这个属性并不存在于辅助系统本身,而是存在于运用辅助系统这一活动的根本性质当中。我们不妨将其称为吸附性。相对于自然科学而言,自然科学的理论(就当前的情况来看)只能指导人利用自然法则,却无法让人改变自然法则。社会科学则不一样,这些基于社会科学理论产生的辅助系统一直指导着我们对于社会现象的认识方法,进而指导了我们的行为,而行为及其结果本身将成为理论研究的对象,这样一来就形成了一个闭环。站在理论而非人的视角来看,我们甚至可以说,客观上,理论通过人的思维和行为,在不断继承、发展着。在这一过程中,理论自身得到发展和强化,而人的思维、行为,也将得到发展和强化,行为造成的结果或者说行为塑造的社会形态(无论对于整个社会而言多么微小)也将不断发展和强化。

用于解读文本的辅助系统也服从这个规律。我们曾经在第二章尝试调和各个法学派理论冲突的时候谈过这个问题。如果我们把房价看作一种文本,把参与决定价格的市场主体视作价格“文本”的广义立法者，这个规律就变得非常易懂。在一个产生泡沫的房市周期里面，广义立法者们不断地书写新的文本，即提高价格。他们或许一开始还在研究房产的供需关系，但当每个人都认为需求牢不可破的时候，用于解读价格，以及用于解读他人解读价格方法的辅助系统的立足点，就从供需关系倒向了市场趋势。人们不断提高价格，并交易房产，原因仅仅在于，他们认为一定还会有人继续购入房产并提高价格。而每一个基于这种判断进行的交易的成功，就会使人们更加相信自己的判断。甚至，因为房产价格不断提高，银行会发出大量贷款，水泥钢铁、家电家具业会扩大产能，政府也会更加倾向于利用土地出让金获取收入并迅速扩大基建投资，金融机构将发行针对房产的衍生产品……

这种循环是资产泡沫的基本生成逻辑。然而这并不是人类自身认识能力缺陷导致的群体性毁灭。当我们真正理解这种现象与文本隔离性之间的关系，便不难发现，这种循环构造本身是中性的。它就是一个用来吸附现象到文本的机制而已。

我们之所以称其为吸附性，是为了去除之前所有针对类似现象描述中的那些负面因素。这种吸附性，单就其本身而言，的确是缺乏理性的产物，而且这种产物往往会造成经济上的不良后果。然而我们分析的对象，并不是狭窄的市场规律，而是更加广义的文本体系，以及宏观体系当中各个部分的相互作用和性质。这就要求我们分析它们本身的动因，而不是它们作为其他结果（如市场波动）的动因从而表现出来的性质。而一旦确定这个方向，问题就瞬间明朗起来。

辅助系统存在吸附性的根本原因是为了抵销文本隔离性造成的限制。回到上文那个复印的例子：如果只有上司自己一个人，那么他便不需要辅助系统。正是因为他必须管理许多人，他才需要将与复印指令有关的辅助系统先教给新员工。寻找既有的辅助系统、不断强化既有的辅助系统——这些行为都是为了减少隔离性造成的麻烦。而这种减少隔离性的方法本身，则要归入用于处理隔离性的、更高复合层次的辅助系统当中。如果有一天，我们能够直接交流思想本身，那么我们也就用不到吸附性了。届时不会有人尝试创造金融市场的波动从而渔利，因为所有人都能够知道谁在尝试渔利；价格不会有波动性的变化，而只会平滑地增减，因为价格机制形成的根本原因——信息流转和验证的时间差被抹平。

决定吸附性大小的是另一套机制：思想内涵、辅助系统使用者的目的，甚至职权大小也可能决定吸附性。员工之所以学习上司不同指示的含义，是因为他必须这么做,否则无法开展工作;人们之所以抛弃牛顿对于天体引力观察结果的阐述,转向相对论,是因为相对论能够更加准确地描述现象;律师们之所以依循上诉机构的裁决思路,是因为他们希望能够更高效地提出有利于胜诉的论据,或者是为了规避风险。在这里,最重要也最基础的是合理性,即一套辅助系统能够成功解释且容纳现象,并将它们组织起来。在此基础上的是有效性,即这套辅助系统能够应用,而不仅存在于某几个超前的学者头脑当中。最终是广泛性,即使用者的多寡,这一点决定了某个辅助系统是否能够通过影响人们的判断、行为,最终形成客观实践的趋势,并迫使那些未能提出显然更加合理或有效体系的行为人,为了避免效率或效果的损耗,被动地接纳既有的体系。我们应注意到,这套机制与辅助系统本身的特性是相互独立的,即无论何种辅助系统,其吸附能力都要服从这套机制。

与日新月异的金融理论不同,法律文本相关的辅助系统,整体而言非常稳定,而且稳定了几千年。这个现象的根本原因在于法律体系的实质,不是其承载的内容,而是其根植于思维过程当中的特性,即其逻辑属性。一方面,法律的逻辑属性,决定了法律概念本身牢不可破的吸附性——人们几乎不可能颠覆法律思维框架,除非他能够脱离权利义务之间的对立性、从精神到实在的映射过程,等等。另一方面,法律的稳定性也有赖于其广度,并间接依赖于一段时间内囊括到法律内部的社会内容的变化速率。

(二)语言和文本的逻辑对立性

文本解读并不单纯是语言问题。我们已经见过无数从单纯语言学角度探讨文本解读的著作,但在这里我们更希望强调法律文本解读当中独特的思维逻辑。

法律的独特性在于其意志性,是意志性让法律得以发挥其作用。

对立是一切思维的原动力和本质。在不可追究的时间、空间概念中,对立产生了,我们却无法找到它的来源。我们将自身作为一切外界的对立,将对立过程本身作为静止和统一的对立,将矛盾作为和谐的对立。

当我思维"我"的时候,从思维本质上说,我的精神将"我"这个概念划分了,一部分是思维那个时刻既已存在的、被拟定不再变化的"我",另一部分是直至这个思维结束、正在反思的"我"。又请注意,我们无法同时进行这个思维,又同时针对包括这个思维过程的反思。如果不信的话请读者试一试,那样的反思,只能建立在将这个思维作为对立的条件下,再次将其"冻结",然后针对这个冻结的过程反思。换言之,我们的对立只能产生一次,或者说只能在同一时间段内,产生一个对立。我们无法做到对立过程的复合,而只能做到对立内容的复合。如若不信,请各位读者试着去思考一下自己观察某物时,自己头脑中的过程,然后再尝试着思考前一个思考——我们总要切断一个,才能满足另一个。

从思维逻辑来看,文本的本质是对立。文本自身是我们创造出来的,对立于我们思维过程的、内容蕴含思维过程的、具有特殊形式的对立。我们学会将思维以语言的形式对应,并将单纯的、形式的语言对立在进行的思维过程之外。我或许借助语言进行思维,但思维进行中使用的语言,并不是内容的,而是工具的,除了让思维更有条理之外,什么用处都没有。而一旦我们的思维得到了结果,这个结果对应着的语言,就要成为与之前整个思维过程相对立的逻辑体,然后被我们赋予语言的符号。

在这里,我们将思维过程和思维过程的结果从时间上对立起来,将思维属性的活动和符号属性的活动对立起来;然后,将这个对立出去的符号与思维结果共同构成作为我自身过去思维过程的对立;同时,在这个构成对立的过程中,自然而然地赋予了它,因不再受我思维影响而获取的概念上的稳定。容易看出,文本本身作为思维对立的属性,正是精神活动过程当中文本隔离性的逻辑基础。

进一步地,我们获取了语言构造的基本逻辑过程:第一,借助把一段思维内容对立出去,我们能够获得从逻辑上相对于自身精神活动独立而稳定的内容;第二,借助把某一音节、形象以及一切内涵符号化可能性的经验,或它们的组合、组合形式乃至组合的方法,从一切包括它们的全集经验当中对立出去,我们获取了相对于一切含有符号化可能性、经验性内容独立而稳定的片段;第三,对于这两者构成的整体,首先借助时间的重叠,将它们与其他时间上进行的一切活动对立起来,并构成了它们基于时间的独立性;第四,基于时间的独立性与共同性,我们得以将其从整个认识活动中抽取出来,作为其他所有精神活动与其他所有可能符号化经验的整体的对立。

任何解读文本的过程都是一系列对立转换的结果,且这个对立自始至终存在,甚至先于文本存在。文本自其从创造者自身的精神中分离出来,就已经是概念上对立的结果,并且与其他客观实在相互对立了起来(否则我们不会认为“甲”和“乙”有任何区别,或许我们还会将其视为一种鱼类)。进一步地,它的内容,哪怕对于文本的创造者来说,也是对立于流动的思想的产物。文本的使用者,则首先带着对立于自身一切精神活动的假设,去寻找位于实在的文本,然后将自身精神活动的内容与文本的内容共同构成针对其他一切内容的对立。

在确定了自身精神活动和文本内容连接后形成的稳定性与独立后，再尝试将自己的思维与文本的内容接续起来。这个接续的过程则是逻辑假设重合带来的连续。

从思维的角度看，我们使用的文本，其内容要么是我们思维所未及的，要么是我们思维所及但未能进行的。比如，我们读外语，遇到一个单词不认识，要去查字典。我们虽不知晓这单词的含义，但这个未知含义的单词、它抽象含义的存在性、它含义的未知性等一切属性，都连贯地存在于我们的思维当中，并且已经构成思维的一部分。当我们去查字典的时候，我们便是下意识地将这个单词、它的一切属性，以及它本身及其他一切属性在思维当中的地位、与其他思维的连接，统统打包起来，作为和其他所有思维的对立，从思维当中“挖了出来”。

由于我们已经获得了这个词的形象，便很容易去词典里寻找它与其他文本的含义。若词典当中的词以及解释，也是以同样假设自思维中对立出来的成果，它们便与所查的单词，在逻辑地位上重合了起来，与我们这一段思维在逻辑的空间和时间顺序上具有相同的地位。由于词典上的这个词与我们所查找的词在逻辑上重合，它们各自的关联内容——要么是被词典编纂者对立出来的部分，要么是被我们从思维当中对立出来的部分——就借由这个重合接续起来，并进一步地构成对立的整体。

剩下要做的，无非是将两个接续但仍相互独立的整体，并入思维当中。需要注意，当这个整体并入思维的时候，思维的性质已经改变了。原先那个整体的、连贯的思维已经从逻辑上消失，存在的是一个经过了对立过程，且在对立过程当中获得了容纳可能性的思维，同时它还因对立过程具备了稳定而独立的特性——这个特性正是其接纳并入部分的运动基础，失却这个基础，我们就无法定位并入的部分，逻辑便无法连接。

使用思维未及的文本，则是以上过程的连续迭代。比如，我们随意看到一本量子力学的教科书，这本书里面的内容对于大部分读者来说可能完全无从下手。如果硬要理解里面的内容，唯一的方法就是不断在文本当中重复上面的步骤，直至这本书里面的某些部分恰好能够与做好并入准备的思维相互接续。最终，当所有部分都能够恰当地接续到思维当中，我们便可以将它们与思维同一起来，并消除认识上的对立状态。

不难看出，形成文本和使用文本的过程，本质上就是将一个个体部分的思维对立出去，然后通过普遍的对立可能性，最终接续到另一个个体对立出去的思维之上。对于文本的创制者，他创制的文本与其思维之间，既存在内容上的逻辑连续,也存在形式上的逻辑对立;重要的是,在将文本作为文本对立出去的时候,文本本身已经具有了对于文本创制者的、逻辑上的独立与稳定的假设。

这个假设并不是因为文本本身不可损毁,甚至无关乎文本是否要求人们随意解读它的内容,而是基于文本成为文本的这一不可动摇的逻辑过程。我们着实应当严格区分文本因对立产生的逻辑稳定性,与文本解读过程中产生的差异性——前者才是作为文本隔离性的对立的逻辑属性,也是文本自身的属性,不因人们解读与否而变化;后者则是文本解读过程当中产生的属性,这个属性可能存在也可能不存在。同时,他所运用的文本,必须具备普遍的对立可能性,才能够被文本的使用者接受。如果他仅仅尝试着将思维的一部分对立出去,却不赋予对立出去的思维相互对立的可能性,以及与任何其他存在对立的可能性,那么包括创制者在内任何人都无法进行接续工作。

同时,对于文本的使用者来说,当他尚未接触到文本的时候,他所可能接触到的一切文本,早就已经具备了和他一切思维天然的对立。从逻辑上看,无论就最终解读完毕的结果看来,使用者多么熟悉文本的内容,他都没有办法在一开始摆脱文本的对立属性。文本的使用者之所以能够使用文本,在于他已经将其他的思维对立出去。当他将文本与思维的某个部分接续起来的时候,反向的对立则建立在使用文本前被对立出去部分与文本之间的关系,而不是被使用文本自身的任何特性。这决定了使用者在解读过程当中永远的被动地位,同时反过来决定了文本创制者在解读过程当中的主动地位——这似乎与我们日常活动的直观认识相反,但的确在逻辑上成立。

当然,文本的使用者可能基于经验否认这种地位,但我们仍要提醒:他的主动地位,并不是因他所面对的文本而产生,而是因他既已整合的文本所产生。当我们将思维个体这个要素暂时遮挡,画面上就仅剩下一群文本对另一群文本的优势。从文本的角度看,个体反而成为了文本之间互相联系、排斥的桥梁。当个体的要素被排除,我们很容易就能发现文本使用者平日里感受到的那种“优势”的来源——其本质是文本内部相互容纳和排斥的逻辑关系。

第二节　宏观法律体系的基本构成

在上一章我们谈过了法律规则体系的静态构成,以及其相对于时间的运动。无须多言,任何法律规则体系的静态构成和演化,都是极为庞大的。即便如此,相对于宏观法律体系而言,它仍显“娇小”。

和微观立法过程类似,宏观法律体系的构成,具有几个基本元素,而文本体系仅仅是这些基本元素当中最基础的一个。为了更加精确地描述宏观法律体系运动的一般逻辑,在此先就其元素的基本性质作一个简要的探究。判定这些元素的方法非常简单:拿掉它们,法律体系在逻辑上就不再存在。如果说之前我们尝试过给法律下定义,此处便可以说我们在尝试给宏观、综合的法律体系下定义。

我们将首先介绍法律体系的两个基本要素:语言系统和实践功能。我们将尝试描述它们的特征与性质,并在这个过程当中证明为何它们构成了法律体系最基础的要素。

一、语言系统

语言是任何法律体系的载体,是能够被理性所认识并思维的法律的基础。正因如此,我们花费整整两节的篇幅来讨论与之相关的话题。在上一节我们为了说明文本的隔离性(它的确值得我们单独说明),既讨论了一些宏观的问题,也讨论了一些微观的问题。此处我们仅注重讨论宏观的问题,即语言系统整体如何发挥作用。

简要来说,在一个宏观的法律体系当中,语言扮演着三个作用:联系、存储、区分。从思维内容的角度来看,三点共同构成了语言系统在思考中发挥功能的基础。从思维过程的角度来看,这三点则是语言系统得以发挥作用必不可少的三个组成部分。我们将首先讨论这三个组成部分,然后讨论语言系统本身的特性,最后讨论语言系统在宏观法律体系构成当中的作用。

(一)联系

语言系统的第一个作用是联系。这指的不是人们通过语言相互交流的过程——在这里我们称之为区分作用。语言在宏观法律体系当中的联系作用,指的是一个极少被明确指出的基础性事实:语言使我们能够针对法律展开思维,或者说,我们不可能脱离语言反思、理解任何法律体系。这个联系指的是我们可以借助语言,在不存在真实变化的情况下,对概念建立联系,从而展开思考。

认识这一点的难度,要高于证明它的难度。或许有一天我们真的可以借助单纯的眼神或者哼唱的音乐来描述法律体系。但请注意,当我们想象这些过程的时候,我们已经将想象中的这些眼神和哼唱视作语言了。在想象人们借助眼神传递法律体系内容的时候,没有人能够控制自己不去提问:他们在谈及何种概念的时候会用何种眼神——这实际上是在试图将法律体系的内容进行分类，并与不同种类的眼神进行对应——这就又回到了语言的一般作用模式。

我们之所以强调一般作用模式，是为了将语言的作用从具体的文字抽象出来，以避免我们在讨论法律体系的时候，将注意力过多地放在词语和词源探究上面。运用词源学方法探究法律或许是一个便捷的手段，但它远未触及法律体系的根本运动。更应当关注的是语言在“实在→精神→反思”这一过程中起到的逻辑推进作用。举个例子：动物管理员可能会使用“奖励—惩罚”的方式训练一只海豚钻圈。任何听说过海豚与鲨鱼斗智斗勇的人都很难想象，海豚能够正确钻圈，仅仅源于条件反射。此时，我们或许可以想象，海豚的大脑里面，已经对钻圈的活动与奖励形成了某种模糊的概念化的认识，并将其联系起来。这些认识可能没有专门的音调或符号与之对应，但其的确存在。

在这个例子当中，我们看到的不仅是语言对未来行动产生作用的基本模式，我们还看到，人的确无法脱离这个模式去想象任何涉及具体思维内容的交流过程。反过来说，一旦思维内容已经能够得以被语言描述，它就无法退回到无法被描述但可被理解的状态——与其说我们想象着海豚可能发展了某些概念化系统，并在其上进行思维和推演，不如说我们无法想象任何脱离这个模式却能达到相同目的的系统。这就好比我们只能想象婴儿用某种非常原始的语言系统去想事情，却无法想象婴儿能够不依靠任何语言系统，或者说概念化的系统去想事情——这与“想”这个行为的形式根基相违背。

法律体系的内容必须能够被规定、区分，进而描述，而“描述”的动作与可能性只能源于语言系统。非语言系统承载的法律，是不可想象的，这不是我们想象力的缺乏，而是因为法律的定义当中包含了“规定”这一要素，而我们无法借助非语言系统进行“规定”这一行为。反之，语言的基本逻辑，就是规定，或者说是对应——没有这种对应、规定，便没有语言。这同时也是语言联系性之所在：通过建立实在与精神之间的对应，我们得以对实在反思的一切成果进行规定，或者用更现代的方法称之为编码；而这个编码的结果，又通过语言系统的存储功能得以延续复现。

我们的思维，无不建立在“这是什么、那是什么”等类似的基本判断上。如果这些判断没有编码与之对应，然后存储，那我们每一次的思考，都不得不把与之相关的前提性条件从头推理一遍。同时，这些思考之所以能够被存储，也是因为它们已经概念化、编码化，否则没人能够记住所有推理过程的细节。

(二)存储

继续上面的话题——语言的联系功能,总是以存储功能作为承接。直观上看,存储功能是最容易认识的:我们得到了或从直观或从反思而来的、与实在具有联系的精神内容,语言系统的联系性让我们为这些内容提供了固化的可能性,而语言系统的存储性则让我们真正能够将这些内容固化下来。我们还将传统意义上的流转功能归入这一范畴,因为语言所载内容的流转,本质上不过是从一个较大语言系统存储功能当中的一个固化位置转移到另一个固化位置而已。

语言系统的联系功能与存储功能,不能有任何程度的分离。我们可以说,只要语言系统的联系功能发挥作用,那么它就必须要求存储功能发挥作用;同时,只要存储功能发挥了作用,就必然意味着语言系统的联系功能已经发挥了作用。这不是出于什么艰深的考察,而是出于我们对语言系统的常识与定义:无法存储固化的精神内容,必然无法编码、概念化,进而产生与实在对应的可能。

语言系统联系功能与存储功能的这种联系,并不难理解。所有人都曾经问过自己一个问题:“刚才我要说什么来着?”如果不是这个问题,他至少也问过自己:“刚才我想的是啥来着?”——这两个问题就是联系功能与存储功能必须顺序共存的例证。请注意,当我们说这两句话的时候,我们实际上是在说:“我无法描述方才思维的内容。”(注意不单单是无法“清楚地”描述)之所以无法描述,是因为精神的活动未能被记录、存储下来。一旦精神活动存储下来,我们可以直接将其与语言系统里已有的概念进行对应然后描述它,或者尝试创造新的描述方式。但当存储功能失效,我们便失去了对其进行描述的可能性,进而失去了将精神内容概念化并与其他概念相联系的可能性,即失去了语言联系性赖以发挥作用的基础。

那么存储是否应当先于联系?也不是。一个孩子就算不知道“红”“蓝”这两个字的含义,他也能知道这两个颜色不一样。这个“不一样”,并非源于已习得系统内含的划分方法,而是源于纯粹的直观差异。在获取差异的直观并描述差异的过程中,我们既不可能先获取对直观差异性的认识,后将直观用语言的方式记录在脑海当中(这相当于让我们用语言描述一个尚未出现在精神当中的直观),也不可能获取这两个差异的直观,却迟迟无法触及分别描述它们的可能性。这甚至可以称为公理:在认识过程当中,认识与对认识的语言化的记录存储,永远是同步的,且就语言的使用者的存储意图而言,内容永远完全一致。

令人惊奇的是,这条公理反而让存储功能与联系功能的区别更加明确了。我们无须讨论联系功能的不同情形如何影响了存储功能,反过来存储功能对联系功能的影响也不需要讨论。正是因为这两个功能同时、同内容地发挥作用,它们之间绝无可能有进一步的互相影响与纠缠。直观地说,由于两个功能同时发挥作用,它们不可能存在互相影响的时间,因为这两个功能都隶属于认识活动,而认识活动不能在没有时间的情况下对任何对象施加影响。

语言系统的广义存储功能依托两个基本过程:固化与流转。从固化的角度看,流转提供了两个相反的效果——补强与侵蚀。流转过程产生的这两个效果共同决定了一个语言系统存储功能的稳定程度。从流转的角度看,固化过程也提供了两个相反的效果——释放与归阻。固化过程产生的这两个效果共同决定了语言系统存储功能的提取效率。这个过程的运作逻辑非常简单,我们在此稍作讨论。

当联系功能作用于认识的对象,我们便形成了认识的内容。同时,这个内容被存储下来。这个存储的过程,便是固化。

之所以称之为固化,主要是为了将其与内容本身不存在稳定趋势的认识过程相区别。注意思维本身是不存在固化倾向的,反之,具有固化倾向的,必然从属于固化过程。任何人的头脑中,为了获取认知内容的思维与为了固化的活动永远无法交融。我们最多一边思维,同时针对思维运用固化手段。比如,甲告诉乙电话号码,乙可能需要在脑海里不断地重复。就其本质而言,乙的这种精神活动不具有任何获取内容的要素,而只是为了补强已获取内容,这应当归入固化活动。如果乙为了记忆,编了个口诀出来,这便是获取新的内容的思维,但这个口诀本身却是结构性固化内容的一部分。

固化活动的形式多种多样。前文提及的凭大脑记忆电话号码,是最原始的形式。绳结、文字、编码,乃至图画、音律,也都是固化的方法。这些方法各有各的优劣,比如,文字形式比较容易传达思维过程,而一段音乐则适用于表达强烈的情感。但无论何种形式,我们总能从三个维度分析固化过程(请注意这三个维度背后都遵循时间发展的限制):

第一个维度是固化的位置。只要固化过程存在,我们便总可以问:一段思维的内容,被固化到什么地方去了?是到思维者的精神当中?还是文字?还是一段乐谱?甚至是一道菜?对于一切关于固化过程本身的探究而言,固化的位置永远是我们之所以可能判定固化过程存在的基础;一切关于固化过程的推理,都要建立在“存在某个固化位置”这个假定之上。我们称固化的成果为语晶，任意语晶必对应特定位置，反之亦然。

第二个维度是固化的手段。在这个维度上，我们主要观察手段的复杂程度，以及手段同固化位置之间的关系。记忆或许是最简单的固化手段，它不需要任何辅助工具，只需要单纯的思维即可。同时，记忆也与精神固化直接相对。记录则是另一种较为简单的手段，但已经蕴含了技巧在其中。与记录相对的固化位置，则可能有文字、图画等。易知，固化位置必然与固化手段对应，但固化手段可能对应多种固化位置。

第三个维度是固化的结构。这个维度上，我们主要关注语晶①之间以及语晶与流转之间的关系，并主要关注某个结构当中语晶的稳定性。如果我们不考虑固化的存续结构，我们发现，短期记忆总是不太稳定的，而长期记忆可能非常稳定。一张记录了文字的纸张相对于记忆来说非常稳定，但比起石碑上流传千古的文字，又是相对不稳定的。

然而，固化的结构可能扭转相对性的方向。比如，在一个更长的时间范围内，石碑上的文字可能又相对不稳定，因为关于这些文字的解读手段，原本固化在了不稳定的语晶当中，而这些不稳定的语晶可能早就分崩离析，或在长时间的流转过程中遭到侵蚀，如古埃及的圣书体文字、古巴比伦的楔形文字。同时，我们之所以能够最终解读这些石碑上的文字，可能是因为获得了与之对应的其他位置上的语晶，比如，罗塞塔石碑、贝希斯敦铭文，而这些铭文当中的一部分，对应的是一个经过不断经受补强的语言系统，如罗塞塔石碑上面的希腊语。对于另一个正例，东亚人应当有深刻体会——现代汉字系统是最庞大的结构化语晶系统，并且经历了最长时间、最系统性的补强，这个补强不仅是汉民族自身的补强，甚至还包括日本、韩国在使用汉字期间的补强，他们共同维持了汉字系统无可比拟的稳定性。

我们称从一个固化位置到另一个固化位置的过程为流转。由于流转是固化之上的活动，它仍然有固化的特色，即仍然具备位置、手段、结构的特性。不同的地方在于，流转可能补强或侵蚀已固化的语晶。

流转过程包含了三个基本步骤：释放、转移、再结晶。

---

① 语晶是指当语言及附着其上的思维在对话中流动时，文本化使这些思维固化的成果。固化过程便是结晶过程，如物理晶体般具有特定结构；这结构便由不同语言自身表达结构决定。当我们提到"文本"，更多的是在谈一项附有意义的物理存在；这附有的意义便是"语晶"。简言之，"语晶"一词替代了"文本的意义"这一短语，并将"文本的意义"放在整个语言流转过程中看待。

可释放是语晶的基本性质,不存在没有释放可能性的语晶。我们意识到,某类语言是存在的——这一判断的作出,并不是单纯依据某些语言在结晶状态下的固化的、结构化的形式,还要依据对这些固化形式再次转移的可能性的确定。而对转移可能性的判定,无非建立在对转移过程的一般认识之上;对于转移过程的一般认识,又无非建立在对于转移过程的观察经验之上。

语晶的释放过程是一个可观测过程,这个观测有其特殊性。比如,我们看到了一朵花,这朵花上面有大小两圈纹,那么有的人就可能觉得这朵花开出了一个“回”字。显然,这个“回”字的出现,并不是什么语晶释放的结果,但我们还是可能将其与其他的语晶联系起来。再如,我们看到了一块石头,红一层白一层,还很方正,有些人可能就看它好似一块火腿。

请注意,看到“回”字的人,与看到火腿的人,思路是一致的——他们抽象了直观当中的形态,并将其与自己的存储的形式类别进行了比对。这在本质上是一个区分过程。换言之,如果没有既存语晶,或者说没有人知道“回”字怎么写,也就没人会觉得这朵花开出了一个“回”字。

我们实际上先检验了语言释放的观察规律,即语晶释放的观察实际上是与既有语晶的比对结果。抽离出观察时点的二元互动关系来看,语晶释放的观察实际上需要三个步骤形成闭环:(1)恰当形成并存储语晶;(2)与之相关的语晶系统必须存续;(3)下一个时间点使用语晶系统对语晶释放的观察。此处最有趣的部分,在于语言存储的性质导致了这个闭环可能发生。我们实际上依赖着存储结构与思维的相对独立,避免二者混同,避免最终无法区分哪些是原始的语晶内容、哪些是系统读取的内容。但同时这种独立性恰恰是隔离性的来源。

这一过程也反映了我们之前提到过的释放可能性——在存储语晶的时候,实际上已经赋予了它释放的可能性,赋予了它日后回归当初创造它时语晶结构的可能性。然而这个可能性的维系,并不依赖于语晶本身(语晶自存储之时已经进入了独立或者说隔离的状态),而是依赖于解读系统的稳定。无论语晶是被动释放的形式(如书籍),还是主动释放的形式(如人的语言),皆如此。

解读系统与语晶没有互相对应的关系。解读系统本身也是语晶系统,它也具有自身的独立性。由于解读系统只可能是被动释放的系统(无论在头脑中还是在 IBM 的人工智能主机中),只要观测对象具备可解读的形式,解读系统就会发挥作用。

在释放之后,语晶的内容进入了转移阶段。从语晶当中释放的内容,必然要进入到观测一方。观测方或者拥有解读系统,或者没有解读系统,其将运用一系列解读手段提取语晶当中的信息。这一过程属于认知心理学的传统研究范畴，我们在此不再详述。对于我们来说，只有一个常识性的结论是有用的：我们从释放的语晶那里获取的信息，要受到语晶存储状态与解读系统的双重制约。简单来说，我们能够获取多少转移的内容，一方面，取决于有多少内容被存储到语晶当中、它们以何种形式存储；另一方面，取决于我们用于解读的手段是否过于狭隘，或是过于激进。然后，这些转移的内容将再次结晶，进入下一个循环，如此往复。

注意到，剔除物理因素对语晶本身存储介质的损害，语晶的补强与侵蚀发生在语晶从释放到转移的这个节点。仔细观察上一段我们描述的转移过程，不难发现，内容是否能够提取、有多少内容被提取、它们是否掺杂了别的内容——这些问题都取决于解读系统。而解读系统——如前所述——本身也是结构化语晶系统被动释放的结果。

我们看到，语晶的补强来自对语晶解读的重复一致性；而任何不一致的解读都将损害语晶的稳定性。从语言系统本身的运动过程来看，语晶的补强可以说是一种语晶自增殖，即我们将语言系统的一部分分离出去，存储为语晶，然后运用相同的语言系统重复解读，并提取相同的内容。从相同形式的语晶当中提取相同的内容的过程，积累到一定程度，便成为归纳的对象，形成规律性的认知内容，这个内容又将被语言化，回过头来加入解读系统当中，并进一步补强解读系统和解读对象双方。

同时，从语言系统本身来看，侵蚀性的本质在于解读系统本身的变化，即其中部分语晶的变化。由于我们将语晶与解读系统分离，我们可以认为，解读系统的变化，并不是存储过程的问题，也不是释放和转移过程当中的问题，而是发生在再结晶过程当中。我们在此选用的是排除法——再结晶过程是唯一不受语晶本身限制的过程，它的发生与实际内容完全基于精神意志的自主选择。

这种性质赋予再结晶过程的思维性，即思维能够参与到对转移内容的加工当中，并最终或多或少改变再结晶的内容。回顾前几段当中那个将石头看作火腿的例子：将一块石头称为火腿，并不是因为“火腿”本身具有指代石头的含义，而在于“火腿”包含了脱离具体对象的形式性的内容。这个形式性的内容经过思维的迁移投射到了石头上面，最终在某个富有想象力的头脑里面再结晶。注意到，此人在用火腿命名石头的时候，他用于将来解读“火腿”二字的系统就已经形成了。当他的系统本身作为结晶被释放，并经由更大的、更一般的解读系统被更多主体解读，其他的主体也就获得了解读“火腿”二字的能力。

语言的保存作用,是固化过程和流转过程的综合体现。无固化则保存无基础,无转移则保存无意义。固化为流转之所终,流转为固化之所需。更进一步地说,流转和固化内在都包含了另一方的可能性,即流转是以可能固化为前提存在的,固化又是以可能流转为前提存在的;缺少这种可能性,则流转沦为单纯的冥思过程,固化沦为不可认知的存在,最终与语言本身的属性相矛盾。总的来说,语言的保存作用,建立于也体现于意志对于精神内容结构化的固化和流转处理过程(注意我们并不限制这个过程到底是个体的还是群体的)。

(三)区分

区分功能基于联系和存储功能之上,但它仍然是语言系统基础功能的一部分。简单来说,语言的联系功能使我们能够将对实在的直观概念化并进入思维,存储功能让我们能够将思维结晶在不限制主体的时间跨度当中流转,区分则使我们的思维能够脱离依赖实在的差别从而自相比较。

区分功能之所以成立,依赖于其他两个功能发挥作用。联系功能允许我们在思维当中以语言的方式反映实在。存储功能则允许我们将思维固化到相对独立的位置,与实在的直观和流动的思维隔离开来,从而供我们进行区分。显然,存储功能与区分功能之间的联系更加紧密。这个道理很简单:如果我们想要比较两个物体,那么这两个物体必须同时确定地反映在我们的直观之内,否则我们就要拿一个不断变化的直观比较另一个直观,那我们便什么都比较不出来。反之,正因为存储功能使得我们能够将思维固化并赋予其稳定性,我们才能够获取稳定性之上的确定性,进而将确定的内容加入到思维当中。

区分功能也蕴含在其他两个功能的作用当中。差别性是思维的根基,没有差别内容的意识只能是死人的意识,绝不可能是活着的意识。联系功能的归宿,必然是差别性的内容,即联系功能本身蕴含着实现区分功能的目的。进一步讲,存储功能又在内容差别的基础上,添加了精神所思对象的时间差别和空间差别。区分功能在联系功能、存储功能完成的时刻,已经完成其实现的可能性。

区分功能的具体实现,源于对不同时间所获语言内容的反思。回归最原本的认识论法则:单时间点的认识内容不存在差异——我们最多将本时间点与源自上一个时间点的认识进行比对。这又涉及对前期释放语晶的解读工作。如果没有这种跨时间的比对,存储功能将失去意义。同时,存储功能使区分功能的发挥范围不必随着时间的推移自我迭代无限增长,而是以语晶和语晶结构为单位,根据意志的需要,在存储内容之间有选择地应用,这又大大提高了语言功能发挥的效率。

从本质上来说,蕴含在其他两个功能当中的区分功能的自我实现,仍然源于思维本身的特性。这种特性统一于一切思维赖以存在的根源——对立。任何一个概念,自其出现,便是对立的产物。它首先是思维主体与思维内容相互对立的产物,其次是将对立施加于思维内容的产物。差异是对立的必然结果,而差异一旦经由联系功能形成语言,便必然要再次与原先的思维内容对立起来,成为相对抽象独立的思维对象,同时还要独立于思维的主体自身。当相互对立的思维产物都独立出来,区分的可能性就形成了。

据此我们能够得到一个重要的性质。区分功能发挥作用的前提是被区分的内容已经独立于思维本身,并就其本质而言对立于思维过程。这就造成了隔离性,即当我们依赖语言区分功能的时候,我们永远无法将其划入思维自身,而只能将其作为思维的对象加以考虑。比如,当我们说鹿不是马的时候,我们只能将鹿和马都作为思维的对象,它们本身就绝不允许成为考量标准的一部分。我们只能运用既不属于鹿也不属于马的概念系统去辨识。

需要澄清,区分功能带来的隔离性,全然不同于存储功能带来的隔离性。存储功能的隔离性,来自存储对思维过程的隔断,其本质是思维连续性对时间连续性的逻辑依赖。而区分功能的隔离性与时间没有关系,它的来源是思维本身的矛盾属性,直观地说,是在概念空间当中进行划分的必然结果。

二、实践功能

语言系统提供了法律得以存在的基础形式,并设置了让我们存放具体内容的框架(按照逻辑定义,这些内容本质上不是法律逻辑)。在这里,我们将讨论另一个要素——实践功能。实践功能是法律得以脱离思维主体的关键,也是将概念上的法律体系拖曳到客观实在的基础。

缺乏实践功能,我们将只有表达语言的能力、形成内容的框架,却不会有任何实在的内容。法律将仅仅是一种思维逻辑的可能性,而不会成为现实生活的组成部分。不同于语言系统的结构,实践功能内部的各个要素并不是相互依存、相互决定的,而是具有层次。它包括规整、协调、指引三个部分。

(一)规整

法律系统实践的第一个部分是规整,即客观的活动语言化并转为意志、形成规定的过程。这个过程的重要性不言而喻:它让法律言之有物,是法律一切实在性内容的搬运工。

规整活动是立法活动的基础，我们在第五章分析意志情形序列的时候详细阐述过它的微观原理，在此不再赘述。直观地说，规整活动好比香肠制作机：一台机器，将一头猪放进去，直接制作出香肠。这个例子当中，规整活动就是机器，客观世界就是那头猪，法律则是香肠。微观立法活动的一系列阶段，相当于这个机器当中各个零部件的功能。在观察宏观法律体系的时候，我们更加注重整个机器层面的功能。

请注意，这个香肠是"直接"出来的，即我们将"从猪到香肠"的全过程视为机器的整体功能。同样，规整活动的作用，并不仅仅通过各种方法摄入关于实在的直观，也不是在各人的头脑中处理它们；规整活动的作用是一个整体，即"将实在化为法律"。

强调这一点的作用，在于避免因实施规整活动的主体、背景等差异，忽略了其整体机能的本质。从整体的视角看待不同规整活动的细节（或者说"套路"），有助于我们调和许多看似迥异的概念的差别。比如，中国古典哲学多取道于天地自然，但按我们的视角，《大学》符合规整活动，《易经》不符合。因为《大学》包含了教化的目的，从内容架构上看它具有意志性，也具有规定性；但《易经》的主题是自然规律、卜筮规律，不具有意志性。

同理，判例法往往需要将法律精神原则延伸到新的实践当中并构成新的规则，这意味着一份具有法律约束力的判决当中或多或少有一些经过规整的新的实践性内容，但一个判例对另一个判例的引用显然不是规整活动——虽然法官的确可能为了规整活动才引用。制定法也如是：制定新的法律往往涉及立法者对新情势的吸收判断，但表决法律是否通过则不是。这意味着我们只能将全国人大的分组讨论视为规整工作，并排除委员长宣布法律通过、主席签署主席令的规整作用。

厘清这一点有一个极重要的作用，就是帮助我们区分法律内容在不同法律体系之间的流转步骤。比如，在国内运用国际习惯法，就是在四层级不同法律体系当中四套不同规整活动发生作用的结果。国际习惯法应当具备反复实践和法律确信两个特征——这首先就是现行国际法制承认国际习惯法存在的标准，而这个标准又显然是国际法将国家间实践纳入自身法律体系的规整机制的一部分。然后，"反复实践"表明已经有相当的主体将其作为行为的规则，这意味着这些主体其实早已将这些规则的内容规整到用于指引自身行为的整体规则框架当中。各国按照各项条约或国内法律，通过权力机关确认国际习惯法在国内的效力，则是以国内规整机制转化国际法律实践。各国公民按照经承认、转化的国际法进行交往，则需要每个公民个体自身的规整机制对国内法发挥作用。

总而言之，规整活动的本质，就是意志主体对内容的吸收与同化过程：首先在各式各样的新的认知当中锁定一段内容，然后将其语言化、并入自身思维的逻辑地位，再与其他思维的内容进行整合，最终构成新的意志，并以语言的方式形成规定。无论是判例法还是制定法、国际法还是国内法、强制法还是契约法，均不可能改变规整活动的逻辑实质，而只是在改变其作用的对象、手段。

同时需要注意，在规整活动发挥作用的时候，可能不改变内容，甚至不改变内容的形式，但必然会改变内容的逻辑地位。比如，一国立法机关在承认国际法条款的时候，可能完全不加以修改；但那未经修改的条文，却因“承认”这一过程，被虚拟的国家意志从国际实践当中拿了过来，归入了自身意志的表达。

不难看出，因规整活动的整个机制都建立在抽象的单一意志主体之上，一个法律体系只能有一个规整机制。这是我们判定法律体系层次的重要标志。

（二）协调与指引

协调与指引实际应一并讨论，主要原因有两个：一是这两个活动早已为大家所熟悉；二是我们实在难以在谈及协调的时候忽略指引目的，同时也难以在分析指引的时候忽略协调基础。

我们所谈的协调，是意志的自我协调。协调过程，就行使意志的每一个个体而言，是形成情形序列的过程；就行使意志的整体而言，是形成合意的过程。我们在讨论微观立法活动的时候已经对这些过程的要素进行了充分的说明，它们的作用就是使纳入思维的客观资料排序整齐，不至于相互冲突，进而形成一个完整统一的意志序列。

在此，我们将国家整体的法律体系视为一个复杂、多层次的意志情形序列。在这个视角下，立法者、司法者、法律研究者的相当一部分工作，都是依附于一国国家意志之下进行法律体系的内部协调工作。他们与其说是在协调意志的内容，不如说是作为意志的客观承载，进行自我协调：许多法律工作者都会领取一个片段的意志情形序列，并学习形成意志情形序列背后的思维认识；他会根据现实的情况不断对比这个意志情形序列，并更新自身的思维。

某个问题领域的所有立法工作参与人员（判例法下当然包括司法人员），则构成了一个承载意志的整体，他们各自的不断反思、对彼此观点的修正，都应当视为一国法律体系背后意志自协调的实践。进而不难发现，任何法律体系都包含一个相互关联嵌套的结构:个人依据自身意志对群体规则进行规整,并通过协调活动更新自身意志;自身意志中与群体相关的部分,则通过对立进一步排斥到群体当中,形成其他个体的规整对象,并构成其他个体意志的协调性内容;多个体的相互规整与合意机制的共同作用(合意机制将解决尚未协调的内容),将导致一个借由语言系统分布存储在诸个体当中的、协调的意志序列;这个存在于群体当中的意志序列,将成为群体共享的规则,并构成针对多主体法律的基础。

进一步地,如果群体并不唯一,而是有多个群体,一旦群体之间产生了规整与协调的必要,那么借由群体当中个体进行的、基于本群体共同的意志序列对其他群体开展的规整与协调活动,将导致群体共同意志内容的变化。如果这个共同意志的变化本身违背了本群体共享意志内容当中含有稳定性假设的部分,那么它就必然在逻辑上对立于本群体意志内容,而本群体共享的意志内容,也反过来对立于其他群体意志内容,并具有了自我实现、自我保持的稳定性假设。此时,我们就能将"意志内容"的"内容"两字去掉,并称,这个群体之间诞生了群体性意志——这个过程将因客观的发展永不停歇。

关于指引,我们很容易得知以下三个规则:

第一,当一个规则体系——无论是基于群体意志还是个体意志——完成已规整内容的协调工作,这个规则体系就具备了逻辑上指引任何意志主体的可能性。这应当是一个常识:如果一个人能作出规定,那么无论这项规定多么不着边际,一旦它被另一个人发现或理解,另一个人都具备逻辑上将其纳入自身意志加以考虑的可能性。这一规则是纯分析的内容,我们不能指望它在案例解决中发挥太大的作用,但仍要强调,它是指引活动赖以存在的逻辑开端。

第二,如果规则体系具有协调上的缺陷,但缺陷不至于影响其他主体的进一步规整与协调,那么它就具备了指引其他主体的必然性。比如,如果一部法律的漏洞与矛盾实在太多,以至于没有人能够借由自身的知识加以理解补全,或者没有人能够运用自身在更高层次法律体系当中经承认的协调权限加以取舍,那么这部法律就无法被任何人运用。

第三,规则体系借由内容、语言表述出来,它就具备了实践中指引任何意志主体的可能性。这一条非常容易理解,我们不再详细论述。

第三节 法律体系运动的分析路径

根据上一节的讨论,法律是意志以语言形式外化到规定当中的结果;法律也因此获得了对其他主体的指引功能。受指引之主体,要将法律规整到自身意志,并生出新的意志且付诸实践。在规整的过程当中,总是要生发出新的内容,并构成脱离于最初意志的实践。新的实践,又要作为认识的质料,反过来影响更多的规整过程,构成更多的实践。

这些提供法律体系运动的基本材料,当然还不是法律体系的运动本身,但它们已经蕴含了确定运动方向、运动模式的潜力。反过来说,我们之所以能够分析出法律体系的要素,实际上也要依赖于对运动过程的判断。本节致力于分析运动过程,还原出法律体系各要素和法律体系运动之间的关系,并梳理法律体系运动的内在逻辑和各项限制。

一、法律体系运动的逻辑基础

(一)运动自身的逻辑基础

缺少了语言系统的联系功能,我们不仅不能说话,甚至难以思考。那么,似乎也可以说,既然我们学到的语言系统通常是既存的(而非自创的),我们在运用这些语言系统进行思维的时候,就必然要受到影响。这在本质上是一个谁来开端、谁来主导、谁包容着谁、谁把谁对立出去的问题。这就又回到了逻辑本身的探查。

本章第二节讨论过,容纳性和对立性是自身就互相对立着而又容纳着的第一性。同时,这个第一性的地位,让意志——作为法律逻辑实质的核心,拥有了逻辑上完全自主的地位。我们的意志一边容纳着世界,一边把自己从世界当中对立出来,但在把自己从世界中对立出来的同时,又要再把意志自身从自身对立出来,让它返回世界当中发展,最终又把它再容纳回自身。然后,在被遣返回来的、容纳着的世界当中,又要边把世界的另一部分对立出来,边容纳着世界的另一部分,并同时对这两个部分进行这一活动,然后再把这两者自身就具有的互相容纳和互相对立的性质,再容纳回自身。

这个运动本身是第一性的,那么,作为一般常识里面“意志”一词重要组成部分的“目的”,在真正的逻辑上就不是单纯被赋予的某个目的。不是说世界里面有一个目的，我们就容纳过来一个，然后把它和自己放在一起；或者单纯地作为他人意志的延展——目的性源于运动第一性本身。或者说，目的性的本质是止不住的一种运动趋势。①

可以想象有一块白布，这个白布上面起初什么都没有。现在白布上面出来了一个线条，这个白布立刻就形成了"线条"和"线条之外的布"这两个部分。如果说自然的世界是这块白布，那么处在运动当中的精神就是这个线条，这个线条注定了要不断延伸，并勾勒出形形色色的图案。同时，这个线条的起点并不是任意给定的，而是从之前的线条分支出去的。线条往哪里走，则是白布已经勾勒出来的形态、其他线条的走向以及线条自身运动的结果，它们互相决定。在这个互相决定的过程当中，线条自身和非线条的部分，两个都是第一位的，或者说，唯此过程自身是第一位的。② 这个过程本身决定了线条和白纸的共存，以及二者的互相勾勒。③

我们在本节谈过，法律是以语言形式表达的意志，而语言本身又是在世界中存储着的意志。无论其所在是文本抑或头脑，法律的逻辑地位和意志的逻辑地位永远同一。因此，法律的目的性，就是意志的目的性；法律的生发，就是意志的生发。如果我们硬要给意志的生发开个源头，那么单就某一个个人而言，他在出生那一刻起，直至死亡，若无特别的精神疾病或脑部损伤，意志总和他自身同时存在。区别不过在于，他是否主动地使用语言手段，将意志从精神当中对立出来，让它不再被自己的精神所容纳，并让意志进入外界。总而言之，法律的目的性，也就源于上面所说的对立着的"第一性"，它仍然扎根于逻辑运动

---

① 通常存在的"目的性"这个说法，实际上源于我们对这种运动趋势的反思；同时，目的性本身也就是我们反思的原因。比如，我们看到运动，会问运动的目的是什么——似乎我们默认本来就有一个目的、一个确定的、可以描述的、作为某种存在、而且不同于现状的一个目的，"摆"在一个运动的终点。但这并不准确，因为按这种思路，纯粹的守恒就难以存在目的，或者谈不上有什么除了保持自身之外的目的。这就逼迫我们把差异性从目的是否存在的判断当中剔除。然而没有了差异，或者说当差异本身并不作为构建"目的"内涵的根基，我们就只能从运动本身入手。此时，"目的"之所以存在，就仅仅因为运动存在，它仅仅是一种对运动环节的描述。

② 海德格尔给过一个比较贴近的描述。海德格尔认为此在是第一存在，这个过程是此在自我展开的结果。海德格尔的视角错了（或许正因如此他的文章才那么难懂）：第一性的不是存在运动，而是容纳和对立的运动，是逻辑运动过程本身而不是伴随过程出现的种种范畴。他想要通过消解诸范畴返回到存在那里的行为，只能停留在理论层面。

③ 读者不妨观察一个中国字：单单线条或线条之间的空隙都没什么作用——两者共存才造就了一个字的整体。

当中。

这里的“主动”，也不过是意志的一部分，是意志的一个方面，但属于较根源层次，因为它是精神能动性的来源和体现。无论法律的作用范围多小，都不可能旨在让我自己无法贯彻这种能动性。比如，“看到吃的就睡觉”——表面上我好像让自己丧失了进一步行动的目的，但从非睡觉的状态到睡觉的状态，这也是一种转换、前进。我说“继续如此”，并照着做了，那么前后两者状态就真的仅是“继续如此”吗？当然不是，后一个状态已经包含了实现的意志在里面了，进而，已经包含了运动的自为要素在里面。

在这里我们可以看出法律目的性的来源：法律总是意志性的，意志总是属我的，我的意志总是对自然能动的，这个能动的意志总是要试图去作一种运动的规定，一种使其自我实现的规定。规定实际上就是“容纳”，精神的意志总是要在下一个时间上拓展着去容纳，使容纳的运动继续，也使我们自身同自然的对立继续下去；而且它不能拒绝这种冲动，即便容纳的对象都不甚明了，意志也要试图拓展容纳——反过来说，这又恰恰是我们自身同自然的对立状态赋予我们的、不可动摇的、属于精神本身的性质。

读者可能会问：这是谈论法律吗？这是谈论法律体系吗？我们为什么没有看到任何法律？为什么没有看到任何理念、概念？

的确，在这个环节，法律尚不可见，或者说无法借助通常的视角观察到。但这并不意味着法律不存在。恰恰相反，正是因为我们先前的视角过于中庸，才陷入了一种错觉，即法律纵使内容上可能包含了许多日常接触不到的，甚至难以理解的概念或理念（如死刑废止），但其形式总是合乎直观、唾手可得。

这种视角可能让我们比较容易接触法律的应用，但难以发现法律的机理。我们现在做的，是从法律的 DNA 发起，从 DNA 的组成发起，研究法律体系构成、运动的环节。在本段，我们谈论的恰恰就是 DNA 层面上的机制。单就本部分所谈论的环节而言，我们可以下这么一个结论（这个结论在第二章曾经提出来过，但被我们搁置了）：任何法律之所以能够形成体系，其真正的根源不在于作为精神和自然相互无穷交互表现出来的社会层面，而在于最原始的逻辑，在于对立着的精神和自然本身。是人类精神和自然的对立运动本身，使法律成为可能。

因为精神和自然对立的形式，天然地具有矛盾性，也因为精神天然地需要以意志为形式，不断地拓展并将自身推介到自然那里，则作为这一推介过程产物的法律，就与意志本身绑定在一起，并获得了这种天然的能动性。法律的目的性不因法律承载的内容而改变，恰恰相反——法律赋予了法律所承载内容的目的性，法律内涵的、根植于逻辑运动当中的、天生的这种能量，让法律承载内容之实现变得可能。

此时，法律的目的出现了，但它还只是一个目的、一个意志，还仅停留在精神层面，停留在创生的可能性上。然而这已经是一个重要的可能性，因为就可供验证的素材来看，大多数生物没有这种可能性：它们绝大多数看上去都没有意志，比如，细菌、真菌、大闸蟹、黄河鲤。同时，就算有意志，它们也缺乏语言，从而无法让意志从自我精神对立到外界，并进而构筑一个存储于外界的意志存在。

即便动物有语言，例如，海豚、黑猩猩，那也不是像人类这般成体系的语言。因此，它们并不能像我们这样描述、定义自身绝大部分的遭遇，并进而产生系统性的反思。它们或许能够将意志对立到外界，但由于缺乏系统性的语言存储位置迁移，缺乏语言的外存储结构，那些对立到外界的部分必不能长久，或者几乎不可能被我们所观察到。

从这里也能看出，构成法律的环节并不仅仅依靠最源头的逻辑范畴的可能性，还要依赖于更加展开、细节的部分。这些部分，恰好就是上文讨论的法律体系诸要素。法律体系的诸要素，一方面为法律真正的生成提供了条件，另一方面它们本来也包含着使意志能够依附于其上的能力。

需要强调的是，法律体系并不是碰巧了能够让我们解读，不是因为神仙或大自然的鬼斧神工，使我们“发现了”一个方法，然后拿着这个方法去构造体系、运用体系——法律体系及其诸要素，本身是我们自己，出于自身存在延展的目的，以合乎逻辑运动的方法，独立创造出来的。

直观地看，出于延展自身存在的天然动机，我们既寻求将意志从精神当中对立出去，也寻求将对立出去的意志吸收回来——语言系统本身就是在逻辑基础上为这个存在运动“量身打造”的工具，由于存在运动本身包含着意志性，这个工具当然要为“加工”意志提供便利，否则我们便应当使用语言之外的其他方法承载意志。我们构筑了语言系统的存储功能，赋予语言系统融入自然界的存在地位，并作为意志交流和延续的手段。同时，若我们忘记了构筑语言的联系、区分功能，那对立出去的意志就无法再返回我们这里，或即便返回我们这里，也不过是无法区分的、只有性质没有内容的抽象的意志，那我们便无法有效地思维，无法调取任何有用的信息。

从本质上来看，这仍然源于第一性自身的对立容纳：对立不是彻底的对立，而是潜藏着容纳的对立。因对立而生的容纳，它的自身结构并不变化；这种不变化，依附于同样恒定的对立；进一步地，它之所以能保持自身结构的不变，是因为它将自身范围普遍、性质恒一地藏在了对立的过程中。反过来说，对立的结构，也因为对立将自身普遍且恒一地藏在了容纳当中，才使无论何种容纳，都具备对立的可能，并保持对立过程本质上的同一。

简言之，容纳和对立都是自为的，它们的自为建立在它们的矛盾之上。[①] 对立和容纳共同使对立和容纳互相容纳却又互相对立、互相提供落脚点而又互相提供区分的依据。在此逻辑过程当中，形成了范畴，而这第一个范畴就是范围，这个运动就是作为一切运动最根源的第一运动。[②] 从此，容纳不再是浑然一体的容纳，而是开始区分，而区分的部分又要开始互相包容。精神就站在其中一个部分——毋宁说精神就是其中一个部分——容纳着其所容纳，并逻辑地对立着另一部分；精神因其与该容纳的同一，因其与另一个部分的对立，自称为"我"。[③]

因对立自为之故，已经陷入了第一运动的精神和世界，必然陷入永恒的逻辑矛盾运动。这使精神天然地带有延展性，它总是试图延展到世界，辩证地履行运动的职责；也使精神天然地带有意志性，同时天然地寻求方法，将意志对立到世界当中去发展，然后再让它返回来形成精神自我的发展。

法律体系运动的第一个环节，便在于此。法律便是精神寻求到的方法，它

---

① 熟悉德国哲学的读者可能注意到，这部分讨论的构成方式与黑格尔有些许类似。然而经历过现代哲学的洗礼，我们必不可能将其直接搬过来使用。我们在此仅吸收黑格尔看问题的范畴意识、范畴运动意识，但仍要对他的着眼点存疑。将存在摆在本体论至高地位的做法，已经借由我们对"容纳"的证明消解了。参见［德］黑格尔：《小逻辑》，贺麟译，商务印书馆1996年版，第187～217页。

② 读者可以将其理解为黑格尔所称"定在"与另一个"定在"接触的部分。

③ 读者还需要注意的是，我们没有附和现象学的方法，也没有附和分析哲学。部分读者可能熟悉海德格尔。海德格尔意图通过拆掉阻碍体验时间中天然流动存在的、人为规定的诸范畴，但正因为他意图拆解的是附于存在本体论上的范畴，他在对抗的同时必然也要跌入存在本体论窠臼，或干脆成为一个负面的镜像——这好比先预设了一个二维平面，并告诉我们，人类的思维就是在二维平面上面画圈圈，所以要跳到三维去看二维的圈圈，这本就是一个不可能的任务，其对抗的模式就决定了其不可能实现。虽然我们的确能够设想它，但正如俗语所说："屠龙之人亦成待屠之龙。"容纳本身不是海德格尔所称的"存在"。海德格尔意图让我们从关注作为世界的尺子上的诸刻度（范畴），转向到关注刻度本身的生成过程，然后最终抛弃刻度，但他仍未脱离尺子边缘的一维框架；而容纳是一个纯粹构造性的逻辑范畴，是运动本身，它甚至不是显像，而是令显像之所以可能的先天构造。另外，我们也不赞成语言分析的视角，这个视角过多地关注了含义、验证，这的确避免了走向一个不可能的任务，但关于"范畴如何可能"的问题却被模糊了。关于这些话题，可供参考的文献很多，在此仅举数例，供读者按图索骥：［德］马丁·海德格尔：《存在与时间》（修订译本），陈嘉映、王庆节译，北京三联书店2014年版；［英］迈克尔·达米特：《形而上学的逻辑基础》，任晓明、李国山译，中国人民大学出版社2004年版；叶秀山、王树人总主编：《西方哲学史》（第7卷）、《西方哲学史》（第8卷），凤凰出版社、江苏人民出版社2005年版。

的本体不是别的什么,正是尚处于运动过程当中的意志,而且是处于精神和世界互相扬弃对立过程的,同时作为两者之间桥梁、隔断、黏合剂、排斥力的意志。法律的本体是一个由精神创造出来的特殊环节,法律的根本逻辑地位是精神与世界相互矛盾运动所赋予的。法律的运动构造,是以意志为内容,从精神运动到世界的过程。

简言之,单纯的既容纳又对立着的第一运动,要进入利用这种既容纳又对立的状态,去实现运动本身的不断发展,就必然会产生对新的运动环节的需求。而这种需求恰恰就是一切法律体系得以存在的根本,是法律本体的来源,是法律运动最原始的第一环节。

在这个环节当中,法律还不是具有内容的"东西",或者说"对象",法律仅作为精神对立世界能动性的运动着的过程,在单纯逻辑的层面上存在。它是这个能动性自我施展的过程本身,在精神对立着世界施展自身的过程当中,法律作为精神施展的手段诞生了。在其诞生之时,法律就已经包含了后面环节所依赖的一切逻辑基础,并从根源上被赋予了一切具体要素得以展现和施展功能的可能性。

(二)法律体系存在(作为基本运动)的基础

仅就第一运动来看,容纳也好、对立也好,还处于最初级的阶段,它们还只能作最初级的、最直接的规定。然而,第一运动自身的特性,就决定了它的一切要素——容纳、对立、作为对立之对立的容纳、作为容纳之容纳的对立、潜藏在对立和容纳矛盾之中的运动势能——都不可能满足于这了无生趣的原始。它们通过自身的延展进入第二个运动阶段:广泛的容纳内复又有对立着的容纳(精神与世界)、广泛的对立内复有容纳着的对立(仍然是精神与世界)。

在这第二运动当中,法作为第二运动之运动环节,站了出来。第一运动为了进入第二运动,创造了"法"这一环节,以实现针对另一方的运动。[①] 或者说,

① 我们不妨从直观上理解这个例子:当一个人仅观察股票市场,同时假设他所在的社会只有股票投资这一项活动,他充其量能获得股票市场的一切知识——这就是最原始的对立。但我们绝不可能在这个空想的社会中找出一个满足于仅仅观察股票市场的人,因为如此一来,这个人就停止了他一切的社会活动。无论出于好奇心、利益还是寂寞,他必定要开始做一些可能影响到股市的事情。即便他仅仅向别人谈论股市,这个"别人",作为股市的参与者,也会开始真正地对股市产生影响;或者说,至少有一个人,能够对股市产生影响(否则股市就不存在了)。总之,这个人总会对股市做点什么,而这就是法的环节。缺少了这个环节,此人便不是这个社会的人,我们也就没有在该社会背景下谈论他的必要。至于社会"为何如此",我们无法考证,这超出了我们的认知范围,我们只知道这个社会"是如此"——就像世界那样。

在第二环节当中，法从最初的可能性中跳出来，作为运动着的环节发挥功能。

精神既然要试图把对立着的世界纳入自身的发展当中，它就必须超越第一环节。它已经“设想了”用“法”作为拓展的手段，但问题在于，此时的“法”，一方面有了可能性，另一方面也只能是一种可能性——因为法根本没有实在，没有实在的法，就如同没有实体的船。商人不能用脑子里面的船来做生意，同样，精神也不能用仅仅停留在可能性层面的法来和世界交往。

什么构成了法的第二环节的“龙骨”？应当是实在。最原始的实在，当属精神对第一运动的认识本身。第一运动因其与精神之间构造与被构造的关系，理所当然地、直接地从逻辑范畴上就容纳在了精神当中；同时，精神也因其源于“容纳”，而从构造上获得了自我同一性，以及对第一运动的一切要素的直接了解。而当精神因其与第一运动之间的直接性获得了对第一运动的了解，自身本就作为广泛的“容纳”的一个环节的精神，当然地就对第一运动的一切加上了“规定”，即精神不再仅仅因第一运动自为地规定着，它还借助自身与第一运动的直接性，将第一运动的一切在精神自身那里容纳着，并因这种容纳，将这些东西全都规定出来了。这是最原始的“认识”环节。

认识产生了内容，最初的内容，就是被规定了的第一运动。当第一运动借由规定，在认识当中以“内容”显现出来的时候，“形式”也自然同时显现了出来。这最初的“形式”，也是第一运动本身，即第一运动借“规定”，形成了“它是运动”这样的内容。请注意，“它”“是”“运动”这三种概念之所以能够存在，又是因为第一运动自身的性质：是第一运动当中的对立，使“它”能够被我们说出来（否则无所谓彼此，也就不会有“它”这个词）；是第一运动的容纳使“是”能够成立；又是第一运动自身使运动本身成立。第一运动因其自身的性质，从而被精神规定了。精神，则因为规定了第一运动，在逻辑当中上升到与第一运动整体相矛盾的地位。

在这个关系当中，与认识相对地，实在范畴出现了：精神获得了对第一运动的包容的那一刹那，规定性活动在精神这一侧就显露为认识，而被规定的、容纳的对象就形成了实在。

我们很容易察觉到，由于精神和第一运动产生了新的关系，认识——实在这一对概念在逻辑上超越了第一环节。由此，“法”这艘大船有了可以承载的内容，精神可以将它送到外面“乘风破浪”了。在第二环节当中，精神将其对第一运动的认识，作为最原始的内容，对立到世界当中去，并期待它能够返回自身。

此处有一个问题：精神如何做到这一点？最初的世界难道不是空无一物、

抛过去就再也没有回音了吗?

需要注意,此处绝不可以把我们平常想象当中的空洞,与逻辑当中的"原始"混为一谈。在这个阶段当中的精神和世界,并不是我们想象当中的那种直观的"一片什么都没有的场地、空间",而是互相对立统一的两个紧密相连的部分。在如此紧密的情形下,精神并没有和世界隔着一段距离,也不需要跨越这个距离把意志抛过去。精神要做的,不过是喊一声——如果它能在逻辑的世界里面"喊出来",它就知道自己已经和世界对立着了。如若不然,则只能说明一个问题:精神还没有获得表达自己的可能性。在如此原始的逻辑阶段,无法表达自己的原因只有一个:尚且根本就没有"自己""其他"这样的概念;换句话说,(因为第一、第二运动并不存在时间先后,而只有逻辑层次的先后)作为发展了的矛盾的环节,精神缺乏向其对立过渡运动的可能性,还没有进入第二运动当中。

现在精神要想办法和世界沟通起来、相互运动起来。它是如何做到的呢?自然是利用"法"这个环节。此时,能够让法承载的实在,仅仅是精神规定着的第二运动。精神无可选择,只能用第二运动与世界沟通。沟通的方式也很简单:精神只要"去规定"第二运动,沟通就完成了。

为什么如此重要的步骤,只用"规定"就能完成?这里的思路和上面的"能不能喊出来判定法"完全一致。简单来说,精神要么能够规定第二运动,要么不能。但这是不可能的,如果它不能规定第二运动,只有一个原因:第二运动自身不存在——由于"规定"与"第二运动"是共生的,"不能规定第二运动"当中的"规定"二字也就无从谈起。反过来说,如果第二运动的规定是可能的,那么精神就已经处在"广泛的容纳内复又有对立着的容纳(精神与世界)、广泛的对立内复有容纳着的对立(仍然是精神与世界)"这第二运动当中。而我们又谈到了,从第一运动到第二运动的过渡,直观来看就是第一运动自身性质作用于自身产生的必然结果,那么第二运动就是必然的,精神也就必然能够规定自身。

当精神连带着自己,将第二运动在精神自身的容纳中规定了出来,精神就完成了从单纯容纳到意志地、能动地容纳的转变。因为此时精神已经不再是"无知"地单纯"作为"矛盾运动的一部分,而是借助自己作为第二运动的一个环节而获得的规定能力,为自己在第二运动当中的环节性进行了规定,同时也就规定了自身的能动性。此时,我们能够说,在第二运动当中的精神,因第二运动而具有自为的能动性。①

此时,精神的容纳便不再是那个原始的、只与“对立”相矛盾统一的容纳,而是前进到了自身规定自身能动的容纳。精神自己知道自己容纳着,知道自己的容纳是能动的容纳,自己决定自己的容纳是能动的容纳;同时,因为精神这么做了,精神也获得了构成第二运动一环的资格,也赋予了它和第二运动互相扶持着、以这种方式运动下去的能力。精神便以这种方式,行使了第一个“意志”,亦即行使了第一个“法”。

读者可能已经熟悉了我们对法律的基本逻辑定义:“精神上由目的性认识和规律性认识相结合(意志的内容),实在上对行为、事物状态(实在的内容部分)作出描述性的(规定的语言形式)规定。”现在,一些读者要问,精神的第一个“法”,和这个定义能不能匹配?如何匹配?

在第二环节,这个“法”,不是别的,正是精神对第二世界诸要素的规定本身——这恰巧也是“规定”二字既能作动词也能作名词的根本原因。② 在第二环节,精神的认识,就是这规定性的认识,而且是连带自己身处其中的、整个环节的认识;同时,因这认识、因这规定,精神把自己的状态规定出来了,把整个第二运动规定出来了,也把自身在第二运动当中的地位规定出来了。

如果读者还要问:“精神如何执行这最初的‘法’?”我们可以说:精神规定了自身,就是对这规定的执行——精神因对自身的规定,而获得了精神自身在第二运动当中的地位;而精神之所以要规定自身,是为了“彰显”它在第二运动当中的地位。第二运动决定了精神需要意志性地规定自身,而精神恰恰规定着自身,精神便实现了它的意志性。同时,也为进一步的运动提供了可能。

在此稍作总结:由于精神已经具有了自为的属性,我们便不再过多地探讨它。只需记住:(1)第二环节由规定、精神、世界等环节构成,第二运动也使它们共同、同时地成为可能。(2)出于第二运动本身的自为,精神和世界都天然地含有向对方进行矛盾运动的冲动,精神侧的冲动即为意志。(3)又因为第二运动是一个整体,所以规定同时面向精神和世界。(4)我们能够了解的,只有精神侧

---

① 读者可能发现,我们并不能够排除“世界”同样也具有这种自为能动性的可能。实际上,这或许也是部分原始机械唯物主义观点的逻辑根源。由于篇幅原因,我们在此不予讨论。

② 从语言上来说,“规定”既可以是动词,也可以是名词。这不是偶然,英语当中的“规定”即为系动词“be”。当然,它既可以作系动词,也可以作动名词“being”,不过只要“be”出现在一个句子里面,我们就知道某个“存在”被规定了。关于这个问题,邓晓芒老师有过比较简洁的论述。参见邓晓芒:《邓晓芒讲黑格尔》,北京大学出版社 2006 年版,第 13 ~ 20 页。

的规定环节——法,精神在法这个环节当中,从第二环节整体的高度规定了精神、世界以及二者之间的矛盾关系;第二环节也借由法这个环节,在精神的容纳当中显现出来。

(三)法律体系发展运动的基础

精神在规定了自己之后,不仅要试图容纳作为对立的世界,还要试图将自身直接扩展到世界那里去。然而精神和世界在本质上都是容纳,而且它们已经天然地具有矛盾性了,所以精神无法真正地直接成为世界本身,而只能通过在与世界的矛盾运动当中,显现为一种共同的丰富过程。这种丰富过程,就是精神不断地在自己的容纳中规定着世界,规定着自己与世界的关系、运动状态等。经过规定而得以在精神内容纳的对象,就具有了实在性。

我们谈过,精神具有意志性,即精神规定了自己针对世界的无穷运动与矛盾扩张。基于意志性,精神总是要丰富对世界的规定,总是要把世界、精神和世界的运动状态等一切基于第二运动范畴的实在都容纳到精神当中来。我们从第二运动的性质上很容易就能看出来,在这个过程中,精神通过规定的方式丰富规定,前一个规定帮助了后一个规定的产生,每一个规定都为了后一个规定而存在,后一个规定就是前一个规定的目的。精神的意志性就是要把这种规定延续下去。

在这个过程中,精神的意志持续着,法作为精神为实现意志、同时也包含着精神意志而进行的规定,自然不断持续着、扩展着。精神每一次包含意志的规定,都可以视作法。比如,一个人对于一台电脑,可以将其规定为电子设备,也可以将其规定为放在膝盖上的写字板,还可以将其规定为枕头——这些规定虽然内容不同,但均出于精神向世界运动、扩展自我的意志。在每一种规定当中,都包含了精神对其所容纳与精神自身之间运动关系的界定。①

在清理了上述逻辑基础之后,我们终于得以转向日常熟悉的实在内容。这些实在内容的共同特性——如前一段所言——就在于它们能够被称为“实在”,

---

① 从现象学的角度看,与其说每个人生活经历不同,不如说是他们获得的世界的现象不同。而从第二运动的角度及运动论本身的角度看,倒不如说,人们经历的轨迹不同,实际上是精神和世界互相规定、互相容纳、互相丰富的路径不同。海德格尔在《存在与时间》中对相关话题作了充分的讨论,但他没能完成这个话题。他试图将矛盾论的着眼点从实在进一步推到运动,却忽略了对运动自身可能性的建构,仅仅作“被抛”的理解。因此,他对于存在运动的叙述是不完整的,尤其是没能揭示其背后的第一运动。他的贡献是揭示了存在的运动性,但他没说清楚运动本身是什么,以及精神(此在)在运动建构层面上体现着的容纳本质(当然我们仍然应当肯定他在第二运动层面上,描述运动之建构的成果)。

是因为它们已经被纳入“规定—实在”这对范畴当中;而它们在被纳入这对范畴的时候,又必然地成为精神在世界的影响下、向着世界实现自身运动意志的产物。易知,意志是在同世界的共同运动当中,维持着自身并实现着自身。

意志性的运动,因其所依赖的逻辑运动结构,总是蕴藏着返回自身的动机。而且意志不能拒绝这种动机,毋宁说这种动机是第二运动赋予精神以意志性运动可能性之时,融入意志性运动当中的。既然如此,这些在精神当中得以被规定的实在内容,就不仅仅是我们寻常理解的、出于单纯的被动接受过程,因直观而被纳入精神。任何内容,只要在精神当中获得了规定,并在规定中被赋予实在性,那么它就已经被纳入精神的发展运动当中了。

同时,我们也不能说,是精神赋予了世界形体——基于任何确定一方向着另一方展开的视角,都会造成无止境的循环论证。在这个结构上,关键不在于哪一方,而在于使我们能够看到两方的运动本身。这就好比使我们看到硬币有两面的,严格来说并不是因为硬币自身,而是因为制作硬币的过程;是过程赋予了硬币两面的性质(另一种过程可能制作出立方体)。同样,是运动结构本身使我们能够作为这个结构的一部分,返回来从精神的出发点观测运动,但运动并不以精神为出发点——运动就是运动。

以此视角出发,法律体系诸要素的逻辑地位就自然地显现出来:

内容架构当中的意志性和规定性,显然存在于运动环节之下的、更基础的构建之中。精神活动的容纳本性,则赋予了语言以联系的可能——联系过程恰恰就是从精神侧进行规定的过程。被规定的内容自然形成了被容纳的部分,并因规定活动,形成了向着精神和世界的对立,它既不单纯属于精神也不单纯属于世界,而是对立着作为反思性的环节,被赋予了与运动着的其他内容相互对立的地位,或者说因规定活动而天然地获得了稳定性。

这种稳定性复又源于精神和世界相互对立运动内在的扩展上,即这种运动既要包含不稳定的、不断相互规定进而互相丰富的方面,又要规定同时稳定地存在于双方互相容纳对立过程当中的方面,则存储的可能性也被赋予了。[①] 进

---

① 我们并不是主动地创造了存储功能,也不是世界本身带有被我们开发存储功能的可能性,而是运动自身的发展,同时赋予了精神将自身所容纳存储到世界的能力,也赋予了世界接受精神存储的能力,还赋予了这种存储可能返回精神的能力。真正让一个画出来的圆成为圆的,不是圆外的部分,不是圆内的形状,不是作为线条的圆形,而是画出圆形的过程——这个逻辑当然可以无限迭代下去,直至第一运动,便再也无法继续下去了,因为第一运动是彻底的自为。

而,被存储着的规定内部,也必然随着双方运动造成的不断变化而不断丰富,并体现为内容的差异。与此同时,运动一方面从其稳定性一侧吸纳着精神对世界的规定,另一方面又从不安分的一侧让这个规定返回到规定过程当中——从精神一侧来看,这便是在其容纳范围内的规整、协调和指引。

(四)法律体系发展运动的相关范畴

规定活动体现着稳定性,但这种在规定活动中表现出来的、运动着的稳定性必然不是自为存在的。它的确是"精神—世界"这一维度上"横向"对立运动的结构性要素,这似乎给了它一个在规定运动环节当中较为基础性的地位。但细观之,这一运动除了发展出了稳定性之外,还发展出了差异性。差异性和稳定性,又作为对立着的整体,在规定活动自身这里展现出来。

这里有两对差异性和稳定性需要区分。第一对是规定活动造成的差异性和稳定性;第二对是规定活动自身的差异性和稳定性。诚实地说,即便已经将它们区分出来,如果我们不引入后面的一些概念,便很难理解差异性和稳定性的确切含义。但在此之前,我们还需要澄清两个问题:

第一,在规定活动过程中,精神容纳了从自身出发、从世界返回的规定内容。这个经过规定的内容,因其是在精神之中得以容纳,故从属于精神的部分,又因其需要经过世界才能返回,故包含有同世界相互运动的部分;那么它就作为一种在精神侧实现的、对精神同世界相互运动的容纳,而被容纳于精神当中。不难理解,这自身就是一种运动结构,同时这种结构也构成了我们日常进行规定分析的逻辑结构基础。即我们对任何规定内容的逻辑分析,最终都要回到这一过程。

第二,从运动自身的角度来看,规定并不特殊,它仍然自相似于先前一切运动。我们之所以认为它有别于第一运动、第二运动当中的容斥,并不是因为运动本身出了差错,而是因为运动不同阶段累积下来形成的效果不一样。这好比某人画了一条直线,然后往上折 90 度,然后再往右折 90 度,然后再往上折 90 度:如果只有一开始的过程,旁人可能觉得他就是在画直线;上折的时候,别人可能认为他在画一个角;右折的时候别人可能以为他要画一个之字;最后折的时候别人会觉得他在画一个阶梯——无论如何变化,运动本身没有变。当然,这也不影响我们在第一章作出的一些结论,比如,我们永远不可能知道为什么世界以时间和空间的形式展现开来。我们最多只能知道这些运动的基本规律是对立分合,但却无法得知为什么它不是其他的方式(请注意当我们试图找"其他"的时候,已经返回了这一规律)。

为了说明差异性和稳定性(它们本身也只是显现出来的性质),我们需要引入时间概念。

时间性着实是一种差异性,而这个差异性背后又是运动性,运动性背后终究归结到了第一运动,归结到矛盾着的原始范畴。我们之所以能够反思时间,是因为时间不过是附着于被规定、被容纳的对象上的差异。我们说“过去一段时间”,其实是在说过去发生过的、被反思进而被容纳到精神当中的实在内容。

举个例子:当我们说“一秒钟”,说的是什么呢?无非是一种运动的可能性,运动普遍变化的可能差异。石头的运动和TNT爆炸的运动,是不一样的;我们之所以能够认识到这一点,是因为它们受到精神容纳的成果不一样。但精神就是要从这种普遍的不一样当中对立出一个一样、对立出一个不变的要素。它没有办法,只要对立出一个时间的概念,这个时间的概念,实际上是一种普遍的差异可能性。直观来看,正因为各式各样的运动有所差别,我们才需要时间来统一描述它们,统一描述它们的差异;如果这世界只有一种运动,我们就不需要时间了。因为我们已经身在其中、不知任何差别。①

或者应当说,我们并不是先看到差异,然后用同一时间内运动的不同来给这些差异定性;而是时间本身和差异就是相互包容的概念,我们因运用了时间范畴才得知差异,因差异而验证了时间范畴。进一步地,正因如此,我们才强调,在第一运动和第二运动之间是没有时间性的。因为第一运动和第二运动是同时的,这两个运动令人惊异地作为分合两段相互依附着。因为我们试图以作为第二运动一部分的精神去容纳第二运动和第一运动,而时间就已经在我们作此尝试的时候,从这种分析当中消失了。时间是第二运动之上的构造显现。用我们上面那个画图的比方来说,它是画到阶梯层面才出来的东西——我们不能用阶梯的定义作为直角定义的基础;进一步地,我们还不能用阶梯的构造,来区分直角和直线哪个才是更基础的构造——但反过来,这个过程便能进行下去。

然而,这仍然不是时间的确切逻辑定义。如果这便是,那么自然就会有一系列问题:它和稳定性又是什么关系?它如何影响稳定性和差异性之间的对立?它自身内在的构造是什么?等等。

当我们退回到第二运动层面,一切问题就迎刃而解:时间着实是第二运动发展的度量。它并不是什么规定出来的附属品,它就是和规定对立着的运动,

① 请注意这里面的“一种运动”的定义:哪怕对于匀速运动来说,它仍然需要相对于作为精神的我们的“存在运动”,体现为“另一种”运动。

而这就是在精神侧反映出来的第三运动本身。更简洁地说,规定、时间、内容——这三者构成了第三运动的要素;这三者同时容纳着第二运动的一切属性,也对立着第二运动的一切属性,并最终使第三运动从第二运动当中对立出来。

当一个人确认时间存在,他总要依赖能被规定的内容的变化,而内容的变化对他来说,又恰恰是时间的确认。一个人盯着一片白板发呆,他的时间发生变化了吗?他实际上不知道——除非他自己在心里读秒——而这已经使精神当中那一块被规定为无变化的白板,有了变化的参照物,白板便已经不再是彻底无变化的了,而是作为一个变化着的整体的一部分。白板那看似停滞的时间,就成了假象,仅仅在内容上恒存着。然而他又可能如此入神,浑然不觉自己越读秒越慢,则他通过读秒规定出来的时间便又要慢于外界的时间;然则外界的时间本身,也不过是被规定出来的、以广义上的语言形式对立到世界当中的规定动作。我们或许都有这样的经历:思维敏捷的时候听曲子,感觉总是要比极度疲劳时听,音乐节奏要慢。如果我们假设曲子自身的长短没有变化,唯一的可能就是我们自身对曲子在精神当中的规定性容纳变得缓慢,本来的差异被这缓慢的规定活动放大了。

上述这般,都还不过是直观层面的体验。然而这些直观体验反映出来的是基本的时间范畴,这个范畴建立在时间和内容在规定当中的互为运动,或者说第三运动上。容纳对立两者第一运动的发展成果是精神和世界的容纳对立,即第二运动;第二运动的发展成果(作为与精神同一的我们可能观测到的部分),是精神侧反映出来的进一步容纳对立,即第二运动落实到精神侧的体现。在第二运动的要求下,精神必须向着世界,以预设最终返回自己的方式进行扩张,这是精神和世界之间的运动结构。第三运动则体现了这种"返回 × 扩张"运动内在的结构:规定时间之上的规定,因而受规定内容必有时间性、必然是规定的成果;时间在被规定内容之上反映出时间性,因而时间必然是规定出来且由内容体现出来;规定活动之所以可能,又依赖于它能够规定出一个时间性的内容。

乍一看,这似乎是三个互相同义反复的范畴。如果我们进一步地把内容划作规定过程的结果,那么这就是两个同义反复。然而"规定—时间"这一对范畴及其相互关系,实际上可以证明。从它们之中的任何一个出发进行推理都能够得到相同的结论,在此我们仅介绍一种:

我们先试图把规定,即从精神对立出去而又对立回来的容纳过程拿掉。显然,缺乏这个过程,我们不可能找到任何在精神之中的内容。这个过程有许多体现,比如,直观地说,我们可以认为“看”是规定着世界和自我的一种方式。①在看任何东西的时候,精神都不再简单地自为同一,即单纯地容纳着自身,而是容纳着经“看”这个动作返回到精神的内容。

如果我们剥夺了这个过程,那么这个内容,即返回到第二运动精神侧的那个“被容纳”就消失了;进一步地,如果剥夺了任何类似于“看”的手段,那么精神就只能容纳其自我。我们甚至可以怀疑,此时精神是不是连“自我”这一属性都无法建立。因为我们着实剥夺了让精神得以向着世界进行对立运动的种种手段,而如果精神没有任何手段完成第二运动赋予它的使命——如上面的例子,就是连“喊”都喊不出来——那精神何以完成对自身的规定?

这个问题不仅能在逻辑当中存在,也在日常经验当中存在:有的人睡觉做梦,有的人睡觉不做梦。不做梦的人经常描述:他们睡眠的体验,就是倒下去,一开始迷迷糊糊,突然一睁眼,却发现已经天亮。

对不做梦的人来说,他们的睡眠(如果这种睡眠的标志是停止任何认识)和一段死亡没有区别:精神在彻底的沉睡中没有任何手段能够确认自身,否则睡梦体验对于他们来说就只是在黑暗中等待日出降临。恰恰相反,他们不仅不会体验到任何黑暗和等待,甚至连“我在睡觉”都无法确认。睡梦当中的时间对于他们来说被彻底剥夺了。或者更准确地说,因为缺乏任何与世界交互的手段,精神根本做不到自我确认(不要忘记这本身就是精神侧作出的第一个规定),遑论建构时间。

在这里我们也看到,时间不是形而上的物性或什么自为的范畴,而是必须通过精神侧的规定,在第三运动的整个运动结构当中,被我们发掘出来。许多人可能认为时间不能定义,并声称试图定义时间的想法是愚蠢的;然而这种声明的前提,在于时间能够作为下定义时候的一个维度——这就犯了最根本的错误。时间不是用来定义的维度,而是和定义一同相互生存着,并和规定一起构成了“规定—时间”这个运动的全体。

简单来说,时间是否“存在”是个伪命题,因为时间是附着于第三运动之上的。我们根本无法确认任何自行流动、让万物依附于其上的时间“存在”,因为

① 在这里需要再次强调,“看”属于第三运动在精神侧的体现,然而当我们从运动本身观察它,它实际上同时让精神得以确认世界,并进一步对立着世界的存在性,也赋予了世界得以在精神当中扩展自身的可能。我们后面所说的,均是出于方便叙述,从精神侧出发的说明,不可简单理解为运动本身的属性。

这种流动本身,是我们进行了规定的成果。飞矢不动的诡辩之处也在于此:我们知觉的运动属性并不能单独存在于被规定的内容一个范畴之内,运动的属性附着于第三运动整体结构之上;人的确因反复规定“飞矢”,而使飞矢丧失了表面上的“连续性”,但真正的连续性没有消失,它在规定活动的持续之上,在一个规定接着另一个规定里面。一个规定接着另一个规定的原因并不是时间本身的连续性,而是其所处的核心概念,即第一运动;第一运动赋予了每一次规定相对于其他规定的对立趋势和内在的相互容纳联系,并让它们能够进一步在容纳和对立本身的层次上与精神整体勾连起来。

简言之,规定和时间互为,并共同构成了第三运动的构件;他们互为且与第三运动互为,进而第三运动整体在第二运动的基础上自为,并显现在精神侧。

(五)小结

在这里,我们稍稍总结一下上面的诸多结论:

第一,容纳与对立是第一运动的基本构件。容纳和对立互为,又分别和第一运动整体互为,进而第一运动整体自为。第一运动又因自身的本性,蜕变到就其自身而言既容纳又对立的新阶段,即第二运动。

第二,精神和世界是第二运动的基本构件,自身就是容纳且对立着的运动本身;精神和世界在第一运动的基础上构成第二运动,它们均试图容纳对方而又排斥对方,均试图以最终容纳回来的方式对立,而又以潜藏着对立形式的方式容纳对方。同时,在第二运动当中,任何一方对另一方的对立性容纳、容纳性对立,是不能停止的——第二运动整体自为,且在其构造当中体现这种自为。我们将第二运动在精神侧体现出来的自为定义为精神的意志性,出于意志性,精神必然要向着世界、进而向着第二运动整体,试图完成它在第二运动当中的使命,并在它这样行为的时候,在第二运动当中实现自身,同时也实现了第二运动。

第三,规定和时间是第三运动的基本构件,它们和第三运动本身共同构成第三运动整体,并显现在精神侧。时间体现在规定过程当中,规定也体现在时间当中。两者都作为精神意志实现的手段,在精神侧被定义出来。第三运动也作为第二运动的对立,和第二运动共同实现着对方。

第四,经规定的内容,因其在规定过程当中被赋予了时间性,或者说被赋予规定和规定之间的矛盾属性,而产生了独立于精神和世界的地位。

由此得出几个有用的推论:

第一,“规定的时间性”是个伪命题——只有规定着的时间性,没有规定的时间性。一个规定的活动自身如果没有对立到下一个阶段,那么对于这个规定的活动来说,时间没有变化,或者说无所谓时间存在不存在。如果有任何时间性的话,那也不存在单个规定环节当中,而存在于一个规定和另一个规定在对立的前提下体现着的相对性当中。一个精神规定性的容纳有所变化,另一个不变,若另一个精神无法意识到第一个精神的变化,则时间性仅存在于第一个精神处。

第二,时间性不存在于规定自身,也不是一个超脱的概念,时间性体现在精神自身的不断规定当中。如果硬要用直观比喻的话,时间体现在规定频率的对比当中:同样的音乐,一个人听起来节奏快而另一个听起来节奏慢,则双方才会有时间差异。就音乐自身而言,又因为它自身的变化借由规定活动在精神侧容纳出来,才显示出时间性。

第三,因形而上的连续时间不成立,则内容的连续性也就无法独立存在,而必须依附于规定的连续性。由于规定的连续性只能是精神侧的,则其只能由精神自身证明。

第四,语言的地位,在于它是被精神对立出去的、仍存留在世界范畴之内而又等待着返回精神的规定。它首先已经是规定了,且因其存留在世界处,得以在尚存留的状态下,与将其对立出去的那个精神的一切规定活动及时间参考相隔离——就任何一个精神个体而言,他尚未与之进行交互的语言系统,自身都不具有时间性。语言及其所容纳的内容,只有在返回了任何一个个体精神的容纳范畴,才能继续将其自身作为其他(或就是这一个)精神个体所规定并对立的内容,恢复出来它的时间性。

第五,语言的时间性,并不简单是精神自己持续规定活动体现出来的时间性,还在于它体现了其他精神规定活动内在的时间性。精神并不简单地将回到它容纳范畴当中的语言作为自身一系列规定活动所显示时间序列的一个点;语言因其源于规定,自有其内部的时间序列;精神在规定了语言并将其纳入自身的时候,实际上是将语言作为一个内在具有"小序列"的内容,与其自身的序列承接起来。

因此,我们不能简单认为,过去写就的文本必然反映着过去的内容,因为"过去""未来"这种形而上的时间概念,在规定环节当中根本不能成立。只要语言所容纳的部分内容,在接受这个语言的精神那里还没有被规定出来,那这部分内容,对于这个精神来说,就是一种"未来",或至少是一种"当下"——无论如何绝不是"过去"的内容。这一点极为重要,我们将在下文的讨论中结合更具体的法律体系运动环节展开说明。

二、法律体系运动分析的几个前提

(一)对分析视角的澄清

通过梳理逻辑得知,在研究法律运动问题的时候,我们既不应当以精神为本体,也不应当以世界为本体,而应当以运动本身为本体。从逻辑上我们已经论证了这一点。

从实用性上看,这也有好处,它能够帮我们摆脱许多烦扰。比如,我们无须比较精神和世界的第一性,因为两者的第一性都要退回到第一运动本身。在第一运动面前,或者直观地说,在我们最终的证明能力面前,"谁决定谁"是一个伪命题,因为是第一运动整体赋予了精神和世界两者互相认识的能力。一个人如果认为"我死后哪有洪水滔天"是荒谬的,那我们不妨问问他,他究竟是通过什么得知其荒谬性?事实上,如果我们假设所有人都死去,或者说我们剥夺了"认识"的可能性本身,那么"世界"这两个字(假设他说的是一个"实体"或者"物理的"世界),就不可能单独成立了——至少在人类语言可及的范围内无法被实际地验证成立,因为它总要包含在内涵精神侧面的第二运动当中。真正的终结,既不单纯是精神的终结,也不单纯是世界的终结,而是运动本身的终结。更准确地说,是第二运动的终结,而不仅是在精神或世界任何一侧之内运动的终结——这样单纯在一侧之内的运动的终结,本身也不过是臆想。

以运动为出发点,我们看到,法律既不是依附在精神那里,也不是依附在世界那里;它既不是什么简单的工具或成果,也不是至高无上的理念或原则。法律实际上是我们经由错误的认识方法,割裂第三运动的结果。

原生阶段的"法",或者说一项"新法",并不是"一个概念出现了"这么简单——它的本质是新运动的产生。这个运动指的是运动本身,而不是反映在精神或世界任何一个侧面的内容。运动本身的发展使:(1)精神和世界更加丰富了,且这种丰富同时体现在两者容纳之中;(2)精神规定了对立地容纳在精神和世界双方那里的运动之发展,并在这个环节当中同时赋予其精神一侧的时间性与规定性。单纯谈论这个规则可能令人费解,我们举例说明:

如果我们问在《战争与和平法》之前有无国际法,这似乎令人称奇:如果没有先前的国际法实践,格劳秀斯此书何来?然而,我们又要问,在这之前的是什么样的国际法呢?如果我们想要解答这个问题,就又不得不回到国际法的诸多理论,然后追根溯源,回到格劳秀斯的书里面去找寻分类标准。同样地,我们可以问,《国富论》之前有无经济规律?答案或许是“有经济规律”。然而当我们判断“有经济”的时候,“经济”二字之判定,却又依赖着亚当·斯密的著作。或许我们还能继续把这个问题再细化,比如,一些精研国际法史或经济史的学者,能够从格劳秀斯或亚当·斯密的手稿信件当中,发现他们思想的进一步来源。然而这并不重要,重要的是我们总能找到一个时间点,在这个时间点,我们对现实的判断改变了;在其后,我们的实践方式与观察实践的方式也改变了。

事实上,问题不在于这本书之前之后有无实践、有什么样的实践;问题也不在于两位学科之父对之前之后的实践和反思造成了何种影响。格劳秀斯或亚当·斯密,无非是因第三运动的性质,得以在自身的精神当中将这种阶段性的丰富成果阶段性地规定了出来。真正重要的是,由于两位学者的规定,国际法学和经济学作为学科发展了起来,同时使国际法和经济本身的发展道路发生了变化。而当我们运用第三运动的视角,这种变化的因果性又要从精神的规定那里脱离,上升到运动本身的过程当中去。我们应当说:是精神和世界共同运动过程本身的进步,同时反映在了学者的精神变化和世界的变化当中,只不过世界的变化只能通过其在精神之中的容纳而被我们观测到而已。

因此,任何法律思想或概念的出现,以及任何新的法律规则的出现,都不能简单理解为精神反思或世界客观活动任何单一一方的变化——这种单一性自始就是错觉。法律的丰富应当被解读为运动自身的丰富,经第三运动在精神一侧的必然规定。在此,“丰富”的内涵自然包括了越来越多的规定性被容纳到精神当中,并体现为规定性的繁杂。进一步地,根据我们在上一部分谈到的范畴关联,也就必然体现为同规定一同发展的时间结构。

笔者谈过,“规定—时间”是第三运动的组成部分。这意味着它们之下便是第二运动,即精神自身,亦即分析活动的主体;而其他概念、法律体系的其他组成部分都必须依赖于它们。因其本源性,我们选择第三运动的这一对范畴作为分析整个宏观法律体系运动的基本视角。

(二)对时间性和规定性的进一步阐述

在此基础上我们进一步举一个例子。

请读者暂且放下一切诗意的念头,把我们的一生想象成为一卷足够以每秒60帧的速率放映80年不间断的电影胶带,而且从第一帧开始每一帧都被依次标记上了一个数字:1、2、3,…,根据这个定义性的描述,当我们的精神以每秒60帧的速率将这卷胶带按照每一帧的编号依次放映出来,那我们的一生就过完了。在这里，精神就是电影院的荧幕，而精神侧的容纳本质则作为更原始的范畴基础为荧幕提供了场所。那些放映出来的，显然就是被我们容纳的东西。

现在，请想象一个人通过某种方法，将这圈胶片转化成30帧率（他可能抽走了每个奇数帧或偶数帧）。当我们“放映”这圈胶片的时候，我们是否还能够说这是“80年”呢？当然可以，因为这就是我们的规定——因为且仅因为我们实现确定了这圈胶片所凝聚的时间，所以无论它以什么帧率播放，我们都得认为它记载的是80年的人生。

但请注意，如果我们就是那个人，且我们自己不知道胶片被剪裁了，那么我们永远无法得知自己的人生究竟有多长，因为让我们得以衡量时间长短的那个稳定的、规定性的前提已经消失了。我们只能体验到逐帧播放出来的事实，然后最多规定：每播放60帧就是1秒——但这已经是剪裁过的胶卷，所以对于一个知道了胶卷被剪裁事实的人来说，这卷胶片其实是这个旁人眼里的半秒。

但问题在于，如果这个旁人并不清楚这圈胶片被剪裁过，那么他就只能发现，他每做完1个蹲起，我就能做完2个蹲起（假设我们两个人的人生只有单调的蹲起）。就我而言，1秒是60帧；就他而言，1秒也是60帧，但同一秒放映出来的内容却不同。而如果他在跑步而我在蹲起，那么我们又不会发现双方的时间性有所差异。或者，我们也可以用每秒100万帧的速率播放同样一卷胶片：他人眼中的我们将以极快的速度过完一生，而我们自己却可能觉得日子过得还很慢。

换言之，我们之所以能够感受到这种差异，是因为被规定之内容的比较。确切来说，是被规定内容之相同部分的呈现有所差异（如果另一个人始终不动则会变成单纯的时间背景）。显然，这个差异依赖于时间和规定这一对范畴在精神当中体现出来的统一性：除去规定，我们不知道任何时间；除去时间，我们无法完成任何规定。进一步地，个人精神的时间性仅能在抽象的思辨下成为可能，然而只要精神还处于同其他容纳着的精神共同对立着的状态，时间性就必然会受到其他精神作出规定以及规定类别的影响，因此时间性本身也不是一个能够在一个精神当中确定的概念，它必须在诸多规定的过程当中显现出来。而当我们将这个逻辑推广到所有精神作出的规定，规定当中的这种对比性的时间性却又消解了，因为这里再没有可供度量参考的其他时间，而只剩下整体自身的时间性，那个仅存在和依附于全体精神运动整体当中的、单纯因规定之可能而可能的时间性、单纯因规定之变化而变化的时间显现。

进一步地，单一容纳范围内的“规定—时间”范畴，也具有内相似的结构。

仍然以蹲起举例:如果我们仅保持匀速,虽然每个蹲起是不同的,但蹲起与蹲起是完全相同的。就蹲起这一运动而言,时间性实际上并不存在于蹲起与蹲起之间,而仅存于单个蹲起之内。因为如果我们将某一个蹲起视作为其他蹲起的度量,那么我们会发现其他的蹲起将成为度量本身,则度量失去其规定的效用。更简单地说,这就好比我们将两个已知相同的砝码放在天平两端——这个动作毫无意义,除非其中有且仅有一个砝码的质量不确定。

因此,法律体系的时间性根本不可能单纯从任何一个个体的规定当中找到,它只能以法律体系宏观整体的变化作为基准。同时,这种整体的变化又成为了研究微观法律体系变化的基准。比如,A 可能认为 B 提出了一个他所不知道的理论 X,然而 B 又是从 C 那里抄来的——A、B、C 三个人可能都依据 X 理论行为,然后一个秉持传统法律解释理论的人会认为他们都生发出自己的新思想,并可能认为微观上这三者的前后法律都产生了变化。但显然,从整体上来说,变化仅发生在 C 那里,且仅发生了一次。

简单来说,法律体系运动情况的观察,必须基于作为度量标准的另一个法律体系的度量;对于全体系总和运动情况的观察,必须基于非法律的体系,或基于精神自身的发展。我们之所以可能认为"某个时间出现了某项新的思想或规定",原因不在于时间本身,而在于我们将自身思想与新的思想相比较的过程、标准、场所、方法、可能性,以及它们之间的可比性(能够将对方视作法律的思想而不是某种新的烹饪方法)。

(三)法律体系运动的特征假设

我们已经将法律归为第三运动的成果。那么,第三运动的特征,当然包含了法律体系运动的特征。第三运动仍然从属于整个运动过程。在这里我们仅能就其在精神侧的显现进行探讨。

第三运动显示出复杂性。为此我们可以稍作对比:当我们谈及第二运动,即精神和世界的对立容纳活动,我们的目标还是非常确定的。这种结构的成果只有两个显现:一个是精神,另一个是世界,并且无论运动本体发展到何种情形,我们都能够很容易地区分哪些是精神的部分,哪些是世界的部分。仍以画图举例:在白纸上出现流动线条的那一刻,我们就立刻能够明白,无论线条构成的图形多么复杂,线条与被线条分割的空间之间的对立关系总是不变的、白纸和线条之间的关系总是不变的。反过来说,线条就是这种绘画过程在精神侧的显现。我们也可以说,绘画过程就是精神和世界互相规定的过程。

一般来说,绘画过程是我们在纸上画,线条和线条围成的空间都是我们创造的结果。现在,请试着将精神的发展想象成那个线条,或者说将我们自身想象成线条本身(想象成线条外的留白也未尝不可,但对论证没有影响)。精神和世界显然已经构成了那张白纸。就精神侧而言,我们并不知道这张白纸有没有尽头,但我们只知道,每当我们作出了进一步的规定,精神和世界就丰富了一些,线条就延展了一段、被线条分割的空间也就多出了一块形状。在这种持续的规定当中,线条围成了各式各样的结构,世界也作为各式各样的图形展现在我们面前。

针对上一段描述的这个过程,我们需要补充说明以下两点。

第一点针对一种观念——图形的延展总需要一个外在的"推手"。这种观念符合常识。我们在叙述这个过程的时候,也需要先描述一个"我在画画"这样的情景。进而,如果我们自己变成了被画的线条,对于一个外在的画家的假设就变得合情合理。但问题在于,这种论点总要源于一个观念:过程总是需要外力,总是需要创造。

事实上并非如此。当我们说"过程"二字的时候,我们已经身处并依附在自发自为的过程本身。外在的画家不仅不是什么不能证明也不能证伪的可能性,它甚至连可能性本身都不是,因为它仅是对"过程的发展"作出的描述而已——如同任何描述,它是规定的产物,因而也是过程的一部分,准确地说是精神侧容纳的、被规定了的过程的一部分。对于它的分析,归根结底只能回到第一运动。

第二点则针对过程本体论,或者说针对过程至上论。黑格尔和怀特海(Whitehead,1861 ~ 1947)会喜欢这样的想法:由精神和世界在相互规定的过程当中发展出来的图形本身就是真理,或者说这个过程本身就是真理。

这种想法的问题在于,它们是将目前为止的"图形"打包分析出来的结果,它将图形和过程本身视作一种确定的东西。然而,我们既不能确定图形有无一个确定的结果,也不能确定作图的过程有无一个确定的模式。这又回到我们之前举过的"画阶梯"的例子:我们仅仅是在对迄今为止,准确来说是我们自己精神所容纳的部分进行理解。仅就目前看到的部分,或许图形能够有一个终点,或许图形就是一个源自第一运动的逻辑反复迭代的成果。或许,图形也可能是环形的;第一运动这个目前看来的"出发点",到最后或许变成了整个图形当中的某一个角;或许什么时候精神和世界不再是一种线条与白纸的关系,线条开始变成面。我们当然不能苛责这类想法的出发点,然而需要指出,如果我们真的希望用过程本身的视角分析过程,就需要避免采用,或者将自己限制在一种停滞的、消融了过程生命力的推论当中。

针对这两点进行的批判,也揭示了法律体系运动的另一个特征,或者说在我们观察下的特征,即法律体系运动的混沌性。我们最多描述法律体系的运动机制、至多描述其在某一时刻呈现的形态(如同我们在第六章所做的那样),但我们难以用一个统一的理论来描述其整体动态变化的理念——这种尝试必然要落入我们上面所批判的两点当中的任何一个。据此,也需要明确:本书无意追随某些历史学家或气象学家的理想,把法律体系运动趋势的描述扩大到无限尺度(这个工作或许应当交由100年后的人工智能完成)。

(四)法律体系运动的相对性

复杂性并不是法律体系运动的唯一特性,甚至不是唯一基本特性。复杂性只是第三运动在精神当中呈现出来的诸多整体特征的一个侧面。从实用的角度来看,它的作用仅仅在于告诉我们不应当在分析当中尝试引入一个万能的看不见的推手,或尝试把自己当成那个推手。在这一部分我们讨论相对性,理解这个特性仍然需要一些想象力:请读者再次想象自己就是那个发展着的线条。现在我们不关心线条发展的动因,这已经解决了;需要关心的是,线条是如何发展自己的。

首先需要指出,"发展"描述的是运动过程;既然是运动过程,它必然包含着时间。而我们关注的这种运动过程又比较特殊:它是规定的运动,即它的时间性、规定性、运动性是统一起来的。直观地说,这种"运动",也可以大体称为规定的序列。如果我们将每一次规定看作一个点,那么这个"线条",就是点和点紧密连接起来的结果。

线条总是有一个起点,这毫无疑问。通俗地说,人类繁殖就可以算作一种第三过程的延展,而且这种延展也相当特殊:它直接提供了一个新的起点、一个新的自为的起笔。但这个起笔的位置却被既有的过程规定着。

从单纯的人类经验来看,这个起点被给定了。随着规定过程的不断开展,精神从仅仅容纳一个规定的成果(激进一点的说法是仅仅作为一个规定的成果),逐步成为容纳着一系列的规定成果。就精神自身而言,它借助规定成果构建自身;就规定成果而言,精神成了它存储结构的一部分;就第三运动过程而言,从精神而来的规定活动展现出时间性,并提供了变化和随机性。

这个过程有很多角度可供分析。就本书而言,我们关注精神的规定过程可能(而不是"应当")以何种方式进行。

规定过程总要和其他的规定产生关系。简言之,就算青春期来得再早,我们终究有一段时期对父母言听计从。极端一点说,就算一个婴儿可能在空难中流落到山谷,被一群狼喂养,这个婴儿的“线条”,也必然要在被喂养的那一刻受到狼群的影响;他的规定过程也必然要在狼群那里开展。直观地说,如果我们说精神“线条”的延展有其形状,那么这个形状从一开始就要和其他形状互相影响。

这种影响不是描摹也不是交汇,这是精神定义所赋予的。第二运动不允许精神从定义上和其他精神解除对立的状态。换言之,规定过程自身必须是在世界当中的独立的规定过程,这个过程最多映射其他精神的规定,但不能和其他精神混同着规定。两条线只能趋近、平行或绕行,而永不能汇合或重叠。

既然如此,精神对其他精神的所谓“吸纳”过程,从逻辑上讲只是映射过程;或者,既然我们使用了几何直观来描述,我们可以称其为投影。该过程总要受到精神自身“形状”的限制,或者说既已容纳之规定的限制。一条线段在延伸过程当中,可能试图模仿另一条线段的形状;模仿的基础在于双方共享了相同的存储结构,并共享语言——或者,如果语言不通,那就先把语言当成线段诸多形状的一个方面(这个“线段”显然不仅仅是日常生活中那种一维的线段)进行模仿。简单来说,就是先拿着自己的一部分做另一条线的投影,然后再把这个投影的结果接续到“线条”的前端。

这种基于已有线段模仿线段的过程有诸多性质。

第一,它是双向的。单纯的起点没有方向,它将直接模仿最邻近的线段。然而,在起点模仿的那一刻,这个线段就已经成为整个画布上的一部分,并构成了其他线段运动的背景。

第二,这个投影过程在单一时点上总是片面的:A 线在其延展过程当中可能试图模仿 B 线的某一个部分,这个部分在 A 线的投影是直线段;然而,对于 B 来说,这一部分可能是弯曲或复杂的,只是因为投影角度的问题,在 A 那里呈现为直线段,读者可参考图 7-1。这种视角谬误非常常见,比如,一位经济学家可能不由自主地把某位社会学家的思想解读为经济学思想——然而这可能仅仅是因为这位社会学家的思想当中蕴含了可能被解读为经济学思想的逻辑结构。

图 7 – 1

第三，投影成功与否、投影是否发生视角谬误，取决于 A 自身的形状。仍然使用上面的图例，请各位读者想象一下，如果 A 线并不是平行于 B 线，而是交叉着或缠绕着 B 线，那么 B 线的投影在 A 线上无论如何也不可能仅仅是一个直线段，而是会形成不连续的若干片段。这种离散的投影结果将迫使 A 试图发展自身，从而让 B 能够尽可能完整地投影到 A 上面。

进一步讲，我们将精神设想成一团按照特定结构缠绕的 n 维毛线。这团毛线无论如何发展，都从一个起点而来，同时，其不断往外延伸、缠绕出来的结构，就是规定的结构和内容。不难想象，这个结构越复杂、占用的空间越大，从另一团毛线中择取一段投影到其上就越容易连续，越不容易发生视角谬误。同时，由于线条的成长依赖着投影本身，我们自己手里那团毛线的结构和别人手里那团毛线的结构越相似，这个投影的过程就变得越容易。

想象一下我们学习语言或任何知识的过程，上述规律就非常容易理解。一个阴差阳错进入财务行业的文科生可能连“会计”二字的具体含义都不清楚，纷繁复杂的财务报表对他来说只不过是一堆看似排列整齐的数字。对于一个学过数理统计的人来说，这些报表可能长得像某种统计报告，而通过对比两年资债表的差额，他可能敏感地发现，利润表当中的某个数正好等同于资产负债表当中某个数或某几个数的增量。而对于一个金融系出身的人来说，不同的财务报表只是在具体细节方面有所差别，或者单纯就是换了一些数字和公司名称而已。

进一步看，之所以不同专业出身的人对同一份报表的第一感觉会产生如此巨大的差别，不是因为环境，也不是因为智商高低(因为这是第一印象)，而是因为既已存储在他们头脑中的规定的结构不同。这三个人对于财务报表的容纳方式没什么区别，区别在于他们从记忆当中组合出来不同的“线团”：文科生的线团不包含结构上类似的部分，或者说包含的部分很少；金融系的学生则已经发展过类似的结构,从而能够容易地投影,并借助已投影的部分迅速发展出剩余的部分。事实上,这个结构本身也是许多细节线条的组合,这个组合可以一直细分至构成叙述语言的每一个基本元素。

这种基本元素的本质并不是单纯的语言或者符号,而是过程自身的相似性,这种相似性的基础是各个精神本质上的对立着的容纳性,这种容纳性使诸多精神的个体并不走向彻底混沌的发展道路,而仅仅作为被给定了不同起点的"线条",向着容纳着精神而又在诸多精神的容纳中显示自身的世界,进行着相同本质的诸多规定运动。因为每个精神都必须按照第三运动的结构来构建自身,它们就只能接受发展过程当中潜伏着的相似的动机。

更直观地说,这就好比一条线的绘画过程只能显现为"画 1cm 之后朝任意方向转 90 度,然后重复这个过程"——从理论上来说,借助这个过程能画出无数种线条,然而最终整体上的差异性并不会抹杀几根线条的部分产生相似结构的可能,甚至整体上具有某种程度的相似性。同时,这正是因为作出规定的根本结构是相同的,一个精神才具有被另一个精神引导、与另一个精神的规定过程进行交互的可能性。

最简单的情形就是语言的学习。从精神侧来看,一个人最初的语言学习过程就是一个精神在起点处单纯地被另一个精神引导着发展其自身。在这种引导下,婴儿得以自身延展,且其基本阶段首先表现为单纯的复制——复制也是这个多维结构的一部分,并构成了进一步投影的基础之一。通过这种复制,它可以建立起基本的结构以供进一步的投影。这个过程不断地累加,直至其能够相对独立地进行投影、检验,此时一个精神便达到了相对独立的地位。

显然,这个投影的过程并不是瞬间完成的,而是需要一系列步骤。我们可以想象一个人拿着两团毛线互相投影:他首先需要将两团毛线放在一起,然后以一个毛线为基准做另一团毛线在其上的投影,然后他还必须想办法检验这个投影是否完整。在精神试图和其他精神交互的时候,它们首先必须具备可以相互投影的基本条件,比如,两个人共享语言,或至少一个人有词典可供查阅。然后,在投影的过程当中,行动的一方必须花时间在自身的结构当中寻找可供承接投影的部分,然后试着交互,再试着检验——有时候一方可能会反复尝试并反复修订,直至他自身认为的投影已经完成。最终他还要想办法将投影出来的部分和自身的结构相嵌合,并想办法让新的结构能够稳定地存储。

三、法律体系运动的基本特征

(一)法律体系运动过程的基本结构

我们现在使用上面所做的准备分析法律体系的运动。这些准备包括:(1)分析的基本视角。即基于运动逻辑本体的过程而非依赖互相割裂、片面的环节及其部分结果勾勒出来的过程。(2)分析当中对时间和规定性的处理。我们不能依赖一个形而上的时间,而必须将时间和规定两者统一起来,并尽可能在不影响理解的情况下仅依照它们的运动性质处理时间性和规定性。(3)分析当中的前提假设。我们不认法律体系的运动有一个终极目标,也不认运动至上;事实上我们不可能认为任何一个单独的方面是至上的,否则将陷入无止境的矛盾。(4)分析的描述性要素。为了便于说明,我们仍要选用一般意义上的法律体系的要素;但在这里我们将重述它们,以去除造成以往错误理解的问题。

我们以一组简单的命题开始:(1)立法者掌握法律的意义;(2)现有的法律文本规定了法律的意义;(3)法律的功能决定法律的意义。我们无须赘述拥护它们的理论,只需简单地用我们的准备工具重新审视这些理论。审视的方法很简单:当一个人遇到一条法律,这意味着什么?

如果我们观察这个过程本身,不难发现,精神和法律的相遇,不过是过程自己展开时的一个细节而已。这个细节非常简单:过程的一个部分在其展开和丰富自己的时候,把已经在过程整体的某些部分实现过的模式复制到它的一个分支当中。我们从两个侧面观察这个过程:

第一,过程的这个部分或分支将因复制完整性的不同,以及复制后部分加入到既有结构之后形成的整体的结构,在后续的进展当中受到影响。同时,这个复制将成为这个分支的一部分。复制的过程并不是简单的拷贝粘贴,而是基于精神和与精神相对立的其他过程这两者之间已有的矛盾结构,在精神当中以同时对立着精神自身的经历和过程整体的经历,以持续容纳的方式不断更新并展现着。在一个精神那里看来是投影的过程,在过程本身看来不过是从另一个角度对既有发展的再突破。

第二,过程整体被丰富了,它实际上通过了其部分既有结构的拓展,实现了对被复制部分的突破。这个被复制的部分既被延续到新发展的结构当中,其内涵也在发展的过程当中被作为过去的内涵扬弃了。这个过程不可阻挡。仅就它自身而言,它为了保持自身而进入发展的环节当中,却因加入了发展,从而加入了新的结构，并造就了一个新的整体结构，进而使它丧失了在旧结构当中的地位和内涵。请注意整体并不是完整地存续着，而是有所舍弃，它在不断的保留和舍弃中运动着，并在运动中显现着自身、并为精神所容纳。

出于规定性的逻辑地位，法律体系运动的逻辑被揭示出来：它的实质是被精神从单侧容纳的发展过程本身。出于运动过程整体进展的矛盾性，单个精神和其他精神的这种容纳必然要落入分化→再容纳→再分化的过程，这个过程造就了精神侧发展的规定性和发展的规定过程。仍以线团举例，这就好比是其中一个线头因其在线团整体的延伸过程当中，相对于其他线头、线条之间的缝隙发生了位置上的改变，从而使其他一切相对于它的投影发生了改变。

在这里我们需要澄清几点：

第一，这个过程不能理解为仅仅被精神以自我的范畴所容纳着，而是被精神以对第二运动的整体性容纳为前提在精神侧持续地规定着，并在这个过程当中反被它自身规定着。任何过程，只能在其过程性当中维持自身。反过来说，如果一个过程不能在任何地方被容纳着，它就从逻辑视野当中彻底地消失了，沦为广泛的对立着的一个虚影。

第二，过程性必然和第二运动为基础的第三运动各范畴相统一。没有规定性或时间性，便没有可供精神容纳的过程；反过来说，在精神容纳着过程的那一刻起，这个运动本身已经为精神提供了充分的规定性和时间性。我们所言的"发展"二字，并不是一个纯粹的片段序列，而是包含着第一运动特性的持续着的规定。

的确，我们在之前的叙述当中，为方便起见借助了电影胶片作比。但我们绝不能把这种辅助思维的形式理解为过程本身。过程本身不是胶片，也不能任意裁剪。过程具有内在的逻辑性，这种逻辑性必须建立在规定本身的连续之上，而这种连续又必须以容纳着的对立性为基础。直观地说，这就好比我们允许同一卷胶片播放有快慢，甚至允许剪辑师在导演的授意下在几个场景之间来回交错，但我们无法理解一个连台词都拼接得乱七八糟的电影。

需要格外注意，在这里我们有一个重要的假设：如果真的有这部电影的话，至少影片的制作方能够理解它；然而名为"过程"的这部电影，在精神的容纳当中放映的时候，即便真的有一个剧本，精神也不可能了解。精神只能借助其与过程相统一的地位，在这个地位之上想办法参与到过程当中。甚至，剧本这个前提本身都依赖着精神在第二运动当中的地位。

在澄清这两个问题之后，我们将目光转向过程的具体性质。

(二)法律体系运动过程的相对效应

现在,我们考虑一个简单的问题:在什么情况下一个法律体系不可能有所变化?答案是没有可能,因为规定性必然要随着运动的发展变化着,否则它就违背了规定所处的运动地位。

退一步说:在什么情况下一个规定体系的变化最少?仅从理论的角度谈,如果精神唯一,那么这个变化最少。因为此时仅有它能够站在第二运动的立场上规定出一切细节,相应地,整个运动的图形也就只有一个观测角度,所有的规定性完全取决于规定过程本身。此时我们甚至可以说,这个规定的"体系"不存在任何变化,或者无法观测出任何变化,因为规定的方式本身无法再观测,而只能被认识。因此,广义的法律体系作为精神对运动过程的系统性容纳的产物,或者说对过程的映射,必须处于相对性当中。

现在考虑如何能使一个人彻底理解法律原意。根据相对性,这个话题必须置于相对的场景当中,即必须有两个以上的精神容纳着同一个映射。这意味着必须有两个精神,且其中一个要参照另一个发展,同时它们各自的规定性当中延伸着自身的时间。不难理解,规定性在精神当中展现为对过程的容纳,这种容纳包括了过程的片段和过程展现出来的结构。同时,根据我们前面的讨论,由于精神自身也是过程发展的一个侧面,它自然包含着自身的结构;而且对于同一组运动过程来说,它们在不同结构的精神侧反应出来的结构映射不同,逻辑地位也不同。

现在,另一个精神通过表达,使它所容纳的过程展现在另一个精神的观测范畴之中。这种表达可以是口头的,也可以是书面的。请注意,无论通过哪种方式,表达的内容实际上都是通过反向的对立容纳到学习者的精神当中。这种反向的对立只能基于学习者的构型,而不是基于表达者的构型。同时,根据本章第一节和第三节第二部分的结论,表达所使用的语言作为构型基础,参与到对立过程当中。第二运动的统一性使被容纳的规定片段在纳入自我范畴的时候,无法脱离精神的构型,必须受到影响。

规定性和时间性的差异就此变得异常明朗。回想起来,我们在第六章讨论一般法律解释的时候谈到,根据传统的、基于确定语言节点发展出来的解释学规则,在绝大多数情况下,同样的语句对于不同的人来说会反映出不同的意义,而且该差异并不取决于语句,而取决于语句所嵌入的子系统(精神构型)当中。此处,我们用过程视角针对更广义的规定性内容进行分析,并得出了相同的结论。

然而这还不是最重要的，真正重要的地方在于，我们获得了一个过程结构，而这个过程结构使我们能够理解规定性体系“原意”的真正内涵——原意实际上取决于对“原意”的追寻过程，这个过程必须在特定的规定性结构当中开展。没有一个超然独立的“原意”，只有特定规定性结构当中、经过一系列基于该结构运动出来的新的规定性。这个新内容或许在许多方面相似于旧的内容，但这个运动过程赋予了它不同的时间地位和逻辑地位。所谓的“找寻法律原意”，乃至“学习规则”，都是精神在试图规定其他精神之所容纳的时候，因规定过程本身的特性，被迫和其他精神在矛盾中统一其规定性结构的过程。通俗地说，任何一个试图找到法律原意的人，实际上都是在发起这个念头的那一刻，自觉不自觉地在与原意靠拢。试图以绝对中立第三者的角度阐述原意，逻辑上是不可能的。

单单指出这种内涵并不能使许多人满意。毕竟就一般经验来说，对法律体系进行客观批判并不是难事。然而需要指出，这种经验来自不完全的归纳，这种客观性是一种假的客观性，它建立在相对狭隘的参考标准之下。

比如，直觉上我们认为，一个资深的法学家能够比较客观地评判某一条法律解释意见，然而这并不能说明它已经拥有了相对于法律体系的客观性——这只能说明它拥有了相对于这条法律解释意见的客观性。如果迫使这位法学家研究最前沿的问题，我们可能会发现，他对前沿问题的把握并不十分充分，反倒是一些具有实践经验的一线办案人员更加清楚。而为了弥补这个差距，这名法学家便需要先进入那个前沿问题，此时他便或多或少要改变他原先的观点。如果这个问题不同寻常，他可能还要推翻过去建立的理论。

借助数学当中“坐标系”的表述，能使上述规律更加清晰。想象个体的精神是一个不断运动着的坐标系，过程整体在这个坐标系当中展开着自身，或者说这个坐标系当中包含了一部分运动着的过程。这个坐标系则随着整体过程一道展开，并包容更多的内容，也在包容的过程中获得了时间性和规定性。我们将精神视为边容纳边生成边构成部分过程的坐标，也可以想象为边参考边设计边制作边扩容的3D打印机。

如果我们认为所有的坐标系相对于其他坐标系，以相对静止或以极小的差异运动着，那么同样的过程反映在一个坐标系当中的样子必然和其在另一个坐标系当中反映出来的样子完全相符。这好比一个人在静止的纸上写同一个字，如果字形不变，纸张又是静止的，那么无论在哪张纸上写这个字，形状都应该完全相符。然而这种精神的坐标系互相之间并不是相对静止的。同样的一个

"字"(也就是同样的一个内容),写在一个大学生精神的"纸"上,和写在一个小学生精神的"纸"上,形状会发生改变(我们先排除小学生是个天才的可能)。原因在于,为了让这个字能够完整地写完,小学生精神的容纳结构必须经历更长的发展过程。

想象一下:一个人在写一个字,而且在正常写字的前提下让手腕向右移动。此时任何字都会在横向上被拉长,如同"日"→"曰"。如果现在我们只有两张纸可写,那么我们只能选择它们当中的一个作为参考;如果我们需要在A纸上花费更长的距离才能把这个字写完,那么对B纸来说,A纸上的字就拉长了。

现在我们来看比较这两个字的过程。这个比较过程本质上是一种誊写:我们自己有一张纸条,它用于检验比对其他两个。因为其他两个纸条对我们来说还仅仅是未展开的,所以我们只能让三张纸条并排,再拿一把尺子同时垂直于它们三个,让这个尺子不断沿纸条展开方向移动,同时在自己的白纸条上记录下另外两个纸条在尺子每移动一单位情况下显现出来的墨迹。

请注意,真实世界当中的誊写不存在时间性和规定结构的关联。它只是一种单纯比对。在这种情况下,"日"字显然比"曰"字要更早记录完。然而我们此处谈论的是规定性在第三运动当中的展开,同样的规定结构自身必须呈现同样的时间性,即两个字自身必须拥有同样的过程显现(否则我们就无法称这是两个相同的字)。第三运动当中的规定结构不是自为的,它必须配合规定出它的容纳着的整体一并运动着,只有整体发生改变,某一段结构或某一方面才能改变。唯一的办法是让"纸"缩短——广义即扭曲。这样一来,记录的过程就必须改变,我们只能将"日"字拉长、将"曰"字压缩。换言之,"日"字的"帧率"必须降低、"曰"字的帧率必须提高。这就只能导致前者不连续、后者丢失信息。

很容易就能看出,局部的扭曲是不可能的,因为这样会让纸撕裂。即局部的规定性必须连续,否则就必然破坏违背第三运动当中的容纳性。因此,扭曲本身也必须连续。在连续的扭曲当中,较简单的整体结构将被压缩,较复杂的整体结构将被扩张,以保持相对的平衡性。反过来说,之所以同一个结构呈现出"曰"字,是因为容纳它的整体结构相对简单;换言之,想要让"曰"字转化为"日"字,只能从简单的整体结构压缩而来。同样的道理也适用于相反的情况。

在这种情况下,任何精神对任何结构的理解过程,都必须经历这种扭曲。它接受的永远是或多或少扭曲了的结构,它自身的结构也必然扭曲着被接受。扭曲的根源在于运动过程的差异性,差异性源于运动过程本源的矛盾性。矛盾性造就了运动的不同方面的结构必然要互相包容着地对立;这种对立一方面赋予结构以运动性,另一方面也使结构在互相包容的过程当中必然经历扭曲。然而过程的容纳本质又命令这个扭曲必须不能导致过程自身的崩塌或截断,因此精神的扭曲在这一阶段必然是平衡着的扭曲,在整体上的扭曲只能连续。

在这个基础上,我们可以进一步推导出规定体系的变化性质:

第一,极端的相对差异导致的是完全的映射失败,因为此时双方没有任何办法准确地容纳对方的结构。这好比用人眼去看每秒放映上万帧的影片:如果我们能看出来一个完整连贯的故事,那很有可能这故事根本不是影片的本来面目;反过来,如果我们是被观看的影片,观看行为将呈现完全静止的状态,因为每一秒的观看动作都将放大到数万倍,从而根本无法察觉。

的确,这种相对效应只是理论上的,很少存在可观测的情形。然而我们也不是完全缺乏相关的经验。比如,想象一个现代人被投放到原始人部落,而一个原始人被投放到现代人部落。对于现代人来说,他可能会认为原始人部落几乎不存在法律规则;然而原始部落很可能觉得自己的生活中充斥着法律规则;只不过这些规则被现代人简单地理解为一个点或一个线段。对于原始人,他则可能觉得现代社会处处都是规则;但这并不是因为他真的观察到那么多规则,而是因为他为了自己精神的完整和连续,必须自行将相对效应引发的间断填充出来。可想而知,这个原始人的填充会有多么可笑。

第二,无论两个容纳互相差异多么显著,它们必然要处于同一个整体过程当中。既然连续性不容置疑,则必然存在一个中介可以将这两个过程勾连起来。这一点毋庸置疑,因为运动整体对立着的连续性是自为的。

在诸多能够起到此般作用的因素当中,文本是最典型的一种。文本在运动体系当中的作用比较特殊:它自被创作之时起,就已经被精神对立到世界当中去了。文本的结构因而被默认为被动地发展。即文本能够在运动当中显示为发展的原因,被限定于解读者在为了理解文本所造成的自身发展。文本的这个性质在普遍相对的规定运动,体现为锚定作用:一个精神在不断地扭曲变形,并在这过程中获得了新的时间性;然而它扭曲的基准点却被文本——被推定为无法扭曲的部分,以推定静止的形式所吸引,又在吸引之后被固定下来。

或者换一个比喻,这好比我们拉扯一块布,让这块布在各个方向上伸展弯曲。在父母负责教育孩子的阶段,这些完全是由其他布料的弯曲带动的;但当一个人学会了阅读,他和文本之间就产生了一个拉伸过程,这个过程就好比将布料往一根铁钉或一把熨斗上牵引,牵引过后,布料的形状便被固定下来。

此处有三个效应:(1)被固定的部分相对于其余发展的部分是不变的,但它们组合的特征会因为其余部分的发展而不断变化。(2)被固定的部分可能会随着遗忘或新的固定活动而松动或被替换成其他形态。(3)当这些形态被替换,它们将作为新的对立和既已发展的结构形成新的扭曲和规定关系。仍然用上面的例子:(1)被钉在墙上的布料可能一开始处在最高的地方,但随着边角被提起,它可能又处于相对较低的位置;(2)被钉住的部分可能会磨损或被替换;(3)如果布料的同样一段位置被从高处的钉子上取下来,钉到低处,那么这也会吸引它周围的部分拉扯到低处,并近一步改变整体的结构。

进而,我们还可以轻易地观察到一点:由于时间性和规定性内在的统一,两者中任何一方的扭曲都将造成另一方的扭曲。

(三)文本在运动中的作用

事情变得明朗:按照我们的推导,如果大量文本参与规定运动过程当中,文本整体将以其被动性作为精神侧运动的对立面,进而作为运动的支点和锚点。就精神容纳范围内的自我规定和从文本而来的再规定整体来看,它们都遵循着第三运动,并在第三运动当中达成并实现整体的结构。

同时,由于文本的运动性并不是彻底地消失,而是针对其创造者消失主动性;文本内部的时间性并不是彻底地消亡了,而只是针对精神丧失了它的主动方面。文本对文本的时间性仍然存在于它的规定性当中,进而也必须符合相对效应。这意味着文本的规定性在其对精神的展现当中,也存在连续的扭曲。这种连续的扭曲具有特殊性:它扭曲的因素仅在于精神的发展。①

精神要么选择不理睬文本,要么选择容纳文本。易知,无论文本是否已经被精神所容纳,只要精神想要接纳或批判文本,它总要先容纳文本。然而文本内涵的过程并不是一下子完全容纳到精神当中——它仍然需要通过映射过程,以连续展开的方式在精神当中得到它自身的结构。同时,文本自身也不是过程的完全形态,而往往是作为过程的片段被精神对立到世界当中。这意味着一段文本对精神的展开并不能使这段文本的扭曲被抚平——精神必须不断试图消解扭曲,这个扭曲才能够得到安抚。然而当这种扭曲被安抚,精神自身的立场就要发生变化,因为它已经进入文本所在的结构当中。只有一种情况能够让精神既不归顺于这个结构,又能够容纳这个结构:文本所处的结构消解在精神自身的结构当中,沦为一个历史的对立,并丧失了它内部运动的相对性。

---

① 我们在第六章谈到过传统解释学的基本构架,这个构架可以理解为对相对扭曲就某一具体结构当中的作用机制的微观表象。

根据上面的讨论,精神相对于文本只有两个基本状态:容纳或对立。在容纳的进程当中,文本的结构要么与精神的结构同一发展,要么作为历史的对立被消解;在对立的过程当中,文本的结构将始终作为扭曲的因素和精神的结构对立着,最终归入容纳的进程。也就是说,文本和精神之间不存在平衡的互相扭曲。因此,在精神的容纳范围内,这种扭曲总是单向的,要么精神被扭曲成文本的结构,要么文本被扭曲成精神的结构。当然,由于文本在范畴上和精神的容纳范围自始对立,后者并不涉及文本自身结构的变化,否则它就违背了文本被世界范畴容纳之基本假设。①

当我们沿着"规定—时间"范畴,从过程的角度观察这个过程,文本的地位就变得更加清晰:精神将内容作为文本对立到世界当中,又将自身对立到新的文本当中,并在新的文本那里获得抵达关联文本结构或超越文本整体结构的地位,并借助这个地位发展自己,同时也发展了文本在整体过程当中的地位。②

回到对过程的观察——上面叙述的过程,像是在下楼梯的彩虹圈(一种弹簧状的玩具):文本是它的两端,精神则是中间的弹簧。落脚点的位置差异将给弹簧势能,这种势能带动后面的一端追逐前面的一端。与一般的彩虹圈不同的是,这个过程的落脚点和势能是互相决定的。过程整体都处在这样的状态当中波动地进展着,它通过容纳着的对立发展自身,通过含有对立的广泛容纳积蓄对立的势能。在这种波动的进展当中,过程在某个区域越集中,它所积蓄的势能就越大,对立的成果就越明显。

需要着重提醒一点:由于运动过程的联系性,它并没有真正的弹簧和落脚

① 许多人在解释文本的时候总有一种误解,似乎文本随着时间而动。抛去这些人对时间、规定的逻辑本质的错误理解之外,还有一个重要的依据,那就是这样理解文本似乎能够调和许多不必要的争端,并帮助人们避免表面上过于技术的探讨或超出一般思维能力的研究。潘德荣老师在介绍伽达默尔的思想时说过这样一句话:"任何一种理解,就其是此在的展开而言,都有其存在的合理性与合法性,而并无完善与不完善、正确与不正确之分。"许多人的错误观念和这句话的字面意思不谋而合,然而他们忘记了这句话的前提——"就其是此在的展开而言"。这一点绝不能混淆,否则文本便和一般的记忆没什么区别。参见潘德荣:《西方诠释学史》(第2版),北京大学出版社2016年版,第354页。

② 事实上,不仅文本存在这个属性,绘画、音乐等一切具有和文本相同的逻辑范畴地位的人造物都有这个属性;它们是文明。文明区别于世界本身,文明因其与精神在范畴上的对立性,而获得了和世界一并参与到对精神的第二运动的资格;又因其与精神在规定和时间上的包容性,获得了同精神一并参与到对世界的第二运动的资格,并在同时获得这两个资格的时候,保持着它被第三运动赋予的规定性和时间性。就其规定着的一面观察它,它体现为社会的各个方面;就其时间性的一面观察它,它体现为社会历史的建构。

点之分。这个阶段性的差异是我们区分出来的,这个区分总是基于一些基本假设,这些假设便是我们目前所处地位生出的结构,而不是过程自身真正的结构。它只不过因为能够被过程广泛的容纳连续,而得以进入过程,并在过程当中发展并实现自身。从个体来看,这种积蓄的态势总是因对之前矛盾的克服而产生。然而,从过程自身来看,它是过程的自我伸展的一部分。

第四节 法律体系运动的过程

一、法律体系运动的环节

法律体系作为人类意志对立出去的成果,通过"规定—规整"机制,以语言系统作为桥梁,与人的意志之间存在既对立又统一的逻辑关系,并在这个关系之上不断交互运动。这种运动并不是简单、被动的规则内容更替或规制范围增减,而是源于意志又返回意志、受限于意志又补充意志。

"规定—规整"机制是法律体系运动的核心机制,语言体系是体系赖以存在的基本条件。人从认识发展出具有特定内容的意志,依据语言的联系功能,将意志以语言的形式固化,赋予其稳定性的预期和潜在的释放可能性,然后借助对立,将这个可能性过渡到法律体系的逻辑框架当中,同时借助语言的流转功能,释放并再次固化形成语晶,从逻辑地位的稳定进一步过渡到存在形式的稳定。如果语晶的存储位置是实在的文本,那么这些规定就进一步获得了被动释放的性质。

在实践过程当中,人又借助语言(通常是文本)被动释放的性质,获取存储的规定。由于当初将这些内容固化的时候,已经赋予它们相对于外在其他内容的独立性和稳定性——更简单地说——由于最开始我们是借助形成语言的逻辑过程将其对立出去;当我们进行规整活动的时候,我们就能够逆向利用这个逻辑过程,将其从一切外在的内容当中再次对立出来,让它返回到我们这里,并借助语言的辅助系统,以定义性规定为锚点,将内容同化到认识的范围当中,再将其中的意志性内容抽取出来,进行意志的规整活动。

我们不妨试着站在法律体系本身的角度来看这个过程:当依附于文本等语言体系的法律体系在立法、司法、合同签订、法律教育等法律实践活动被人群规整到自身的意志中时,法律体系实际上是在利用语言存储形态的被动释放性质,将自身当中具有被动的能动性的、稳定而静态的意志系统,释放并迁移到了人的意志当中。在整合了法律系统的内容之后,人们便开始参与实践活动,或利用本法律系统的内容,理解并规整其他法律系统或任何以语言为基础的系统的内容,并最终反馈到法律体系当中。此时,一群人所使用的法律体系和一群人的意志体系的唯一区别,就仅存在于这个体系更新反馈环节的发生地,是否与体系的存储位置相重叠。

当进一步扩大到民族、国家的法律体系,法律体系的发展和人意志发展之间的互动模式,就更加明显。在一段时间内,一个人、若干团体的意志可能极大地影响了法律体系的发展(如贝卡利亚),在最初的情形下,人与法律体系的共同运动当中,是这个人或这个团体的能动性驱动着人的意志和法律体系从实践中汲取养料不断发展。

但人的能动性要受到死亡的限制,不可能无限地伴随他所面对的法律体系交互下去。当同一批法律的制定者全部魂归故里,我们会说,他们当初制定的法律成了这一批制定者意志的载体,影响后人的实践行为。此时单个个体的意志和能动性就消逝了,它不再影响法律体系的运动。法律体系的继续运动,只能归因于其他个体的实践和反思,依赖于其他个体的能动性。然而此时法律体系和人的意志的发展运动模式已经产生了变化:法律体系的运动便不再是单纯的被动运动,而是能够经过规整过程,指导其他人的实践和反思,甚至其蕴含的意志性内容,能够在某些人于某些领域进行实践和反思过程当中,发挥着基础性的作用。此时,法律体系的运动在客观上包含了主动的因素。这个主动的因素是其意志最初的提供者,以规定的形式,从逻辑上赋予它的,但这个主动还不是能动的主动,而是受到其本身存在限制的、必须借助人的意志实现的主动。

当一批又一批法律的制定者不断回到历史当中,法律体系在每个阶段的主动因素,就在时间上连续了起来。同时,从法律体系自身的视角来看,在不断的“规定—规整”过程当中,法律体系蕴含的意志极大地丰富,内在部门交叉复合地影响个人的规整过程、实践过程。此时,对于任何一个个体来说,法律体系已经不是他可以任意添加修改的、静止的创造物,而是在他自身意志的发展当中起着全面的基础性作用,并且很可能在诸多阶段都起到引领指导的作用。一个长期发展的、成熟的法律体系,即便不具备自身的能动性,但在较长的时间跨度上,针对绝大多数个体的意志发展,都毫无疑问具有运动当中的主动地位。这个地位仅在法律体系面对一个民族全体,或具备特别庞大意志的个体的时候,才可能回复到对等。

即便如此,我们仍然可以认为,一个长期发展、不断完善、内容丰富的法律体系,不仅是某些人或团体存储意志、实现意志的工具,也不仅是不同个体之间高效沟通的桥梁;它还从被动的地位过渡到了主动的地位,从被人的个体赋予意志、赋予释放意志性内容的可能性,过渡到了它的反面,反过来将自身蕴含的意志赋予个体,并通过释放、传播那些帮助个体进一步规整、反思、创造新意志的内容,反过来赋予个体反思并形成新意志的可能性。

简言之,当拉长时间和空间范围,我们将发现,有些法律体系脱离了单纯的被动发展;人的意志也脱离了单纯的主动发展——双方同时将对方容纳到自身的发展运动当中,并构成了具备内部张力且本质相同张力的、运动的整体。不难看出,进入到这个阶段、在发展过程当中获得了客观主动性的法律体系,就是我们惯常所说的"成熟""独立""有效"的法律体系。

稍加总结如下:意志作为规定的内容,其逻辑基础是纯粹的思维存在与自然外在的对立。精神借助规定,将意志从主观当中排斥到外在,让其脱离精神的存在形式,并加入法律体系的存在形式(掺杂着语言的要素)。因此,是"规定"这一环节创造了逻辑上的异于内在精神的、位于精神对立的法律,并同时赋予了两者之间的统一联系。同时,也使意志的发展和法律的发展相互连接,使"规定—规整"在逻辑上可能,并使精神体系和法律体系相互运动、相互发展和影响在逻辑上可能。

同时不难看出,此处回归了我们对法律的逻辑定义——精神上由目的性认识和规律性认识相结合(意志的内容),实在上对行为、事物状态(实在的内容部分)作出描述性的(规定的语言形式)规定。即法律的逻辑实质,就是精神所含意志以规定为形式过渡到实在。我们认识的法律,是这一过程的成果,而这一过程反过来也提供了我们判断法律存在与否的依据。①

我们在第六章曾经借助善意解释原则,简单地阐述了法律概念演化的原生

① 在伽达默尔那里,这种相互运动被视作对话理解过程当中的"视域的融合"。按潘德荣先生的总结,视域融合的基本思路和我们分析出来的逻辑运动较为相似,"当我们进入历史时,我们的视域或历史视域并不因之而被消解,相反地,而是构成了一个更为广阔的视域,他乃是包容了历史和现代的整体视域"。通俗地说,就是我们看历史要带着前人的视角,而我们看过之后的经验又形成下一代的视角。然而伽达默尔并未明确指出这种循环内涵的、矛盾的认识论基础,尤其是语言本身作为意志的有限对立而包含的属性。伽达默尔的分析强调本体论,但强调本体论的结果,就是忽视了语言系统蕴含的本体性。语言在本体论上完全沦为此在的附庸——这完全违背了语言作为容纳性的精神主体对立出去的存在地位。参见[德]汉斯-格奥尔格·伽达默尔:《真理与方法》(上卷),洪汉鼎译,上海译文出版社1994年版,第373~491页。并参见潘德荣:《西方诠释学史》(第2版),北京大学出版社2016年版,第328~351页。

阶段、发展阶段和反馈阶段。在不同的阶段中,最初的认识或目的不断地指导着实践过程,并在法律当中规定一个概念;概念随后在实践当中丰富起来甚至互相对立;最终,经过大量的反复实践和再认识,法律当中的概念将上升到一个主动的、反过来指导认识过程的地位。认识则将进一步克服法的指导,并投入到新的立法环节当中。

这个过程并不是一个描述性的过程,它是宏观层面法的活动的本质。法作为意志的中介,在其内容不断丰富的过程中,一个趋势显露出来:法的中介性因量变达到质变,并最终反过来指导意志。意志则出于自身的自由和自主,一方面不得不依赖这个中介,并导致中介性的扩张;另一方面它又要想办法克服这个中介。

意志克服中介的手段,就是保证中介的独立性,保证中介在意志扩张过程当中,被假定仅起到复制的作用,以避免过多的干扰,并为意志对法的克服性的统一提供有利条件。最终,法和意志的平衡,在它们所共同面对的世界那里得到了调和,这个调和的手段便是从时间性上具有内在统一的认识和实践。

二、法律体系运动的范畴

我们设想这样一个场景:在一个密闭的飞船当中,只有一个人和一座钟。这个人决定要每天睡6小时就起床。

假设有以下几种具有代表性的情况:(1)这个人把钟拨慢了1小时;(2)这个人乘坐飞船以1/2光速飞离地球;(3)这个人告诉自己,以后"起床"的含义就是"睡觉";(4)钟不走了,或者越走越慢;(5)这个人死了;(6)地球自转速度变成了一天23小时;(7)他飞到了一个自转周期25小时的星球上;(8)这个规则只是一张纸条,而这张纸条被塞到这个人的飞船,这个人只能看懂除了数字之外的内容。

显然,即便是最激进的演进解释论拥护者,也不可能在不欺骗自己的状态下认为(1)至(5)当中的任何一种情况,能够使该规则的真正含义有任何改变。事实就是如此——我们并没有真正认为规则改变了。如果不是传达问题,那么每个人的心里都很清楚规则制定出来那一刻的含义。这个"真正含义之推定"的存在是不言自明的,人们可以否认某一个"真正含义"的准确性,但他绝不能在抛弃这个推定的情况下展开任何否定或探寻工作。

不难看出,这个推定应当被认为是法律稳定性的根源,因为我们再也找不到更基础而又能提供稳定性的结构了。它源自规定这个过程本身赋予自身的时间性,源自它在这个规定——时间结构当中,和任何进一步规定之间的矛盾关系。理解这一点的关键在于理解我们的视角:我们不能把这个“推定”简单理解为某种具体实在的解释规则,或者某种“价值”。[①] 根据我们前面的推理,它只是单纯的逻辑必然而已——这里面没有任何抉择的需求或余地。

真正可能引起问题的是后三种情况,然而即便是后三种情况,我们也很清楚真正有问题的并不是原始的那个规则本身,而是别的什么东西对我们的理解产生了干扰。然而其中(7)(8)两种情况带来的干扰也很容易理解:在原先的情况下,时间的定义和地球自转的定义在某种程度上是绑定的。就规定的结构而言,它们展现出高度的相似性,以至于它们被混同着纳入最初的规则当中。

类似的例子还有 19 世纪的英国人将眼镜称为“glasses”,因为最初眼镜就是用“glass”——玻璃打磨出来的镜片制成。可以想象,当我们教一个生活在 19 世纪的孩子“glasses”这个单词,这个孩子不会有任何困难。但如果在 21 世纪,我们先让一个小孩子将树脂镜片的眼镜称为“glasses”,然后再教他玻璃的单词“glass”,那么他或多或少都会心生疑惑。

现在有两个问题:这改变了“规则必然含有确定含义”这个推定了么?当然没有,如果改变了,那么我们从一开始就不应当认识到这种问题,或者说即便认识到,我们也不应当感到任何为难。剩下的问题是,为什么确定含义找不到了?原因还是在于结构的扭曲。原先规定出来的内容本身并没有改变,只不过是这种规定在我们这里展现的结构当中产生了地位的更迭。

换言之,地球究竟自转一圈是 23 小时还是 24 小时,我们究竟是在地球还是在什么别的星球……这些终究是无关痛痒的表象。真正需要关注的是规则出台的过程,是我们将睡眠的周期同步到了时钟上,又将时钟快慢定义同步到

---

① 我们可以举这么一个例子:人们对“一天”的测量,到今天仍在不断变化。这期间既有测量方法的改观,也有地球自转时间本身的改变。然而这一切都必须基于“应当有一个准确长度”这样的假设。反过来说,如果没有这样一个假设,人们或许早就在几千年前放弃了对准确计量的追求。因为他们会觉得:“无论我怎么改进方法,总是存在误差,那说明我们永远不可能找到真的自转周期。”或者,人们会在 18 世纪至 19 世纪放弃对测量方法的改进,那么我们就不会有原子钟,以及更进一步的一切相关技术。这种“合用即合理”的态度,或许在工程师或律师那里能受到欢迎,却永远不应该放在探寻真理的道路上加以考虑。如果真要谈起价值和态度,这才是我们面对不确定性时所应该秉持的真正态度。

了地球自转的周期上。如果当初这个人对相对论没有一点了解,他有可能将地球自转的周期视为某种绝对时间概念当中的一段确定的尺度。在完全绝对的假设前提下,这个人无论在哪里睡觉,都不影响我们对这个规则的理解。

然而,因为我们了解相对论效应,就必须要问这个人,他到底采用的是哪个参照系当中的6小时,又要如何处理飞船速度带来的影响。请注意,我们之所以要问他这个问题,并不是因为我们不知道他是怎么想的,而是因为我们知道自己是怎么想的。

就这个人自身而言,如果他真的对相对论一无所知,那么他永远不会问出这些问题。换言之,之所以会问出这个问题,和这个人的想法其实没有关系,而完全是因为我们在自己的参考系当中发生了认识的扭曲。通过这条道路所获得的,不是他所创制规则的真正含义,而是这条规则在这里被我们所理解出来的含义。

这是一个格外重要的问题:我们究竟是在澄清什么?我们究竟是在澄清文字关系?还是在澄清立法者的原意?又或实际是在为我们自己内心的不安分找到出路?这三个立场实际上分别对应着三个基本假设:意义在文字当中;意义在立法者的头脑当中;意义在我们的头脑当中。这三个假设对于我们推理的重要性又在于,这三个假设本质上是三个伪命题。因为意义根本就不存在于这三个当中的任何一个;我们根本就不应当这么理解“意义”本身。

在过程当中,没有“意义”概念。我们需要观察的并不是哪个被容纳的部分,而是过程本身;这些部分如果不符合对过程的观察,那么它们就不应当被接受。应当注意,在过程当中,无论是立法者、我们自身还是位于世界当中的法律规则,都是参与着过程的一部分。在这里,真正的过程既不简单在立法者那里,也不在我们这里,更不在规则当中;真正的过程蕴含在这一系列结构变化当中。我们需要解释的是规定的结构的变化,是这些结构矛盾发展的进展历程,而不是为了描述这些结构而作出的规定本身,或之所以作出这些规定的意图。

从上面例子当中的过程来看,睡眠时间的规定结构性地包括了时间的含义,而时间的含义则结构性地存在于几个不同的对象之上,而这个结构性本身也是规定出来的,这个规定的过程又在原始的规则制定者那里和我们这里发生了变化。这个变化不是别的,正是对时间含义结构的分歧。这个分歧又源自基于相对论对时间结构性的重新反思,以及这种反思之后,新的时间含义的结构在我们这里呈现出来所导致规则结构的更新。

在整体过程当中,规定环节将精神和世界勾连起来,而鉴于规定过程自身显现出时间性,即连续的矛盾性,因此这个勾连是连续的勾连、时间性的勾连。同时,精神天然地要容纳世界,因此它通过立法的方式,将规定的时间性从精神自身的发展当中解脱出来,升格为抽象的、拥有与其他结构一般对立着、但同时又被精神整体所统一的时间性。同时,由于规定只能源于第三运动,则规定必然拥有实在性,它的结构也必然在实践中被世界所容纳。换言之,法所内含的统一着的时间性和规定性,的确从形式上对立到世界当中了;但法的结构本身并不被假设为世界的,而是因其源于精神而被视为统一到精神这里。

这似乎造成了矛盾,但我们能够在第二运动当中找到范畴上的依据,这个依据就是世界从精神反思当中获得的规定性;它和自然规律有统一的地位:自然规律在精神当中容纳着,它借由自然对精神的影响而在精神当中被发展地认识着(被发展地重组为精神自身的结构),并因其在精神侧容纳的这个事实而获得了独立于世界自身发展的规定性和时间性;反过来,法在世界当中容纳着,它借由精神对世界的影响(也就是实践)而在世界当中被发展地重组为世界自身的结构,并因其在世界侧容纳的这个事实而获得了独立于精神自身发展的规定性和时间性。无论是人的法还是自然的规律,相对于其本源的对立着的容纳性,并不能减损它和本源范畴之间的联系,因为它本就是带着返回的期待、带着构建并履行第二运动的使命而被对立到世界当中去的。

解释的假设问题自此便不再是问题:我们不可能假设法的内容结构会因我们自身的解读而改变,因为法的演化不在精神范畴之内;法律的含义便不可能在解释者这里。

同时,文本主义和原意主义也展现出极大的片面性。

解释并不单纯是规定过程,而是带着被法律所载意志的结构所扭曲的期待而展开的活动。法的确在这种过程当中体现为中介性,而中介性必须在解释过程中被扬弃。这个中介性因法律体系的庞杂而产生质变,从而展现出无限的中介性,进而构成了表面上的隔离性和安定性。

然而这种无限的中介性不是真的无限性,而是阶段性的无限性。精神并不是单纯地接纳附着于中介的法之上的结构,而是计划性地将这个结构通过实践返回到世界当中,并通过对世界的再认识,将精神当中对法的规定性和对世界的规定性统一起来。在这个过程当中,法的结构被精神和世界所接纳,其中介性也就因此被蚕食,并最终沦为基础性。其时间性也因为与之统一的规定性被溶解在世界和精神当中,而丧失了其独立性。

综上所述,基于过程视角的解释基础假设,应当是让法所内含的规定结构

"返回"世界的可能性。发掘这种可能性才是解释的真正目的,同时也是解释唯一需要澄清的内容。解释的工作在于让文本能够通过实践适用来达成立法者对世界的构想;解释者需要将适用的可能与立法者构想的可能相对接,而这个对接,从过程整体来看,正是精神的联结功能在发挥其对过程振荡式发展的促进作用。

这意味着解释的基础不是单纯的某个对象,而是如何让这些对象发挥它们在过程当中应有的作用,同时这些对象各自的功能必须在其整体结构中受到牵制和发扬。文本在时间上的独立性保证了其结构的稳定,但这种独立性的价值并不在于其稳定本身,而在于这个稳定的结构能够作为立法者和解释者能动的对立面并被克服,最终成为联结精神活动的中介。

在这里需要澄清,我们并不否认解释者不可能真的完全窥视到立法者的思想。然而这并不应当阻碍我们尝试克服文本的中介性。文本在一开始的作用,就不是将立法者的思想复制到解释者大脑中,而是从过程上为新的容纳提供了借力的支点——好比"旅行者二号"借助木星的重力场实现弹弓效应。从这个意义上说,法的确从两个角度与世界的发展联系了起来:第一,当然是结构的延续;第二,则是对法的扬弃和对法中介性的克服。这两个方面必须统一起来理解。

同时容易理解,解释者的目的不是理解文本的结构本身,而是理解过去,从而更好地筹划未来。解释者精神所容纳的,是整体过程在为更多可能性而实施准备的运动的一个环节。他的目标就是为克服或延续这个过程的结构做好准备。在这里,他面对的是同时从世界范畴规定出来的文本和实在,同时他还要面对法和实在在运动立场上的矛盾性,以及这两者和自身整体构成的矛盾。这种矛盾只有在他做好准备并实践之后才能调和。

弄清这两点之后,我们回头来看最开始的那个例子。这个例子当中,无论是地球的自转改变了,还是抵达星球的自转周期和地球不一致,还是一开始就仅能凭对钟表的观察来确定那不能理解的数字含义,都不过是障眼法。这种障眼法只有在片面的解释假设前提下才能发挥它的作用。

第八章 AP 相关条款与 GATT 第 20 条关系分析

在分析了 DS433 包含的“强效理由说”之前，我们先用一个较为简单的问题检验我们的分析工具。

上诉机构在 DS398 当中，对 AP 第 11 条第 3 款（以下简称 AP11.3）项下出口税问题能否援引 GATT 第 20 条进行抗辩给出了否定答复。然而此前上诉机构还在 DS363 当中，就中国是否能够就 AP 第 5 条第 1 项（以下简称 AP5.1）下问题援引 GATT 第 20 条进行抗辩的问题作出过肯定的答复。由于这两个问题都涉及 AP 和 GATT 之间的关系，且上诉机构报告当中对这两个问题进行了对比论述，我们自然将其一并考察。

与第一章第二节不同，在这一章当中，我们将完全贯彻逻辑主义的解释理念和解释框架开展各项解释和分析工作。

第一节 上诉机构的解释结果

一、上诉机构的分析过程

（一）DS363 的分析过程①

上诉机构在 DS363 当中讨论了 AP5.1 与 GATT 第 20 条之间的关系。首先，上诉机构对 AP5.1 进行了通

① WT/DS363/AB/R, pp. 96 – 104.

常含义的解释。在上诉机构报告第 216 ~ 217 段,上诉机构复述了 AP5. 1 的原文——

"在不损害中国以符合 WTO 协定的方式规范贸易的权利的情况下,中国应逐步拓宽贸易权的可用性和范围,以便在正式加入后三年内,所有在中国的企业都应当有权通过中国关境交易所有货物,但附件 2A 所列货物继续依本议定书进行国营贸易。此贸易权应当指进口和出口货物的权利。"(Without prejudice to China's right to regulate trade in a manner consistent with the WTO Agreement, China shall progressively liberalize the availability and scope of the right to trade, so that, within three years after accession, all enterprises in China shall have the right to trade in all goods throughout the customs territory of China, except for those goods listed in Annex 2A which continue to be subject to state trading in accordance with this Protocol. Such right to trade shall be the right toimport and export goods)

之后,在第 218 ~ 223 段,上诉机构阐明了其对该项第一句话含义的理解(在不损害中国以符合 WTO 协定的方式规范贸易的权利的情况下)。上诉机构在第 218 段当中为 AP5. 1 的基本作用设定了基调:(1) AP5. 1 设定了义务;(2)该义务受第一句话规制。而后,上诉机构逐字对该句进行了语义分析。

上诉机构认为:(1) Without prejudice to = 不损害某种权利;(2)该权利本身需符合 WTO 协定;(3)本句第一个"权利"指的是贸易管理权,是公权力;(4)第二个"权利"指的是受(1)当中公权力规制的他方权利,对中国来说是义务。上诉机构在此显然依据 VCLT 第 31 条对本句关键字词作出了通常含义的解释,并厘清了这句话描述的权利义务关系。

随后,上诉机构将中国加入分析背景当中。上诉机构在第 221 段说明:(1)"中国贸易管理权"指的是中国对国际商贸的管理权;(2)若遵循 WTO 协定,中国准许贸易的义务不造成该权利之减损。此处,上诉机构说明了相关贸易管理事务当中,中方权利、义务和 WTO 协定之间的关系。我们应当将其理解为一个普遍性的说明。

在此说明之下,上诉机构在第 222 ~ 223 段中分析了这句话的后半部分。上诉机构在第 222 段当中首先分析了相关权利义务与 WTO 协定之间的关系。上诉机构认为:(1)"以符合 WTO 协定的方式"(in a manner consistent with the WTO Agreement)将《WTO 协定》及其附件视为整体;(2)贸易管理权由各国政府天然享有,不由《WTO 协定》等其他文件赋予;(3)中国须依照 WTO 协定行使该权利。随后,上诉机构在第 223 段当中分析了“依照 WTO 协定”的判断标准:(1)成员行为应当从两个角度符合 WTO 协议——①不违背义务;②违背义务但有免责事由。(2)“以符合 WTO 协定的方式规范贸易的权利”(in a manner consistent with the WTO Agreement)这句话覆盖了两个角度。(3)综上所述,“以符合 WTO 协定的方式规范贸易的权利”指的是①成员方对商品贸易的相关规制措施复核适用协议之明确规定;②管理措施构成 WTO 协定义务之克减,即免责事由。

至此,上诉机构从 AP5.1 本身的通常含义出发,解释出 AP5.1 具有确认中国既有贸易管理权的功能,说明了该权利在 WTO 框架下受到保护的范围和相应的两个条件。随后,上诉机构在第 224 ~ 225 段使用了上下文解释,借助 WPR 第 84 条 b 项,确认了中国的相关权利的确在 WTO 规则中有所体现,并受到 WTO 规则的保护,且这些权利在 TBT 和 SPS 等文件中有不完全的体现。我们应当将这一部分视为对前几段权利来源的补充,而非独立的论点。

而后,逻辑上承接第 222 ~ 223 段对于中国贸易管理权的分析,上诉机构在第 226 段试图将相关权利义务与贸易管理权的对象——商品或贸易主体联系起来:(1)中国在 AP5.1 作出了关于贸易主体的承诺;(2)该承诺不得减损中国依适用协定管理贸易之权利;(3)中国和 WTO 其他成员的贸易管理权紧密联系,中国之权利乃他国之义务,反映在 GATT 1994 的Ⅲ和Ⅺ。此权利义务之联系具体体现于贸易商品之规制。

紧接着,上诉机构在第 227 段当中针对两个对象之间的关系进行了说明:(1)对贸易主体之规制与商品贸易相关义务之间的紧密联系已经于先前案例得到确认;(2)这说明,限制贸易主体之权利可能违反商品贸易相关义务。

上诉机构在第 229 段当中进一步说明了针对某一类商品(及其贸易主体)相关义务和 WTO 协定之间的关系。上诉机构认为,中国监管商品贸易之权利受 WTO 协定附件 1A 规制,而 AP5.1 的引言决定了中国有权在适用协定下援引相关条款。并且,GATT 第 20 条是否涵盖争议措施,应在案件中根据中国对商品贸易的管理以及管理措施是否违背中国贸易承诺的情况进行具体判断。

最后,上诉机构在第 230 段对 AP5.1 的第一句话作出了整体解读:“合乎 WTO 协定贸易之中方贸易管理权(之实施)受 5.1 引言保护;各成员方依规定义务或符合特定条件之贸易规制措施视作合乎 WTO 协定。但这不是 AP5.1 的全部保护范围。中方贸易管理权是否及于进出口相关监管措施,须依该措施是否与受监管之商品存在客观、明确之关系进行判定。此处,监管贸易主体之措施与所贸易之商品之监管目标是否存在明确之内在联系，与判定前述关系之明确性相关。此外，针对特定商品之进出口贸易主体通常客观上与特定商品监管措施相关，或构成该监管措施之部分。故通常可借特定进出口商品为涉诉措施之监管对象之事实判定（前述明确之）关系成立。检验联系之客观性，须详细审验措施之本质、设计、结构和功能，并考虑其监管背景。若此（客观、明确之）联系存在，则中国可寻求证明相关措施构成 GATT 1994 规定之例外情形，体现中国贸易管理权之行使符合 WTO 协定，不损害中国对（各成员方）承诺之权利。”

我们可以结合第 229 段，将第 230 段的论述拆分成五个层次：（1）WTO 协定，尤其是附件 1A 下的 MTA，为中方贸易管理权划定了范围；（2）中方贸易管理权因 AP5.1 受到保护；（3）需要证明的是涉诉措施是否包含于中方贸易管理权当中；（4）证明是否包含之逻辑关系的标准有二：客观且明确；（5）（基于第 227 段的论证）贸易主体与贸易商品之间的联系与标准中的明确相关、该商品是否构成实质上的监管对象与标准中的客观性相关。

针对这两个标准，上诉机构在第 231 ~ 233 段当中作出了论述。结论是：（1）涉嫌违背中方贸易权承诺的《出版物管理条例》第 41 条、第 42 条是针对涉诉商品内容审查机制的组成部分（满足了客观性）；（2）承认相关审查是进口商选择机制的组成部分（满足了明确性）。因此，上诉机构在第 233 段当中给出结论：“争议条款与中国对相关商品的贸易管理权有着清晰、客观的联系……因此中国可以依据入世议定书 5.1 段援引 GATT20 条。”

（二）DS398 的分析过程[①]

相比于 DS363 当中的论述，上诉机构在 DS398 当中的论述略显简短。

首先，上诉机构在第 284 ~ 287 段针对 AP11.3 的通常含义进行了解释。上诉机构认为，AP11.3 让中国取消所有出口税，同时说明了排除情形的范围仅限于附件 6 中列举的内容。而后，在第 290 ~ 291 段，上诉机构认为，GATT 第 8 条的规制范围不包括本案争议所属之进出口税，GATT 第 20 条可以对抗 GATT 第 8 条，但不能对抗第 8 条未涉及的进出口税，进而不能对抗本案争议（这个逻辑是 XX→VIII，VIII 不包含进出口税，进出口税→本案争议）。同时，AP11.3 在文本上提及了 GATT 第 8 条但没有提及 GATT 第 20 条，且没有类似于 AP5.1 条第一

---

① WT/DS398/AB/R, pp. 113 – 124.

句话的(概括性、确权性的)叙述。因此,从通常含义来看,中国无法在 AP11.3 项下援引 GATT 第 20 条进行抗辩。

其次,上诉机构又使用了上下文解释的方法,检查了 AP 第 11 条内部的结构,以及其他条款与 GATT 第 20 条之间的关系。对于 AP 第 11 条,上诉机构认为:由于(1)AP 第 11 条第 1 款(以下简称 AP11.1)和 AP 第 11 条第 2 款(以下简称 AP11.2)均提到了 GATT 1994,而 AP11.3 没有;(2)AP11.1、AP11.2 和 AP11.3 规定义务种类不同,所以没有证据表明中国可以援引 GATT 第 20 条。同时,作为并列的理由,上诉机构认为,既然 GATT 1994 没有要求中国取消所有出口税,AP11.3 的义务不在 GATT 1994 范围内,那么如果在各成员方中存在允许中国援引此条的合意,AP11.3 应当包含 GATT 1994 的字样。

最后,上诉机构在第 294 ~ 299 段对中国关于 WPR 第 170 段的相关论述进行了分析。上诉机构认为,第 170 段和中国取消出口税承诺关系不大,而是对其他成员方关切问题的回应。反映出口税相关承诺的部分位于 WPR“出口监管”标题下的第 155 段和第 156 段。其中第 155 段与 AP11.3 文本上高度相似,且说明出口税费应当取消(除非符合 GATT 第 8 条或包含于入世议定书草案附件 6)。同时,这两段都没有说明可以援引 GATT 第 20 条抗辩相关义务。上诉机构认为 WPR 的相关段落进一步证明了中国无权援引 GATT 1994 针对其在 AP11.3 项下的相关义务进行抗辩。

中方还引用了包括“WTO 协定”(指《马拉喀什协定》)前言在内的多份文件,意图证明专家组的解释扭曲了 AP 当中权利义务的平衡。理由是专家组将中国自然享有的贸易管理权解释成了获得性权利。上诉机构在第 300 ~ 306 段进行了分析。在第 303 段,上诉机构对比了 TRIMs 第 3 条和 AP11.3 条文本上的区别:TRIMs 第 3 条明确表述“GATT 1994 当中所有例外应在恰当情形下适用于本协定”;而 AP11.3 只引用了 GATT 1994 第 8 条,而没有引用包括第 20 条在内的其他条款。在此基础上,上诉机构在第 304 段中回顾了对 AP5.1 的解释,认为 AP11.3 缺乏 AP5.1 那样的引言部分,而 AP5.1 的引言是中国可以在 AP5.1 项下援引 GATT 第 20 条进行抗辩的原因。在第 306 段,上诉机构认为 WTO 协定的引言虽然关注了环保等非贸易事项,却无法提供 AP11.3 项下 GATT 第 20 条援引性的具体指引。

综上所述,上诉机构认为,中方不能引用 GATT 第 20 条对抗 AP11.3 项下义务。

二、上诉机构的推理框架

根据上诉机构分析过程，我们简要梳理上诉机构推理过程的核心思路。首先是 DS363 案：

1. 根据一般法理（无法在上诉机构报告中找到法律或案例依据，但又不属于推理的部分）：

（1）行为不违背规则的形式在于符合规则或构成例外；

（2）贸易监管权为各国自然权利，无须 WTO 协定赋予。

2. 根据先前判例和相关规则：

（1）针对特定商品与特定商品的贸易主体之间具有紧密联系；

（2）先前判例均涉及 GATT 项下争议；

（3）GATT 第 20 条得对抗 GATT 第 3 条和 GATT 第 11 条项下之义务。

3. AP5.1 的第一句话具有以下功能：

（1）反映中国享有受有条件保护的、先于 WTO 的贸易管理自然权利，文本证据是"Without prejudice to China's right to regulate trade"（不损害中国规范贸易的权利）；

（2）反映该权利的保护条件是行使时须符合 WTO 规则，文本证据是"in a manner consistent with the WTO Agreement"（以符合 WTO 协定的方式）；

（3）结合一般法理（1），自然推论出符合 WTO 规则需要在形式上不违背规则或构成例外。

4. AP5.1 的其他部分具有以下功能：

（1）构成本案具体争议的基础；

（2）反映在形式上不违背规则所指定的具体内涵，即 GATT 1994 第 3 条、第 11 条等；

（3）反映了规则所含客体的内容，即特定种类的商品。

5. 根据本案争议材料：

（1）涉诉条例与监管贸易主体相关；

（2）涉诉条例归于特定审查机制；

（3）该审查机制针对特定商品。

6. 根据排除法，上诉机构自由裁量的部分及其推理过程：

（1）提出"客观且明确"之标准以判断监管措施与贸易管理权的关系。

(2)举出“客观且明确”的判定方法——明确性可借判断监管系统及其目的是否涵盖针对贸易主体的监管措施并最终指向相关商品判定;客观性可借监管措施是否本质上与相关商品相关判定。

(3)根据本案争议材料(1)~(3),明确性成立;根据中方意见及专家组结论,客观性成立。

(4)因两标准成立,涉诉措施是中国行使贸易管理权的结果,故受AP5.1涵盖;根据上诉机构的逻辑,这两个标准应当能够充分且必要地证明相关措施属于中国行使贸易管理权的结果。

(5)争议在于该措施是否符合AP5.1相关承诺,AP5.1承诺具体指向了GATT项下义务,GATT项下义务得援引GATT第20条抗辩。

(6)可援引GATT第20条进行抗辩。

我们再来看上诉机构在DS398案当中的分析框架——

1. 根据GATT 1994:

(1)GATT第20条可对抗第8条项下义务;

(2)GATT第8条未规定出口税。

2. 根据AP11.3:

(1)AP11.3项下义务为取消所有出口税;

(2)AP11.3说明了例外范围;

(3)AP11.3未援引GATT 1994当中任何一条。

3. 根据AP11条整体:

(1)AP11.1、AP11.2均提及了GATT 1994但AP11.3没有;

(2)AP11.1、AP11.2均涉及GATT 1994项下义务,但AP11.3没有。

4. 根据AP、WPR和TRIPs:

(1)TRIPs当中包含对GATT 1994的直接引用,但AP11.3没有;

(2)AP5.1包含了引言段但AP11.3没有;

(3)与AP11.3文本高度相似的WPR第155段是在强调消除出口税的义务。

5. 根据排除法,上诉机构自由裁量的部分及其推理过程:

(1)因为AP11.3没有引用GATT第20条、没有引用GATT 1994、未包括类似于AP5.1的引言段,因此无法建立AP11.3与GATT第20条之间的关系;即上诉机构从AP11.3出发寻找其与GATT第20条之间的联系,发现联系不成立。

(2)因为 GATT 第 20 条效力覆盖 GATT 第 8 条,但 GATT 第 8 条在义务内容上与 AP11.3 没有关系,那么无法确定 GATT 第 20 条能够覆盖到 AP11.3 相关义务;即上诉机构从 GATT 第 20 条出发寻找其与 AP11.3 的联系,发现联系不成立。

(3)因为从两个方向寻找关系均不成立,中方不能引用 GATT 第 20 条对抗 AP11.3 项下义务。

三、对解释思路的比较

我们针对上诉机构在 DS363、DS398 当中的论证逻辑进行分析。上诉机构在这两份裁决当中使用的推理思路既有共同点,也有一些差异。我们的任务是找出它们,并评估差异是否合理,是否可能导致一些问题。

首先,上诉机构在 DS363 的裁决中,将 AP5.1 的第一句作为论证的中心,其他论证由此中心展开。从行文上看,上诉机构借助 AP5.1 第一句告诉我们,中国贸易管理权是天然权利,但其受到 WTO 规则限制。然后,上诉机构通过解释上下文,告诉我们这份权利在行使过程中受到 WTO 何种规则的限制(GATT 1994),和受到什么样的限制(两种不违背义务的判定方法)。再进一步地,上诉机构向我们阐明了相关权利在行使过程中(对国家而言,即相应的贸易管理措施)受限规则的具体判定方法(判断客观性和明确性)。

其次,上诉机构在 DS398 的裁决中,将 AP11.3 拆分成了两个部分:一部分是中国承担的义务,另一部分是相关义务的例外情况。上诉机构分别就这两个部分,双向寻找了中国所承担义务与 GATT 1994 文本之间的联系,并得出了否定答案。

上诉机构采用的方法,从表面形式上看具有统一性。两份裁决当中的解释,都基于文本,都使用了上下文解释,都依据通常文意探求 AP 条款与 GATT 第 20 条之间的关系。在后一份裁决当中,上诉机构还提及了先前裁决当中的论证,并试图使用对比的方法向我们说明两案具体所涉条款在文本内容上的差异。

但与此同时,上诉机构也遗留了一些问题:

仔细看来,上诉机构对 AP5.1 的解读,反而排除了 AP5.1 事实上的作用。在论证这一部分的时候,上诉机构指出了两个事实:“中方贸易管理权并非 WTO 赋予”和“存在两种符合 WTO 的形式”。这两者的论证虽然均因解释

AP5.1 而起,却最终落到了一般法律原则上。同样,上诉机构为判定贸易管理权与涉诉措施关系的判断标准,也是因 AP5.1 而起,却最终超过文本,即贸易管理权和涉诉措施关系是否存在。我们在上文通过排除法将“明确客观”的标准划入了上诉机构自主推理的部分,换言之,我们无法在 AP5.1 的文本层面找到这项标准,即该标准并非因哪一条文本而起,而是上诉机构给出的一般思路,甚至可以说是据以判断相关情形的一般原则。这两个核心性质的结论,均未与文本直接相关,也不是文意解释或用于确定文意解释的上下文解释的产物,而是基于文意解释的次生解释,是针对文意进行的推理,而且是超过文意的推理。

然而,我们在 DS398 的相关部分,不仅没有看到这种方法,甚至没有看到任何根据 AP5.1 所确立的两个原则展开的具体论述,更没有看到根据文本对这两个原则进行具体论述的意愿。上诉机构仅仅是针对中国提出的抗辩理由,从文本字面含义出发进行了解释,并未进一步论证文本内涵的具体逻辑或一般法理。比如,一方面,上诉机构强调了 AP5.1 的地位十分重要;另一方面,上诉机构却没有针对这一地位作出具体的解释,而仅仅是说了一句“没有类似的部分”,甚至没有谈及这个判断的比较基础为何。又如,上诉机构针对中国使用《马拉喀什协定》作出的抗辩,仅仅是给出了“缺乏具体指引”这一结论,就将其束之高阁。然而,根据上诉机构自己的解释,《马拉喀什协定》前言部分与 GATT 第XX条保护环境内容在文本上具有从原则到具体的直接对应关系,而 AP5.1 却只是不完全地提醒了我们需要从一般法律原则层面检视中国的贸易管理权。

仔细看来,上诉机构在 DS363 当中作出的裁决,并没有受到文本的禁锢,而是在文本内容的基础上探求其逻辑内涵。上诉机构论证当中的几个关键点——对中国贸易管理权地位的判断、对遵循 WTO 规则标准提出的形式要求、判断具体措施与管理权关系的方法、描述所承诺义务与管理权关系的方法——都不是文本直接体现的。上诉机构之所以判定中国能够援引 GATT 第 20 条,并不是因为 AP5.1 提及了 GATT 1994,而是因为 AP5.1 让我们注意到,中国享有的一系列权利,能够借由一般法律原则推导出来的判定方法,与 AP5.1 剩余部分承诺的义务之间建立起来联系。真正的逻辑不在 AP5.1 身上,而在 AP5.1 蕴含的思想里。否则,上诉机构就必须承认,如果不是 AP5.1,上诉机构赖以判断中国贸易管理权地位和用于判断具体措施与该管理权和具体承诺义务之间关系的标准,就要发生变化,而这显然是荒谬的。

既然如此,我们也“很难理解”,为何上诉机构明明花力气在 DS363 当中将这些重要法律原则与 AP 联系起来，却在 DS398 当中弃而不用，拘泥于文本本身进行解释。甚至，面对中方基于《马拉喀什协定》提出的理念上的抗辩，仍旧选择性失明。具体体现为，上诉机构在 DS398 当中针对 AP11.3 与任何其他文本之间关系的论证，都只是基于同一个标准——是否在字面上相关，其他一切论证都围着这一简单的标准运作。因为没有提到 GATT 1994，AP11.3 就与同一条的其他两项互相隔绝；因为没有提到 GATT 1994，AP11.3 就与 GATT 1994 互相隔绝；因为没有在前半句提到出口税，GATT 第 8 条就和 AP11.3 的承诺互相隔绝；因为出口税不在 GATT 规则之内，中国的贸易管理措施就与 GATT 互相隔绝。

关于两案带来的解释成果问题，已有诸多学者进行过充分的论述，在此无须赘述。由于本书探讨的是法律逻辑过程，是解释原则，我们将关注解释原则的问题，而非解释结果的问题。

四、问题——解释原则的冲突

就目前而言，我们获取的框架还仅停留于表面。这种表面的框架只能供从统计的角度摸索上诉机构的裁决方法与习惯，让讨论停留在一般经验和价值层面，但不足以让我们弄清楚上诉机构思路背后的思想基础。

同任何逻辑推理过程一样，司法过程中的逻辑推理总有一个形式框架，这个形式的框架，并不总是能够直接对应到使法律概念之间得以相互运动作用的内在逻辑。我们只有找到了遵循法律本身概念性逻辑的框架，才能真正理解上诉机构推理背后的思想实质，否则我们只是在法律文本和判决文本的叙述层面打转而已。

上诉机构推理框架的实质，是一个两层的三方关系。在事实层面上，上诉机构着眼于贸易管理者、贸易主体、贸易品这三方；法律上，上诉机构着眼于 AP5.1、GATT 第 3 条和第 11 条，以及 GATT 第 20 条这三个条款。上诉机构的论证分四个步骤：(1) 分别分析法律层面的三个条款，向我们说明这三个条款是如何与三个事实层面的组成部分相互对应；(2) 上诉机构（心证地）通过常理得出了事实层面存在联系的标准——明确与客观，并说明了判断标准；(3) 上诉机构跳了一步，将事实层面存在联系的标准套在具体案情上，告诉我们中方措施在事实层面上建立起了明确客观的三方关系；(4) 上诉机构将已确认的、事实层面的联系，投射到法律层面上，建立了法律层面的三方关系。

不难看出,两层三方关系不过是将同一个简单的事实投射到不同的领域。事实层面,监管措施和货物必然有不同程度的相关性。管理措施是否及于货物,实际很容易判别。如果我们想要在法律框架内讨论这个关系,就必须找到事实的要素,和要素之间相互影响的运动关系。我们在第五章谈过,事实本身不是法的内容,法是在根据事实序列建立的意志之上形成的。我们完全可以说,判断法律条文之间关系的规则,本身也是根据意志序列形成。既然如此,它就应当与规律性认识对应。

从这个角度看,上诉机构在 DS363 当中适用的判断标准,既包含了事实的联系,也包含了文本逻辑,还包含一般法理。这三个部分,都作为判断"文本之间是否相关"的理由,经过了详细的讨论对比。相对比下,无须过多论证就能看出,DS398 当中的论证仅仅包括了文本逻辑。可以说,上诉机构在 DS398 当中的论证,除了"明确援引"之外,未给出任何其他有用的判断标准。甚至,上诉机构连确立"明确援引"这一标准的工作都忘记了,只是举了几个援引适用的例子——然而"援引即可适用"和"非明确援引不可适用"之间可以说毫无逻辑关系。上诉机构也没有任何关于事实层面的讨论——即便事实层面并非不可讨论——至少是在各项规则的宗旨和理念层面上。更让人摸不着头脑的是,当中方提出相关抗辩的时候,上诉机构反而稳坐文本逻辑,把讨论的前提抹杀掉了。

这不得不引起我们思考:上诉机构究竟是如何看待自己的解释原则的?上诉机构既然说自己是在作整体解释,那么这个整体解释的内容和形式为何?应该包含哪些部分?应该考虑哪些因素?文本依据为何?理论依据为何?同时,当上诉机构自己提出标准,而且这个标准明显地不在 WTO 文本规定范围之内的时候,它是否违反了 DSU3.2 的要求?如果我们不能苛求上诉机构在文本当中找到明确标准,那么上诉机构应当采用何种方法、以何种形式提出自己的标准?然后又该如何将其匹配到既有文本规则当中,并消除我们在分析"强效理由说"中提出的那些问题?

这些问题,上诉机构统统都没有解答。我们不能说,实践就是正确的。我们不能任凭这种不确定性积累,否则等待我们的将是和股市一样的、法律裁判领域的非理性繁荣——解释实践和权威将成为循环自证、不断膨胀的泡沫,泡沫一旦破灭,后果不堪设想。法律就是法律,任何一位法官,既不能将法律预设为完美的真理然后陷入无尽的文本主义,也不能仅把它当作实现自己内心正义的手段或参考。为了避免这两种境地,我们需要用尽可能严格但不冗长的论证,结合法律的一般逻辑,找到 WTO 规则当中对解释原则的要求。

第二节　WTO 法律解释原则的文本基础

一、DSU3.2

WTO 规则当中与法律解释有关的部分，集中于 DSU，尤其是 DSU3.2。其原文如下：

"The dispute settlement system of the WTO is a central element in providing security and predictability to the multilateral trading system. The Members recognize that it serves to preserve the rights and obligations of Members under the covered agreements, and to clarify the existing provisions of those agreements in accordance with customary rules of interpretation of public international law. Recommendations and rulings of the DSB cannot add to or diminish the rights and obligations provided in the covered agreements."［WTO 争端解决机制是向多边贸易机制提供安全性、可预测性的一个重要（核心）部分。各成员方确认，其用于保护适用协定下各成员方权利义务，并以符合国际公法解释习惯之方式澄清适用协定既有条款。DSB 的建议和裁决不得增减适用协定当中的权利义务。］

DSU3.2 强调了三个方面：第一，争端解决机制的宗旨是为多边贸易机制（Mutilateral Trade System，MTS）提供安全性与可预测性；第二，争端解决机制运作的结果不得增减（保护）成员方在适用协定下的权利义务；第三，对权利义务的澄清过程应当遵循国际公法解释习惯法。

这三个方面，包含了目的、结果拟设和行为模式规制三个方面，包含了法律意志表达的几乎所有重要因素（仅有前提省略掉了）。根据这一段话，我们至少可以得知以下信息：

（1）MTS 需要安全性与可预测性（这可能与其他协定相关）。

（2）MTS 的安全性与可预测性并未处于满足状态。

（3）MTS 的安全性与可预测性由多个要素提供。

（4）WTO 争端解决机制（Dispute Settlement System，DSS）是提供安全性与可预测性的一个要素。

（5）要么 DSS 本身提供了安全性与可预测性，要么通过其实践提供安全性与可预测性。

（6）稍微联系下文，易知，DSU3.2 并没有认为 DSS 本身能够提供安全性与可预测性。DSS 发挥作用的方法体现于其运作结果的特性和运作机制上。

(7)作为一个持续性运作的机制,一方面,DSS 不可能仅通过一次实践就向 MTS 提供彻底的安全性与可预测性;另一方面,如果机制运行得当,则它能够源源不断地提供安全性与可预测性。

(8)DSS 还有两个具体的功能:保护适用协定下权利义务和澄清既有条款。

(9)DSS 行使具体功能的结果是不增减适用协定下权利义务。易知,这一点是针对“澄清既有条款”提出的。

(10)DSS 行使两个具体功能的方法,应当符合国际公法解释习惯法;这是一个硬性规定,从行文上看,“in accordance with”是一个要求,而不是一个原则。DSU 的制定者们说的不是“不违背国际公法解释习惯法”,而是“符合国际公法解释习惯法”。这意味着 DSS 澄清条款时能且仅能从国际公法解释习惯法当中寻找行为依据。

(11)至此,DSU3.2 说明了 DSS 的两个作用:就 MTS 而言,DSS 提供安全性与可预测性;就各成员方而言,DSS 用于保护他们在适用协议下的权利义务,并用于澄清既有适用协定的条款。即使不考虑包括 DSU 在内的其他 WTO 法律条款,DSS 的这两个作用之间也存在概念上的逻辑关系。

(12)“保护”一词的基本含义就是想办法维持其作用对象的某些状态或维持对象本身。而“适用协定下权利义务不增减”就是 DSU3.2 要求保护的状态。

(13)另外,“可预测性”的要求是,预测的对象不能够是完全随机的,而是遵循一定的规律。我们暂且不谈 DSS 和 MTS 之间的影响,仅从字面逻辑上看,“DSB 的建议和裁决不得增减适用协定中的权利和义务”无疑是一个具有恒一规律性的状态。根据这一状态,各成员方在适用协定下的权利义务可预测,且前后不会增减。

(14)同样可以预测,如果 DSS 遵循 DSU3.2 的要求,对适用协定作出了恰当的澄清,则各成员方在适用协定下权利义务不增减这一状态本身及其可预测性不会受到损害——这就又与“安全性”联系起来——仅从字面逻辑上看,DSU3.2 对于解释结果的要求与 DSU3.2 提供安全性的功能具有联系。

(15)易见,仅就 DSU3.2 对 DSS 工作的要求而言,可预测性、安全性的来源是同一个状态,即适用协定下权利义务不增不减。这个状态本身的持续性,是可预测性的来源;这个状态不受澄清既有条款影响,是安全性的来源。因此我们完全可以说,适用协定下权利义务不增不减,是 DSU3.2 当中提到的可预测性和安全性的基础——除非能够证明,可预测性与安全性的来源和权利义务状态没有关系。

(16)同理易知,遵循国际公法解释习惯法这一形式要求,也能够提供安全性与可预测性。

(17)还需要注意的一点是,逻辑上,可预测性本身也是需要保护的对象,即可预测性可能是安全性要求的内容,而不仅仅是安全性要求的并列概念。

如此看来,DSU3.2对与适用协定相关的要求非常明确,内部逻辑层次也非常清晰。在去除了所有交叠的叙述后,DSU3.2的结构如下:

(1)DSS用于澄清适用协定;

(2)DSS的澄清活动需遵循国际公法解释习惯法(形式要求);

(3)DSS澄清适用协定的结果不得增减适用协定下权利义务(实质要求);

(4)根据(2)(3),DSS在形式和实质两方面提供可预测性,在实质层面提供安全性;

(5)可预测性本身可能成为安全性的一部分;

(6)根据常理可推知,DSU3.2认为在其要求下形成的形式和实质层面的可预测性和安全性,不仅及于DSS活动形式和适用协定本身,还及于MTS。

在这里,我们还有两组问题待解决:

第一组问题是,DSU3.2在形式层面的要求和实质层面的要求是否具有必然联系?具体而言,按照国际公法解释习惯法对适用协定进行澄清,是否必然能够满足实质层面要求?或者部分满足,或者可能不满足,或者与实质层面要求能否满足毫不相关?

第二组问题是,DSS和MTS之间的联系究竟为何?DSU3.2本身是否足以说明,满足形式和实质两个层面要求的DSS澄清活动,已经足以让其成为MTS的"核心因素"(central element)?或者说,DSU3.2的第一句话只是一个引子,虽然确认了DSS整体上对MTS的重要地位,却与后文的具体要求没有过多的联系?我们当然可以考虑,DSU3.2对DSS在两个层面的要求非常重要,也的确能够提供安全性与可预测性,但实际上单凭这两点要求不足以将DSS对MTS安全性与可预测性的保障地位提高到"核心"的程度。如果不是这一点,那么是哪一点或者哪几点的共同作用,让DSS成为向MTS提供安全性与可预测性的重要/核心部分?又或者,各成员方在制定DSU3.2的时候,思路实际上是反过来的——他们预设了DSS的重要(核心)地位?

这两组问题是基于DSU3.2产生的,但无法在DSU3.2内部找到答案。第一组问题很好回答:按照国际公法解释习惯法进行条款澄清工作,与澄清结果是否不增减既有协定中包含的权利义务之间没有任何关系。笔者已经说过,法律解释是一个认识过程。认识过程和认识结果即便有关系,也不是在内容上的关系,而是在形式上的关系。从这个意义上说,国际公法解释习惯法也好,大陆法系解释习惯法也好,伊斯兰法系解释习惯法也好,都只是依据不同的形式和程序做相同的工作而已。既然如此,它们对解释结果的影响就微乎其微。我们甚至可以这么说:是否使用上下文解释,和概念上如何理解上下文,是两个维度的事情。国际公法解释习惯法不可能规定到具体思维的领域,也就不可能规定到最后的解释内容。

因此,各方均遵循国际公法解释习惯法进行澄清工作,只能是在形式上维持可预测性与安全性,这只能为各方提供一个比较便利的思维体系、语言体系,有助于相互理解并减少过程上的分歧。

第二组问题显然无法通过既有的逻辑圆满解决,我们只能转向其他条款。

二、马拉喀什协定序言

为了弄清楚 DSS 和 MTS 之间的关系(无论是形成的还是预设的),我们首先需要对概念进行一个简单的梳理。为此我们需要找到有效范围内所有涉及这两个概念的条款。受助于现代科技,我们只要在文档当中搜索"multilater""system"这两个字眼,就能把所有适用协定下的相关条款收集起来。

令人惊讶的是,尽管"multilateral""trading/trade""system"之类的字眼在适用协定下俯拾皆是,真正指代"多边贸易体系"的却寥寥无几。首先要看的是 WTO 的"根本大法"——MA。如果连 MA 都不能告诉我们 MTS 的含义,那我们就不必在 WTO 规则当中讨论它了。事实上,MA 的确提到了 MTS 的概念,但只在序言第四段提到了两次——

"故此决定建立一个完整的、更可行和持久的多边贸易机制,包括《关税与贸易总协定》、以往贸易自由化的努力成果和乌拉圭回合多边贸易谈判的所有结果,决心维护多边贸易机制的基本原则,并促进该机制所含目标(的达成)"(... Resolved, therefore, to develop an integrated, more viable and durable multilateral trading system encompassing the General Agreement on Tariffs and Trade, the results of past trade liberalization efforts, and all of the results of the Uruguay Round of Multilateral Trade Negotiations, Determined to preserve the basic principles and to further the objectives underlying this multilateral trading system)

——根据这段文字,我们能够解读出来一系列信息:

(1)MTS 是一个先于序言的存在,否则第一句话的“more”就是多余的。

(2)无论 MTS 的现实含义为何,它在 WTO 法律体系内有着非常明确的内涵:GATT、既往贸易自由化的努力成果、其他所有乌拉圭回合多边贸易谈判的成果。

(3)除了(2)所提及的内容,MTS 还覆盖一些“基本原则”和“目标”。

(4)各成员方意图保护(或称维护)(3)相关内容。

仅从目前梳理的情况来看,我们已经可以认为,MA 的“保护”与 DSU3.2 的“保护”具有联系。DSS 意图保护适用协定下权利义务,同时为 MTS 提供安全性。易知,“安全性”要么源于自身的稳定,要么源于外界的保护。我们已经论证过,“提供”一词已经表明 DSU3.2 并没有将 MTS 视作一个天然稳定的机制。不难看出,“DSS 为 MTS 提供保护”就是“DSS 为 MTS 提供安全性”的动态含义。

DSS 为 MTS 提供保护,MTS 下“基本原则”受到保护。根据简单的传递律,在这个问题上,那些“基本原则”形成的集合序列,是 MTS 的子序列。那么我们有理由推测,无论直接还是间接、广泛还是具体,DSS 都可能在为 MTS 的“基本原则”提供保护。

此处只剩下两个问题:保护的具体内容为何?如何保护?需要注意的是,这两个问题的解答次序不能颠倒,因为我们无法脱离及物动词的对象谈论动词的具体内容,如同厨师不能在确定食物的特性之前谈论烹调方法。

就 MA 而言,MTS 意图保护的原则和目标,集中记述于序言、第 2 条(WTO 的范围)和第 3 条(WTO 的职能)。

序言其他部分内容如下:

“确认他们应当从提高生活水平、确保充分就业和实际收入的大规模有效增长,及扩大货物及服务生产贸易的角度处理贸易和经济领域的关系;同时按照可持续发展目标顾及世界资源有效利用、寻求环境的保护和保全环境并以符合他们在各自不同经济发展水平下的需求和关切相一致的方式加强为此采取的措施,

进一步确认需要积极确保发展中国家,特别是当中的最不发达国家,在国际贸易增长当中保有与他们经济发展需求相当的份额,

期望通过达成对等和互惠安排以实质性削减关税和其他贸易壁垒,并消除国际贸易关系当中的歧视性待遇,以促成这些目标。”

(Recognizing that their relations in the field of trade and economic endeavour should be conducted with a view to raising standards of living, ensuring full employment and a large and steadily growing volume of real income and effective demand, and expanding the production of and trade in goods and services, while allowing for the optimal use of the world's resources in accordance with the objective of sustainable development, seeking both to protect and preserve the environment and to enhance the means for doing so in a manner consistent with their respective needs and concerns at different levels of economic development,

Recognizing further that there is need for positive efforts designed to ensure that developing countries, and especially the least developed among them, secure a share in the growth in international trade commensurate with the needs of their economic development,

Being desirous of contributing to these objectives by entering into reciprocal and mutually advantageous arrangements directed to the substantial reduction of tariffs and other barriers to trade and to the elimination of discriminatory treatment ininternational trade relations)

针对我们提出的问题,比较关键的内容有两处。第一处实际上是根据此处第三段当中的“desirous of contributing to these objectives”,即“期望为这些目标做出贡献”。很明显,“这些”二字不可能指向第一段、第二段以外的内容,即保护环境、扩展货物贸易、保证发展中国家和最不发达国家经济的发展利益等一系列目标。同时,第三段给出了实现目标的基本手段,包括互惠安排、实质性削减关税和贸易壁垒、消除贸易歧视。

对序言的分析为我们提供了关键线索。一方面,我们从序言中解读出目的和手段;另一方面,根据我们对立法活动原理的讨论,手段就是用以实现目的的合意。在如此紧密的叙述关联之下,我们没有理由不认为,这些手段本身是目的的规律性前提。

还注意到,序言的第四段当中的“therefore”,显然表示逻辑承接关系。根据“therefore”,我们得知,建立 MTS 的决定,是“达成互惠安排”等一系列手段的次手段,它既受上位手段支配,也受更上层目的的支配。

此处,建立 MTS 的决定是一个合意,这个合意受保护环境等目标支配,受达成互惠安排等手段支配,受包含各类实践谈判成果等要求支配。根据立法活动原理当中的恒一性推论,若一合意包含的情形能够拆解为 N 个子情形的复合,那么,立法主体在数个子情形当中的目的和规律性认识应当推定为相同。

那么,我提及的这三组目标,应当均出自同一的认识,它们之间必然存在互相包容的关系。换言之,无论各成员方在起草 MA 的时候使用了何种叙述方式,这三组内容必然且只可能是某一个统一的目标下面的三个部分或者三个层次。

我们看这三组内容的内容关系。第一组内容是发展经济、保护环境、保证发展中国家利益等,实质上是在描述客观状态,是实践运动的结果。既然是规律性认识,有结果的要素则必然有前提的要素。显而易见,第二组和第三组并不是结果要素,则这两组共同构成第一组的前提。即各方认为第二组和第三组的共同作用能够实现第一组的目标性内容。同时注意到,第二组内容是手段,第三组内容是 MTS 的范围。手段是互惠安排等,范围则包括 GATT 等一系列成果。易知,互惠安排、消除贸易歧视等手段,在 GATT 等 MTS 范围内有所体现。则第三组内容是第二组内容的前提,第二组内容是第一组内容的前提。

注意到,序言的第五段称,各方意图保护 MTS 下各项基本原则,并促进各项目标实现。这个意图建立在 MTS 成立的前提之上,意味着该意图当中的动词必然以 MTS 覆盖的内容为对象。仅就序言部分来看,明确提到的"基本原则",就是第三段当中提到的三个贸易相关原则;明确提到的"目标",就是第二段、第三段当中包含的目标。严格证明起来,我们可以说,由于第二段至第四段的内容,都是目的性的,单就各自自身而言,均只包括拟设的内容,而不是绝对的行为过程,那么这些内容均可以视为原则。这些原则记述于 MA,而 MA 本身是乌拉圭回合谈判的成果,那么这些原则必然包含于 MTS,也就成为各成员方的保护对象和发展对象。

根据上面的梳理,MA 的序言部分背后的认识基础为:各成员方认为,包含 GATT、既往贸易自由化的努力成果、其他所有乌拉圭回合多边贸易谈判成果的 MTS,在其基本原则得到保护的情况下,理应能够用于执行互惠安排、实质性关税减免和消除贸易歧视,最终能够达成保护环境等一系列目的。需要重申,我们并没有讨论这些认识基础是否成立或为什么成立,那是谈判者的判断;我们只是在讨论,根据立法活动的基础规律来看,MA 的文本的确体现出某些高复合层次的规律性认识和意图。

既然 DSS 为 MTS 提供安全性与可预测性,而 MTS 本身用于执行各项手段、促进各项目标实现,则 DSS 间接地为各项手段的实施及各项目标的实现提供安全性与可预测性。

三、马拉喀什协定其他相关条款

现在我们不仅了解了 MTS 的基本内容(一系列成果),还了解 MTS 作为规定性结果的来源(目的和手段)。事实上 MTS 的内涵还可以进一步细化,可以说整个 MA 都在讲这个事情。但我们在此处仅讨论法律解释原则的问题,需要先讨论和问题联系较紧密直接的部分,再讨论更广泛层次的联系。因此,在进一步细化 MTS 内涵的时候,我们需要先从法律内容的层面着手。

MA 囊括范围非常广泛,包括 WTO 范围、职能、组织结构、成员接受等方面。与我们话题直接相关的是 MA 第 2 条、第 3 条——WTO 的范围和 WTO 的职能。下面我们逐条进行分析。

MA 第 2 条包含 4 项内容:

"1. WTO 应当提供共有组织机构以处理成员间与协定和本协定附件所含相关法律文件相关的贸易关系。

2. 本协定及附件 1、2 和 3(以下简称多边贸易协定)所含法律文件是本协定必不可少的组成部分,拘束力及于所有成员方。

3. 附件 4 所列协定及相关法律文件(以下简称诸边贸易协定)对已批准成员方而言也是本协定的组成部分。诸边贸易协定不对未批准的成员设立义务或权利。

4. 附件 1A 所列《1994 年关税与贸易总协定》(以下简称 GATT 1994)在法律上区别于 1947 年 10 月 30 日的《关税与贸易总协定》,后者附于《联合国贸易与就业会议筹备委员会第二次会议最终决议》,后经更正、修正或修改(以下简称 GATT 1947)。"

[1. The WTO shall provide the common institutional framework for the conduct of trade relations among its Members in matters related to the agreements and associated legal instruments included in the Annexes to this Agreement.

2. The agreements and associated legal instruments included in Annexes 1, 2 and 3 (hereinafter referred to as "Multilateral Trade Agreements") are integral parts of this Agreement, binding on all Members.

3. The agreements and associated legal instruments included in Annex 4 (hereinafter referred to as "Plurilateral Trade Agreements") are also part of this Agreement for those Members that have accepted them, and are binding on those

Members. The Plurilateral Trade Agreements do not create either obligations or rights for Members that have not accepted them.

4. The General Agreement on Tariffs and Trade 1994 as specified in Annex 1A (hereinafter referred to as "GATT 1994") is legally distinct from the General Agreement on Tariffs and Trade, dated 30 October 1947, annexed to the Final Act Adopted at the Conclusion of the Second Session of the Preparatory Committee of the United Nations Conference on Trade and Employment, as subsequently rectified, amended or modified (hereinafter referred to as "GATT 1947")]

MA 第 2 条的标题是"Scope of the WTO",即"WTO 的范围"。根据其内容,更准确的标题应该是"WTO 规则的范围"。其中,第 1 项的作用是给 WTO 所有机构的法律地位定性,告诉我们各成员方处理贸易关系的机构框架,受 MA 及其所附协定构成了的一揽子协定规制。第 2 项、第 3 项则划定了这"一揽子"协定内不同部分对成员方的拘束力:第 2 项规定,MA 与附件 1 至附件 3 所列协定对所有成员均有拘束力;第 3 项则规定,附件 4 内的诸边贸易协定只对签署方有拘束力(由于这些条款的叙述逻辑比较直白简单,我们不对其作过于细致的文本解读)。简单对比即可发现,除了附件 3 当中的贸易政策审议机制,MA 第 2 条第 1 项为 WTO 规则划定的范围,与 DSU 附件当中"适用协定"的范围相同。

表面上,MA 第 2 条仅仅是对 WTO 规则范围的圈定。然而当我们将其与序言部分第四段联系起来考虑的时候,MTS 和 WTO 的集合关系就在法律文本的层面体现出来了。序言第四段谈到,各方意图建立的 MTS 包括"GATT、既往贸易自由化的努力成果、其他所有乌拉圭回合多边贸易谈判的成果"。我们又很容易了解,MA 及其所包含的 GATT 是乌拉圭回合多边贸易谈判的成果,然后 WTO 又建立在 MA 及其所附"一揽子"协定之上。因此,各成员方意图建立的 MTS,包含了 WTO。唯一不甚清楚的只剩下"既往贸易自由化努力成果"一项。这又反过来证明我们的推理:DSS 为 MTS 提供安全性与可预测性→MTS 包含 WTO→WTO 包含适用协定→DSS 为适用协定提供安全性与可预测性。①

① 这个逻辑链当中唯一存在的疑问是,DSS 覆盖范围不包含贸易政策审议机制,但按照我们的逻辑链,DSS 的确又在为该机制提供可预测性与安全性,那么这是怎么完成的? 按照有效解释的原则,并按照"MA 至上"的原则,唯一的可能性是,适用协定权利义务不增减的状态,会自然地为贸易政策审议机制提供安全性与可预测性。当然,我们的重点在于 DSU 对"适用协定"的解释理念,对此不再探讨。

我们继续看 MA 第 3 条,这一条的第 1 项与我们话题关系较大:

“1. WTO 应当促进本协定和多边贸易协定的实施、管理和运作并促成其目标,还应当为诸边贸易协定提供实施、管理和运作的机制。”(1. The WTO shall facilitate the implementation, administration and operation, and further the objectives, of this Agreement and of the Multilateral Trade Agreements, and shall also provide the framework for the implementation, administration and operation of the Plurilateral Trade Agreements)

[这一项谈及了 WTO 的作用,包括“便利本协定和多边贸易协定的实施、管理和运用,并促进其目标的实现,还应为诸边贸易协定提供实施、管理和运用的体制”。]

根据第 2 条我们得知,WTO 包含于 MTS,那么 WTO 范围内各项协定的实施、管理和运用必然与 MTS 同出一源并遵循 MTS 的精神。反过来说,MTS 的目标必然覆盖 WTO 的目标。如若不然,(1)一个更狭隘的意志表达要超过一个更广泛的意志——这不仅与常识相悖,也与我们关于 WTO、MTS 的认识性来源的推理相悖;(2)WTO 的目标要超过 MTS 的目标,则 WTO 要包含 MTS 所没有的内容,这就与序言部分相冲突。我们现在总要更偏向于造成较少冲突的解释。

同时,这一条也为解释 GATT 第 20 条当中的“this agreement”提供了一个新的视角:上诉机构认为 GATT 第 20 条当中的“this agreement”仅包括 GATT。但 MA 第 3 条第 1 项当中提及了“本协定和多边贸易协定的……”“of this Agreement and of the Multilateral Trade Agreements”。由“and”联系的“this Agreement”与“the Multilateral Trade Agreement”必然处于逻辑上的并列关系,而我们又在 MA 第 2 条得知,MTA 毫无疑问是 MA 的“integral parts”,即 MA 的从属,那么 MA 第 3 条第 1 项的“of the Multilateral Trade Agreements”就是非常严重的同义反复。

简言之,逻辑并列关系和包含关系不可能共存,如果我们将上诉机构对 GATT 第 20 条当中的“this”的解答迁移到 MA 第 3 条,会造成 MA 内部严重逻辑冲突——尤其是考虑到上诉机构的解释路径仅包含了严格的文本面上的逻辑。这给了我们一个启发:至少我们不能仅从文本表面含义的角度考察“this”的逻辑限定功能。比如,如果我们考虑到这一句前半段还包括实施管理和运作并促成其目标“implementation, administration and operation, and further the objectives”这些内容,我们就可以知道,“this”的含义,并不仅仅是“把意义限制在某个圈子内”。

反过来说，“this”的基本含义是区分，是逻辑上的一把刀甚至一根激光笔，而不是一个笼子。它的反义词不是“other”(别的)，而是“that”(另一个)。而具体指的是哪一个，则需要了解几个对象之间的真正区别所在。比如，我们很容易就能知道，MA的作用方式和GATT并不完全一致，甚至根据消除重复的原则，它们本来就应该互相排斥。那么“this”在此处，虽然表达了其所指代对象和其他对象互斥的逻辑关系，但同时也辩证地体现了它们两者差异之间的某些相似或联系。我们将在后文详细讨论这一点。

四、多边贸易协定

对“适用协定”的研究已经很充分了，我们在这里不再长篇累牍地引用，或是推倒重来，而仅仅谈论一些要点。

几乎所有“适用协定”下的具体文件，都呈现出“目的宗旨——一般原则—具体措施”的结构。这就为我们将其与MA关联起来提供了巨大的便利。比如，当任何一个人阅读TBT的时候，他都不可能不注意到在序言第2段出现的“希望促成GATT 1994的目标”(Desiring to further the objectives of GATT 1994)——如同《农业协定》序言的第2段“回顾他们的长期目标……是建立一个公平和市场导向的农业贸易体系……通过建立加强和更加行之有效的GATT规则和纪律”(Recalling that their long-term objective... is to establish a fair and market-oriented agricultural trading system... through the establishment of strengthened and more operationally effective GATT rules and disciplines)。即这两个协定与GATT之间的从属关系，不仅体现在了MA附录的规定条文里面，还体现在两个协定对其宗旨精神的叙述当中。

进一步地，在阅读GATT 1994、GATS和TRIPs的时候，我们又能找到这些句子：(1)“确认他们应当从提高生活水平、确保充分就业和实际收入的大规模有效增长、增进世界资源的有效利用和扩大货物生产和交换的角度处理贸易和经济领域的关系”(Recognizing that their relations in the field of trade and economic endeavour should be conducted with a view to raising standards of living, ensuring full employment and a large and steadily growing volume of real income and effective demand, developing the full use of the resources of the world and expanding the production and exchange of goods, GATT1947序言第二段)；

(2)"特别考虑最不发达国家因其特殊经济状况存在的严重困难与其发展、贸易和金融方面的需求"(Taking particular account of the serious difficulty of the least-developed countries in view of their special economic situation and their development, trade and financial needs, GATS 序言倒数第二段);(3)"同时确认最不发达国家最灵活地实施国内法律和监管的需求,以使他们能够创造一个可靠和可行的技术基础"(Recognizing also the special needs of the least-developed country Members in respect of maximum flexibility in the domestic implementation of laws and regulations in order to enable them to create a sound and viable technological base, TRIPs 序言第六段)。这些 MTA 序言部分的陈述,与其说是与 MA 相似,倒不如说基本就是 MA 序言部分换了个语序而已,其中 TRIPs 序言的第六段和 GATS 序言的倒数第二段,均与 MA 序言的第二段对应,强调了对最不发达国家经济成长需求和现实情况的关注,而 MA 序言第一段甚至几乎是抄了一遍 GATT 1947 序言的第二段。易知,MTA 的序言虽然在叙述文字和一些细节上与 MA 不尽相同,但基本精神和背后的认识基础毫无疑问均来自 MA。

不仅如此,MTA 的正文部分,像 GATT 第 20 条第(g)项"与保护不可再生资源相关"(relating to the conservation of exhaustible natural resources)与 MA 序言第一段当中"按照可持续发展目标顾及世界资源有效利用"(allowing for the optimal use of the world's rersources in accordance with the objective of sustainable development)这样更加直接的"原则/宗旨—具体细节"的对应也有很多。如 GATS 第 4 条"促进发展中国家参与"(Increasing Participation of Developing Countries)以及 TRIPs 的第 66 条"最不发达国家成员"(Least-Developed Country Members)——明显与 MA 序言第二段相对应。同时,各协定之间也有基于文本反映的、建立在基本原则和精神上的对应联系,比如,GATT 1947 的第 1 条"普遍最惠国待遇"(General Most-Favoured-Nation Treatment)与 TRIPs 第 4 条"最惠国待遇"(Most-Favoured-Nation Treatment),等等。

通过对 DSU、MA 和 MTA 的解读,我们分别获取了它们内部一些概念的逻辑关系,以及互相之间的逻辑关系。现在我们将它们拼起来:

1. WTO 各成员方具有发展经济等一系列意图,同时它们需要以关税减免、非歧视、互惠安排等一系列手段予以实现。

2. WTO 各成员方认为需要一个更加成熟有效的 MTS。

3. WTO 各成员方为了塑造更加成熟有效的 MTS,建立了 WTO。

4. WTO法律上包括MA及其附件。

5. MA的附件及附件的条款均遵从于MA所记载的目的与宗旨,并且它们各自的一些原则与MA不得冲突。

6. MA及其附件的条款包含对权利义务的具体规定。

7. DSU包含DSS,DSS用于解释MA及其部分附件的条款的含义。

8. DSS的解释结果不增减MA及其部分附件条款的权利义务,同时解释过程遵循国际公法解释习惯法。

第三节 WTO对解释原则的要求

一、解释原则的实践概述

解释原则是一个相对抽象的概念。我们首先简要讨论一下这个概念的含义,然后利用这个概念作分析。

立法总是从现实到精神,从思维性的认识到规定性的拟设,从精神到实在,从头脑里的到文本中的。法律解释则是对规定的再认识,是用一套基于文本、结合其他认识的思维,去把握文本之间的逻辑。甚至借助文字作为思想载体的性质,以特定的程序和形式把握立法者的思维,以确定哪些是立法者的明确规定、哪些是命令禁止、哪些是想规定而没有规定、哪些是根本不想予以规定、哪些是留待后人讨论,等等。

本书在第五章建立了意志曲线模型,以帮助说明原本非常抽象的立法合意形成过程。我们在第六章利用意志曲线的思想说明了法律解释的基本模式。现在既然我们碰到了这个问题,就不妨再将这些讨论工具化、模式化一些。不妨认为,立法就是形成序列、形成对应曲线然后寻找交集的过程;法律解释就是根据已有的序列片段和交集子集,反过来推测序列总体和交集全集的过程。法律解释的一般模式解释了法官是如何根据片段和子集推测总体和全集的。

就法律解释而言,里面有三个基本环节:认识文本含义→根据文本含义建立逻辑概念空间中的序列和交集→运用分析过程进行推测。这个过程根本上是一个认识过程,既然是认识的过程,理念和方法论的因素就要起作用。[①] 然而我们也说过,我们永远不可能针对纯精神作出规定,而只能针对实在的内容作

---

① 什么理念起了作用,是因人而异的,这个我们不好归类讨论。关于如何起的作用,可以参考立法活动当中的认识过程加以理解。因此,我们在前面并没有过多说起过这个话题。

出规定。解释原则就是对法律解释活动的结果作出的规定。显然,法律解释的结果,从实质上看是精神的,而不是实在的——这就是为什么我们一般将对法律结果的规制称为“法律解释原则”而不是“法律解释法”。反过来说,我们也可以在特定环境下立法,只不过当我们针对法律解释立法的时候,我们要么规定了法律解释活动的方法,要么规定了法律解释活动的结果。这种法不过是要法官在一些活动和活动结果上,展现出立法者所希望的客观结果。

总而言之,法律解释原则具有法的一些特点,即遵循精神认识并对某些对象作出规定。特殊的地方在于,这些规定的内容,在本质上是精神性的,而非实在性的。比如,“权利义务不增减”——这不是对任何客观情形的要求,也不是让任何“权利”或“义务”做什么或不做什么,甚至没有严格规定法官的行为。这是一个针对法律规则内容的规定(注意我们说过,规定并不等于法),从严格意义上说,它只能起到思维引导的作用。它不能在客观现实的层面强迫法官做什么,而只是规定了法官推理活动终点的精神性特征。

当然,不是所有针对法律活动的规定都是精神性的。比如 VCLT 第 31 条要求根据上下文进行解释,这就不是法律解释的原则,而是针对法律解释方法的规定,因为它对解释者客观行为或结果的内容进行了规定。

二、规则层面要求

在第八章第二节我们得到了根据表面的文本逻辑进行梳理的结构。如果仅从这个角度着手,那么前面所有章节的论述无疑是多余的。然而,前面的章节反复证明了一个事实——法律的逻辑与法律文本的逻辑并不等价——文本的逻辑是由词语和语法构成的,这意味着哪怕我们对法律概念的内涵一无所知,我们仍然能够可能根据语法关系梳理出文字框架。

法律的逻辑框架无疑要比法律文本的逻辑更加立体,它不仅由文字构成,更由文字的来源和背景的那些精神认识、语言习惯构成,由认识所依据的情形集合与认识方法论构成,乃至方法论背后的思想与理念。既然我们已经知道这一点,那么出于纯粹的探索精神,我们就不能放弃在这个架构下进行讨论的尝试。反过来说,如果不用这个方法,那文本对我们来说和计算机程序也没有区别。

然而这样的方法是否脱离了“解释”二字的范畴,进入了立法的领域,又是另外一个问题。我们在分析“强效理由说”的时候曾经反复谈到忽视认识能力边界带来的危害。必须承认,人的认识能力总是有限的,比如,我们不能跳脱时间和空间的范畴想问题,也永远无法摆脱基于普遍对立原则的认识习惯。然而,在这有限的认识能力当中,我们仍然有能力区分,究竟哪些问题是因我们自身的认识而起,又有哪些问题是因文本自身的相互否定或限制而起。我们不能否认文本解释方面思维的局限性,同样也不能否定其能动性。我们只是换了一种思维作用于文本的路径,从"找规律"延伸到"找逻辑",从表面的文字逻辑进入背后的立法逻辑。

在认识上,成员方的终极目标是在可持续的情况下发展经济并惠及尽可能多的国家。成员方认为这一目标需要在贸易领域确立一系列原则才能完成。考虑到原则本身是一种结果的类别或形式,实际上这是在要求确立一系列结果。这一系列结果又需要一个更加便利且持久作用的 MTS 才能达到。为了建立这样一种 MTS,需要让其能够包括以往贸易便利化和乌拉圭回合谈判的一切成果。根据 MA,这些成果包括 GATT 1947、MA 及其附属的一系列文本,文本当中既包含规则,也包含制定规则遵循的目的和宗旨。结构上,这些文本里面包括了各式各样的子协定,这些子协定的制定目的和宗旨均服从于 MA 记述的 MTS 意图实现的目的和宗旨,并包括了更加具体的、针对各成员方具体贸易行为的规则,即具体的权利义务。

同时,成员方认为这些目标不可能一蹴而就,因此提出需要维护基本原则、促进目标实现。反过来说,各方认为原则和目标应当保持相对稳定的状态。既然如此,根据原则和目标制定的各层协议当中的具体权利义务,自然也应当保持相对稳定的状态。这个判断当然及于 DSU 包括的"适用协定"。根据 DSU3.2 的叙述我们分析出来,各成员方认为保持适用协定稳态的方法是让其包括的一切权利义务不增不减——这又是一个目标状态。为了达成这一个目标状态,需要一个持续发挥功能的 DSS。同时各成员方规定,在 DSS 机制的规则澄清活动,应当符合国际公法解释习惯法。

不难看出,这些规则之间有一条鲜明的基本逻辑,同时也是基本要求:根据各方意图,整个规则系统在客观上必须维持稳态。

稳态意味着无论是静态内容还是动态的运行都维持不变或基本不变。这个稳态在法律解释问题上有三个层次——解释方法的稳态、适用协定权利义务的稳态、多边贸易机制的稳态,其中前者依次为后者的必要条件。同时,无论从哪个角度理解,系统本身的稳态和系统在系统外主体认识中的可预测性,是同一个概念。

同时,根据“权利义务不增不减”这个要求,不难理解,WTO 各成员方对规则系统稳态的预期,并不是“稳步增长”或者“规律性变动”这种相对稳态,而是近乎于绝对稳态。对条约的解释成果,只是让我们对条约的理解更加“精细”——这就从另一个角度印证了我们在“强效理由说”部分的推论——WTO 的精神与法官造法相互排斥。

需要再次提醒注意的是,对于“国际公法解释习惯法如何帮助实现适用协定下权利义务不增不减”这一问题,WTO 规则没有从任何一个角度给我们提示。实际上,根据我们对解释活动的分析,也没有任何一个规则能够将这个关系(如果真的有的话)很好地表述出来然后加以规定。我们说过,无论哪个体系的解释习惯法,最终都要回归解释活动的一般逻辑,只不过采用不同的套路展现而已。

从这个意义上看,在 DSU3.2 当中规定一切解释活动遵循国际公法解释习惯法,实际上对维护权利义务不增不减没有什么直接的裨益,而是意在减少 WTO 内部乃至 WTO 和其他国际组织、整个国际诉讼法律工作者群体之间的沟通成本。它对维护权利义务的影响,在于相关法律工作者能够知道该用哪一种方式说服对方认可自己对适用协定的理解不会造成权利义务增减。简单来说,这项规定具有三个效果:第一,提供一个各方都熟悉的法律沟通方法,减少沟通成本(包括重新发明一套方法的成本和各方熟悉新方法的成本);第二,树立一个权威的沟通方法,提供解释模式和程序上的安全性;第三,经过大量实践,解释习惯法发展良好,能够比较好地贴合实践需求,法律工作者也已经能够相对熟练地应用,间接地减少了意图维护“权利义务不增减”的解释活动当中,因方法运用错误或对方法理解错误造成解释偏差的风险。

三、实践的影响

国际贸易体系不仅是一个法律体系,更是一个经济体系。与生存、自由、和平这些传统价值领域不同,国际贸易领域的所有“正义”都来自对各国经济发展的理解。在这个问题上,每个国家都有自己的考量。这个考量内部还不尽统一,还要分行业、时间、局势、社会结构等。

这是我们一直避免过多谈论却又不得不谈论的话题——法律对其他部门的作用。我们之所以不太愿意在本书讲述这个话题,一方面因为这其实应该是其他社会科学着重研究的领域,另一方面是因为这类话题往往容易让文章陷入理念乃至立场之争。尤其是在谈及法律与经济的关系时，我们总要问何种法律或法律体系能够实现经济增长的最大化。但我们怎么可能在经济学家都未统一意见的前提下给出一个标准答案？

回答这个问题的前提是承认法律规定不过是精神认识的结果，是许多主体的认识结果互相交流、吸收、博弈乃至倾轧的产物。这些认识，无论论据和推理过程如何复杂精巧，说到底也不过是人的认识。暂且不提人的认识本身有局限性，这些认识遵循何种程序上升到共识，也会在不同程度上影响规则的局限性。

答案总是不标准的，总有各式各样的漏洞。比如，当我们希望依靠经济理论制定规则的时候，却总能发现，一个国家认可、违背或利用"一揽子"规则的原因，可能压根儿就不在于经济利益，而在于政治利益等什么别的东西。仍然想要依靠一个"大一统"理论解释这些并作出决定？那我们就需要将政治变量经济化，但这又是一项不可能的任务。简单来说，我们无法在体系的每一个角落都贯彻理性和逻辑。或者说，我们没有精力像计算机那样，将一局棋的每一种走法都试过一遍后得出最优解，何况棋盘局面无时无刻不在变化。局势越复杂，经验和直觉就越可能走在理性和逻辑前面，各种新的理论也就层出不穷。

反过来说，环境越是复杂，一套稳定的规则体系才越显现出它的价值。在这套体系下，贸易主体不必依靠自己的力量推测下一步的贸易环境和各国的贸易政策，因为贸易环境和政策（尤其是 MTA 覆盖的领域）已经被 WTO 锚定在 MA 等一系列具有法律拘束力的文件当中，并得到各国的尊重和 DSS 的保障。这个保障规则体系的内部又具有相互锚定的关系，从而保证保障体系本身的稳定性。在理解这一点的时候，我们尤其应该记得，在 GATT 1947 之前，各国贸易政策的混乱对各国企业和民众的生活造成了何等破坏。

规则体系稳定的另一面，是实践的飞速发展。比如，无论解释理论再怎么先进、立法再怎么具有前瞻性，我们仍然要在确定"3D 打印机"的产品类别时再三斟酌。或许是预料到贸易谈判进展的缓慢，也或许仅仅是出于促成协定的国内外压力，各成员方在制定规则的时候留下了许多模糊地带，为法律解释提供了巨大的回旋余地。同时，至少从原则上各成员方又强调了几个层次的稳定性，尤其是明确要求了适用协定下权利义务不能增减，这就又给法律工作者们套上了枷锁。这就好比只捆住一个人的脚，却不捆住一个人的手——他只能站在原地，但可以挥舞他的手。这似乎是惯例：无论多难，先开头，再慢慢完善。这样一来，几乎所有实践中的问题都推给了法官。

如何处理实践和规则之间的张力，是一个永恒的问题，每个法官可能都有自己的主张。但有一些规律是永远存在的。比如,无论法官使用何种方法解释法律,他都必须注意自己有没有在越过解释边界的时候,同时越过了司法和立法之间的红线。再如,无论法官自己对某个问题秉持何种见解,他都必须严格遵循程序和形式上的正义,不能让自己使用的解释方法"东一榔头西一棒槌"。又如,无论法官经验多么丰富、在法律界具有何种权威,他都没有任何道理自认能够在一个既无法律传统又无深厚历史文化积淀的场合代替上百成员方的意志。一个熟知村庄文化的老者或许可以告诉我们村庄的正义为何;熟知一国古往今来法律实践、哲学伦理的法官或许对一国的正义给出裁判;但国际场合不存在能够以一己之力代表正义的法官,至少现在不可能存在。

同时,没有一个确定统一的法律传统,意味着法官的裁决必须尽可能地覆盖最多信息,挖掘最多共识。国际公法解释习惯法只是语言,即便它已经积累了丰富的实践,与国内法相比,它仍旧相对年轻、"词汇量"贫乏。如果法官只采用国际公法解释习惯法的表达方式,就不仅不能化解因方法错误导致解释结果偏离稳定性预期的风险,反而会加剧这种风险。法官首先应当是既有法律的捍卫者,无论受过何种训练,都应当严格遵循立法者的意图。

法官是能动的,但能动性必须受到合理限制。WTO 文本本身为法官的解释过程赋予了形式上的限制,也给法官的解释结果划定了标准。在此之上,WTO 的实践环境,也给法官的解释活动划定了范围。具体而言有两点:第一,法官应当力求追寻立法原意,为正确解读适用协定下权利义务提供精神内容的指引;第二,解释方法和解释过程中覆盖的内容与材料应当尽可能地广泛,以求尽可能贴合所有成员方长期实践产生的共识。这个相对保守的解释理念要求,严格来说,是在遵循国际公法解释习惯法这一法定解释方法外的额外补充,是 WTO 面临的复杂环境、繁重任务所决定的。其产生原因源于一个简单的规律:环境越复杂,规则本身就应当越具有稳定性,否则任何规则都将与环境迅速变化并一同崩塌。

第四节 AP 相关条款再分析

通过对比解释方法和解释原则,我们在 DS363 和 DS398 两案上诉机构裁决当中发现了一些令人不安的疑点,并由这些疑点追问到了"WTO 框架究竟要求何种解释原则"这个相对基础的问题。我们看到,除了 DSU 对解释结果和解释方法的两大要求外,WTO 整体的规则体系及其实践,客观上形成了三个解释要求：一是禁止法官造法；二是维护文本原意；三是通过尽可能广泛而全面的解释，论证平衡法律的滞后性和缺乏统一法律传统的不足。

根据这些推论，我们将在本节分析上诉机构对 AP 相关条款的论证缺陷，为最终在法律解释原则层面理解上诉机构论证的相关问题提供基础。

一、建立规则联系的间接法

上诉机构认为不得援引 GATT 第 20 条对抗 AP11.3 义务的理由，无外乎三点：第一，AP11.3 没有援引 GATT 第 20 条；第二，GATT 第 20 条没有覆盖 AP11.3；第三，MA 序言当中的目的无法直接建立 AP11.3 与 GATT 第 20 条的引用关系。而上诉机构得出这三点论据的唯一方法，就是通过对比一系列条款的文字，试图证明"各方不希望中国能够援引 GATT 第 20 条对抗 AP11.3"。

为叙述方便，我们先提出结论：几个条款内容之间的文字区别确实存在，也没有人否认文本的差异可能反映了特定的意图。然而，上诉机构在文本差异和差异含义之间寻求立法者意图的方法出了问题。

任何条款都有其含义，且不同的表述代表了不同的含义，但不同的表述之间，效力并不一样。比如，当我说"中国不应当征收出口税"的时候，我的意思就是对未来由中国这个主体进行的一切出口税征收行为的否定。当我同时说，"鸡蛋产品除外"的时候，我就不再简单地谈及了征收行为，我还对该行为的作用对象进行了限制。而当我说"除非该征收行为对于保护环境不可或缺"的时候，我对否定的内容加以限制的方法，就不是像"鸡蛋产品除外"那样，单纯作用于否定内容静态的客体性质，而是在判定某一行为是否应当纳入否定内容的过程当中，加了一个次级判断过程——这种文本的差异，是一切有效解释的基础。

如果我们将这个差异放大到整个法律框架，视角将完全不同。简单的规则可以将所有需要考虑的要素都纳入一段文字当中。但 WTO 囊括的规则并不简单。想要在一段话里将所有内容、判断标准和步骤全部写清楚，从而避免冲突与混淆，本身就是一种冗余的想法。因此，我们不能总是忽略一个问题：为何法律会有原则和具体规则、序言与正文之分？

法律的位阶关系即出于此。我们对位阶关系的认识，总是始于上位法与下位法，进而延展到一般性原则与具体规定、普通规则与例外规则……表面上看，位阶随着法律意图规定内容的差异而自然产生。其实不然，位阶之所以存在，是且永远只可能是出于一个看似简单的原因：我们想但永远无法用一句话精确表达我们所有的意图产生的规定性描述,以及所有意图和描述之间的关系。位阶是纯粹实践的产物,是为了表达与使用的方便,将本来连贯的表述按照思维和规定内容的不同层次进行叙述的产物。

位阶客观上割裂了思维和规定的表述。但是,除非割裂的片段差别过大,提示本身并不总是必要的,因为按照立法的基本原理,一个法律体系内部所有的规则,理论上都应出自同一的精神意志,并因统一的认识结果而产生。即只要法律的内容足够丰富,我们理应能够借助文本当中关于立法者意志的内容,在没有任何关联词语的情况下,将所有规则的联系从头到尾还原出来。然而WTO的内容还没有丰富到这个程度,这就使各成员方不得不借鉴一切立法者的智慧,使用两种仅有的方法,对各个片段和片段之内具体内容的关系进行提示:

第一种方法是借助解读文本时候的惯例推定,通过调节文本形式或内容,间接地设定规则的地位。比如,"序言用于表达意图"就是一种解读惯例,序言当然可以用于设立具体规则,但因惯例的存在,人们总是倾向于将序言理解为立法者意图的表述。再如,使用"一切""原则"等词语,将普通的规则提升为原则或例外规则,使之得以对抗其他规则。又如,通过不设定具体的对象或内容,或安排不同规则内容本身的包含关系将某一规则提升为一般性原则,等等。我们将这种方法称为间接法。

第二种方法是通过加入直接的关联提示词,设定规则之间的联系。比如,"得以援引""得以对抗"——这些词语将具体的规则或规则群联系起来,并赋予它们相互包容或否定的联系。上诉机构在分析AP11.3的时候举的几个明文援引的例子,即属此列。我们将这种方法称为直接法。

任何一个受过基础法律教育的人都无法否定,间接法的影响的确不那么显眼;但在任何一个法律体系当中,它的作用范围都远大于直接法。这是间接法本身特性决定的:间接法并不是直接作用于文本的内容,而是利用了我们解读文本的习惯;它是法律传统、法律文化的产物而非语法构词逻辑的产物;它不是刻意的产物,而是立法者出于多年经验,在法律语言习惯作用下的结果。把一些内容放在"序言"两个字下面、其他所有规则前面,本身就给了这些内容覆盖其他所有规则的地位,而无须特别说明。这不仅是国际公法解释习惯法,这是一切法律解释习惯基础中的基础。

通过间接法形成的位阶效力,完全可能超越直接法,因为间接法影响规则的方式,是直接体现在规则的内容差异上。这种差异就好比头衔与尊名——直接法相当于在名片上印一个领事参赞的头衔，以体现此人在外交界的地位；间接法没有这么多明晃晃的指引，只要印上“基辛格”就够了（有的时候甚至连名片都不需要）。

二、间接法的应用

为了让读者更快重新熟悉间接法这一“最熟悉的陌生人”在我们问题当中的作用，我们举一个例子——

假设有一个减肥俱乐部，这个俱乐部的标语和宗旨是“一切为了健康”。根据这个宗旨，俱乐部要求会员不得吃肉、不得吃腌渍食品。那么，会员能不能在受困沙漠、弹尽粮绝的时候，向路过的商队要一口牛肉干呢？答案当然是肯定的，因为俱乐部将“健康”二字作为其宗旨提出的时候，就赋予了它超越一切其他规则的地位。这个判断永远优先于其他判断，同时其他规则永远不得脱离这一宗旨独立作出判断。因为看见“不得吃肉”四个字，就要求我们例子中这位可怜的会员活活饿死的家伙，并不是不懂“为了健康”四个字的内容，而是为了遵循表面上的规则，逃避了根据规则提出的形式辨认其内在地位的必须步骤。

如果这个俱乐部和另一个禁烟俱乐部联合起来，同时要求会员不得吃肉、不得吃腌渍食品、不得吃 BBQ、不得吸烟、不得抽雪茄。那么，会员能不能在被人拿枪指着威胁的情况下，迫不得已抽烟呢？答案仍然是肯定的。不要说健康了，生命都在受到威胁——给出否定答案的人，恐怕不仅逃避了辨认规则地位的步骤，还不恰当地省略了根据规则内容找到内含前提的工作。

进一步讲，我们假设这个俱乐部允许会员在加入时，自己提出要求并让其他会员监督。某个会员加入的时候说，除了羊尾油炒麻豆腐这种传统菜品，自己这辈子都不在做饭的时候添加动物油，并让其他会员监督。那么，如果这个会员发现自己得了一种不吃黄油就要不停打嗝的怪病，他还能不能吃黄油呢？答案当然也是肯定的——虽然这一次我们并不能像以前那么坚定地拥护这一点。我们只不过需要评判，到底是吃黄油还是打嗝，对健康造成的危害更大。但无论如何，我们都无法否认，只要“一切为了健康”还是这个俱乐部的宗旨，只要这个宗旨还覆盖着包括会员自己提出的承诺和其他一切俱乐部的要求，这个会员就有 100% 的权利要求其他面带鄙夷和嫉妒的会员根据俱乐部的宗旨考虑一下。这个会员可能提出了其他承诺，但无论那些承诺和俱乐部制定的规则之间有什么联系，都无法逃避宗旨对每一项承诺一对一的覆盖力。这不是不吃动物油的承诺内容决定的，也不是其他承诺、俱乐部规则乃至宗旨的内容决定的——这是宗旨决定的，是“有宗旨存在”这一事实决定的。否定宗旨对会员自身承诺的覆盖力，本质上并不是在否定任何一项规则的内容，而是在否定“宗旨就是宗旨”这一事实，是在否定对一切法律宗旨效力地位的推定习惯，是在否定“宗旨”二字的基本含义。

一些读者可能已经觉得厌烦了，但面对上诉机构的权威，我们不得不多说多问几句。我们进一步问，如果这个会员在其入会承诺书第一页，承诺摄入的所有肉类都不违反俱乐部关于食品的规定、摄入的所有干果都不违反俱乐部关于食品的规定，唯独在“不吃动物油”这个自主承诺里面没写“不违反俱乐部关于食品的规定”。与此同时，俱乐部确实没有要求会员不吃动物油。那么，这是不是意味着“不吃动物油”的承诺就一定与俱乐部关于食品的要求一点关系也没有呢？

当然不是。“不吃动物油”是“一切为了健康”这一宗旨在这位会员心中的必然要求；同时，在他加入俱乐部的时候，他也必然（或者至少推定他必须）将俱乐部关于食品的规定当成了“一切为了健康”这一宗旨的必然要求。他的确是接受了一套既成的规则，自己提出了一项规则，这两个规则在范围上还不一致。但这两个规则皆出于同一意志，客观上也都是对摄入食品的规定，那它们就必然具有联系。反过来说，如果两者没有联系，那立法者将它们放在一个宗旨之下，就是荒谬的。否定规则在意志层面的联系，不仅如前段所述否定了宗旨的地位本身、否定了宗旨的基本词义，更是否定统一规则体系背后的意志统一性推定。否定规则本身在客观方面的联系，本质上是否定规则内容在客观上的共性。

进一步问，如果俱乐部关于食品的规定里面，已经列举了几条允许会员在食品摄入方面破戒的情况，如宗教信仰等，但声明“仅适用于食品相关的规定”，那么这位会员能否要求其他会员在评判他吃黄油正当性的时候，考虑一下食品摄入规定的几个例外呢？

答案当然还是肯定的。谁都知道，他没有寻求直接用宗教信仰这个理由去对抗食品摄入规定里面的干果条例、肥肉条例。他只是在寻求用几个已经存在的、经俱乐部认可的、关于食品方面的例外，作为帮助理解“一切为了健康”这一宗旨的参考。在吃黄油这一问题上，俱乐部会员需要解决的难题，并不是吃黄油是否违反承诺（这是必然事实），也不是吃黄油是否包含了保护健康的目的或客观结果，而是如何平衡健康损害与保护之间的关系。当成员希望在食品领域解决这个问题的时候，他们必然要考虑在立法阶段就已经作出的结论，否则，他们解决黄油难题时运用的标准、得出的结果，就可能与制定既有例外所采纳的标准及其内容当中蕴含的精神相互冲突。进而，如果会员们希望维护判断标准的统一和连贯，他们就更不能绕开在食品摄入领域已经考虑过的结论，而应当主动地参考它们、分析它们。

想必读者早已看出，在我们的例子里面，减肥俱乐部就是旧 GATT 体系、新的俱乐部就是 WTO、仅禁止肉类和腌渍食品摄入的规定是 GATT 1947、进一步禁止 BBQ 的是 GATT 1994、禁止吸烟规定等是其他 MTA、不吃动物油的承诺就是中国 AP11.3、关于宗教信仰的例外规定就是 GATT 第 20 条、“一切为了健康”的宗旨则对应着 MA 和 MTA 的序言部分。简明起见，我们不再将上面的故事按照 WTO 的概念一一重述，但也应当能够理解，上面故事里阐述的逻辑和解释 AP11.3 面临的问题，本质上没有区别。简言之，我们所说的观点其实很简单：如果我们承认设定法律规则位阶地位的间接法存在，如果我们承认根据间接法理解的“宗旨”二字效力足够覆盖其下所有法律规则，如果我们承认任何某一法律体系下全部规则均应当平等地视为根据该体系所依赖之宗旨精神并结合具体客观情形得以制定，如果我们承认规则内容之客观联系不因其相互关系得建立之途径（直接法或间接法）而改变，如果我们承认履行相关义务之抗辩因考虑覆盖此义务之宗旨而起，如果我们发现立法者已经权衡其他相关义务与其上宗旨之矛盾并作出决断、制定规则，如果我们认为维护各项规则、决断及其实践之一致性、可预测性乃必要之举，那么我们就没有任何理由不考虑这些既有的规则——无论所有规则当中是否写明了规定相互关系的引用语，即用直接法确立了相互的关系。因为，出于法律文本精简性的要求与理解上的方便，立法者实际上是在叙述上省略了 AP11.3 与 GATT 第 20 条之间存在的联系，而非通过刻意沉默表达对规则间关系的否定。反过来说，如果我们在此处根据有效解释原则当中“文本必有其含义”这一侧面，硬将叙述上的省略理解为否定，那么我们就必然违反“含义不得互相冲突”这另一个侧面。

我们仅使用了一些常识，就建立了 AP11.3、MA 序言和 GATT 第 20 条之间的关系。不难看出，这些“常识”，实际上对应着一些非常基础的法律逻辑推论，同时对应着一般性的解释原则，比如，立法意志同一性与有效解释原则的对应。然而我们的目的不仅是解释文本，分析上诉机构的解释原则问题，着实更加重要。我们将继续讨论上诉机构在解释过程中犯下的三个错误。正如所料，这三个错误与上诉机构赖以立论的三个论据一一对应。我们通过“减肥俱乐部”这个例子讨论的结果,直接证明了上诉机构的第一个论据失效:成员方是否容许或意使中国援引 GATT 第 20 条对抗 AP11.3 下义务,不由 AP11.3 是否直接援引 GATT 当中任何一个条款决定,也不反映在 AP11.3 对比其上下文的叙述差异当中。AP11.3 与 GATT 第 20 条具有何种联系,首先必须由 WTO 的宗旨与法律体系的位阶特性决定,必须由规则的具体内容之间的关系而非叙述形式差别所决定,必须由当下问题的解决判断过程是否与 WTO 宗旨和 GATT 第 20 条在立法意志当中的形成过程客观相连所决定。

总结一下:上诉机构试图告诉我们,AP11.3 本身及其上下文在文本叙述方面的特征导致 AP11.3 和 GATT 第 20 条没有援引关系。然而,上诉机构忽略了两点:第一,判定规则相互关系的方法,不仅有直接法,还有间接法,但上诉机构没有考虑间接法;第二,根据间接法,两个规则之间的关系已经由 MA、MTA 的序言宗旨、WTO 整体法律框架、规则具体内容的联系框定了,根本无须在 AP11.3 里面特别说明,真的加上倒反而显得冗余。令人不安的是,对于“省略”这一可能性,上诉机构连想都没想过。根本原因可能在于,文本主义对形式连贯的追求和解释保守主义的风气,让一些人忽略了一个事实:法不等于一些按照语法连起来的词汇。我们没有说“写与不写一个样”,没有任何这个意思,我们只是要问:此处不写就真的等于没写吗?

根据上面的论证,我们应当能够提出这样一个基本的判断方法:若规则之联系得经间接法确认,且与其他一切条款之联系不存在冲突,则任何相对直接引用之文本缺失不应理解为排除联系,而应视为引述之省略。

三、直接法的问题

在本节前面的内容中,我们运用间接法,从正面说明了 AP11.3 和 GATT 第 20 条之间的天然关系。如果说上诉机构论证的前提在于“说与不说不一样”,那么我们在前一部分的讨论说明上诉机构针对“不说”这个概念的认知出现了问题。根据我们的讨论,上诉机构忽视了设定法律规则关系的间接法,进而错误地理解了法律文本的差异,将本应理解为“省略”的部分解释成了“沉默”。

在这一部分,我们将从反面讨论上诉机构完全基于直接法的论证过程当中的瑕疵。即便一定程度上承认在上诉机构的论证当中,有两个互为佐证的论据。上诉机构的逻辑为:一方面,GATT 第 20 条明确提出了“本协定”,意味着立法者将 GATT 第 20 条的适用范围限制在了 GATT 自身,并暗含了“若非明文引用，GATT 不当然与其他协定建立联系”的意思；另一方面，TBT、AP11.1 和 AP11.2 都明文提到 GATT 1994，说明当立法者希望某个条款与 GATT 建立联系的时候，他们会采取明文引用的方式。因此，GATT 和非 GATT 文件当中的不同条款，相互印证地证明了引用意图与明文引用形式之间的规律性联系，而 AP11.3 不符合这一规律，那么 AP11.3 就与 GATT 第 20 条没有关系。

我们仍然先提出结论：上诉机构论证的方向没有问题，但论证过程存在逻辑瑕疵和对条文关系的误读。

（一）对 GATT 第 20 条的理解问题

逻辑瑕疵显而易见——“明文引用说明意图建立联系”的反面，并不是“缺乏明文引用说明就意图排除联系”。这个反推成立的前提是，只有明文引用才能为 GATT 和其他协定建立联系。我们已经说过，建立联系的意图并不仅由明文引用垄断，反过来说，缺乏明文引用也不一定说明意在排除联系。如上文所述，间接法就无须通过明文引用建立联系，而是通过对规则种类等其他方面的调控实现联系规则的目的。上诉机构本应对此进行论证，然而上诉机构在此仅论证了“明文引用说明意图建立联系”这一规律，却没有证明“缺乏明文引用说明意图排除联系”这一规律（实际上这是不可能证明的），而是通过一个逻辑上并不正确的反转，提出来一个错误的反命题，然后将其套在了 AP11.3 的头上。

退一步说，上诉机构还有两个为这个逻辑瑕疵辩护的论据，一个是 GATT 当中的“本协定”，另一个是其他条款当中的明文引用。这两个论据同时也是“具体案例具体分析”的依据。

但这两个论据也不能成立，原因恰恰就在上诉机构一再强调的 GATT 第 20 条的特殊性里面。无论是 TBT 还是 TRIPs，都没有直接引用 GATT 第 20 条，而是在序言部分提及要遵循 GATT 当中的一般原则。因此，上诉机构实际上并没有从逻辑上排除当 AP11.3 与 GATT 联系起来之后，能够援引 GATT 第 20 条的可能性，而是在着力排除 AP11.3 与 GATT 整体之间的联系。

然而，完全基于文本叙述形式的推理，必然完全缺乏文本内容铸就的关联。上诉机构在 DS363 当中也承认，只要措施符合“明确客观”的标准，它就是货物贸易相关措施。我们要问：在整个 WTO 里面，除了 MA 和 GATT，有哪部文件能够直接针对货物贸易措施相关权利义务进行调整？如果只承认 AP 和 MA 的联系，而不承认 AP 与 GATT 的联系，那就相当于接纳 MA 对货物贸易的管辖原则，却不接纳落实这些原则、作出具体规定的、作为 MA 一部分的 GATT。

那么 AP11.3 是根据什么制定的？单纯根据 MA 吗？如果各方单纯根据

MA 当中的某些项原则就能够在 AP 当中设定具体义务,上诉机构就没有任何理由禁止援引 MA 当中的另一些原则性条款对抗 AP11.3 项下义务。如果不是单纯根据 MA,就只能是根据 GATT 制定的 AP 项下义务,那么,声称一个根据 GATT 制定的条款与 GATT 没有关系,就非常荒谬。反过来说,上诉机构不可能证明 AP 项下义务单纯由 AP 自身规定,因为 MA 第 12 条第 1 项(以下简称 MA12.1)明确规定:"Any State or separate customs territory possessing full autonomy in the conduct of its external commercial relations and of the other matters provided for in this Agreement and the Multilateral Trade Agreements may accede to this Agreement, on terms to be agreed between it and the WTO. Such accession shall apply to this Agreement and the Multilateral Trade Agreements annexed thereto."同样按照上诉机构的逻辑,除非我们认为 GATT、AP 和 MA 相互区别,那么 MA12.1 当中的"this Agreement and the Multilateral Trade Agreements"这种表述方法就是严重的冗余。既然 MA12.1 并没有规定各成员方在加入 MA 的时候能够在 AP 当中独立制定规则,而是应当接受 MA 及各 MTA 的规则,那么任何包含在 AP 却没有包含在 MA 和 MTA 当中的内容,就应当理解为对 MA 或 MTA 内容的具体说明,而不是新的权利义务。简言之,导致"WTO-plus"的任何论述,都与 MA12.1 的规则形式相违背,否则我们对 MA12.1的解释就要违背有效解释原则。

更致命的问题在于,上诉机构和美方均忽略了 GATT 第 20 条在 GATT 1947 当中的特殊地位,以及 GATT 1947 与 GATT 1994、进而与整个 1A 附件和 MA 之间的承接关系。

当我们试图解读"本协定无一内容"(nothing in this agreement)的时候,需要牢记该短语所处协定的特殊地位。当 GATT 1947 制定的时候,整个关贸总协定由 GATT 1947 独挑大梁。考虑到这一点,将"本协定无一内容"(in this agreement)的作用理解为限制范围,是极端荒谬的。因为在 GATT 第 20 条制定出来的时候,根本就没有"其他协定"(other agreement)作为限制的对立面。

这就好比影片里,当一名警察冲入匪群的时候举枪说:"不许动!屋子里的所有人!不许动"——他的意图难道是"我的意思是,首先我们知道有一个屋子,这个屋子里面有人,屋子外面也有人,我说的这句话仅仅针对屋子里面的人,屋子外面的人你们不用管"?这个警察才不会想那么多,他真正想强调的是"所有人"这个词,是想要他可见的范围内一切活人停下来。GATT 1947 的立法者也是如此:认为当时立法者意图将关于既有法律体系外面的判断纳入文本当中，不仅违背法律的基本逻辑，更违背常识——“法律不管法律不管的事情”。

因此，立法者在 GATT 第 20 条里面希望表达的重点不在于“this”，而在于“nothing”，目的是使 GATT 第 20 条提供的例外情形能够全部覆盖到当时已知法律体系所规制的一切贸易管理活动上。应当理解，GATT 第 20 条当中“nothing in this agreement”背后的意图，绝不是去限制 GATT 第 20 条的适用范围，反而应当是尽可能扩大这些例外的适用范围，直到它们扩张到法律体系的边界。

令人遗憾的是，上诉机构根本没有提到这一点。甚至没有谈及 GATT 1947 和 WTO 时代货物贸易规则体系的继承关系。实际上，即便我们考虑这个问题，也会发现，在 WTO 体系当中，这个意图可以说是被加强而非削弱了。理由有四：

第一，MA 序言明确表示应当继承 GATT 时期的成果以及既有 MTS 的目的宗旨，这为各成员方在 GATT 1994 当中延续 GATT 第 20 条在 GATT 1947 时期的对抗张力提供了目的基础。

第二，GATT 第 20 条随着 GATT 1947 被完整地继承到 GATT 1994，因此 GATT 第 20 条内在判断性的内容没有任何改变，基本的适用范围也没有缩小。

第三，1A 的其他组成部分也适用这些例外，说明 GATT 第 20 条的范围不仅限于 GATT 1947 的规则集，而是扩大到了包括 TBT 等协定在内的整个货物贸易规则群。同时也说明，各成员方不仅没有因新规则的制定放任 GATT 第 20 条的使用范围缩小，反而意图扩大 GATT 第 20 条的适用范围，让其所包含的精神和判断原则能够在新的规则体系中延续下去。

不仅如此，GATT 第 20 条的扩大方式，并不是点对点地引用到其他 1A 文件——整个 1A 规则群里面根本就没有任何一条直接援引 GATT 第 20 条。GATT 第 20 条是通过如“GATT 协定所有例外均适用于本协定”这种整体性的承继得以实现。换言之，立法者并没有展现任何基于具体规则建立文件间联系的意图。恰恰相反，对整体精神和整体原则的继承才是更加常用的方式，同时这些继承性的条款，并非单独展现在其他文件当中，而是同其他一系列继承性条款（通常位于文件开头）一并出现。这进一步说明，货物贸易规则群的其他组成部分，对包括 GATT 第 20 条所含例外在内的、GATT 1947 的一切精神、原则与判断思路作出了整体的、全面的继承和发展——这当然也与 MA 序言对继承 GATT 时期成果的要求一致。在这种情况下，我们必须认为，GATT 第 20 条在 GATT 1994 时期，仍然具有针对全部货物贸易规则体系的对抗力。

第四,GATT 第 20 条的内容,更精确地说是其内容体现的价值、精神和情形判断原则,被成员方直接移植到了 MA 序言当中,最典型的就是可持续发展与环境保护原则,与 GATT 第 20 条 b 项直接呼应。换言之,各成员方不仅意图在货物贸易领域考虑这些议题,还意图在整个 WTO 层面实现这些目标和原则,这自然要包括作为 MA 组成部分的所有 MTA 和 AP 条款。这意味着虽然 GATT 第 20 条可能无法在 GATS、TRIPs 中直接适用,但只要在"适用协定"下根据 MA 序言当中相关原则提出的主张,都应当考虑 GATT 第 20 条当中包含的立法者意图。

简言之,继承问题上,唯一可能影响 GATT 第 20 条普遍适用性的论点就是"本协定无一内容"当中"协定"的内涵随着 WTO 规则体系的完善而可能变得相对狭窄。而这一论点的论据,应当是"如果立法者希望维持 GATT 第 20 条的普遍适用性,他们就不会在 GATT 的其他组成部分专门规定关于例外适用性的条款"。然而这一论点具有两面性:援引并不当然导致被援引内容自身范围的缩小,援引的目的可能仅仅是明确根据或消除误解。从这个意义上讲,这些引用条款的作用,反而加固了 GATT 第 20 条的普遍适用性。而这个理解与 GATT 第 20 条部分内容上升到 MA 序言这一事实能够相互印证。令人遗憾的是,上诉机构本可以提出其他的论据,但他们选择了避而不谈。

(二)对 AP 第 11 条的理解问题

上诉机构不仅错误理解了 GATT 第 20 条当中"本协定"背后的目的,还忽视了 AP11.1 与 AP11.2 当中引用 GATT 1994 的目的和作用。AP11.1 和 AP11.2 之所以提到了 GATT 1994,首先是因为如果它们不提及 GATT 1994,这两个规则就无法完整且简明地说明中国承担的义务。这两项规则意图规制的实际上并不是出口税这类行为客体,而是"国家或地方当局"(national or sub-national authorities)的行为本身。不难理解,对行为的规制与对行为结果的规制方法全然不同。后者可能"一刀切",但前者却需要一系列复杂的原则和具体规定共同作用。这仍然回到我们之前所说的"省略"概念——如果立法者在 AP11.1 和 AP11.2 当中使用的不是"GATT 1994"这样一个大概念,他们就不得不将所有相关的条款都列举上去——这就显得过于冗长了,所以 GATT 1994 对于 AP11.1 和 AP11.2 来说是最简单的描述。

反过来说,AP11.3 虽然仅仅提到了 GATT 第 8 条,但就 AP11.3 而言,这并非由于其与 GATT 1994 没有整体上的联系——这个逻辑的出发点就不对,因为根据 MA12.1,成员方理应在各个领域全面接受 MA 和 MTA 的规则,不能有任何例外。AP在规定具体权利义务的时候往往会援引作为其来源的MA或MTA条款,但这种原因仅能被解释为用于点对点地确认具体义务。任何AP内部的条款,不能够也不应当用于反映任何具体权利义务与MA和MTA在整体上的联系——AP第1条第2款(以下简称AP1.2)和MA第2条已经说得非常明确的事情,根本就不应当在AP的其他条款里面反复地说明。

总之,上诉机构意图证明,AP11.1与AP11.2当中的"GATT 1994"将条款与GATT 1994整体联系起来,AP11.3因为不包含对"GATT 1994"的整体性引用,因而无法与GATT 1994整体相连,从而无法与GATT第20条整体相连。但从内容上看,将"GATT 1994"的作用视为联系单项规则与GATT整体,与MA、MTA序言以及AP1.2共同规定的规则框架设立模式不符。从技术上看,上诉机构未能着重分析条款形成文字差异的原因,而是止步于表面的用词差异。这种脱离实际内容、根据文本形式差异反推内容的手法,与整体性解释的基本要求背道而驰。

第五节 小　　结

不得不说,上诉机构在DS363、DS398两案当中展现出来的判决思路,可谓大相径庭。一个是源于文本高于文本,而另一个是在文本当中打转。对于迥异的裁决思路,上诉机构只用"具体案例具体分析"(case by case)一笔带过,这是不正常的。之所以说它不正常,有两个原因:

第一,我们已经谈过,WTO框架下的法律解释原则有三:禁止法官造法、坚守文本原意、论证尽可能全面广泛。可以说,上诉机构一直以来对这三个原则的遵循,可谓典范,甚至导致其论证稍显过于谨慎和繁复。然而,在这两个案件当中,上诉机构的论证思路却来了个180度的转弯:一方面,上诉机构在DS363当中对AP5.1进行了文本内涵的深度挖掘,并与客观情形密切联系,甚至为了挖掘文本而驳回了"假设方法"(arguendo approach);另一方面,上诉机构在DS398当中却拒绝任何字面意义之外的可能性,并且固守用词的差异,甚至顺从了对GATT第20条当中"本协定无一内容"(nothing in this agreement)的曲解,进而对抗了WTO的整个法律体系架构和价值体系,令人费解。

第二,"具体案例具体分析"是否真的能够成为影响解释思路、解释原则的理由,令人怀疑。我们在早前的章节曾经谈论过这个话题。在一个法律体系中,可复性是基本假设,稳定性是基本要求。如果司法过程无法类比做到这两点，那么法律规则体系的任何智慧都会被扭曲，当事方的权利、义务、具体行为都将变成法官一时偏好或灵感的玩物。不能说“具体案例具体分析”不正确，关键在于如何理解“具体分析”的意义。如果“具体案例具体分析”指的是在保证裁决方法和解释理念稳定的基础上，彻底尊重具体的案情、条文，这就无疑是在保护 DSS 的安全性和可预测性。但若“具体案例具体分析”指的是在不同的案情中运用不同的解释原则、解释思路，以维持一两个看似坚不可摧的、事实上的“先例”（比如，明文引用与规则联系的建立），这就与 DSS 的要求出现了根本冲突：

这是一个基本的逻辑问题：给定前提，则结果如何取决于推理过程。规则是不变的，结果是否稳定、能否满足 DSU 对于安全性与可预测性的要求，归根结底还是要依赖于上诉机构的解释活动本身是否安全、是否可预测。为了解释结果和手法的一致性牺牲解释原则和解释理念的一致性——这种方法的确能够维护一两个判决、一两个结果，但从长远来看无疑弊大于利。事实上我们已经看到了恶果：为了维护 DS398 这个判决，DS433 的专家组不得不搬出另一个涉嫌违背 DSU 要求的“强效理由说”。

我们可能通过许多复杂的解释技术与路径得出同一个结论，但任何法律体系都无法容忍两个以上的解释理念。因为判决的思路与逻辑是一时的，规则的精神和架构才是长久的，而解释的根本逻辑是永恒的。需要再次强调，WTO 的规则框架和运作环境都禁止法官造法；DSS 要求上诉机构做的并不是创造先例或原则，而是要求上诉机构通过一贯、稳定的解释原则的运用，让各成员方能够怀着稳定的规则预期进行贸易管理活动、促进贸易往来。

最后还有一个问题：如果在分析中穷尽地使用了所有上诉机构曾经用过的解释技术，是否就算遵守了 DSS 呢？答案恐怕是否定的。解释的基本逻辑与过程不随任何规则而改变——它根植于人们的思维当中。不同的解释技术或解释规则体系，只不过是用不同组合反映同一套逻辑。这就好比我们说一句话，用汉语则语序是“主谓宾”，用日语则是“主宾谓”——语序不一样、语法结构不一样，但意思还是一样的，只不过各自的语法结构都能契合逻辑表达的需要而已。考虑到这一点，无论是上诉机构还是各成员方，都需要把自己从 WTO 解释活动的形式套路中解放出来，想办法、硬着头皮进入建立、完善解释原则和解释理念的领域。就 WTO 而言，这个领域风险很高，也必然需要更多的资源，但它为 DSS、为多边贸易体系带来的回报也必定更加丰厚。

结　语

——我那可怜的马却留在了房顶上。它被拴在钟楼的十字架上，没法下到地面上来，怎么办？①

有了一整套从微观到宏观的分析法律解释过程的逻辑工具，我们回过头来解答本书开篇的问题——“强效理由说”的相关解释到底有何瑕疵。

首先，上诉机构触碰到了法律解释方法的反向边界。我们已经论证，任何法律规则体系本身，都无法帮助我们得出适用于该法律规则体系的解释方法，我们应当在待解释的法律规则之外寻找解释方法，即“不能自己把自己从泥潭中拉起来”。那么，从 DSU3.2 针对“可预测性”与“安全性”的具体性规则中，分析出“强效理由说”这一法律解释方法，就成为了上诉机构犯下的第一个错误——DSU3.2 既无法概括地代表法律体系，也不构成对法律解释方法或具体其应用原则的具体规定。

其次，由于上诉机构触碰了法律解释的反向边界，而又不得不进行下去，它就必然要在既有法律当中“解释”法律并没有描述的规则。在 DS433 中，就是关于解释方法的规则。然而这触碰了解释的定义边界。既然 WTO 的各项规则并没有涉及“先例”概念，上诉机构此时便不可能通过规则、概念之间的联系“解释”出一个

---

① ［德］毕尔格、拉斯伯：《吹牛大王历险记》，谭旭东译，中国少年儿童出版社 2011 年版，第 63～64 页。

先例概念,它只能研究文本规则背后的逻辑和意图,然后把自己设想成为拥有这些逻辑和意图的立法者,再以一个司法者的身份去做立法的事情。

最后,因为上诉机构并没有被授予立法解释的权限,它围绕着“强效理由说”的解释活动,就应当被排除在既定法律框架之外。如此一来我们便可以判断,上诉机构还逾越了法律解释的时间边界,这进一步证明,上诉机构实际上是在进行造法,而不是在解释法律。

现在,“上诉机构为何会犯这些错误”的原因一目了然:一方面,上诉机构只能解释法律;另一方面,上诉机构在试图坐实“强效理由说”的时候,又不得不同时跨越三个解释的天然边界,从而必须超出法律——这就引起了矛盾,即上诉机构必须以一个司法者的身份做立法者的事情,抓住自己的辫子把自己拎起来。

实际上,有许多简单的思路能够引导上诉机构抵达与“强效理由说”相同的解释效果。首先,上诉机构必须保证其借用的解释方法,并不源于 WTO 对解释结果的具体规定,而是对解释方法本身的规定,如 VCLT。其次,上诉机构应当保证它使用的解释方法,能够被既有 WTO 法律体系概念直接涵盖。最后,它至少应当说明,它所借用的解释方法为什么符合 DSU 的相关要求,而不是简单地告诉我们,WTO 自身规则足以证明借由该解释方法的合理性。具体而言,上诉机构完全可以说,国际法院在进行法律解释的时候采用了先例,而国际法院的这种法律解释方法,既能被证实为国际公法解释习惯法,也被证实有利于相应体制的安全性与可预测性。

这样做的合理性,在于上诉机构能够把问题导向宏观法律体系的层面。直观地说,宏观体系的运动覆盖面更广、应用更久远,也更容易被“国际公法解释习惯法”这一概括性的规则所囊括进来。虽然在论证过程中免不了会产生这样或那样的漏洞,但无论何种漏洞,都显然要比直接逾越逻辑边界,进而涉嫌直接违背 WTO 相关规则要容易令人接受。

所有的讨论让笔者想起了敏豪生的故事:大雪把小镇掩埋,男爵不明真相地把马拴在了教堂尖儿上;厚厚的雪融化之后,男爵到了地上,马却被吊在了空中。

人们对法律概念的讨论,就如同下了几千年的雪,把法律的小镇埋了起来。① 根据这些讨论进行法律实践,就如同把需要法律之马拴在教堂的尖儿上。当雪融化的那一天,这些法律解释、法律实践,便会像那匹马一样悬在空中,危险且难以解救。

诚实地说,如果适用既有的解释手段,那么对上诉机构的解释进路进行坚定的分解批判将是极为困难的任务。上诉机构的解释思路,在理论架构、法律限制、满足实践需求这三个方面的确取得了令人惊讶的平衡。即便如此,它的判决当中还是出现了不和谐的声音。

有效率的方法不是跳入上诉机构自身的话语体系,而应该是将其话语体系放到更加立体的构架中充分剖析——好比中医诊断不了的事情应当交给西医诊断。

我们在本书所做的工作,通俗来讲,就是厘清“我们在做什么”和“我们实际上在做什么”。既有解释理论已经足够细致,但面对日益复杂的情势,进一步深化方法论的着眼点仍是必要的。更简单地说,如果我们认为上诉机构的裁决有问题,但通过“望闻问切”找不出来这些问题的起源,那就应该制造一台显微镜。如果哪一天,人们觉得显微镜太粗糙了,或者显微镜本身也不够用了,那就应该制造一个电镜观察 DNA 结构;如果电镜还不够用,那就用粒子对撞机。

基于这样的思路,本书大致可以分为三个部分:第一部分是在比较研究的基础上,运用逻辑手段对既有解释论的概念基础进行扬弃;第二部分是从扬弃过的概念出发,进一步扬弃既有解释论本身,并尝试重组各类解释方法,并揭示其真正的内部构造;第三部分则是将扬弃过的解释构架适用在两个具体案例上面,寻找个中解释瑕疵的成因。万幸我们找到了成因。

法律的道路太漫长,人们在雪夜当中总是要拴马休息。但雪总是要融化的。发现了,就应当赶紧把马拴在别的地方。

---

① [德]毕尔格、拉斯伯:《吹牛大王历险记》,谭旭东译,中国少年儿童出版社 2011 年版,第 5~7 页。

附论　认识过程的一般规律

由于本书牵涉对认识论和认识方法的讨论,此处将简要介绍一些逻辑探讨当中所需要的工具。

想要理性地探求任何问题,我们应当先弄清楚,认识是如何在这个问题中起作用的。因此,要想理性地探求法律问题,我们应当先弄清楚,在探求法律问题时,认识是如何起作用的。为了达成这么一个目标,我们必须对认识的一般规律有一个大体的、概括性的了解,①否则所有的讨论都会失去根基——我们不知道我们在说什么,也不知道我们为什么这么说。所以,我们在本书第一章专门讨论一些核心认识规律,为后面的讨论打下基础。

为方便讨论,我们不妨借用一些最广为人知的概念,以省去白手起家的无用功。康德慷慨地为后世的我们准备了很好的一组概念:知识、对象、思维、目的、直观、感性、概念、现象、经验、先天。②

---

① 显然,在这本以实际问题为落脚点的书中过多地讨论理性与认知这些哲学问题,是不适当的。不仅如此,实际上,对于这些问题及其相关概念的讨论与澄清,本身就是专门的哲学工作。我们在此仅需对其一般规律作出理解,并舍弃掉与本书无关的部分。在后面我们会结合具体的问题将这些基本的认识结构进一步深入下去,此处我们仅讨论急需澄清的部分。

② 参见[德]康德:《纯粹理性批判》,邓晓芒译,人民出版社2004年版,第25页。

第一节　论认识的根本要素

我们首先来看认识的根本要素有哪些。

首先,认识无法与时间相分离,我们的一切认识行为,都必须基于时间。即便我们假设任何认识过程所需要的时间无限短,我们仍然必须基于静止的时间来考虑这一问题。

既然认识过程必须基于时间,那么我们就会自然地提出这样几个问题:我们凭何得知时间?凭何感知到时间?又如何得以认识到时间的存在?令人尴尬的是,虽然这些问题无比重要,我们却不可能回答它们(不仅是不能精确地回答)。我们无法回答,为何我们能够感知到,某个事情发生在前,而另一个事情发生在后。我们仅仅是单纯地"能够"知道而已。这种顺序天然地在我们头脑中生成,我们却无法探究它如何被生成。同样,我们也无法回答,我们是如何感知这些先后顺序的。

于是,虽然我们知道,时间不可辩驳地成为认识的基础,但时间本身却超出认识之外。这意味着,时间对于我们的认识来说是绝对的概念。哪怕我们认为时间必须被感知才能被认识,我们也必须承认,感知时间的这项能力本身,也在人的认识之外。因此,我们可以认为,对时间的感知是一种本能。① 感知时间的本能,是认识的第一个根本要素。

其次,认识的第二个根本要素自然是空间,这一点上我们必须与康德一致。② 然而具体论述起来,却不必如康德那般绕口。就认识而言,我们的认识必须有一个对象——哪怕这个对象是自己,或是认识本身。当我们谈及对象的时候,我们实际上就假设了,对象在我们的认识中,无论是实在的还是虚构的,都是存在的,否则我们就思维着"无"。而即便我们真的在思维着"无",我们也还是必须承认我们的思维本身、思维的主体,必须存在。否则,"我"也不存在、思维也不存在、思维的内容对象亦不存在——在这种情况下,也就无所谓认识不认识了。换言之,只要我们在讨论的是认识,那么就必须牵涉到存在。

存在必须基于空间。我们或许能够设想无限个平行的空间,也能够设想在

---

① 我们用"本能"这个概念,是取其意译,即"本就能够",换言之,它在认识的这个过程中无可凭依,却是其他一切认识的凭依之一。

② 参见[德]康德:《纯粹理性批判》,邓晓芒译,人民出版社 2004 年版,第 27 ~ 34 页。

空间内有什么、没有什么，甚至可以设想宇宙的某一块空间因黑洞而消失。但我们却无法设想空间这个概念本身消失之后的情形。“有”和“无”显然是基于空间的范畴，空间消失之后，这一对范畴一同被湮灭了，任何关于存在的判断也因此而湮灭。这一情况不仅适用于物理空间，也适用于概念上的空间、精神上的空间。具体而言，无论我们持有何种观点，或者认为任何精神是自在的，我们都必须假设，这些观点、精神处于概念的空间之中。否则我们根本无从谈起这些概念、精神。简言之，我们对空间的认知和时间一样出于本能。

最后，我们还要说，空间和时间是共存的。[1] 之所以这么说，是因为我们无法想象只有空间而没有时间，或想象相反的内容。虽然我们不了解为何我们不能把这两者割裂开，但我们仍然能够明白，凡是有空间的，必有时间，反之亦然。请注意，这并不意味着我们能够认知这种情形，我们之所以能够得出这个结论，只是因为无论我们如何讨论，都无法知道该如何想象时间和空间不共存的情形——这不可能性如此强烈，甚至最优秀的物理学家也会告诉我们，时间和空间不共存是连数学符号都无法表示的。再次提醒：我们只能谈论这种情形，仅仅是在谈论这种可能性而已，却无法认识它们或真正描述。时间和空间共生共灭的根本关系，是认识的第三个根本要素，也是认识本能的一部分。

在此我们进一步规定，把时间和空间构成的统一体称为客观。根据前文所述，我们与客观之间仅能凭借认识的本能发生联系，因此我们说客观是非认识的，而是本能的。经由本能，我们的认识与空间、时间以及空间与时间之间的共生关系紧密结合在一起，此三者是认识的根本要素。借由这三个根本要素，我们得以推出其他的一些概念，并描述认识的过程。为了顺利地描述这一过程，我们不妨从最简单的、一切可能想象出来情形之中最纯粹的一个入手。这个最纯粹、最简单的过程，就是直观。

第二节 论直观

最纯粹的认识是静止时间中对有限空间的认识。当然，这在实际中是不可能发生的，所以我们只能想象这样的情形：在静止的时间点上，没有任何前后关系，也没有“过程”。为了讨论这一情形，我们必须假设，最简单纯粹的认识不需

① 这与现代物理学的结论相一致。感兴趣的读者可参阅[美]阿尔伯特·爱因斯坦：《相对论的意义》，郝建纲、刘道军译，上海科技教育出版社2001年版，第1~20页。

要时间，也不需要人脑的处理。在这个极简情形中，某个对象在客观中存在。而因为我们有感性（或者通俗来说，有感知的能力），在感性的作用下（在静止、有限的情形下，这一作用的机理也是不可讨论的，它也是认识本能的一部分），我们在自身这里得到了关于这一对象的直观。

这就好比在一瞬间，一个三角形出现在我们眼前。在这个情形中，时间和空间都是存在的，而它们又都处于最简单的状态：时间静止、空间有限，它们共同构成了客观。三角形是存在于客观中的对象，我们的眼睛是感性的依据，具有视觉功能。那么，我们因双眼而具有的视觉的感性，和对象发生作用，我们便在心中获得了三角形的直观。本例中，除了单纯的三角形直观之外，我们什么也不知道，什么也没有思考。在时间静止、空间存在的情形下，三角形在此，我们眼睛看见了，同时这个三角形通过眼睛传到我们的大脑里——对象、感性、直观——仅此而已。

当时间开始流动，认识的过程也开始流动。在流动的过程中，认识的本能便开始反复交互地发生反应，从而提供给我们思维的最基本的素材。我们可以想象，在后一个时间点，同直观相关的只有变与不变这两者，而就变化而言，只可能有感性变化和对象变化两类。它们又可以分别对应有无之变化以及性质变化。

就对象而言，有无之变化，是指对象于外在的增多或减少。比如，在下一个时间点多出或减少一个三角形。性质之变化，是指对象于内在的更改。比如，在下一个时间点，三角形变成了正方形（这还是由一个封闭曲线构成的图形，只不过构成方式不同）。

如果我们去除了性质变化中性质本身的规定性，我们甚至可以这么认为：任何外在对象的变化，本质上都是空间当中特定存在的增减。比如，我们可能看到煮紫甘蓝的水从白色变成紫色，最后变成蓝色。就我们的认识而言，这个过程体现了这锅汤在颜色性质上的变化。然而颜色性质的变化，究其原因，不过是物理过程、化学反应的结果：高温破坏了细胞的结构，导致其中的色素释放出来，这使我们观察到无色的水被染上颜色；而色素又因为高温变性，导致色素化学结构产生改变。改变之后的色素光学效应不同，于是我们观察到，紫色的汤又变成了蓝色。既然这些变化的过程取决于物质结构的变化，而结构的变化又取决于粒子存在与否，那么，无论是物理过程还是化学过程，其本质都是位于空间一处的粒子增加或减少了。这就是说，我们所观察到的不过是这锅汤内部某些位置上原子增减的过程。至于颜色，不过是我们对于这个变化过程当中某一时间点上所有原子体现出来的光学特质所规定的名称而已。再如,声音由物体振动而产生。在振动的过程中,某个对象必将从一个位置移动到另一个位置。当我们紧盯着这两个位置进行观察,我们所看到的无非是在这两个位置上有规律地出现而又减少一些物质。然后我们将这些增减的部分联系成一个整体,并说某个事物在这个整体中振动着。我们之所以能听到声音,也是因为这种振动激发了空气,造成了空气对振动的传导,从而使我们耳中的鼓膜产生了振动。

简言之,所谓对象性质的变化,归根结底都能够被归结于有无之变化,能化为不同位置上对象的增减,即某种数量上的变化。不仅如此,这两者之所以能产生变化,必须同时依附于空间和时间。即归于先后时间上,不同空间位置的存在或不存在的变化。① 同时,通过对在水中加热紫甘蓝的讨论,我们也认识到了一个事实:许多我们所认为的事物的“属性”,与事物本身其实并无关系。这些属性(如颜色)所对应的不是事物,而是我们的感性,如视觉。进而,它们对应的是我们针对经视觉所获取的直观的规定,如具体颜色的概念。

正是因为事物直观内含的事物属性,与感性本身的属性密不可分,我们对感性在直观中所起到作用的探讨,就显得不可或缺。

就感性而言,有无之变化是指感性本身的增多或减少。比如,某人本来无法视物,但他通过角膜移植获得了视觉,因而能够从视觉上获得对象的直观。反过来说,当一个老年人因青光眼而失去视力,他就失去了通过双眼获得视觉上直观的可能性。在这些情形中,我们赖以感受的主体与外界相连接并发生关系的器官受到了损害,使我们无法与外界产生关系。

---

① 有人可能质疑这种思维是否割裂而不连续,即认为“飞矢不动”。对此我们可以做三步解释——第一,如前面所述,我们无法真正理解时间的连续性,而只能通过不同时间点的先后顺序,在思维中拟制“连续”。我们本身无法真正做到连续地思维、观察、理解一个事物。或者说,所谓的认识上“连续”,只不过是一个类似于数学稠密性的概念,即通过规定“非不连续”而得以成立,这个关于连续的规定是:“无法在认识的前后两个时间点中再加入一个新的时间点。”第二,即便前一步不成立,用“飞矢不动”来质疑我们的理解,也毫无可取之处,因为“飞”这个词本身就和“不动”相矛盾。这意味着“飞矢不动”这个词就如同“身心健全的残疾人”那样,不符合语言的基本含义。第三,再退一步讲,当我们说“飞矢不动”的时候,实际上预设了“飞行”必须连续,然而我们却没有辨别,为何连续不能是一个认知的过程,或者说受认知本身局限性的限制。抛开人脑的反应速度不谈,如果我们认为,两个不动的飞矢所处的时间点如此之接近,以至于我们不可能想象在其中再添加一个时间点,那么这至少对于我们的认知来讲,就和连续没什么区别——承认我们的认识可能不连续,可能受到意识处理速度的限制,这未尝不是一个富于勇气与智慧的选择。

还有一种情形能够使我们的感性本身发生变化，这种情形不在于我们的感受器官有何变化，而在于我们处理这些器官感受结果的能力发生了变化。比如，当人的脑部受到损伤（或者一个人在高度集中精神做事情）时，即便双耳功能健全，耳朵对声音的感受也无法传达到他的大脑或意识，进而形成直观。我们把对象通过眼睛、耳朵等器官，从外在转化为内在的这一过程，称为感受；把所感受到的在心中形成直观的过程，称为感觉。[①] 同时，把感受的能力称为第一感性，把感觉的能力称为第二感性。第一感性和第二感性同时作用，才是完整的感性，唯有通过完整的感性，我们才能得到关于外在对象的直观。[②]

与对象变化的规律相类比，不难理解，感性在结构上、性质上的变化，实际上就是感性要素增减在整体上的表现。比如，一个人可能分不清粉色、红色和黄色，我们可能会笼统地称之为色盲。乍一看，色盲似乎意味着某个人对事物颜色的直观能力产生了性质上的变化。但是，人之所以会有色盲的病症，要么是因他的眼睛中缺乏能够感知红色的细胞，要么是因为他的大脑无法很好地处理红色光。这就意味着，直观能力在整体意义上的这种性质变化，其实是由第一感性或第二感性在部分上的增减所致。

笔者在此对上面两节作一个小结：

认识的根本要素有三个：空间、时间以及二者之间共存共灭的关系。认识的主体和对象都依赖于这两个要素。

认识空间的能力、认识时间的能力，以及引发直观的能力都属于本能。对于这些本能的讨论，本书不作分析。

认识最基本的作用方式，或者说认识的起点，是直观。形成直观需四个步

① 这里与康德的概念稍有出入，康德所描绘的，不过是感觉这一过程的结果。实际上，对于感觉来说，其结果与过程是相统一的。无此过程，便无结果；无此结果，必不是此过程。

② 诚然，一个健全的人是无法想象这两者当中任何一个彻底缺失的情形。比如，一个人失去所有感受的可能，但保留感觉的可能；或者一个人保留所有感受的可能，却失去所有感觉的可能。同时我们还要说明，如果仅仅有感受，而没有感觉，那么感受到的到底是什么呢？事实上，它就仅仅停留在了感受的层面，而不可能形成直观。这很好理解——当我们专心看书而忘记别人叫我们吃饭的时候，我们只不过是因为别人告诉我们，才得知有“充耳不闻”这么一件事情，而不是因为我们把这段直观封存了起来，然后再调动它。即便我们有时会感觉“刚才好像有人叫我吃饭”，这也是第二感性发挥作用之后的事情。至于第一感性和第二感性不同步发挥作用时，中间间隔的时候到底发生了什么，这是一个难以回答的问题，也不在此处讨论之列。

骤:[①]对象的存在、对象经由我们的感受而从外在转为内在、内在对象接受了感觉的处理、感觉的对象形成直观。缺乏上述任何一个步骤,我们都将无法形成直观。

影响直观是否形成、形成什么直观的因素,取决于对象、直观,以及它们各自在有无(就整体而言为数量)、性质上的状态。而当我们站在纯思维的、非规定性的角度来看,所谓性质上的状态,最终都可依据空间与时间被归为有或无的状态(就整体而言为数量状态)。诸多性质的划分依据,并不是对象,而是我们的直观能力。此处特别要指出,我们并不会在后文中继续使用这种统一的、基于有无的视角看待分析的对象。毕竟这种视角比起性质视角来与直观距离更远,为了这个视角重构我们的讨论,无论在效率上还是应用上都不利于解决问题。

最后,我们作如下的规定:对于已经获得的直观,我们将其归为一种经验。

第三节 论 规 律

探讨直观过程之后,我们省略由此可能引发的其他讨论,直接来讨论与法律相关的"规律"概念究竟是什么。

单纯的直观本身不能构成规律。一个直观接着另一个直观,这只是直观在时间序列上的简单排列而已。直观得以成为规律,必须通过思维的加工。这个加工过程必须包含两个条件:首先,有不少于两次直观;其次,必须主动地将新获取的、源自对象的直观返回既有的、经验性的直观那里检验比对。我们规定,这是规律的两个要素。

此外,我们还能得出一个当然的结论——规律是认识的产物。甚至可以这么说,即所谓规律,实际上并不取决于自在的对象,而是取决于认识,没有认识就没有规律。认识也是规律的要素。

对于第一个要素,我们不必作太多解释。如果我们只能在一个时间点内静止地获取直观,那么"规律"这个词是从何而来的呢?在静止的时间中,不仅没有认识上的规律,连谈论对象的规律都毫无意义。或许有人会反驳:当我们被给予了一幅图画,这幅图画上面有等宽间隔的黑白条纹,那么我们即便不去看

---

① 在此我们略微补充整理了康德的想法。参见[德]康德:《纯粹理性批判》,邓晓芒译,人民出版社 2004 年版,第 25~50 页。

另外一幅图画，也能获得这幅图画上的规律。然而这样的说法不能成立。因为我们之所以能够获得图画上的规律，仍然是因为我们将图画的某个部分，与另一个部分进行了对比。在把整体的图画分割为更小的部分时，我们的脑中已经将这一部分与其他部分划分为两个直观了。外在的世界或许并没有变动，但我们内在的世界已经发生了改变，不再是静止的。彻底静止的直观，不过反映了单纯的存在而已。我们甚至可以这么说，"规律"这个词的含义本身就包括了"两个以上直观"的假设。

基于第一个条件，我们可以很自然地推出第二个要素。

如果我们不主动地将既有的直观的经验返回到新的、源自对象的直观那里检验对比，那么我们就无从获得这一经验和对象之间的共性或差异。[①] 这样我们就无从判别，后续时间点上的对象与经验一致与否。如果我们无法得到二者之间的任何差异、联系，那么，我们就相当于从一个静止的直观跳入了另一个静止的直观，这与仅获得一个单独、静止的直观没有区别。这一规律不仅适用于外在的对象，还适用于内在的对象。比如，我们可能不去检验外边的三角形是否与我们已知的、经验中的三角形一致，但我们依旧可能获得这么一个规律——"我们只能获得三角形的直观"。但这一规律，却是源自我们对自身认识的直观，并将因内在而起的直观经验，与新的内在的直观相比对的结果。

为此不妨举一个例子。假设笔者相信一个规律，即"只有地球存在智慧生命"。而又假设某天中午 12 点，正在吃饭的笔者被外星人抓走，然后又被外星人塞回到原来吃饭的时间，并被抹消记忆。虽然在飞碟上，可怜的笔者将经历巨大的精神冲击，但被塞回原来的时间之后，笔者还是会相信原先的规律。因为对笔者来说了，组成规律的直观完全没有新增或减少。另举一通例：我们经常假设外在对象有其自在的规律，然而脱离了认识，即直观，我们便无法确认这规律的存在。反过来说，我们假设的自在的规律，往往经由直观的变化，而被我们自己推翻。

直观在时间上的顺序，也是规律的要素之一。这也不难理解：如果我们把时间倒过来，那么除了具有"恒定"这一规律的对象，我们对其他对象的规律认识都要颠倒，我们会认为，先有人类后有太阳系、水从低处往高处流，等等。

---

① 我们在此并不讨论抽象、普遍性的检验思维过程，而只提出这样一个概念。至于我们是如何检验对象一致不一致的，这是一个极其复杂的过程，也与本书的主旨不相符合。在后面讲述中，我们将直接讨论检验比对在法律上的表现形式。

综合来看,笔者得出了规律性认识的四个要素:直观的认识存在、直观的数量、直观的时间先后顺序、不同直观在时间顺序上的检验比对。当我们把这几个要素中,与直观过程相重合的部分拿掉,仅属于规律的要素,或者说是规律性要素(它们仍然附着于直观之上)便显现出来:数量、时间顺序、检验比对。对于规律性认识形成的过程来说,数量和时间顺序是共生共存的,但却不是统一的,因为一组直观经验,完全有可能根据不同的时间顺序排列。与此略有差异的是,时间顺序与检验比对却是既共生共存,又相互统一。因为检验比对只能按照固定的时间次序进行,否则就失去了规律的确定性。

现在我们了解了规律是如何在认识中形成的,我们不妨稍微探究一下,不同的直观序列会产生哪些可能的规律。

第一,我们能获得的最简单而普遍的规律,是恒定。在恒定中,我们首先获得了一个直观,并形成了经验。若我们将这个经验与后获得的第二个直观相比较,发现它与第二个直观在有无、结构、性质等方面并无区别,那么我们就获得了这一比较带来的认识结果,即恒定的规律。简单来说,当我们说直观的对象恒定时,我们实际上是在说,这一对象在前后时间点给我们造成的直观,在我们的认识上没有区别。

第二,除了恒定以外的规律,都称为"变化"。在时间流动不变的情况下,我们之所以认识到变化,无非是因为作为规律要素的直观不相一致。从感性的角度来看,依据其叠加的次序这有四种可能:数量变化(从无到有)、性质变化、顺序变化、结构变化。

我们举一个例子,把上述几种规律相连起来,以便进一步考察它们。比如,我们感觉到空间中有一个三角形。第一种情况是,它可能继续保持在同样的位置、同样的大小,那么这就是守恒,因为在前后两个时间点,我们得到的直观是一致的。此时,我们只能认为这两个直观没有区别,并认识到了三角形在直观上的守恒。第二种情况是,在与经验紧密相连的下一个时间点上,出现了两个三角形,或是没有三角形。在这种情况下我们认识到,后一个直观与前一个直观所包含的对象数量不一致。这使我们认识到了这一组直观中出现的数量变化。第三种情况是,后一个直观包含的不是三角形,而是正方形,那么我们便认为它发生了性质的变化(如果我们把形状视作对象性质的话)。

在第四种情况下,我们必须模块化地认识一组直观,才能把握其内涵的规律。比如,在某个时间点前,A 总是先形成一个三角形的直观,而后形成一个正方形的直观;但在这个时间点之后,[①]A 总是先形成一个正方形的直观,然后形成一个三角形的直观。A 的直观序列当中便体现了这样一种特征:就单独的一类(而不是任意两项)直观而言,这些直观,比如,序列中所有三角形的直观,在数量、性质上没有区别。另外,当我们任取 n 项直观,取得三角形和正方形的概率是相同的。它们仅有的区别,是这些单独的直观在时间顺序上的排列差异。这种差异造成了一个显著后果:当我们把 A 所拥有的时间序列在某一时间点上进行分割,那么时间点前后两组序列的内含规律,就不可能相同。反过来说,两组直观序列内含的规律之所以无法等同,不是因为直观在数量上的差异,也不是因为直观的性质发生剧烈的改变,而是因为直观要素在流动时间上排列顺序不同。我们规定这种差异为顺序性差异。在这一规定下,我们说,对 A 来说,他所认识的规律,产生了内在顺序上的改变。

第五种情况与第四种情况类似,都必须针对一组直观。我们假设 A 先获得了一个直观,在这个直观中,正方形在三角形左边;在下一个直观中,三角形则在正方形右边。此处,两组直观的差异,便源于正方形、三角形组合的结构不同。显然,这里关于结构的认识,与前文所述单个直观于对象结构认识之原理完全一致。

在此稍作小结:前三种规律,都仅反映单独对象的直观,其内在变化也未脱离有无之范畴,我们称这样的规律为简单规律(包括守恒与简单变化);后两种规律当中,都至少包括一组以上的直观乃至规律,我们称这样的规律为复杂规律。

不难想象,在简单变化、复杂变化之间,可以层层叠加。比如,我们所认识的直观从一个三角形发展到两个正方形,这一序列当中便既有性质之变化,又有数量之变化。我们进一步规定,未曾叠加的规律,为基本规律;叠加之后的规律,为复合规律。

此处还有几个问题需要加以明确,否则便会引起认识上的混乱。

第一个问题是,我们应该如何认识“位置变化”? 这个问题如此基础而又与我们的感性认识紧密相连,以至于我们几乎不可能绕开它。所幸的是,这并不

---

① 我们规定,这个时间点前后的整体的认识是不一致的。否则我们只不过是在三角形→正方形→三角形这个循环中任意截取而已,那么无论是三角形在前还是正方形在前,在整体上都不会有什么区别。注意到,要使这两组认识无可争辩地不一致,且尽可能地高效地选取,只有一个方法,即我们必须把一个以正方形结束的直观序列当中的那个正方形结尾,当作下一个序列的初始。

是什么困难的问题。我们只需回到直观的基础,观察这一变化最初从何而来即可。

当我们在空间中仅被给予一个对象的时候,如果我们把认识的主体和对象都浓缩成为一个点,那么它们在位置上只可能有远近的距离关系,而没有左右上下等方位关系。然而,在这种抽象的情形下,我们根本无法认识到这个点与我们之间的距离。即我们无法通过人类的感觉来感知抽象的对象与我们之间的距离。因为一个点既无大小,也无形状,无可触及、无可目视、无可辨听,而仅仅是存在。这就相当于点 A 沿着一条线“看着”另一个点 B,无论这两个点离得多近,在点 A 的眼里的点 B 除了“存在”这一属性之外,没有任何可认知的内容。

当我们能够感知对象与我们距离的时候,此对象必不是抽象的。比如,我们可能会认为一个圆离我们越来越近,而我们之所以这样认为,是因为这个圆经由视觉的感受,在直观上表现为直径随时间推移不断变大。如果我们换用别的感性,距离与感性直观之间的关联关系也成立,比如,我们听到声音越来越大,便可能认为对象离我们越来越近。

因此,位置关系最终要归于直观的表象,归于感性。不仅如此,位置本身就包含了变化。与形状、颜色不同,我们无法仅凭单个直观,便判定某事物的位置——如果我们能够如此,那么我们不需要任何器械,仅凭观察就能知道天有多高、太阳有多远了。在一些照片中,我们可能会看到一个人举起双手,而双手恰好“捧着”太阳,看起来就如同此人力大无穷,能将太阳举起来。成年人当然能明白,人不可真的捧起太阳,但不知道太阳离我们有多远的小孩子,可能真的会认为照片中的人是把太阳放到手心,然后举了起来。小孩子进行这种判断的原因就在于,照片仅能为缺乏相关经验的小孩子提供一个静止的直观,因此,对小孩子来说,照片中的人与太阳都不过是同一个静止直观中包含的一部分而已。因为缺乏作为参照的另一个直观,小孩子只能认为,太阳和人与镜头之间的距离是等同的。一旦他自己亲眼目睹照片中的场景,并向着那个双手举起的人走去,任何一个小孩子都会发现,人在他视野里慢慢变大,而太阳的大小却不变。这时他就获得了两个以上而又相互关联的直观,从而判断出太阳与自己之间的距离要比眼前这位行为艺术家同自己之间的距离远得多。

简言之,距离就是我们对于对象远近的判断,这种判断必须因我们在不同时间点上,于此对象获得了不同的直观,才能作出。

有关位置认识的另一个重要概念是方位。处于不同时间点的数个直观对认识方位而言没有什么用处，我们仅需任何一个时间点上的两个以上直观即可了解方位。就认识的主体而言，对象的方位必须在与另一个对象同时感知时，才能以相对的特性显现出来。这种特性，在任何一个时间点上都能方便地被认知到，而不需要像距离那样，必须经历一个过程才能被认识（除非两个对象垂直地堆叠在一起，对于我们来说，就只能将其视作单独的对象、单独的声源）。反过来说，只有单一对象时，我们的认识中便不存在方位概念。比如，假使我们认为，地球真的就是宇宙的中心，我们也必须明白，赖以作出这一判断的基础，是我们确定了太阳，或确定了整个宇宙空间的边界。否则，既无视觉上围绕地球转的太阳，也无概念上的宇宙边界，地球的方位便不可能成为认识的对象——说地球是中心，可地球是"什么的"中心呢？

同理，在上文的例子中，如果照片里只有一个人或只有太阳（假设地面、天空已经用修图软件剪除），那么这个小孩子便无从判断人或者太阳到底处在什么"方位"。但当人和太阳组合在一起，他便能判断，人到底是在太阳的上方还是下方。[①] 总而言之，如果没有一个参考物，我们绝无可能了解对象的方位——无论我们对于方位是如何规定的。方位关系是我们对至少两个以上的一组对象直观的认识。

综合来看，位置及位置的变化，无论是距离层面还是方位层面，都不属于单纯的直观认识，而属于规律性的、变化的认识，并且属于复杂变化。我们对于这些特定的变化作出规定，就形成了关于位置的规律性认识。

第二个问题是，我们应该如何认识直观的"数量"？或者，我们究竟是如何计数的？鉴于复杂变化往往伴随着数量变化，澄清这一问题显然也是必要的。具体而言，我们凭何认为，直观所反映的对象不是五节车厢，而是一列火车。再者，为什么小孩子在一年级学到三角形之后，会把矩形称为四角形？又为什么同样的一个人，在三四年级的时候，能够不通过老师的讲解就得知某个事物为七边形，甚至自己画出个歪歪扭扭的一百边形出来（哪怕在只画了 99 条边的情况下依旧知道何为"真正的"一百边形）。

---

① 请注意，不同对象的"前后"关系比上下左右或简单的距离关系更加特殊。它既有方位的成分，又有距离的成分，而我们只有通过先认识方位，后认识距离，才能获得"前后"的判断。比如，我们可能认为照片中人把太阳遮住了，这种判断，必须建立在我们先在最初的直观中认识到方位，其次认识到不同方位的对象在沿时间运动过程中显现出来的距离。最后再判断，不同距离、不同方位的对象，经过运动之后，距离保持不变，但我们的相对方位却变得一致，即堆叠到了一起。

为了解答这一问题,仅有直观、规律这两种认识的形式还远远不够,我们还必须引入一组新的认识形式。

第四节 论 演 绎

继续上面的问题:为何一个小学生能够在不需老师演示的情况下,自己画出一百边形、一百个点呢?为了弄清楚这个问题,我们还是必须回到最基本的认识要素中进行讨论。

假设一名小学生知道了何为三边形、何为四边形。现在我们要让他画出五边形,他该怎么办呢?他只能返回自己的经验和经验所反映的规律当中寻找答案。对他而言,他已经熟悉,所谓三边形就是三条线段首尾相连、不相交叉的闭合连接,四边形就是四条线段首尾相连、不相交叉的闭合连接。那么,他只要画出五条线段首尾相连不相交叉的连接,五边形便产生了。但在老师看来这仍是不足够的,因为这名学生画出的五边形,是一个 W 加上一条横线构成的,而老师认为,正确的五边形,其五条边两两围成的应当都是钝角。

在这个例子中,学生的认识显然没有停留在直观和规律的层面,否则他就不可能画出未被给予过的对象。为了简洁地探讨他的思维活动,我们把“边”的概念剥离,而使用纯位置的“点”的概念,构成一个类似的例子。

无疑,在画点的过程中,他必须先形成三个点、四个点的直观。此时,虽然他被给予了两个直观,我们却并不知道这两个直观在时间上有何先后关系,或者这两个直观是不是同时被认识到。那么我们就只能假设关于这两个对象的直观,在时间上没有联系,因而我们无法直接在这两个直观之间构建规律,也就不可能以时间先后顺序的角度,立足于其中任何一个直观检验比对另一个。那么,这名小学生之所以可能仅凭自己画出了五个点,就并不是(至少是直接地)因为他认识到了某种与时间推移相关的规律,而是出于别的认识。这种“别的认识”,同时包含了演绎、归纳两个认识过程,其作用过程是相对复杂的:

第一,他必须同时获得三个点、四个点这两个直观,以及两个称谓的直观。在最简单的情况下,对象称谓的直观与对象的直观是交替依次形成的,即先得到了“三”这个称谓,然后实际看到了三个点,接下来得到了“四”这个称谓,然后实际看到了四个点。

第二,他从这一系列的直观的获取中,得到了两个规律。首先,他获得了这一系列直观在性质上的变化,即先是称谓,然后是形象,如此交替。其次,他获得了这一系列直观中,间隔的一组的数量上的变化,即按时间顺序的第四个直观比第二个直观在数量上要多出一个点。

第三,他借由获得的经验(本书将其规定为已经获得的直观),进行了演绎的过程。这一步是认识过程极重大的飞跃。此时,他的思维起了作用,他的认识第一次从被动地接受直观、接受直观与时间挂钩组成的规律中脱离出来,而产生了主动的认识。这种主动的认识和被动认识最大的不同,在于我们不是在被迫地接受因绝对不可控之本能传递给我们的直观,也并不是由不可直接感触、讨论并认识之时间、空间直接作用于我们认识的结果。换言之,如果把主动和被动的认识作一个绝对的分割,那么这个分割应当在于,我们有能够认识、讨论前者的可能性,前者因我们而起,因我们而结束;而后者则不具有认识、讨论的可能性,我们只能被迫地接受由它们直接作用于我们精神而产生的认识结果,这些认识过程不因我们而起,也不因我们自己而结束。我们把这种主动认识的能力称为知性,①把知性作用的结果称为主观。

这时,他的知性经历了如下的步骤:其一,他主动地假设,时间会继续流动下去,而不是在获得最后一个直观那一刻终止;其二,他假设在获得第四个直观之后的某个时间点,还能继续获得新的直观;其三,他运用知性,并通过知性处理获得的规律性的经验,然后拟制出一个"伪直观";其四,他假设这个拟制的"伪直观"具有附着于他在第二步中假设的新时间点上的可能性;其五,他真的将这个"伪直观"附于他假设的新的时间点之上,并构造出二者的组合,进而将其看作统一的主观。于是,即便时间还未开始流动(假设这一切思维活动都是不需要时间的),在他的精神中也已经形成了由下一个时间点以及他拟制出的"伪直观"这两者组合而成的一个主观。

这五个步骤依次连贯、统一地进行,就形成了循着时间流动的、演绎的全过程。在此我们进一步规定,把这认识过程的整体称为演绎,把拟制的新的时间点称为未时。② 同时,把演绎过程中拟制的"伪直观"称为拟设;相对地,把对时间、空间以及获得本能作用可能性(获得新直观)的延续性规定称为假设,这是因为我们不可能真正拟制出相反的情况,否则便将如下文所述一般,产生出认

---

① 此处采"知性"之通义,参见冯契等:《外国哲学大辞典》,上海辞书出版社2000年版,第522页;R. Audi, *The Cambridge Dictionary of Philosophy*, Cambridge University Press, 1999, p. 954。

② 作为相应的概念,我们把作出假设这一活动的时间点称为"现时",把过去的时间点称为"已时"。

识上的矛盾,从而超出我们的认识能力范围。

从这里可以看出演绎的几个重要特征:

第一,演绎并不受到时间、空间的直接约束,但必然受到我们与此二者相关的认识本能的约束。演绎必须基于时间的延续与空间的存在,或者说,演绎基于时间假设、空间假设,否则演绎的基础性步骤无法进行。

第二,演绎并不要求我们真切地获得下一个时间点的直观,它反而与被动认识相抵触。换言之,一旦我们声称,我们的认识结果是实在而非拟制的直观或规律,那么这个认识的过程必不是演绎,也必不是单纯的知性认识。

第三,演绎必须基于规律和直观。脱离了这两者,演绎就失去了其作用的原料。原因有两个:首先,我们绝不可能先天便具有直观或规律的认识;其次,我们也不可能让知性空转——无论知性如何强大,它还是必须遵从认识的两个根本要素,而一旦我们连最原本的直观都缺失了,我们便失去了与这两个根本要素的一切联系,从而失去了知性及主观的可能。

第四,演绎的五个步骤必须按照上面所述的顺序依次进行,任何一个步骤的缺失都会使我们无法完成演绎。这一点虽不复杂,却对判断演绎过程是否存在、是否完成至关重要,所以我们有必要在此稍加说明。①

其一,若我们缺乏对时间继续推移的假设,那么我们在第二步中的假设,就必须从"能继续获得新的直观"转为"能获得其他的直观"。于是我们在第三步中提出的拟设,要么等同于序列中最后一个直观,那么这就不是拟设;要么必须重新附于现时而不是未时,那么第四步、第五步也必须随之更改。更改后的结果显而易见:这个"假设"必然与现时的最后一个直观重叠。如果我们接受了假设,并将其与现时的直观一并考虑,那么这个假设就必定会使我们从一系列直观中认识的规律产生变化,于是我们就必须基于改变的规律提出新的假设,而这又会再次叠加到已经叠加过的现时的直观上,进而再次迫使我们改变所认识的规律。这样的过程产生了一个死循环:我们将不可能脱离被动认识,因为在这里,假设转为了直观——这与我们前面提到的直观的感性属性相抵触。同样,我们将不可能得到真正的假设并完成演绎。

其二,若我们缺乏对能够获得新的直观的假设,或者说,缺乏对感性继续作用的假设,那么我们将不可能在任何的未时空间中获得直观——这是一个反向

① 之所以说是稍加说明,原因在于我们无须对缺乏两个或以上步骤的情况进行穷尽的考察——我们只需了解缺乏单项步骤的情况,组合缺失的情况便可以方便而自然地推出。

的推断,因为感性的作用与时间和空间的存续紧密相连。既然我们不可能在未时的空间中获得直观,我们便自发地失去了未时的一切可能性。既然如此,无论我们根据经验如何地进行拟设,这个拟设都无法附于未时并形成主观;因为一旦我们将其附于未时,它就会立刻从我们的认识范围内消失。请注意这与"无"的拟设并不相同。

其三,若我们并不用知性进行拟设的工作,那么我们将继续被动地进行认识。这便与感性的直观以及规律无异,自然不可能成为演绎。

其四,若我们并不假设,由第三步所创制的拟设能够附于未时之上,那么这个拟设,要么将被设想能够附着在现时或已时上——这就让我们又回到了缺乏时间推移假设时面临的窘境;要么将被废弃,则我们将仅剩下第一步、第二步提出的假设,仍然无法完成演绎过程。

其五,若我们并不将拟设附于未时,则该拟设将无法与新的时间点相统一并形成主观。这意味着拟设出来的直观将缺乏必要的时间要素,这就与直观的形成相违背。这也将使我们无法完成演绎,同时还要产生认识上的矛盾。

在了解演绎过程后,我们留下了两个问题——演绎的内容是什么,或者说,拟设的直观为何?然后,为何这个直观是这个样子而不是别的样子,为什么这名学生画出了五个点,而不是六个点或者六条线段?

为了回答这两个问题,我们必须更加详细地考察一切可能被用来思维的东西。对这名学生来说,他拥有的不过是沿时间顺序排列的四个直观而已,它们之间的联系,就只有时间和空间,而这恰恰又是最不可能被认知的属性。他演绎的结果,即主观,如果仅仅能够合乎时间顺序与空间限制,那么就与一个独立的直观没有任何区别。这个主观不仅不一定是五个点,反而一定是经验中四个直观的任意一个。因为,如前文所述,我们绝不可能先天便具有直观或规律的认识,直观只能因对象被给予而生,而形成经验的直观本身不会变化。

自然地,我们的考察需要转向规律层面。我们已经知道,一系列直观的规律,总能归属于五种基本规律(守恒不变、数量变化、性质变化、顺序变化、结构变化),或基本规律叠加而成的共同规律。沿着这条道路分析该学生的一系列直观,不难得出前文所述的两个结论:首先,他获得了这一系列直观在性质上的变化,即先是称谓,然后是形象,如此交替;其次,他获得了这一系列直观中,间隔的一组的数量上的变化,即按时间顺序的第四个直观,比第二个直观在数量上要多出一个点。

第五节 论 抽 象

如果我们将第四节例子中的第一个、第二个直观，以及第三个、第四个直观分别视为两组，并把这两组直观互相检验比对的话，我们就能发现另一个规律：这两组直观在顺序上是守恒的，但在同一结构下的部分要素却出现了数量变化。

需要注意的是，这里的结构，指的并不是在静止时间中，正方形在左、三角形在右这种简单的结构；而是把时间顺序本身也当作考察的维度，从而让我们能够把先后顺序归入结构性质的范畴。因为我们将一个顺序中的数个经验所包含的直观视为一个整体，那么这些直观在我们这里，就被赋予了纯认识之外的其他属性。我们只关注这被人为赋予的属性，而不再关注时间在我们获得这些经验时造成的认识上的绝对性限制。进一步说，因为两组直观在结构上守恒，我们便可以再把它们视作一个整体。我们又在前面论述中检验过，结构与数量这两个直观的状态在认识根本要素下的统一性——借此可以方便地把数量看作两组同结构直观组合的性质，此时这两组直观仅在部分的数量上有差异。在这个意义上，前后两组直观就只构成一个规律，即性质变化。

在上面一段文字描述的过程中，首先，我们获得了初始的直观序列。其次，我们使用这样或那样的方法获得了直观序列当中可能隐藏的规律。再次，我们尝试着将含有相同规律的直观不断合并，然后视为一个整体的、直观组合。不难看出，在上面例子的组合中，顺序固然是存在的，但单个组合内部的顺序，却因为不同组合之间顺序本身的守恒而被剥离掉了，即我们合并直观的前提，在于规律本身的守恒。最后，我们将抵达思维上的目的地，在这里我们无法找到更多的守恒，从而无法继续合并直观或直观的组合。这四个步骤，共同构成了一个完整的思维过程，并导致了一个显然与思维之前不同的认识的结果。① 但这显然不是演绎，因为我们既没有对时间等根本要素的延续进行假设，也没必要这么做。我们仅需在既有的经验内部这么做就足够了。同理，我们没有也没必要拟设什么。与演绎过程中“一切为了新直观”相反，这一过程针对的恰恰并

① 这四个步骤与认识结果之间的联系，本书不作进一步的探讨。这些探讨可以借鉴类比我们在讨论演绎时采用的思路方法。

不是直观,我们所针对的是直观形成的规律,然后利用规律反过来把单个的直观序列合并直观的组合,如此往复直至不可继续合并。不仅新的直观没有出现,旧的直观反而被“忽略”了一部分。

我们把上述利用规律不断合并,同时“忽略”旧直观,然后在新构成的直观的组合中认识新规律的过程称为抽象。我们把抽象的结果,即所得到的直观的组合称为这些直观的本质;把抽象过程最后一步所依赖的规律,称为这些直观的共性规律,或简称为共性;把参与抽象过程的直观或直观的组合被“忽略”掉的部分,称为该直观或直观的组合的个性。如果我们能够在抽象出的本质上进行再抽象,则原来的本质就要被废弃掉,再抽象的结果则替代上一步的结果,成为新的本质。我们规定,在存在两个或两个以上抽象过程的时候,起初获得本质但该本质又被放弃的抽象过程,处于较低的抽象层次;而获得新本质的抽象过程,处于较高的抽象层次。同时我们也规定,虽然经过多次抽象,只能有一个本质,但当我们以不同抽象层次的视角看待这一过程,同一层次内的本质并不会因抽象而消失,即我们可以认为它们是不同抽象层次内的本质,而不是全部抽象过程的最终本质。而如果我们发现,我们仅仅是将不同的直观或者直观的组合,不假思索地放在一起,而无法从其中获得共性,那么抽象便无法完成,也不可能达成本质。但我们的确又是在试图去抽象这些直观,因而我们也无法武断地认为,抽象过程并不存在。我们只能说,某个抽象过程是未完成的。如果我们在抽象的某个层次停了下来,而实际上仍然存在完成下一步抽象的可能,那么我们就说已经进行的抽象是不完整的。

所谓抽象的可能性,是一个与知性无关、纯粹属于直观序列的属性。当我们被给定一个直观的序列,那么这些直观就已经获得了被抽象的可能——无论抽象实际上是否完成、是否完整。抽象的可能性不因我们是不是真的运用思维去抽象这些直观而改变。我们可以从两方面了解,为什么可能性与我们的知性无关。首先,我们总能试图开始进行抽象,不存在连尝试都不可尝试的情况:人类的认识能力显然是有限的,有限的认识能力导致有限的直观;从有限直观的序列中挑选的直观的组合也一定是有限的,因而有限的直观组合之间必然存在有限个守恒或变化;既然存在有限个守恒或变化,我们就总有余地,尝试对这些直观的组合进行抽象,同时保证我们能够对这些直观进行有限的组合或单列。[①] 最坏的情况，充其量也不过是我们在尝试对序列进行抽象时发现，无论我们如何单列或组合这些直观，都无法抽象出任何共性（如不循环小数）。其次，如果我们认为，抽象的可能性必须依赖于我们思维的活动而存在，那么我们就必须承认一个等价的观点：是我们自己缔造了直观与直观之间的共性或个性。然而我们获得直观共性或个性的方式，必须来自对直观本身规律的考察，那么我们便要进一步承认，我们自己缔造了直观之间的规律。进一步讲，因为规律源于直观、空间、时间这三个认识根本属性的组合，我们就还要承认，我们能够缔造这三个根本属性。这显然与我们一直论证的所有基本规定相矛盾。

第六节　论　归　纳

如果上文中的这名小学生仅具备了演绎和抽象的能力，他能做到的，不过是获取空无一物的拟设，以及一堆干巴巴的规律。他若想自己构建出 5 个点，就必须把演绎和抽象的能力结合起来。

因为具有演绎的知性，他能够创造出一个主观，但此时这个主观还仅仅停留在概念上，并没有内容。那么他究竟是如何"填满"了这个主观，使之不仅成为概念上的认识，而且具有了内容？他的思维经历了以下步骤：

第一，他获得了直观序列，然后认识了两个规律，即"间隔的单个直观性质守恒"这一与直观性质有关的规律，及"间隔的单个直观依序数量增加 1"这一

---

① 如果组合的可能性是无限的，它便会导致我们在第一步需考虑的情形无穷多，这样我们便无法在一个确定的时间点内开始抽象的工作（作为补充说明，按我们上文的叙述，抽象工作必须以确定待抽象的单个直观或直观的组合为起点）。无论我们怎么分析这个问题，结论都是相同的，在此只给出两种证明——第一，假设我们认为确定一种组合的时间 t 为无穷小，而需要考虑的情形数量 S 为无穷大。这就变成了无穷小乘以无穷大。然而，在数学上要确定无穷小和无穷大的乘积，必须具备两个条件——"相同的变量""可确定它们的阶"。但时间长短、事件数量，这二者变量不同，也无法确定它们的阶，因此我们无法确定它们的乘积。换言之，这个问题不在我们可认识范围之内。第二，我们可以将此问题与"飞矢不动"类比。当我们任意选取一个时间，此时我们只能假定"飞矢不动"，但当我们沿着时间的流向选取无限个时间，那么这支飞矢就将无限地飞行下去。回到我们的例子中，这意味着我们考虑情形的时间将变得无限大，这就与我们必须在选取时间的瞬间进行考虑这一前提相矛盾。关于无穷小、无穷大及其乘积的规律，参见［俄］菲赫金哥尔茨：《微积分学教程》（第一卷，第 3 版），杨弢亮、叶彦谦译，高等教育出版社 2006 年版，第 28 ~ 42 页、第 110 ~ 117 页。

与直观数量有关的规律。这两个规律又同时建立在对直观序列顺序规律的认识之上。

第二,他假设了时间的延续并进行了演绎,并在演绎出来的空荡荡的主观上,根据他已有的认识,尝试填入了一些可能的内容。比如,他填入了6个点、5个点、5条线段、无(我们假设此时他已经具有数和线段的经验)。此时他有4种可能的主观。

第三,他从这3种主观的内容中抽离出性质、数量。同时他将这些抽离出的性质和数量,与他在第一步获得的规律相比对,并尝试把4种主观内容的直观,与之前获得的经验性的直观进行抽象。

第四,他将发现,只有当他把包含5个点的主观与之前的经验一同抽象,他原先所得到的两个规律才能同时在假设的更长时间内守恒。与之相对,当他把之前的经验同含有6个点的主观置于假设的时间序列上一并抽象时,关于性质的规律能够守恒而关于数量的规律不守恒;同含有5条线段的主观一并抽象,则关于性质的规律不再守恒但关于数量的规律守恒;无,则两个规律都不再守恒。

我们把上述第一步中认识到的直观序列及其规律称为归纳的参考;把上述第二步、第三步称为归纳;把上述第四步称为归纳检验。在归纳的过程中,我们经历了两个步骤:其一,我们演绎了数个可能的主观。其二,我们把演绎出来的不同主观与同一个归纳的参考放在一起加以抽象,并得出了一些共性和个性。其三,在归纳检验的过程中,我们又把归纳出来的共性、个性,与归纳的参考加以比对检验,从而判断它们究竟是完全一致(归纳参考的规律以及归纳成果的规律两相守恒)、部分一致,或者认识到比对的规律之间全部发生了变化。我们把同时具备第二步、第三步的归纳称为完整的归纳(从过程的角度,也可称为完成一个归纳),反之则称为不完整的归纳。同时,我们把归纳检验中,共性、个性与归纳参考内涵规律完全一致的情形,称为完全有效归纳;把部分一致的情形称为部分有效归纳;把不存在一致的情形称为无效归纳。再进一步地,如果我们仅仅是把抽象规律的一部分与归纳参考中的一部分规律相比较,那么这就应当称为部分归纳;如果我们是把一切抽象出来的规律和一切归纳参考中的规律相比较,那么我们就称此为完全归纳。[1] 显然,一个归纳是否完整,与归纳是否

① 不难得知,不存在“无完全归纳”这么一个荒谬的属性。

完全、是否有效无关。

由此我们可以看出归纳的几个重要特征：

其一，归纳必须基于被给定对象产生的直观，以及这些直观内涵的规律。

其二，归纳是演绎、抽象共同作用的结果，这意味着归纳是一种主动的认识，应被划分为知性的范畴。因为如果我们不主动地演绎，归纳就不可能发生。同时，如果我们仅在第三步中进行有限的演绎，或者不进行演绎，那么归纳就将自动停止。这意味着归纳因我们而起，因我们而结束——这完全契合了主动认识的范畴。

其三，归纳与演绎不同。归纳必须具备实在的内容，而不能仅停留在概念的层面。如果归纳不包括任何内容，那么抽象步骤就不能成立，我们所获得的规律也将仅停留在既有的参考层面，归纳就将无法完成。

其四，归纳与规律、抽象不同。直观序列内涵何种规律，在直观序列被给定的那一刻就确定了。抽象的可能性当然也随之一并确定。然而归纳的属性并不在归纳完成的那一刻自动地显现出来。我们必须对归纳的结果进行检验，才能分清一个完整的归纳到底具备以下六个属性当中的哪一个——完全有效的完全归纳、完全有效的不完全归纳、部分有效的完全归纳、部分有效的不完全归纳、无效的完全归纳、无效的不完全归纳。同时易知，一个完整的归纳应且仅应具备这六个属性的其中一个。

第七节　论　目　的

在前面的论述中，我们已经讨论过人能够独立描绘未被给予之对象的三个认识上的原因，即他具有演绎、抽象和归纳的能力。此时，有人可能会提出疑问：我们是不是仅解决了一部分的原因？这个疑问天然地合理，因为当我们问“为什么”的时候，比如，“为什么晚上吃泡面”，我们几乎总能得到非常多元的答案。对“为什么晚上吃面条”这个问题来说，答案可能有“因为米吃没了”“泡面好吃”“肚子饿”“时间紧”。对我们的讨论来说，这个问题所指的是，仅仅回答了“人何以能够独立描绘未被给予之对象”，而尚未回答“为何人要独立描绘未被给予之对象”。“为何人要”这四个字所指向的概念显然是目的。

我们往往能够轻易地回答“目的是什么”，却总是难以回答“什么是目的”。

对于后一个问题，即便是最优秀的哲学家也往往难以给出清晰易懂的答案。① 在这里笔者不奢望能够为“何为目的”提供一个全面、准确的答案——这种答案对本书来说也无甚必要。我们在此仅对“何为目的”作一些不那么深入的探讨。

常识告诉我们，“没有蛀牙”是刷牙的目的之一。那么，如果我们能够从认识的角度回答“‘没有蛀牙’是什么”，自然也就有可能回答出“目的是什么”。前一个问题很好回答：第一，没有蛀牙包含三个部分——没有、蛀、牙，这是一个关于“牙”上“蛀”状态的否定；第二，这个否定显然在描绘一个状态，而这个状态显然必须通过我们的直观才能被认识；第三，当我们说“没有蛀牙”的时候，我们显然不会满足于直观，我们所希望的是该直观在演绎中的守恒，即我们能够持续获得足以使我们认为“没有蛀牙”的直观；第四，我们还不仅满足于直观，我们更满足于直观对应的客观对象，即哪怕我们失去了通过照镜子、听取别人意见等感性条件，蛀牙在客观上仍不会发生（从这个意义上讲，真正完美的牙膏应当具有持续到人死亡之后的防蛀效果）；第五，客观对象的这个状态显然具有时间上的持续性。

小结一下，在认识的视角下，我们从“没有蛀牙”推出，一个目的可能有以下几个特征：目的基于认识；目的基于演绎；目的即描绘客观对象的状态；被描绘的状态是持续的。我们接下来的工作，是在这一组目的的特征上“加加减减”，判断这些属性对于目的来说是不是绝对必要的，或者有没有别的属性能够被归入“目的”这个概念。为此，我们应关注以下这些问题：

目的是否能脱离认识本身？答案是不能。所谓脱离认识，就必须要脱离认识的根本要素，包括认识时间、认识空间以及认识时间、空间二者关系的本能。如果真的如此，那么我们该在什么地方来回答这个问题呢？缺乏认识的本能，我们连提出、回答这个问题的可能性都失去了。

目的是否能脱离直观，而被归于非认识的客观？答案是不能（从认识的角度来看）。认识的起点源于感性及其作用于对象的产物，即直观。假设我们自始便被剥离了任何直观，那么这便与脱离认识本身毫无区别。我们将只有认识

---

① 对于涉及目的本质的探讨，往往与探讨者所依赖的哲学基础理论相结合。这是一个极为繁琐而又高度概念化的工作，在此仅列出部分相关文献。参见［德］康德：《判断力批判》，邓晓芒译，人民出版社2002年版，第209～340页；［德］黑格尔：《小逻辑》（第2版），贺麟译，商务印书馆1980版，第387～397页；［法］亨利·柏格森：《创造进化论》，肖聿译，华夏出版社1999年版，第7～82页。

的条件,而没有认识的结果。认为目的脱离直观,只能导致和认为目的脱离认识本身一样的荒谬结果。

我们能否仅根据单一、静止的直观认识规律?答案是不能。如果认识目的能够脱离规律,那么我们要么认为这单一、静止的直观中不包含“目的”,要么认为该直观中包含了目的概念本身。如果前一个命题成立,则目的与认识过程还是没有发生任何关系,除非我们认为,我们借以获得直观的本能、感性本身就是目的。或者说,我们从认识的角度出发考察目的,却得出“目的即认识”这一结论。那么这个考察的过程就变成了“A 从 A 的角度考察 A 从而认为 A = A”——这种循环论证我们自然没有理由采用。而如果后一个命题成立,目的便成了一个客观存在的对象。这就要分两种情况考虑:目的和其他对象共同被认识;目的能够单独地被认识。

如果我们认为,目的可以和其他对象(如一个三角形)共同被认识,那么我们就是同时在直观上认识到了目的和三角形。这时我们又必须假设,目的要么和三角形是有所区别的,要么三角形即目的。但我们不可能同时获得三角形以及一个与三角形有所区别的目的,因为这与我们获取直观的过程相违背,即我们必须感受一个不可感受的对象。如此一来,我们就必须假设三角形即目的。此时的目的和认识无关,是被人为地附加到直观之上。这样做的结果是,既然目的是被人为地附加到直观上,而直观是认识的基础,认识的归宿也以直观为终点,那么目的就是一个从直观不断演化出来,再反代入原直观的认识——这便与“三角形即目的”这一将目的等同于客观存在的命题相矛盾。如此说来,目的便不可以同其他对象一同被认识,目的应当单独地被认识。然而我们又说过,我们无法感受一个不可感受的对象,即目的不可能脱离直观反映的其他对象而单独地被认识。

我们把由“目的能脱离规律”这一命题衍生出来的情形进行了考察,并一一证明了这些情形都最终违反或矛盾于认识的基本规律。因此,目的无法脱离规律而被认识。考虑到规律具有时间上的延续性,我们认识目的也必须符合这一延续性。

我们能否仅基于规律认识目的?答案是不能。借鉴上面的论证,不难发现,我们认为目的仅对应于规律的前提,在于要么认为规律不包含目的,即目的是除规律之外别的什么东西;要么认为规律包含目的。又因我们已经证明目的无法脱离直观,所以我们只能认为规律包含目的。这引出两个可能性:规律内在要素即目的;规律本身即目的。考虑到规律就是直观的序列,如果我们接受前一种可能性，则目的将等同于未被排序之单一静止直观——我们已经在上面的论述中排除了这种可能。如果我们接受后一种可能性，同时还必须排除"目的即单一直观"，我们就必须将目的归于构成规律诸直观的排列方式上。然而这个排列的方式却不是我们可以左右的，我们只能认识并接受被给予客观对象的排列方式。这又引出另外两个可能性：要么把目的当成客观对象本身且认为其与直观没有联系，要么认为我们是在主动地把目的附加到规律所含的排列之上。对于前者，我们已经在上文得出了相反的结论。对于后者，考虑到规律的排列本身也是直观认识，那么这一命题就等同于"目的是被人为地附加于直观上"，这也是一个已经被否定的命题。

我们能否仅基于抽象认识目的？答案还是不能。这样的认识也包含两个可能的前提：目的等同于抽象本身，或目的能够脱离经验而被抽象。后一种可能显然违背认识规律，因此我们仅需检验前一种可能。如果我们接受前一种可能，那么目的要么等同于抽象的过程，要么等同于抽象的结果。如果我们认为目的等同于抽象的过程，这就又回到了"从认识'认识'认识"的循环论证当中。如果我们认为目的等于抽象的结果，则目的等同于我们抽象出来的共性、个性、本质。我们注意到，抽象的可能性，是在抽象的对象被给予之时就被确定了，是被抽象的直观序列本身具有的属性。这意味着我们抽象出来的共性、个性、本质是独立于我们认识的客观对象。我们已经论证过，单纯的客观对象及其属性不能等同于目的。因此目的也不能等同于抽象的结果。仅需举一个反例我们便可以了解这一点：我们可能获得了100个图形的直观，我们从中抽象出，这100个图形都是红色的。我们抽象出，这100个图形的本质是红色的图形，其共性是颜色不变，个性是形状上的改变——声称这三个抽象结果中的任何一个是"目的"，都是荒谬的。因此，目的也不能等同于抽象本身。

对于演绎，我们已经通过"没有蛀牙"这个例子反映出一个同时基于抽象和演绎的目的。那么我们能否仅基于演绎认识目的？比如，我们能否为某款牙膏构造一个并不明确地希望持续"没有蛀牙"的目的？答案是可以。显然，当我们仅仅作出一个演绎，却并不假设这个演绎具有和经验相同的特性、规律时，我们就回避了归纳的过程，也同时回避了抽象的过程。仅仅是根据经验进行演绎，并不意味着我们必须要对经验进行抽象，或让经验与演绎的结果符合什么共同的规律。这种情况在生活中很常见：一个人可能仅仅是想吃饭，却并不关心吃得如何，是好是坏；他也可能仅仅是想做饭，却不关心做出来的到底能不能被称为"食物"。

考虑到归纳包含了演绎、抽象两个过程，结合前文的论述，我们可以直接得出认识角度下“目的是什么”这一问题的一个基础性的答案：目的是基于演绎的认识结果。它可能仅由单纯的演绎过程而来（如“活下去”），也可能由演绎和抽象的简单叠加而来（如“充满激情地活下去”），还可能是由演绎和抽象复合出来的归纳产物（如“活得充满激情”）。

参考文献

一、中文译著

1.［古希腊］亚里士多德:《政治学》,吴寿彭译,商务印书馆 1965 年版。

2.［古希腊］亚里士多德:《尼各马可伦理学》,廖申白译注,商务印书馆 2003 年版。

3.［古希腊］亚里士多德:《雅典政制》,日知力野译,商务印书馆 1959 年版。

4.［古希腊］亚里士多德:《形而上学》,吴寿彭译,商务印书馆 1959 年版。

5.［罗马］查士丁尼:《法学总论:法学阶梯》,张企泰译,商务印书馆 1989 年版。

6.［荷］斯宾诺莎:《神学政治论》,温锡增译,商务印书馆 1963 年版。

7.［德］罗伯特·阿列克西:《法律论证理论:作为法律证立理论的理性论辩理论》,舒国滢译,中国法制出版社 2002 年版。

8.［德］康德:《法的形而上学原理:权利的科学》,沈叔平译,商务印书馆 1991 年版。

9.［德］康德:《纯粹理性批判》,邓晓芒译,人民出版社 2004 年版。

10.［德］康德:《实践理性批判》,邓晓芒译,人民出版社 2003 年版。

11.［德］康德:《判断力批判》,邓晓芒译,人民出版社2002年版。

12. [德]于尔斯·哈贝马斯:《现代性的哲学话语》,曹卫东译,译林出版社2011年版。

13. [德]黑格尔:《逻辑学》,杨一之译,商务印书馆1966年版。

14. [德]黑格尔:《法哲学原理》,范扬、张企泰译,商务印书馆1961年版。

15. [德]黑格尔:《小逻辑》(第2版),贺麟译,商务印书馆1980年版。

16. [德]黑格尔:《精神现象学》,贺麟、王玖兴译,商务印书馆1979年版。

17. [德]费尔巴哈:《基督教的本质》,荣震华译,商务印书馆1984年版。

18. [德]莱因荷德·齐佩利乌斯:《法哲学》,金振豹译,北京大学出版社2013年版。

19. [德]齐佩利乌斯:《法学方法论》,金振豹译,法律出版社2009年版。

20. [德]考夫曼:《法律哲学》,刘幸义等译,法律出版社2004年版。

21. [德]费希特:《自然法权基础》,谢地坤、程志民译,商务印书馆2004年版。

22. [德]海德格尔:《形而上学导论》,熊伟、王庆节译,商务印书馆1996年版。

23. [德]海德格尔:《在通向语言的途中》,孙周兴译,商务印书馆1997年版。

24. [德]汉斯-格奥尔格·伽达默尔:《真理与方法》(上卷),洪汉鼎译,上海译文出版社1994年版。

25. [德]毕尔格、拉斯伯:《吹牛大王历险记》,谭旭东译,中国少年儿童出版社2011年版。

26. [美]阿瑟·努斯鲍姆:《简明国际法史》,张小平译,法律出版社2011年版。

27. [美]理查德·A.波斯纳:《法理学问题》,苏力译,中国政法大学出版社2002年版。

28. [美]理查德·A.波斯纳:《法律、实用主义与民主》,凌斌、李国庆译,中国政法大学出版社2005年版。

29. [美]波斯纳:《法律理论的前沿》,武欣、凌斌译,中国政法大学出版社2003年版。

30. [美]波斯纳:《法律的经济分析》,中信出版社2003年版。

31. [美]R.德沃金:《法律帝国》,李常青译,中国大百科全书出版社1996

年版。

32. [美]罗纳德·德沃金:《认真对待权利》,信春鹰、吴玉章译,中国大百科全书出版社 1998 年版。

33. [美]富勒:《法律的道德性》,郑戈译,商务印书馆 2005 年版。

34. [美]小奥利弗·温德尔·霍姆斯:《普通法》,冉昊、姚中秋译,中国政法大学出版社 2006 年版。

35. [美]斯蒂文·J. 伯顿主编:《法律的道路及其影响:小奥利弗·温德尔·霍姆斯的遗产》,张芝梅、陈绪刚译,北京大学出版社 2005 年版。

36. [美]约翰·罗尔斯:《政治自由主义》,万俊人译,译林出版社 2000 年版。

37. [美]阿瑟·库恩:《英美法原理》,陈朝璧译注,法律出版社 2002 年版。

38. [美]博西格诺等:《法律之门:法律过程导论》,邓子滨译,华夏出版社 2002 年版。

39. [美]克鲁格:《作为国际组织的 WTO》,黄理平等译,上海人民出版社 2002 年版。

40. [美]卡尔·N. 卢埃林:《普通法传统》,陈绪纲等译,中国政法大学出版社 2002 年版。

41. [美]约翰·亨利·梅利曼:《大陆法系》,顾培东、禄正平译,法律出版社 2004 年版。

42. [美]罗斯科·庞德:《法理学》(第 1 卷),邓正来译,中国政法大学出版社 2004 年版。

43. [美]罗斯科·庞德:《法律与道德》,陈林林译,中国政法大学出版社 2003 年版。

44. [美]罗斯科·庞德:《普通法的精神》,唐前宏等译,法律出版社 2001 年版。

45. [美]罗斯科·庞德:《通过法律的社会控制》,沈宗灵译,商务印书馆 1984 年版。

46. [美]小詹姆斯·R. 斯托纳:《普通法与自由主义理论:柯克、霍布斯及美国宪政主义之诸源头》,姚中秋译,北京大学出版社 2005 年版。

47. [美]本杰明·卡多佐:《司法过程的性质》,苏力译,商务印书馆 2013 年版。

48. [美]威廉·伯恩斯坦:《茶叶·石油·WTO:贸易改变世界》,李晖译,海南出版社 2010 年版。

49. [美]朱·弗登博格、[法]让·梯若尔:《博弈论》,黄涛、郭凯等译,中国人民大学出版社 2002 年版。

50. [美]科弗、托马斯:《信息论基础》,阮吉寿、张华译,机械工业出版社 2008 年版。

51. [美]冯·贝塔朗菲:《一般系统论——基础、发展和应用》,林康义、魏宏森译,清华大学出版社 1987 年版。

52. [美]西达·斯考切波编:《历史社会学的视野与方法》,封积文等译,上海人民出版社 2007 年版。

53. [美]塞缪尔·亨廷顿:《文明的冲突与世界秩序的重建》,周琪等译,新华出版社 1998 年版。

54. [美]约瑟夫·S. 奈、大卫·A. 韦尔奇:《理解国际冲突:理论与历史》(第 8 版),张小明译,上海人民出版社 2002 年版。

55. [美]萨拜因:《政治学说史》(上册),盛葵阳、崔妙因译,商务印书馆 1986 年版。

56. [美]约·冯·诺意曼:《计算机与人脑》,甘子玉译,商务印书馆 1965 年版。

57. [美]斯皮格尔:《统计学》,杨纪龙等译,科学出版社 2002 年版。

58. [美]基辛格:《大外交》,顾淑馨、林添贵译,人民出版社 2010 年版。

59. [苏]列宁:《哲学笔记》(第 2 版),中共中央马克思恩格斯列宁斯大林著作编译局译,人民出版社 1993 年版。

60. [苏]费尔德曼、巴斯金:《国际法史》,黄道秀等译,法律出版社 1992 年版。

61. [苏]C. C. 阿列克谢耶夫:《法的一般理论(下册)》,黄良平、丁文琪译,法律出版社 1991 年版。

62. [俄]菲赫金哥尔茨:《微积分学教程》(第 1 卷)(第 3 版),杨弢亮、叶彦谦译,高等教育出版社 2006 年版。

63. [英]牛顿:《自然哲学的数学原理》,赵振江译,商务印书馆 2006 年版。

64. [英]佩里·安德森:《绝对主义国家的系谱》,刘北成、龚晓庄译,上海人民出版社 2001 年版。

65. [英]哈特:《法律的概念》,许家馨、李冠宜译,法律出版社 2006 年版。

66. [英]哈特:《法律的概念》,张文显等译,中国大百科全书出版社 1996

年版。

67. [英]边沁:《道德与立法原理导论》,时殷弘译,商务印书馆 2000 年版。

68. [英]J. D. 贝尔纳:《科学的社会功能》,陈体芳译,商务印书馆 1982 年版。

69. [英]休谟:《自然宗教对话录》,陈修斋、曹棉之译,商务印书馆 1962 年版。

70. [英]L. T. 霍布豪斯:《形而上学的国家论》,汪淑钧译,商务印书馆 1997 年版。

71. [英]休·塞西尔:《保守主义》,杜汝楫译,商务印书馆 1986 年版。

72. [英]梅因:《古代法》,沈景一译,商务印书馆 1959 年版。

73. [英]约翰·奥斯丁:《法理学的范围》,刘星译,中国法制出版社 2002 年版。

74. [英]霍布斯:《利维坦》,黎思复、黎廷弼译,商务印书馆 1985 年版。

75. [英]洛克:《政府论》(上篇),瞿菊农、叶启芳译,商务印书馆 1982 年版。

76. [英]R. C. 卡内冈:《英国普通法的诞生》,李红海译,中国政法大学出版社 2003 年版。

77. [英]约翰·密尔:《论自由》,许宝骙译,商务印书馆 1959 年版。

78. [德]奥本海原著,[英]劳特派特修订:《奥本海国际法》(上卷 第二分册:平时法),王铁崖、陈体强译,商务印书馆 1972 年版。

79. [英]S. F. C. 密尔松:《普通法的历史基础》,李显冬等译,中国大百科全书出版社 1999 年版。

80. [英]丹宁:《法律的正当程序》,李克强等译,群众出版社 1984 年版。

81. [法]勒内·达维:《英国法与法国法:一种实质性比较》,潘华仿等译,清华大学出版社 2002 年版。

82. [法]《法国民法典:拿破仑法典》,李浩培等译,商务印书馆 1979 年版。

83. [法]卢梭:《论人类不平等的起源和基础》,李常山译,商务印书馆 1962 年版。

84. [法]卢梭:《社会契约论》(第 2 版修订本),何兆武译,商务印书馆 1980 年版。

85. [法]孟德斯鸠:《论法的精神》(上册),张雁深译,商务印书馆 1961 年版。

86. [法]孔德:《论实证精神》,黄建华译,译林出版社 2011 年版。

87. [法]让-保尔·萨特:《存在与虚无》,陈宜良等译,三联书店 1987 年版。

88. [法]米歇尔·福柯:《知识考古学》,谢强、马月译,三联书店 1998 年版。

89. [法]列维-布留尔:《原始思维》,丁由译,商务印书馆 1981 年版。

90. [意]尼科洛·马基雅维里:《君主论》,潘汉典译,商务印书馆 1985 年版。

91. [奥]凯尔森:《国际法原理》,王铁崖译,华夏出版社 1989 年版。

92. [奥]维特根斯坦:《逻辑哲学论》,郭英译,商务印书馆 1962 年版。

93. [奥]凯尔森:《法与国家的一般理论》,沈宗灵译,中国大百科全书出版社 1996 年版。

94. [比]约斯特·鲍威林:《国际公法规则之冲突:WTO 法与其他国际法规则如何联系》,周忠海等译,法律出版社 2005 年版。

95. [匈]卢卡奇:《历史与阶级意识——关于马克思主义辩证法的研究》,杜章智等译,商务印书馆 1992 年版。

96. [美]安德瑞·马默:《解释与法律理论》,程朝阳译,中国政法大学出版社 2012 年版。

97. [美]蒂莫西·A. O. 恩迪科特:《法律中的模糊性》,程朝阳译,北京大学出版社 2010 年版。

二、中文著作

1. 周鲠生:《国际法大纲》,商务印书馆 2013 年版。

2. 王铁崖:《国际法引论》,北京大学出版社 1998 年版。

3. 张文显:《二十世纪西方法哲学思潮研究》,法律出版社 1996 年版。

4. 张文显:《法哲学通论》,辽宁人民出版社 2009 年版。

5. 张文显主编:《法理学》,高等教育出版社、北京大学出版社 2011 年版。

6. 韩立余:《世界贸易组织法》(第 2 版),中国人民大学出版社 2010 年版。

7. 韩立余:《既往不咎:WTO 争端解决机制研究》,北京大学出版社 2009 年版。

8. 韩立余编著:《WTO 案例及评析(2000)》,中国人民大学出版社 2001 年版。

9. 邵津主编:《国际法》,北京大学出版社、高等教育出版社 2008 年版。

10. 张爱宁编著:《国际法原理案例解析》,人民法院出版社 2000 年版。

11. 中国政法大学国际法教研室编:《国际公法案例评析》,中国政法大学出版社 1995 年版。

12. 何勤华主编:《外国法制史》(第 4 版),法律出版社 2006 年版。

13. 何勤华主编:《西方法律思想史》(第 2 版),复旦大学出版社 2009 年版。

14. 高鸿钧、程汉大主编:《英美法原论》(上册),北京大学出版社 2013 年版。

15. 王泽鉴主编:《英美法导论》,北京大学出版社 2012 年版。

16. 王沪宁主编:《政治的逻辑》,上海人民出版社 2004 年版。

17. 王浦劬主编:《政治学基础》,北京大学出版社 1995 年版。

18. 冯契、徐孝通主编:《外国哲学大辞典》,上海辞书出版社 2000 年版。

19. 江怡:《分析哲学教程》,北京大学出版社 2009 年版。

20. 陈嘉映:《简明语言哲学》,中国人民大学出版社 2013 年版。

21. 梁慧星:《民法解释学》(第 4 版),法律出版社 2015 年版。

三、中文论文

1. [美]路·冯·贝塔朗菲:《普通系统论的历史和现状》,王兴成译,载《国外社会科学》1978 年第 2 期。

2. [美]亨廷顿:《不是文明是什么?——后冷战世界的范式》,张铭、周士琳译,载《现代外国哲学社会科学文摘》1994 年第 10 期。

3. [美]亨廷顿:《政治制度化的标准》,吕兰译,载《现代外国哲学社会科学文摘》1987 年第 11 期。

4. [美]约瑟夫·奈:《国际关系:理论与实践的相关性》,王栋、姜鑫译,载《国际政治研究》2009 年第 3 期。

5. [美]约瑟夫·奈:《冷战后的冲突:上》,潘忠岐、谭晓梅译,载《现代外国哲学社会科学文摘》1997 年第 1 期。

6. [美]约瑟夫·奈:《冷战后的冲突:下》,潘忠岐、谭晓梅译,载《现代外国哲学社会科学文摘》1997 年第 2 期。

7. [美]约瑟夫·奈:《联合国改革如何让世界更加安全》,龚伟同译,载《商务周刊》2005 年第 1 期。

8. [美]惠持其尔·格雷:《美国法学家关于成文法的解释》,罗玉中、王晨光译,载《国外法学》1986 年第 1 期。

9. [英]约瑟夫·拉兹:《法律理论是否可能》,杨贝译,载《比较法研究》2012 年第 4 期。

10. [英]H. L. A. 哈特:《法律推理问题》,刘星译,载《环球法律评论》1991 年第 5 期。

11. [英]格雷·多西:《法律哲学和社会哲学的世界立场》,梁治平译,载《比较法研究》1994 年第 21 期。

12. [英]H. L. A. 哈特:《实证主义和法律与道德的分离(上)》,翟小波译,强世功校,载《环球法律评论》2001 年第 2 期。

13. [英]H. L. A. 哈特:《实证主义和法律与道德的分离(下)》,翟小波译,载《环球法律评论》2001 年第 4 期。

14. [德]诺贝特·赫斯特:《法律实证主义辩护》,袁治杰译,载《比较法研究》2009 年第 2 期。

15. 周旺生:《法的渊源与法的形式界分》,载《法制与社会发展》2005 年第 4 期。

16. 周旺生:《法的渊源的价值实现》,载《法学家》2005 年第 4 期。

17. 陈兴良:《法律解释的基本理念》,载《法学》1995 年第 5 期。

18. 季卫东:《法律解释的真谛(上)——探索实用法学的第三道路》,载《中外法学》1998 年第 6 期。

19. 郑永流:《法律判断大小前提的建构及其方法》,载《法学研究》2006 年第 4 期。

20. 郑永流:《法律判断形成的模式》,载《法学研究》2004 年第 1 期。

21. 沈宗灵:《法律推理与法律适用》,载《法学》1988 年第 5 期。

22. [美]庞德:《法律与道德——历史法学派与哲理法学派的视角》,邓正来译,载《法制与社会发展》2005 年第 3 期。

23. 葛洪义:《法律原则在法律推理中的地位和作用——一个比较的研究》,载《法学研究》2002 年第 6 期。

24. 沈宗灵:《法·正义·利益》,载《中外法学》1993 年第 5 期。

25. 苏力:《解释的难题:对几种法律文本解释方法的追问》,载《中国社会科学》1997 年第 4 期。

26. 郑永流:《出释入造——法律诠释学及其与法律解释学的关系》,载《法学研究》2002 年第 3 期。

27. 于沛、王子今等:《理论与方法:历史学与社会科学的关系及其他》,载《历史研究》2004 年第 4 期。

28. 沈宗灵:《论法理学的创新》,载《中外法学》1989 年第 3 期。

29. 沈宗灵:《论法律解释》,载《中国法学》1993 年第 6 期。

30. 梁慧星:《论法律解释方法》,载《比较法研究》1993 年第 1 期。

31. 桑本谦:《法律解释的困境》,载《法学研究》2004 年第 5 期。

32. 林来梵、张卓明:《论法律原则的司法适用——从规范性法学方法论角度的一个分析》,载《中国法学》2006 年第 2 期。

33. 沈宗灵:《论法律责任与法律制裁》,载《北京大学学报》(哲学社会科学版)1994 年第 1 期。

34. 沈宗灵:《批判法学在美国的兴起》,载《比较法研究》1989 年第 2 期。

35. 周旺生:《中国现行法律解释制度研究》,载《现代法学》2003 年第 2 期。

36. 白桂梅:《国际法上的自决权与少数者权利》,载《中外法学》1997 年第 4 期。

37. 廖诗评:《国际法中的特别法优先原则》,载《法学研究》2010 年第 2 期。

38. 廖诗评:《国际条约中的冲突条款评析》,载《政治与法律》2007 年第 3 期。

39. 赵维田:《论 GATT/WTO 解决争端机制》,载《法学研究》1997 年第 3 期。

40. 赵维田:《另一项管辖权——WTO〈解决争端机制〉专家组复查标准》,载《国际贸易》2003 年第 6 期。

41. 张乃根:《论 WTO 争端解决机制的几个主要国际法问题》,载《法学评论》2001 年第 5 期。

42. 廖诗评:《论国际条约中的"更优条款"》,载《政治与法律》2009 年第 4 期。

43. 韩立余:《WTO 争端解决中的案例法方法》,载《现代法学》2008 年第 3 期。

44. 李威:《碳关税的国际法与国际机制研究》,载《国际政治研究》2009 年第 4 期。

45. 廖诗评:《条约冲突的基本问题及其解决方法》,载《法学家》2010 年第 1 期。

46. 廖诗评:《条约解释方法在解决条约冲突中的运用》,载《外交评论》(外交学院学报)2008 年第 5 期。

47. 苏力:《法律活动专门化的法律社会学思考》,载《中国社会科学》1994 年第 6 期。

48. 赵宝煦:《关于加强外国问题研究的一点史料》,载《国际政治研究》2004 年第 3 期。

49. 喻锋、黄德明:《国际关系与国际法的关联性剖析》,载《现代国际关系》2004 年第 8 期。

50. 刘志云:《国际机制理论与国际法的发展》,载《现代国际关系》2004 年第 10 期。

51. 邵沙平、廖诗评:《实施联合国反腐败公约与治理商业贿赂》,载《南开学报》(哲学社会科学版)2007 年第 3 期。

52. 赵宝煦:《台湾问题:影响中美关系的重要因素》,载《北京大学学报》(哲学社会科学版)1997 年第 1 期。

53. 屠新泉:《中国加入 WTO 以来的美国对华贸易政策》,载《世界经济研究》2007 年第 11 期。

54. 鲁楠、高鸿钧:《中国与 WTO:全球化视野的回顾与展望》,载《清华大学学报》(哲学社会科学版)2012 年第 6 期。

55. 左海聪:《美国对华贸易政策的法律实施》,载《法学》2012 年第 5 期。

56. 常绍舜:《从经典系统论到现代系统论》,载《系统科学学报》2011 年第 3 期。

57. [以]伊塔马·埃文-佐哈尔:《多元系统论》,张南峰译,载《中国翻译》2002 年第 4 期。

58. 朱全景:《法经济学:法律的经济分析和经济的法律分析》,载《法学杂志》2007 年第 3 期。

59. 沈宗灵:《法律社会学的几个基本理论问题》,载《法学杂志》1988 年第 1 期。

60. 魏宏森、曾国屏:《系统论的基本规律》,载《自然辩证法研究》1995 年第 4 期。

61. 费显政:《组织与环境的关系——不同学派述评与比较》,载《国外社会科学》2006 年第 3 期。

62. 成克济、朴惠淑:《从韩国的角度看中国与 WTO 和 APEC 的关系》,载

《国际政治研究》1999 年第 2 期。

63. 蔡昉、王德文、王美艳:《工业竞争力与比较优势——WTO 框架下提高我国工业竞争力的方向》,载《管理世界》2003 年第 2 期。

64. 管荣:《论 WTO 对人民币汇率争端的管辖权》,载《世界贸易组织动态与研究》2009 年第 1 期。

65. 龚柏华:《中国入世十年主动参与 WTO 争端解决机制实践述评》,载《世界贸易组织动态与研究》2011 年第 5 期。

66. 尹竹:《WTO 框架下竞争政策与多边贸易体制的协调问题述评》,载《中国法学》2004 年第 3 期。

67. 王传丽:《WTO 协议与司法审查》,载《中国法学》2003 年第 2 期。

68. 张乃根:《试析 WTO 争端解决的国际法拘束力》,载《复旦学报》(社会科学版)2003 年第 6 期。

69. 刘笋:《WTO 框架下的多边投资协议问题述评》,载《中国法学》2003 年第 2 期。

70. 张乃根:《论 WTO 争端解决的条约解释》,载《复旦学报》(社会科学版)2006 年第 1 期。

71. 朱力宇、刘建伟:《新康德主义法学三论》,载《法学家》2007 年第 5 期。

72. 徐同远:《边沁的功利主义理论与分析法学思想》,载《比较法研究》2008 年第 6 期。

73. 张文显:《超越法律实证主义和自然法理论——制度法理学的认识—方法论和本体论》,载《比较法研究》1995 年第 1 期。

74. 冯军:《传统的流变与制度的生成——两大法系刑事判例的回顾与前瞻》,载《法学家》2003 年第 3 期。

75. 张帆:《从社会规则理论到惯习主义——论社会事实命题的理论推进》,载《比较法研究》2011 年第 5 期。

76. 刘星:《大陆法系、英美法系和我国司法解释方法比较》,载《比较法研究》1989 年第 2 期。

77. 刘春田、许炜:《法国民法典制定的历史背景》,载《法学家》2002 年第 6 期。

78. 梁慧星:《法解释方法论的基本问题》,载《中外法学》1993 年第 1 期。

79. 孙笑侠:《法解释理论体系重述》,载《中外法学》1995 年第 1 期。

80. 强世功:《法理学视野中的公平与效率》,载《中国法学》1994 年第 4 期。

81. 张志铭:《法律解释概念探微》,载《法学研究》1998 年第 5 期。

82. 谌洪果:《法律实证主义的功利主义自由观:从边沁到哈特》,载《法律科学》(西北政法学院学报)2006 年第 4 期。

83. 许章润:《法学历史主义论纲:命题、理论与抱负》,载《中外法学》2013 年第 5 期。

84. 由嵘:《关于法类型划分问题的思考》,载《中外法学》1994 年第 5 期。

85. 刘星:《哈特法律概念分析的模式建构及其历史定位》,载《比较法研究》1996 年第 4 期。

86. 谢晖:《解释法律与法律解释》,载《法学研究》2000 年第 5 期。

87. 冯军:《论刑法解释的边界和路径——以扩张解释与类推适用的区分为中心》,载《法学家》2012 年第 1 期。

88. 徐爱国:《欧洲结构主义符号学法学的几个侧面》,载《中外法学》1998 年第 4 期。

89. [美]汉斯 · 霍曼:《普通法的性质和法律推理的比较研究》,何兰、沈云鸥译,载《比较法研究》1991 年第 4 期。

90. 罗豪才、周强:《软法研究的多维思考》,载《中国法学》2013 年第 5 期。

91. 张明楷:《实质解释论的再提倡》,载《中国法学》2010 年第 4 期。

92. 赵宏:《实质理性下的形式理性:〈德国基本法〉中基本权的规范模式》,载《比较法研究》2007 年第 2 期。

93. 吴卡:《条约演化解释方法的最新实践及其反思》,载《法学家》2012 年第 1 期。

94. 徐鹏:《外国法解释模式研究》,载《法学研究》2011 年第 1 期。

95. [美]哈罗德 · J. 伯尔曼:《韦伯法律社会学的若干错误前提》,刘东译,载《比较法研究》1994 年第 21 期。

96. 陈兴良:《形式解释论的再宣示》,载《中国法学》2010 年第 4 期。

97. 饶艾:《也谈法系划分——法系层次及种类》,载《比较法研究》1996 年第 1 期。

98. 李浩:《英国判例法与判例规避》,载《比较法研究》1995 年第 1 期。

99. 泮伟江:《走向规范性的法律实证主义——超越哈特与德沃金之争》,载《比较法研究》2006 年第 2 期。

100. 杨忠民、程华:《自然法,还是法律实证主义》,载《环球法律评论》2007 年第 1 期。

101. 许庆坤:《重读美国法律现实主义》,载《比较法研究》2007 年第 4 期。

102. 贺小勇:《自制与开拓:WTO 上诉机构管辖权的法律边界》,载《法学》2006 年第 1 期。

103. 赵维田:《仍须扩大权限——WTO 上诉机关的职权范围》,载《国际贸易》2003 年第 8 期。

104. 何易:《欧盟和 WTO 处理贸易与环境案件法律之比较——以欧洲法院和 WTO 争端解决机构的实践为例》,载《中国法学》2004 年第 3 期。

105. 冯兵、黄涧秋:《论 WTO 争端解决活动中的法律解释》,载《法学评论》2002 年第 1 期。

106. 张乃根:《论 WTO 法下的中国法制变化》,载《法学家》2011 年第 1 期。

107. 黄瑶:《联合国宪章的解释权问题》,载《法学研究》2003 年第 2 期。

108. 季卫东:《合宪性审查与司法权的强化》,载《中国社会科学》2002 年第 2 期。

109. 贺小勇:《分歧与和谐:析 WTO 争端解决机制的法律适用》,载《现代法学》2005 年第 5 期。

110. 赵维田:《垂范与指导作用——WTO 体制中"事实上"的先例原则》,载《国际贸易》2003 年第 9 期。

111. 左海聪:《WTO 专家组和上诉机构可适用的法律》,载《法学评论》2005 年第 5 期。

112. 齐飞:《WTO 争端解决机构的造法》,载《中国社会科学》2012 年第 2 期。

113. 裴煜:《论 WTO 争端解决中的法律解释》,武汉大学 2005 年硕士学位论文。

114. 毛燕琼:《WTO 争端解决机制问题与改革》,华东政法大学 2008 年博士学位论文。

115. 张东平:《WTO 争端解决中的条约解释研究》,厦门大学 2003 年博士学位论文。

116. 杨仕辉:《贸易争端解决的博弈分析与策略研究》,对外经济贸易大学 2006 年博士学位论文。

117. 赵柯:《WTO 规则的法理分析》,吉林大学 2012 年博士学位论文。

118. 卢建祥:《WTO 裁决的强制执行机制》,华东政法大学 2008 年博士学位论文。

119. 唐青阳:《规则的解释与解释的规则——WTO 规则的法解释研究》,西南政法大学 2005 年博士学位论文。

120. 顾婷:《国际公法视域下的 WTO 法》,华东政法大学 2008 年博士学位论文。

四、英文著作

1. R. Audi, *The Cambridge Dictionary of Philosophy*, Cambridge University Press, 1999.

2. C. Tomuschat, *International Law: Ensuring the Survival of Mankind on the Eve of a New Century*, Martinus Nijhoff Publishers, 2001.

3. M. Hale, *The History of the Common Law of England*, Henry Butterworth, 1820.

4. H. L. A. Hart, *The Concept of Law*, Oxford University Press, 1994.

5. M. Shaw, *International Law*, Cambridge University Press, 2011.

6. R. Posner, *The Problems of Jurisprudence*, Harvard University Press, 1993.

7. Patrick J. Hurley, *A Concise Introduction to Logic*, Wadsworth, 2010.

8. O. W. Holmes, Jr., *The Common Law*, Transaction Publishers, 2005.

9. P. G. W. Glare, *Oxford Latin Dictionary*, Oxford University Press, 2012.

10. B. Russell, *Introduction to Mathematical Philosophy*, Routledge, 1993.

11. L. Fuller, *The Morality of Law*, Yale University, 1964.

12. Grotius, *The Rights of War and Peace*, M. Walter Dunne, 1901.

13. J. Austin, *The Province of Jurisprudence Determined*, Cambridge University Press, 1995.

14. J. Rawls, *A Theory of Justice*, Harvard University Press, 1971.

15. Bertrand Russell, *A History of Western Philosophy*, Simon and Schuster, 1945.

16. J. Weygandt et al., *Accounting Principles*, John Wiley & Sons, Inc.. 2012.

17. Hobbes, *Leviathan*, Oxford University Press, 1929.

18. F. A. Hayek, *Law, Legislation and Liberty*, The University of Chicago Press, 1973.

19. J. Dewey, *Logic: The Theory of Inquiry*, Henry Holt and Company, 1938.

20. A. N. Whitehead, B. Russell, *Principia Mathematica*, Cambridge at the University Press, 1927.

21. R. Audi, *The Cambridge Dictionary of Philosophy*, Cambridge University Press, 1999.

22. P. Anderson, *The Origins of Postmodernity*, Verso, 1998.

23. M. J. Sandel, *Liberalism and the Limits of Justice*, Cambridge University Press, 1998.

24. J. L. Hodges, Jr., E. L. Lehmann, *Basic Concepts of Probability and Statistics*, Society for Industrial and Applied Mathematics, 2005.

25. G. Strang, *Linear Algebra and its Applications*, Academic Press, 2006.

26. R. J. Shiller, *Irrational Exuberance*, Princeton University Press, 2000.

27. Paul. R. Krugman, Maurice Obstfeld, *International Economics*, Pearson Addison Wesley, 2009.

28. J. Mill, *Auguste Comte and Positivism*, John Stuart Nabu Press, 2010.

29. M. J. Sandel, *Liberalism and Its Critics*, New York University Press, 1984.

五、英文论文

1. Chios Carmody, "WTO Obligations as Collective", 17 *The European Journal of International Law*, 2006.

2. William Magnuson, "WTO Jurisprudence & Its Critiques: The Appellate Body's Anti-Constitutional Resistance", *Harvard International Law Journal* 51, 2010.

3. Joel P. Trachtman, "The Constitutions of the WTO", *The European Journal of International Law* 17, 2006.

4. Donald McRae, "What is the Future of WTO Dispute Settlement?", *Journal of International Economic Law* 7, 2004.

5. Manfred Elsig, "The World Trade Organization's Legitimacy Crisis: What Does the Beast Look Like?", *Journal of World Trade* 14, 2007.

6. Jiaxiang Hu, "The Role of International Law in the Development of WTO Law", *Journal of International Economic Law* 7, 2004.

7. Isabel Feichtner, "The Waiver Power of the WTO: Opening the WTO for

Political Debate on the Reconciliation of Competing Interests", *The European Journal of International Law* 20,2009.

8. John H. Jackson,"The WTO 'Constitution' and Proposed Reforms: Seven 'Mantras' Revisited",*Journal of International Economic Law* 4,2001.

9. William J. Davey, "The WTO dispute settlement system", *Journal of International Economic Law* 3,2000.

10. William J. Davey, "The WTO: Looking Forwards", *Journal of InternationalEconomic Law* 9,2006.

11. Federico Ortino, "Treaty Interpretation and the WTO Appellate Body Report in US-Gambling: a Critique", *Journal of International Economic Law* 9, 2006.

12. Isabelle Van Damme, "Treaty Interpretation by the WTO Appellate Body",*The European Journal of International Law* 21,2010.

13. Jeffrey L. Dunoff,"Constitutional Conceits: The WTO's 'Constitution' and the Discipline of International Law", *The European Journal of International Law* 17,2009.

14. Tarcisio Gazzini, "The Legal Nature of WTO Obligations and the Consequences of their Violation",*The European Journal of International Law* 17, 2006.

15. Meredith Kolsky Lewis, "The Lack of Dissent in WTO Dispute Settlement",*Journal of International Economic Law* 9,2006.

16. Matthew Kennedy,"The Integration of Accession Protocol into the WTO Agreement",*Journal of World Trade* 47,2013.

17. Steve Charnovitz, Mapping the Law of WTO Accession. The George Washington University Law School Public and Legal Theory Working Paper No. 237 Legal Studies Research Paper No. 237.

18. Mitali Tyagi,"Flesh on a Legal Fiction: Early Practice in the WTO on Accession Protocols",*Journal of International Economic Law* 15,2012.

19. Riccardo Pavoni,"Mutual Supportiveness as a Principle of Interpretation and Law-Making: A Watershed for the 'WTO-and-Competing-Regimes' Debate?",*The European Journal of International Law* 21,2010.

20. Gregory Shaffer, "Parliamentary Oversight of WTO Rule-Making: the

Political, Normative, and Practical Contexts", *Journal of International Economic Law* 7,2004.

21. James Cameron and Kevin R. Gray, "Principles of International Law in the WTO Dispute Settlement Body", *International and Comparative Law Quarterly* 50, 2001.

22. Yuka Fukunaga, "Securing Compliance Through the WTO Dispute Settlement System: Implementation of DSB Recommendations", *Journal of International Economic Law* 9,2006.

23. Matthias Oesch, "Standards of Review in WTO Dispute Resolution", *Journal of International Economic Law* 6,2003.

24. Steven Bernstein and Erin Hannah, "Non-State Global Standard Setting and the WTO: Legitimacy and the Need for Regulatory Space", *Journal of International Economic Law* 11,2008.

25. Andrew D. Mitchell, "The Legal Basis for Using Principles in WTO Disputes", *Journal of International Economic Law* 10,2007.

26. David J. Gerber, "Competition Law and the WTO: Rethinking the Relationship", *Journal of International Economic Law* 10,2007.

27. John S. Odell, "Chairing a WTO Negotiation", *Journal of International Economic Law* 8,2005.

28. David E. Skaggs, "How Can Parliamentary Participation in WTO Rule-Making and Democratic Control be Made More Effective in the WTO? A United States Congressional Perspective", *Journal of International Economic Law* 7,2004.

29. Steve Charnovitz, "The WTO and Cosmopolitics", *Journal of International Economic Law* 7,2004.

30. James Bacchus, "A Few Thoughts on Legitimacy, Democracy, and the WTO", *Journal of International Economic Law* 7,2004.

31. John Greenwald, "WTO Dispute Settlement: an Exercise in Trade Law Legislation?", *Journal of International Economic Law* 6,2003.

32. Michael Lennard, "Navigating by the Stars: Interpreting the WTO Agreements", *Journal of International Economic Law* 5,2002.

33. Ernst-Ulrich Petersmann, "From the Hobbesian International Law of Coexistence to Modern Integration Law: the WTO Dispute Settlement System",

Journal of International Economic Law 1,1998.

34. Richard Blackhurst and David Hartridge,"Improving the Capacity of WTO Institutions to Fulfil Their Mandate", *Journal of International Economic Law* 7, 2004.

35. William J. Davey,"Has the WTO Dispute Settlement System Exceeded its Authority? A Consideration of Deference Shown by the System to Member Government Decisions and its Use of Issue-Avoidance Techniques", *Journal of International Economic Law* 4,2001.

36. Andrew T. Guzman, "Global Governance and the WTO", *Harvard InternationalLaw Journal* 45,2004.

37. Jens David Ohlin, "Nash Equilibrium and International Law", *The European Journal of International Law* 23,2012.

38. Anja Lindroos and Michael Mehling, "Dispelling the Chimera of 'Self-Contained Regimes' International Law and the WTO", *The European Journal of International Law* 16,2006.

39. Joel Trachtman, "Decisions of the Appellate Body of the World Trade Organization", *The European Journal of International Law* 14,2003.

40. Jens Meierhenrich, "Conspiracy in International Law", *Annual Review of Law and Social Science* 2,2006.

41. O. W. Holmes,"The Path of the Law", *Harvard Law Review* 110,1997.

后　记

写这本书算是机缘巧合。

2013 年我选修了杨国华老师主持的 WTO 法课程。在讨论 DS362 的时候,曾薪燚同学提出一个问题:“专家组是不是在用国际法解释中国刑法?”引发了热烈讨论。听着听着,我心血来潮说了两句看法。但是当时说得不太明白,杨老师让我准备准备,下节课再说。在第二次上课的时候,我又就这个问题说了一大通,边说边在黑板上画。课后杨老师让我好好研究一下这个问题,并落实到笔头上。在做了一些功课后,我感到此问题实在困难,非寥寥数笔可以勾勒。因此斗胆请求老师“宽赦”一段时日,让我在毕业论文中好好写写,杨老师欣然应允。

动笔了才发现,单一篇论文绝无可能说清这个题目。在廖诗评老师的严格指导下,我跌跌撞撞地完成了本书的初稿和大致构架。廖老师要求之严厉、治学之严谨、观察问题之敏锐,我十分钦佩,使我更加不敢怠慢。

无奈天赋平平,既无同辈通天之记忆、一目十行之眼力,亦无博士日积月累之经验。临到毕业之前,还未能完成全部内容。于是只好把这本书的第一部分单提出来答辩,余下部分继续努力。

此约不赴、此题不解,心里实在不能平静。于是工作之余我仍然写着——这一写就到了 2019 年。

回首六年,此书最大之功勋,非二位老师莫属——若无两位老师的创新课程、精妙引导、严格指导,恐怕这题目永远只能泡在一个大三学生头脑的"浆糊缸"里。在此我要特别对二位老师对本书写作和我个人的鼓励、指点和宽容(尤其是宽容)表示深深的感谢!

感谢本书所有参考文献的作者和所有对本书写作提出过批评指正的老师们。感谢中国人民大学韩立余老师和他所著的《世界贸易组织法》——这本书给我和许多同学开了蒙。感谢中国政法大学李居迁老师、北京大学刘东进老师醍醐灌顶般的批评指正。

还要感谢法律出版社各位领导和编辑老师给予本书的支持和关怀,以及针对本书内容提出的许多宝贵建议。

最后要感谢我的同学们,感谢当时在课上课下一起讨论的同学朋友。如今,他们大多已经走上了工作岗位,有亲身参与过中美商务谈判的律师、商务部的成员、约翰霍普金斯的荣誉学者、哈佛法学院的博士(JD)、剑桥物理系的博士……我深深感谢他们对我的鼓励,特别是对本书提出的宝贵建议和批评!

回过头来,我遇到的问题由来已久:看很多人说解释问题,都在说"法律解释是什么样的";偶有人说"为何如此",其实也早已陷入形式之内。我想,应当从根源追问一下为什么法律解释是这个样子,什么决定了它必须有这样的形式,进而,应该怎么想这个问题——尤其是如何避免把自己拴在实证主义的各种循环论证上面。

刚动笔时未曾想到,除了法律文献,还需要研读哲学、语言学、社会学、政治学、心理学、数学、物理等等众多学科。与本书论述内容高度相关的一些著作均已列入注释和参考文献。为了理解这些著作,怕是每一本后面都有十本、每一篇后面都有十篇。这不禁让我对人类的文明智慧和辛勤劳作产生了深深的敬意。个人性格使然,在产生敬意的同时,也不可避免地想要去追赶一下。于是写出了本书。

这个问题着实困难,但不得不去研究。值此中美贸易摩擦之际,也倍感我国各项法律理论、技术建设任重道远。仅仅是借鉴一些西方的法律技术,再消化转化、自己打磨成武器,已经和我们的现实需求不匹配。我们应当主动研发,把属于法律的"相对论""量子力学"搞出来,无论自用还是出口,均有助益。

这次挑战的问题着实很大,个中不足,请大家批评指正!

再次谢谢大家!

柳驰

2019 年 6 月 5 日

图书在版编目(CIP)数据

论法律解释方法的逻辑基础：兼论两个WTO涉华裁决的解释问题／柳驰著. -- 北京：法律出版社，2019
ISBN 978-7-5197-3627-9

Ⅰ. ①论… Ⅱ. ①柳… Ⅲ. ①法律解释－理论研究
Ⅳ. ①D910.5

中国版本图书馆CIP数据核字(2019)第136708号

论法律解释方法的逻辑基础
——兼论两个WTO涉华裁决的解释问题
LUN FALÜ JIESHI FANGFA DE LUOJI JICHU
—JIANLUN LIANGGE WTO SHEHUA CAIJUE DE JIESHI WENTI

柳 驰 著

策划编辑 沈小英
责任编辑 沈小英 张泽华
装帧设计 李 瞻

出版 法律出版社
总发行 中国法律图书有限公司
经销 新华书店
印刷 固安华明印业有限公司
责任校对 李景美
责任印制 吕亚莉

编辑统筹 法治与经济出版分社
开本 710毫米×1000毫米 1/16
印张 20.75
字数 365千
版本 2019年8月第1版
印次 2019年8月第1次印刷

法律出版社／北京市丰台区莲花池西里7号(100073)
网址／www.lawpress.com.cn
投稿邮箱／info@lawpress.com.cn
举报维权邮箱／jbwq@lawpress.com.cn
销售热线／400-660-8393
咨询电话／010-63939796

中国法律图书有限公司／北京市丰台区莲花池西里7号(100073)
全国各地中法图分、子公司销售电话：
统一销售客服／400-660-8393/6393
第一法律书店／010-83938432/8433 西安分公司／029-85330678 重庆分公司／023-67453036
上海分公司／021-62071639/1636 深圳分公司／0755-83072995

书号：ISBN 978-7-5197-3627-9 **定价**：89.00元